"博学而笃志，切问而近思。"
（《论语》）

博晓古今，可立一家之说；
学贯中西，或成经国之才。

复旦博学·复旦博学·复旦博学·复旦博学·复旦博学·复旦博学

作者简介

李良荣，1946年1月出生于浙江省镇海县。1968年7月毕业于复旦大学新闻系，1982年7月获硕士学位。著名的王中教授是他攻读硕士学位期间的导师。作者现为复旦大学新闻学院教授、博士生导师、院学位委员会主任，复旦大学信息与传播中心专职研究员，并任教育部新闻学教学指导委员会主任委员，上海市学位委员会新闻传播学科召集人，华中科技大学、浙江大学、暨南大学、广州大学、河北大学、南京师范大学等十所高校兼职教授。专长新闻学理论和宣传学，专注于当代中国新闻媒体和世界新闻媒体的发展与改革，著有《新闻学概论》、《中国报纸文体发展概要》、《宣传学导论》、《中国报纸的理论与实践》、《西方新闻事业概论》、《当代世界新闻事业》等专著及一批学术论文。

新闻与传播学系列教材／新世纪版

博学

当代西方新闻媒体

（第二版）

李良荣　林晖　谢静　著

JC

复旦大学出版社

内容提要

本书全面、系统地介绍了西方主要国家传媒业的发展概况,西方媒体的基本理论和学派,西方媒体的体制和运行模式,西方媒体与政治、经济、文化、社会的关系等内容,为人们勾勒出当代西方新闻媒体的概貌和发展趋势。

全书资料翔实、论述深刻,对西方传媒业的变革做了准确、精辟的阐释,对于借鉴其发展经验、汲取其实践教训,以更好地发展中国的传媒业,具有现实意义。本书可作为新闻传播学科的教材,也可供新闻传播业界相关人士参考。

目录

前言 ·· 1
第一章　西方新闻媒体的新秩序 ·· 1
　第一节　媒体的旧秩序和政府的新规则 ···························· 1
　第二节　西方媒体的集中化 ·· 4
　第三节　西方媒体的私有化 ·· 9
　第四节　西方媒体的商业化 ··· 10
　第五节　西方媒体的全球化 ··· 13
　第六节　西方强势传媒觊觎中国 ··································· 16
　第七节　西方媒体面临新的困境 ··································· 22

第二章　新时代里新老媒体的境遇 ···································· 26
　第一节　面对第三次冲击波的报纸 ································ 26
　第二节　电视：新技术旧节目 ······································ 31
　第三节　电台：重现生机 ·· 32
　第四节　呈马蹄形发展的互联网 ··································· 34

第三章　不断调整中的新闻报道 ······································· 38
　第一节　支柱未倒 ·· 38
　第二节　娱乐化　本土化　亲近化 ································ 39

第三节 新奇的操作原则 …………………………………………… 43

第四章 七国争雄 …………………………………………………… 46
第一节 美国的传媒业 …………………………………………… 46
第二节 日本的传媒业 …………………………………………… 49
第三节 英国的传媒业 …………………………………………… 51
第四节 法国的传媒业 …………………………………………… 55
第五节 德国的传媒业 …………………………………………… 58
第六节 意大利的传媒业 ………………………………………… 60
第七节 加拿大的传媒业 ………………………………………… 61

第五章 西方媒体的基本理论和学派 ……………………………… 63
第一节 西方媒体的基本理论课题 ……………………………… 63
第二节 自由主义报刊理论 ……………………………………… 67
第三节 社会责任论 ……………………………………………… 76
第四节 客观性原理及其实践 …………………………………… 85
第五节 发展传播学 ……………………………………………… 106
第六节 公共新闻学 ……………………………………………… 112
第七节 媒介帝国主义 …………………………………………… 118
第八节 西方新闻学研究的基本学派 …………………………… 121

第六章 新闻专业主义 ……………………………………………… 124
第一节 专业主义与新闻事业 …………………………………… 124
第二节 新闻专业主义的形成过程 ……………………………… 130
第三节 新闻专业主义的核心思想 ……………………………… 136
第四节 新闻专业主义在市场模式下的困境 …………………… 141

第七章 媒介和受众 ………………………………………………… 150
第一节 受众对于传媒的双重意义 ……………………………… 150
第二节 受众研究的基本理论 …………………………………… 152
第三节 知晓权 接近权 ………………………………………… 156
第四节 受众调查 ………………………………………………… 159

第八章 西方媒体的体制和运行模式 ……………………………… 162
第一节 西方传媒业的政策演进与政府规制 …………………… 162
第二节 媒体的三种所有制 ……………………………………… 165

第三节　媒体的三种运行模式……………………………………… 168
　　第四节　媒体的管理和业务运行机构……………………………… 171
第九章　新闻自由和新闻控制……………………………………………… 176
　　第一节　新闻自由——现代化国家的基本标志…………………… 176
　　第二节　新闻自由与其他社会权利的平衡………………………… 177
　　第三节　新闻法规…………………………………………………… 179
　　第四节　广播电视专项法规………………………………………… 184
　　第五节　新闻自律与国际新闻职业道德建设……………………… 188
第十章　媒介经济与经营…………………………………………………… 194
　　第一节　核心竞争力、公信力是传媒管理经营的基本目标……… 194
　　第二节　集约化——媒体经营的基本路径………………………… 195
　　第三节　从传者中心转向受者中心………………………………… 197
　　第四节　广播电视的经营策略……………………………………… 198
　　第五节　报刊销售…………………………………………………… 200
　　第六节　广告新招法………………………………………………… 201
第十一章　西方媒体与政治………………………………………………… 203
　　第一节　政府与媒体：剪不断理还乱……………………………… 203
　　第二节　媒体与政治民主…………………………………………… 206
　　第三节　媒体与公共事务…………………………………………… 209
第十二章　西方媒体与文化………………………………………………… 212
　　第一节　主流媒体维护主流价值观………………………………… 212
　　第二节　大众传媒塑造大众文化…………………………………… 215
　　第三节　媒体与多元文化…………………………………………… 219
　　第四节　传媒的软实力……………………………………………… 221
第十三章　西方媒体与社会………………………………………………… 224
　　第一节　媒介与社会生态环境……………………………………… 224
　　第二节　媒介与社会整合…………………………………………… 226
　　第三节　媒介与社会舆论…………………………………………… 228
　　第四节　媒介与公共领域…………………………………………… 231
第十四章　报纸新闻报道的主要体裁……………………………………… 233
　　第一节　客观报道…………………………………………………… 233

第二节	解释性报道	240
第三节	调查性报道	249
第四节	特写	259
第五节	精确新闻学	267
第六节	评论与辛迪加专栏	270

第十五章 报纸版面和版面编辑 287
  第一节　包罗万象的版面 287
  第二节　版面编辑的特点 297

第十六章 广播电视的主要报道形式 308
  第一节　主持人节目和节目主持人 308
  第二节　现场新闻直播 320
  第三节　电视报道的深度化 329

后记 334

再版后记 335

前　言

在西方各国，传媒业既属于信息产业，又属于文化产业。在信息产业中，传媒业是最活跃的核心产业之一；在文化产业中，传媒业确立了主导性地位。传媒业不但蕴藏着巨大的商机，也有着巨大的政治利益。

但是，了解当今世界、了解西方各国的媒体并非易事。"不是我不明白，这世界变化快。"随着信息时代的来临，传媒业成为当今世界发展最快、变化最大的一个行业。近20年来，西方各国有关新闻媒体的新法规、新政策纷纷出台，引发新闻媒体从体制到运作模式的巨大变革；新技术的广泛应用，引发新闻传播和接收方法的巨大变化；世界整体格局的急剧变动，引发受众兴趣的不断转移，从而导致媒体从报道内容到表达方式的巨大改变。就在笔者写作本书期间，媒体的变化令人眼花缭乱，许多数据不得不一边写一边修改。

同时，新闻媒体的体制和运作方式，深受西方各国政治体制、经济体制、社会结构和文化传统的制约、影响，新闻体制和运作方式，不同的国家有不同的特点。可以说，新闻媒体是世界上最复杂的一个系统。

新闻媒体又是西方各国最敏感的一个领域。它不但涉及经济利益，更重要的是新闻媒体事关政治之本和文化之源。在当今世界舞台上，各国媒体间的冲突与融合、对抗与合作，都与政治、经济利益以及文化差异有着密不可分的联系。

中国的传媒业被西方一些传媒巨头称作"东方最大的一颗珠宝"。在经济全球化加速发展以及中国加入WTO以后，西方超级传媒已经而且必将以更大规模、更迅猛的速度抢滩中国传媒市场；况且，为了让世界更好地了解中国，中国传媒业也应竭力打入西方各国主流社会。这又使我国了解西方当代新闻媒体更具重要性和紧迫性。

本书试图勾勒出当今西方新闻媒体的一个概貌。其涉及当今西方传媒20年的变革，主要发展趋势，西方各国传媒业主要特点，主要新闻学理论、新闻体制、运行模式以及新闻业务，让读者对当代西方传媒业有一个鸟瞰式的了解。

第一章 西方新闻媒体的新秩序

从 20 世纪 80 年代初开始,西方的新闻媒体发生了深刻的变革。变革包括整个新闻媒体的体制、运作模式、操作方式。尤其是进入 90 年代,西方媒体变化之快、变动之大,令人目不暇接。

第一节 媒体的旧秩序和政府的新规则

谈到西方新闻媒体的旧格局,英国著名的新闻传播学大师丹尼斯·麦奎尔等把西欧广电系统的共同特征归纳为四点①。

第一,广播电视服从于"公共服务"的目标,特别是在文化和信息领域肩负公共责任,同时对少数的意见和利益给予特殊的照顾。各国的具体情况不同,公共服务的具体政策也不同。

第二,全国性是系统的典型特征,这种系统特征是以为国界之内的受众和社会制度服务而设定的,是一种被期待可以保护国家的语言和文化,并表现国家利益的特征。全国性的一个主要表现是,广播体制通常是以垄断或准垄断的形式,掌握在一个唯一的有法定资格的公共权力机构手中。

第三,广播电视行业以各种方式被政治化了,或是以强力的政治中心化方式,或是通过给予不同政治观点以平等的表现机会或媒介接近机会的方式。广播电视制度是以法律形式确定的、对流行的政治和社会气候十分敏感的、特定的政治和文化(经济因素不是主要的)创造物。

第四,一般来说,广播电视在理论上是非商业的,各个国家通过各种

---

① 〔英〕丹尼斯·麦奎尔等:《90 年代欧洲媒介变革分析框架》,载《新闻与传播研究》,1994 年第 4 期。

方式完全排除各种形式的商业收入。在某种意义上,广播电视的目标主要不是商业的或经济的,而是文化的和政治的。在系统内,商业的成分受到严格限制。这一限制和这样一个系统的其他典型特征共同形成了一个结果,这就是大量的有关限制电视传送时间的规定。按北美和一般商业化的标准看,很多国家的节目输出因为这种规定而显得十分有限。

美国的情况与西欧有些区别,因为美国的广播电视主要是私营的,实际上是由 ABC(美国广播公司)、NBC(全国广播公司)、CBS(哥伦比亚广播公司)三大商业广播网垄断。但三大商业广播网一直受到美国联邦通信委员会(FCC)的严格监视和反垄断法等法规的严格限制。比如,一家大公司最多只能拥有 12 家电视台;一家公司对全国的观众覆盖率不得高于 25%;一家公司不得同时拥有无线电视和有线电视;电视执照每 5 年重新审查、登记,等等。在节目内容方面,FCC 制定了"公正原则",要求广播电视必须提供一定时间的时政节目;要求在有争议的时政问题上,给争论各方以平等的表达机会;要求每天给不同年龄的少年儿童提供健康的少儿节目,等等。FCC 已经认识到并多次强调,广播电视具有不同于一般商品的特殊性,它通过种种法则防止广播电视的集中垄断,防止商业性广播电视过分的商业化倾向,保持广播电视特有的公益性。

欧洲和美国的广播电视在体制上不同,欧洲以公营为主,美国以私营为主,但在 20 世纪 80 年代以前,政府对广播电视执行了基本一致的政策取向:强调广播电视的公益性,防止其过度的商业倾向。

这一政策从广播电台正式播出开始,持续了半个世纪。到 20 世纪 80 年代初,西方各国政府陆续改变政策,从过去的"严格管制"变为"放松管制"(Deregulation)。

放松管制在西欧各国最集中的体现是:在保持公共广播电视网的前提下,允许私营电台、电视台的创办、发展,从而在 20 世纪 80 年代西欧各国掀起了广播电视的私有化浪潮。这股私有化浪潮最初由意大利起头:1976 年,意大利宪法法院判决承认地方一批小型私营电台具有合法地位,从而在意大利全国掀起创办电台、电视台的狂潮。1982 年,私营电台、电视台达到 1 500 家左右。很快,这股狂潮波及西欧各国,到 80 年代末,西欧各国的私营电台、电视台都具有了合法地位。到 90 年代中期,西欧各国的私营广播电视网已强大到和公共广播电视网平起平坐、平分天下,形成了西欧公私并举的双轨制的广播体制。

美国的放松管制同样从 20 世纪 80 年代开始,FCC 原有的对广播电视节目的大部分规定在 80 年代先后取消。例如,取消对电台、电视台广告时间的限制(1981年),取消必须播时事节目的规定(1984年),废除"公正原则"(1987年)。而对广播电视最具影响力的是《1996年电信法》,1996年2月由美国参众两院通过,2月8日由克林顿总统签署生效。这部新的电信法的基本点是大大放宽了对广播电视的限制。比如,新法废除了一家公司最多只能拥有12家电视台的规定;把一家电视公司对全国的观众覆盖率的上限由原来的25%提高到35%;撤销在同一地区不能同时拥有无线电视和有线电视系统的规定;撤销一家公司不能拥有两个无线电视网的规定,即允许在已拥有一个电视网的情况下新建一个电视网,但不允许购买现成的电视台;电视台营业执照从5年延长到8年;撤销有线电视收费限制的规定。

然而,最具冲击力的却是新法撤除电信和电台、电视台之间的障碍,新法准许电话公司经营有线电视,有线电视可以提供电话服务。此法一出,美国的电信网、广播网立即闻风而动,立时掀起一股兼并、联合、重组的集中化浪潮,广播电视的旧格局彻底被打破。

西方新闻媒体的变革是20年间世界大变动的伴生物。20年间,世界的政治、经济发生翻天覆地的变动,数其大者,有20世纪80年代从英国开始继而波及全球的私有化浪潮;有20世纪80年代末90年代初以苏联的解体、东欧诸国剧变以及柏林墙的最终倒塌为标志的冷战时代的结束;有20世纪90年代以信息技术为代表的新技术浪潮,等等。这一波又一波的惊涛骇浪不断冲击着新闻媒体,迫使新闻媒体不断变革以适应世界的变动。

而西方媒体变革的具体实施则是政府的政治目的、商界(包括媒体在内)的商业利益和新技术的坚强支撑这三方面合力作用的结果。

20世纪80年代以后,信息化浪潮席卷全球。通讯业已成为全球经济的核心,正如欧洲重建和发展银行在1995年的公告中所言,自由化的电信业是"通往自由市场经济和快速增长的关键因素"[1]。而各种各样的信息已越来越进入世界经济的中心,媒体政策事务已被国际货币基金组织和WTO纳入其职权范围。这使媒体不但蕴藏着巨大商机,也有着巨大的政治利益。西欧广播电视变革的原动力就来自工商界的日益强大的压力,因为公共广电网独霸天下,所有公司难以涉足,连广告都不能播,工商界尤其是大公司难以忍受失去巨大商机的痛苦,它们不断施压,最终迫使政府改变政策。而在美国,各种各样的规定已束缚了广播电视的发展,

---

[1] 转引自〔美〕爱德华·赫尔曼:《全球媒体》,天津人民出版社2001年版,第137页。

《1996年电信法》的实施，就是要给电信业、广播业松绑，让它们放开手脚发展，做大做强，抢占全球媒体市场，独霸天下。而新技术的不断发展，使广播的频率频道已不再成为稀缺资源，尤其是广播业的数字化将给广播业带来一场革命。新技术为广播业变革提供了技术保障，也依仗着政府的新政策加快新技术的推广和进一步发展。

放松管理的新政策使西方媒体掀起了私有化、集中化、商业化、国际化的浪潮。

第二节 西方媒体的集中化

20世纪90年代，不少国家上映了一部幻想电影——《明日帝国》(Tomorrow Never Dies)。这部电影讲述了这样一个故事：一个媒体大亨发射了多颗通讯卫星，掌握着强大的媒体，拥有多家全球性报刊、电台、电视台。他试图通过挑起中国和英国之间的战争来制造新闻，并乱中取利，控制全世界。这个狂人有一句名言：拿破仑有他的军队，希特勒有他的军队，而我有我的媒体部队。在电影中，这个媒体大亨的阴谋差点得逞。

这当然是幻想剧。但这个可怕的前景——全球媒体被数家大公司所控制，几个人控制着全球信息流通——却在人们眼前若隐若现，这正是媒体集中化带来的后果。

一个媒体要做大做强，基本有两条途径：一条是把业务做大，一砖一瓦打造企业；另一条是收购、兼并、联合、合资等集中化。前一条路比较稳当，但时间漫长；后一条路风险高，但可以跳跃式发展，典型案例是美国的Viacom公司。在20世纪80年代中期，该公司只不过是个经营汽车电影院(坐在小车里看露天电影)的中型公司，公司名称是国家娱乐公司，全部资产只有4亿美元。1986年，以雷石东为董事长的国家娱乐公司收购了Viacom公司；1994年，Viacom公司花140亿美元收购了美国顶尖的电影制片公司派拉蒙公司；1999年又以230亿美元的价格收购了CBS。三次兼并，一次一大跳跃，Viacom成为全美国乃至全世界最著名的媒体巨头之一。

西方媒体的集中化在20世纪90年代前期已初露端倪，而《1996年电信法》一出笼，先是在美国，后来在欧洲掀起一股集中化的狂飙。美国三大广播网先后易手易帜。先是1995年，美国迪斯尼公司以190亿美元兼并美国广播公司（ABC）；1996年，时代华纳公司以200亿美元从迪斯尼公司手中收购特纳的有线新闻网（CNN）。1996年，微软公司与全国广播公司（NBC）联合，开办微软全国广播公司频道（MSNBC），这是全世界第一个有线+在线（online）的电视频道；1999年11月，MSNBC又和《华盛顿邮报》宣布结盟，从而在网上就可以看NBC的电视，又可以阅读《华盛顿邮报》、《新闻周刊》。1995年，美国电信巨头西屋公司以54亿美元收购哥伦比亚广播公司（CBS），不久成立哥伦比亚广播集团（CBS.corp），CBS.corp又出大手笔，以37亿美元收购无线广播，从而占据城市电台40%的收入；又收购22家向拉美各国播放西班牙语节目的电视台，组成CBS/Tele Noticias。这一系列收购使西屋公司俨然成为媒体巨无霸。但1999年，Viacom又以230亿美元收购了CBS。而最惊世骇俗的收购却是2000年1月，美国在线（AOL）以1500亿美元天价收购了全球最大的娱乐公司——时代华纳，组成美国在线-时代华纳公司。这一兼并震撼全球。在欧洲，德国的贝塔斯曼公司、基希集团，法国的威望迪环球集团（Vivendi Universal），澳大利亚的新闻集团也都以兼并、收购的方式迅速壮大。

在集中化过程中，主要的方式有两种——

一是纵向兼并、联合，造成纵向一体化公司，这发生在跨行业的兼并、联合上。比如在电信业与广播电视业之间，在电视台和有线网电视、互联网之间，或出版业与广播电视业之间，其目的是在全国、全球范围内形成立体的媒体覆盖网络，对产品进行交叉促销。以Viacom为例，其旗下派拉蒙公司拍摄的电影，由其旗下的户外广告公司和MTV音乐频道、Nickelodeon儿童频道进行声势浩大的宣传，然后由派拉蒙公司的电影渠道广为发行；电影在影剧院上映后，再在电视台影视频道播出；再制成录像带，在其全美最大的音像出租连锁店Blockbuster向全国、全球发行。这样，公司把它的资源一次性产出，多次共享，形成完整的产值链，可以说"把每根骨头的油都榨干"，从而使公司利润达到最大化。

二是横向兼并、联合，造成规模化大公司，这发生在同类媒体、跨媒体的兼并、联合上。比如1984年，意大利房地产商出身的贝卢斯科尼以雄厚财力，迅速地收购全国中小型的私营电视台，组建成菲宁韦斯特公司（Fininvest），占据全国44.5%的电视市场，与公营的意大利广播公司（RAI）平分天下。

当然，几乎所有的巨型媒体公司既进行纵向集中，又进行横向集中，从而迅速壮大。

不管是横向还是纵向,集中的两个原则是融合性和互补性,做到资源共享,充分利用跨行业、跨媒体的协同效果,降低成本,增加收入。这种协同效果能够吸引大的广告客户。例如,2001年6月,Viacom和著名大公司宝洁公司签署了一个捆绑式广告协议,宝洁公司向Viacom支付3亿美元的广告费,因为宝洁公司的产品有老中青少不同年龄段的产品。而Viacom旗下的电视频道中,Nickelodeon对准2~14岁群体,MTV吸引15~34岁群体,Showtime的观众是25~45岁的群体,同时Viacom还拥有全美最大的户外广告公司、CBS无线综合电视频道。这将使宝洁公司充分利用较低的整体行销成本,通过一站式的广告服务,整体性覆盖不同年龄层次的消费者①。

经过十来年大规模的集中化,西方强国产生了世界媒体的巨无霸。据西方学者描述,有六家属第一集团的媒体大集团②(见表1-1)。

上述六家大公司在国际传媒界叱咤风云。它们各有自己的成长发展历程,有自己的经营之道,但有着一些共同特点。

(1) 六家大公司全部实行跨媒体、跨行业、跨国经营,旗下公司众多,既独立经营,又相互依托,从而形成完整的产业链。

(2) 六家大公司都有自己的主打产品,有自己安身立命的绝活,有其他传媒集团难以与其争锋的专属领域。例如,时代华纳公司有世界最大的影视片库,从而成为美国片源最丰富的有线电影、电视频道,拥有美国最大的有线新闻频道,拥有具世界影响力的《时代》、《财富》杂志,从而使时代华纳公司能称雄世界。维亚康姆公司拥有全球最大的音像店、全球用户最多的有线音乐频道。而新闻集团在体育节目的转播上使其他公司难望其项背。

(3) 六家大公司都交叉投资,六家大公司之间、六家大公司与其他媒体公司之间都相互投资,一方面可以分散风险,另一方面可以借助其他公司来开发产品、扩展市场。

商场如战场,从来是胜者英雄败者寇。法国威望迪环球公司由于扩张过猛,入不敷出,2001年亏损达140亿美元,股票价格从2002年初到3月底下挫26%,其公司总裁梅西埃从法兰西民族英雄变成遭人唾骂的"堕落天使",最后被撤职,并将出售部分资产来还债。

---

① 李亦非:《世界传媒集团Viacom的传媒并购纵横谈》,载《中国广告》,2002年第4期。
② 资料来源:《经济观察报》,2002年1月4日;〔美〕爱德华·赫尔曼等:《全球媒体》,天津人民出版社2001年版,第79—130页。

表1-1 世界六大媒体集团

总部	美国在线-时代华纳（Aol Time Warner）	维亚康姆（Viacom）	新闻集团（News Corporation）	沃尔特·迪斯尼（The Walt Disney Com）	贝塔斯曼（Bertelsmann AG）	威望迪（Vivendi Universal）
	美国纽约	美国纽约	澳大利亚悉尼	美国加利福尼亚州	德国尼特斯洛	法国巴黎
旗下公司	☆ 美国在线（AOL、ICQ、Netscape、CompuServe、Winamp、FM365） ☆ HBO电影频道 ☆ 特纳广播公司（CNN、TBS、TNT、华娱卫视） ☆ 时代华纳有线网络 ☆ 华纳兄弟电影公司（出品《黑客帝国》、《完美风暴》、《哈利·波特》） ☆ 新线电影公司（出品《指环王》） ☆ 华纳音乐集团（Atlantic、Electra、London、WEA） ☆ 时代杂志出版公司（拥有《时代》、《人物》、《体育画报》、《娱乐周刊》、《财富》、《亚洲周刊》2.0》） ☆ 时代华纳图书出版公司	☆ 派拉蒙电影公司（出品《谍中谍》、《泰坦尼克号》） ☆ CBS电视网 ☆ MTV有线音乐电视网 ☆ BET有线电视网 ☆ Blockbuster音像租赁零售店 ☆ 西蒙舒斯特出版社 ☆ Infinity Outdoor广告集团 ☆ 互联网：CBS.com、MTV.com、Market.Watch.com、Hollywood.com ☆ 主题公园	☆ 福克斯广播公司（Fox电视） ☆ 卫视频道：英国BskyB、日本Star TV、亚洲Channel V、凤凰卫视 ☆ 福克斯有线网络（Fox新闻频道、国家地理频道） ☆ 福克斯电影公司（出品《星球大战》、《X战警》） ☆ HarperCollins出版社 ☆ 报纸：英国《太阳报》、《泰晤士报》、澳大利亚《每日电讯》 ☆ 互联网：ChinaByte.com、Broadsystem.com ☆ 印度Zee电视台以及印度信空际广播数字通信卫星系统 ☆ 亚特兰大勇士队以及亚特兰大勇士队等职业棒球队	☆ 迪斯尼媒体网络（ABC、ESPN、迪斯尼频道、E!） ☆ 沃尔特·迪斯尼电影公司（出品《狮子王》《花木兰》《恐龙》） ☆ 点金石电影公司（出品《珍珠港》） ☆ Miramax电影公司（出品《莎翁情史》） ☆ Dimension电影公司（出品《惊声尖叫》《恐怖电影》） ☆ Buena Vista戏剧集团（出品音乐剧《狮子王》、《美女与野兽》） ☆ 迪斯尼出版公司（Hyperion出版社、迪斯尼儿童图书） ☆ 杂志出版：《Discover》、《Talk》 ☆ 迪斯尼网络集团（Disney.com、Oscar.com、Mr. Showbiz、NBA.com、GO.com、Toysmart.com） ☆ 迪斯尼主题公园和度假地公司 ☆ 550家零售店 ☆ 5家欧洲电视公司20%～33%的股份	☆ RTL电视集团 ☆ 贝塔斯曼音乐集团（Arista、RCA、BMG） ☆ 兰登书屋公司 ☆ DirectGroup图书直销集团（CDNow.com、barnesandnoble.com、BOL.com、贝塔斯曼书友会） ☆ Gruner+Jahr出版公司（美国《Fast Company》杂志、德国《明星》周刊、中国《焦点》周刊、《车迷》杂志） ☆ Bertelsmann Springer专业媒体出版 ☆ Arvato印刷集团 ☆ 互联网：Napster、Lycos欧洲	☆ 环球音乐集团（Decca、Geffen A&M、Motown、Polygram、Universal） ☆ 环球电影（出品《侏罗纪公园》、《木乃伊》、《角斗士》） ☆ VivendiNet互联网集团（欧洲互联网接入和门户网站Vizzavi、MP3.com、Rolling Stone.com、Education.com） ☆ Houghton Mifflin出版社 ☆ 法国Canal+有线电视网 ☆ 美国USA Network电视网 ☆ 威望迪水处理公司 ☆ Onyx垃圾处理公司 ☆ Connex客运公司 ☆ Dalkia能源公司

续表

	美国在线-时代华纳(Aol Time Warner)	维亚康姆(Viacom)	新闻集团(News Corporation)	沃尔特·迪斯尼(The Walt Disney Com)	贝塔斯曼(Bertelsmann AG)	威望迪(Vivendi Universal)
市场地位	☆ 占美国消费类杂志广告收入的24% ☆ 世界最大的在线即时通信软件(ICQ) ☆ 世界最大的在线地图服务提供商 ☆ 世界最大互联网接入服务提供商(拥有3 000万美国用户和16个国际用户,为美国75%的互联网用户提供接入服务) ☆ 美国片源最丰富的有线电视频道(TBS有8 000万美国收视用户) ☆ 美国受众最多的有线新闻频道(CNN拥有7 800万美国收视用户和212个国家和地区用户)1.51亿国际用户) ☆ 美国片源最丰富的电影频道(HBO拥有3 670万收视用户和1 200万个国家的用户) ☆ 世界第二大有线电影片库 ☆ 美国最大的CD和DVD制造商 ☆ 拥有64种杂志,2.68亿读者	☆ 世界上用户最多的有线音乐频道(MTV拥有140个国家和地区的3.84亿收视用户) ☆ 世界最大的黑人电视节目网(BET) ☆ 世界最大电子游戏录像带、DVD和电视节目分销商,在美洲、亚洲、澳大利亚和欧洲等27个国家拥有7 800家店铺 ☆ 世界最大的户外广告公司 ☆ 美国90个城市和墨西哥、加拿大、英国、爱尔兰及欧洲大陆等地的公共汽车、地铁、火车、电话亭和路牌广告的专营权	☆ 美国最大的电视广播公司 ☆ 拥有亚洲、欧洲、拉丁美洲和澳大利亚的卫星电视频道、无线、有线电视频道的股份 ☆ 拥有美国、英国、澳大利亚、新西兰、斐济等国的160种报纸和20种杂志,全球最强大的体育电视	☆ 世界最大的主题公园经营者 ☆ 在140个国家提供迪斯尼频道和ESPN体育频道的节目 ☆ 全球最大的动画片制作商、供片商	☆ 欧洲最大的广播公司,拥有10个国家的22个电视台和18个电台 ☆ 世界最大的音乐出版和音乐分销商,占有美国音乐市场的20% ☆ 世界最大的音乐唱片出版商 ☆ 美国和欧洲最大的图书出版商 ☆ 世界范围内发行80种杂志 ☆ 拥有德国和东欧的14种日报	☆ 控制80%的法国电影制作 ☆ 欧洲最大的电视公司,美国第二大电影公司 ☆ 世界第二大影视片库 ☆ 拥有8 200万美国有线电视用户 ☆ 占领世界音乐市场的22.5% ☆ 世界最大的爵士乐和古典音乐唱片发行商 ☆ 欧洲最大的付费电视和数字电视运营商,拥有欧洲11个国家的1 550万收视用户 ☆ 世界第三大图书出版商,世界第二大教育图书出版商 ☆ 世界最大的在线游戏、电脑游戏开发商 ☆ 在欧洲和地中海沿岸提供固定和移动通讯业务,拥有法国第一大运营商 ☆ 欧洲第二大互联网接入提供商(ICP) ☆ 在欧洲8国提供互联网站服务

第三节　西方媒体的私有化

西方媒体的私有化主要发生在西欧的广播电视业。因为西方的报业除少数政党、宗教、团体报纸外，绝大多数都是私营的；美国的广播电视业也基本上是私营的。相反，西欧的广播电视业在20世纪80年代以前，绝大多数是公共的。80年代以后，私有化的狂飙兴起，彻底改变了西欧广播电视的性质和结构。

西欧广电私有化浪潮是从意大利开始的。20世纪70年代中期，意大利广播公司（RAI）垄断广电市场，但枯燥无味的节目令受众倒胃口，一些人私设地下电台，以其丰富的、贴近市民生活的节目使RAI的听众大批流失。RAI上告法院，要求严禁地下电台。1976年，意大利宪法法院最后判决，这批地方的地下电台并不违法，这便等于承认私营电台的合法地位。私营电台、电视台如雨后春笋般冒出来，政府无法可依，无法管理，放任自流，到1982年，私营电台、电视台达到1500家之多。到1984年，贝卢斯科尼以菲宁韦斯特公司名义收购了大部分私营电台、电视台，组成一个全国性商业广播网，垄断了意大利私营广播电视业。

意大利广电的私有化运动是一帖催化剂，西欧其他各国的反对党、工商业巨头都对政府、议会施加巨大压力，形成一股广电私有化的强大舆论，终究形成了私有化浪潮。

法国：1985年1月，才上台不久的社会党总统密特朗签发命令，同意设立私营台。旋即，法国三家国营电视台——全国最大的电视一台以及电视五台、新频道转让给大公司，变成私营台，而保留电视二台、三台、四台为公共台。

德国：1987年，联邦各州达成改组广播事业的全国协议，规定了公共台和私营台并存的格局，随即出现私营的电台、电视台。

葡萄牙：非法的私营电台20世纪80年代初出现。80年代末，议会修改宪法，通过新的广播电视法，使上百家私营电台合法化。1992年10月和1993年2月，两家私营电视网相继开播。

西班牙：1988年议会通过立法，允许政府批准开播三个私营电视频道。

与此同时，英国原有的私营电视台——独立电视台（ITV）扩充实力，开始和英国广播公司（BBC）平起平坐；日本的四家私营电视台也加大投资，取得和日本公共台——日本广播协会（NHK）一争高下的实力、地位。

到20世纪90年代初期，西欧各国和日本基本完成广电的私有化。

值得注意的是，西欧各国广电的私有化有一个显著特点，西欧私营电台、电视台都是新办的，而不是由公共台转制的，只有法国的私营电视台是由三家国营台转制而来的。这样，西欧各国和日本形成了公共台和私营台并存的格局，并由此引发激烈的竞争。

第四节 西方媒体的商业化

媒体的私有化必然带来媒体的商业化运作，媒体的私有化和商业化是一对孪生兄弟。

商业化运作的最高目的是营利，营利原则高于一切。媒体的收入主要来自广告商，而广告的价格和吸引广告商的力量主要取决于报纸的发行量和广播电视的收听率、收视率。于是，发行量、收听率、收视率成为私营媒体的生命线。

以发行量、收听率、收视率为媒体运作的直接目标，带来媒体从制作到节目安排的一系列变化，既有积极的一面，又有消极的一面。

20世纪90年代以来，西方媒体呈现一片繁荣景象，这应该说得益于商业化的运作。

（1）广播电视的频率、频道大大增加。西欧各国的电视频道从20世纪80年代中期的48个增加到1998年的220个；2002年达到400个，2006年达到800个。而且各个频道力图办出自己的特点，这使得各个层次的受众都可从中选择喜欢的节目样式。比如，喜欢新闻的，有24小时全新闻频道；喜爱体育的，有24小时体育频道；喜欢音乐的，有专门的音乐频道；少儿节目也有专业频道。

（2）媒体按照受众兴趣、关注重点的转移，不断地调整自己的内容设计和节目安排，从而使媒体内容、节目十分贴近受众，内容、节目生动活泼，而且变动迅速，呈现出多姿多态的景象。像西方各国大报一般都在60~80版，除16~20版新闻版外，其余都是各种专版。虽然一般读者只看其中10%左右，但满足了方方面面读者的需求。

（3）媒体的收益大大提高。从20世纪90年代初到20世纪末的10

年左右时间,欧美国家媒体的广告收入平均年增加10%~15%。再加上大公司其他各项文化产品的收入,媒体成为西方各国增长最快的行业之一。美国对外输出的媒体产品其总产值位居美国各单项出口的第二位,媒体的实力不断提升。

(4)媒体实力的提升为媒体新技术的开发、推广创造了条件。办公的电脑化、版面的卫星传送、激光排版系统、快速全自动印刷系统在西方各国报业被普遍采用,广播电视的数字化步伐也大大加快。这既是媒体竞争的需要,也是媒体实力提升的结果。

商业化运作必然带来激烈的市场竞争,竞争带来活力,促进西方媒体的繁荣,但竞争也导致一定程度的混乱。

(1)对新闻事实充分、客观的报道,对公共事务理性的讨论,促进社会各界全面沟通,价值取向的多元和普遍的全民性服务等等理论与实践,曾经是欧美媒介业引以为荣的民主原则的体现,商业化的运作则动摇了这些原则①。商业化运作把媒体简单地看作商品,把媒体与受众之间的关系简单地看作买卖双方的关系,媒介的使命感逐渐淡化。比如,美国的FCC作为政府机构,原本的职责就必须监督媒体完成社会使命。然而,里根政府1982年任命的FCC主席马克·弗劳厄公开宣称:"电视机只是另一件电器,是有图像的烤面包机。"意即电视与一般家电无异。他还说:"公众利益就是公众感兴趣的东西。"②

(2)媒体真正服务对象的重点从受众转向广告商。受众当然是重要的,没有受众就不可能有广告。但广告毕竟是媒体的终极目标,当公众利益和广告商利益发生冲突时,媒体就会倾向维护广告商的利益。美国西屋公司总经理米歇尔·乔丹就坦陈:"我们就是要为广告商服务,这就是我们存在的原因。"把广告商当作媒体存亡的关键,那么,广告商对节目的发言权就越来越大,广告商尤其是大广告商成为节目的冷面判官。一切有损于广告商利益的或令广告商不舒服的内容、节目都被无情地扼杀,这大大削弱了媒体守望环境、监督社会的功能。

(3)娱乐化以其不可阻挡的潮流席卷西方媒体。商品销售必须要有市场占有率,而市场占有率的前提是商品的通用性。如果有一种商品能不分国界、不分民族、不分种族,男女老少、各行各业的人士都喜欢,那就有了占有很高市场份额的可能;退而求其次,不能让所有人都喜欢,至少

---

① 〔加〕赵月枝:《公众利益、民主与欧美广播电视的市民化》,载《新闻与传播研究》,1998年第2期。
② 同上。

在很大群体中受喜欢,那也能占有相当的市场份额。对媒体来说,在各类节目中,娱乐节目是最具通用性的,因为寻求快乐是所有人的本性,媒体的娱乐化成了几乎所有商业性媒体的共同选择。西方各大报的版面,新闻版基本上不增加,近些年增加的版面几乎全在娱乐报道上。以美国大报《洛杉矶时报》为例,每天 60~80 版,其中娱乐化的版面,包括体育专版、家园专版、影视专版、时尚专版等等,占 50% 左右,即每天平均 30~40 版。严肃报纸尚且如此,更遑论通俗化小报了。电视,无论美国还是西欧,娱乐频道都在 90% 以上。

新闻节目(版面)受到娱乐化节目挤压,而且新闻报道本身也在朝娱乐化方向发展,很多严肃新闻都加上了娱乐化的包装。

媒体产品确实具有商品性,但它是特殊的商品,过度的娱乐化会使媒体品格低下,走向庸俗、低级,带给人们的仅仅是感官的刺激。比如欧美的谈话类节目,过去大都讨论时政、社会公德、教育等比较严肃的话题,现在话题几乎都集中在家庭、婚姻,尤其是两性关系上,因为这类话题最具刺激性。这类谈话节目有时会变成一出闹剧:台上打情骂俏、满口脏话、争争吵吵、哭哭笑笑,直到解衣露胸、动手动脚,甚至大打出手,动用警察劝架,而台下起哄、争吵不休,整个场面乱作一团,甚为庸俗。人类寻求快乐,天经地义;媒体为受众提供娱乐,是媒体天职,但必须适度,必须健康,庸俗、低级甚至充满暴力、色情的下流节目、内容无疑有害于社会。

(4) 娱乐节目美国化。在欧洲和日本的电视台,尤其是私营台,黄金时段播出的电视节目大多数是美国的电视剧、电影。据统计,英国、西班牙的私营台,美国电视剧占整个播出电视剧的 70%,最低的法国三大私营电视台也占 40%,西欧各私营台平均达到 60% 左右①。西欧的新闻学者不得不喟然长叹:"电视业越商业化,也就越美国化。"②其原因在于电视台越来越多,播出时间从每天平均 16 小时到 22 小时,电视台必须寻找价廉物美的电视剧来填充它们的播出时间③。尽管各国政府大力倡导本国电视剧制作,但高昂的制作成本和漫长的制作周期绝非一家电视台能够承受得起的。美国电视剧以其价廉物美乘虚而入,迅速占领欧洲和日本各电视台的黄金时段。以德国为例,1995 年最受观众喜爱的 21 部电影和 10 部出租录像带中的 9 部,都是美国的电影制片厂的产品④。美国电视

---

① Denis McQuail, *Media Policy*, SAGE Publications, 1998, p. 108, p. 32.
② Ibid.
③ Ibid.
④ 〔美〕爱德华·赫尔曼:《全球媒体》,天津人民出版社 2001 年版,第 42 页。

剧的大举渗透,引发欧洲和日本具有正义感的文化界人士对"文化帝国主义"的惊恐,法国人甚至喊出了"保卫法兰西文化"的口号,但实际上收效甚微。

第五节 西方媒体的全球化

资本总是朝着最有利可图的地方流动,全球化的本质和最重要的内容就是资本跨越任何障碍的自由流动,以便更有效地占用全球资源,占领全球市场,转移全球剩余,获取最大利润。在全球化经济大潮中,西方各国媒体同样活跃,它们以先进的媒介技术为助力,在资本力量的驱动下,几乎垄断了全球信息产品的生产和消费市场①。

比起其他的商业资本,新闻媒体作为特殊的文化产品,当它进入其他国家的时候,会遇到更多的限制或障碍。比如,南美洲、阿拉伯地区各国、东盟大多数国家,也包括中国,都规定本国的新闻媒体不得拥有外国公司的股份,也就是拒绝外国公司进入该国的新闻业。这种种限制压缩了超级大媒体跨国经营的空间,但还是无法阻挡跨国经营的速度。尤其是进入20世纪90年代以后,超级大媒体的跨国经营更趋活跃。目前,跨国公司的经营主要区域还在西方各国,各超级大媒体相互渗透,采取兼并、联合的形式实现跨国经营。当今的西方各国,新闻媒体你中有我,我中有你,没有哪一个国家的新闻媒体纯粹是本国的,也没有哪一个国家的新闻媒体只在本国经营,只不过程度不同而已。

从目前情况看,欧洲是跨国公司最活跃的地区,最典型的国家是英国。一方面,国际跨国公司大量蚕食着英国媒体。默多克的新闻集团在1981年以1 200万英镑买下《泰晤士报》的版权和资产以后,又一口气买下英国两家发行量最大的报纸——《太阳报》、《世界新闻》,成为英国报界最大的一个报系。1989年,新闻集团和英国其他三家公司合资创办天空电视台,开办四个频道,由卫星直接进入家庭,1990年其用户就达100万户。1990年11月,天空电视台正式和英国卫星广播公司合并,成立天空广播公司(BSkyB),新闻集团持有40%的股份。10年来每户订费已从开播时的5.99英镑上涨到29.99英镑,但用户还在快速上升,1998年已

---

① 杨瑞明:《传播全球化——西方资本大规模的跨国运动》,载《国际新闻界》,2001年第2期。

达350万户①。天空广播公司的经营理念、方法给比较保守的英国新闻业带来很大的冲击。英国福莱克电视台的经营部主任亚当·辛格认为:"天空电视台为电视观众带来的节目同BBC和ITV完全不一样。它是英国第一家真正的商业电视台,而不像ITV一样只是获取信号。在每一户家庭都处于多频道的数字环境里,它开办的天空台对于传统的电视网是一个,重要的竞争对手。"②美国的媒体公司同样涌进英国媒体市场。1999年,美联社并购世界上最大的电视新闻社WTN,组建成美联社电视部,与路透社电视部竞争,成为世界最主要的两个电视新闻供应商。美国媒体还出售它们的频道,像音乐(MTV)频道、体育与娱乐频道、发现(Discovery)频道,几乎已占领了英国以及欧洲的有线电视付费频道市场。

但是,另一方面,英国媒体以BBC为代表也大踏步走向世界。其中有影响的跨国经营活动有:BBC与英国的皮尔逊、福克斯泰公司合资在澳大利亚创办了一个娱乐频道"英国电视"(UKTV),订户已达20万;和英国皮尔逊、美国考克斯合办一个面向欧洲的娱乐频道BBC Prime,现在在全欧拥有400万订户;在美国创办电视剧和娱乐频道"BBC美国频道";在日本则开办互联网公司,提供体育比赛节目等内容。

美国无疑是世界媒体资本和媒体产品最大的输出国,像迪斯尼、Viacom、时代华纳公司,目前它们30%~40%的收入来自海外。

在拉丁美洲,这块历来被称作"美国后花园"的地方,美国媒体特别活跃。拉美1亿多家庭中85%拥有电视机,而且11%~15%拥有有线电视或卫星电视,这11%~15%是拉美最有钱的家庭。而有线电视、卫星电视已被美国垄断。拉美主要有线电视、卫星电视的总部就设在美国的迈阿密,迈阿密号称"拉美的媒体之都"③。其中Viacom拥有拉美有线网(USNet-Work Latin America),迪斯尼公司拥有巴西有线电视(TVA)20%的股份和数字通信公司30%的股份。

在欧洲,迪斯尼公司持有5家欧洲商业公司20%~33%的股份,有欧洲最大的欧洲体育网,并拥有德国的RTL2频道、有线TM3频道、西班牙Tensauro SA及北欧SA广播网的控制权;时代华纳公司同样控制着欧洲音乐频道VIVA、德国的N-TV。

美国的媒体产品输出更显五花八门,其主要报纸、杂志、电视频道(以

---

① 参见《风雨十年结硕果》一文,载《世界广播电视参考》,2000年第1期。
② 《世界经济展望》,载《参考消息》,2001年2月12日。
③ 〔美〕爱德华·赫尔曼:《全球媒体》,天津人民出版社2001年版,第75页。

体育、娱乐为主)在世界任何一个国家和地区都能看到。被世界公认为真正的国际性报纸的《国际先驱论坛报》,由《华盛顿邮报》、《纽约时报》和惠特尼通信公司共同拥有,每天平均 16 个版,一周 6 天,在 181 个国家和地区共发行 20 万份。除 47 900 家固定订户外,每天在欧、美、亚、拉美各国 8 500 个报摊上零售。与《国际先驱论坛报》相似的是《华尔街日报》,除美国本土版外,还有《亚洲华尔街日报》、欧洲版《华尔街日报》,有 8 万份发行量。《时代》周刊每期有 60 个版本,全球总发行量达 550 万份(欧洲版 50 万、亚洲版 35 万、拉美近 10 万、加拿大 35 万)。《新闻周刊》在 150 个国家和地区发行 325 万份。更惊人的是《读者文摘》,曾以 18 种语言、47 种版本,每期在全球发行 1.3 亿份(1995 年)①。除了大量输出报纸、杂志外,美国媒体还大量输出整个电视频道。其中,发现(Discovery)频道在全球 136 个国家和地区播出,而 ABC 的"娱乐与体育频道"(ESPN)在全球有 9 700 万个家庭订户②。

  1996 年,美国对欧洲媒体产品的顺差达到 63 亿美元,2001 年则超过 90 亿美元,其中好莱坞的影视产品的国外收入在 2000 年超过 70%。好莱坞销售人员兴高采烈地说:"国际业务在爆炸般地发展。"而意大利的制片商则哀鸣:"在欧洲,就市场产品的数量而言,除法国略有不同外,我们几乎 90% 被殖民化了。"③

  西方媒体的跨国经营通常采取合资、收购、新办三种途径。其中和当地媒体合资或合作是西方各媒体最常见、最乐于采用的方法。因为跨国大媒体可以利用合资方原有的设备、人员,尤其是原有市场进行扩展,而合资对象在全球化大浪中也非常明白:这是个"赢家统吃"的时代,或者和大公司合资以求生存、发展,或者就被淘汰、兼并。

  说到跨国公司,人们总是会想到默多克的新闻集团。哪里有利可图,哪里就有默多克;哪里有空子可钻,哪里就有默多克。1980 年,新闻集团的年收入不过 10 亿美元,到 2000 年总收入已达 116 亿美元。其电视的覆盖范围已包括五大洲,占全球面积的三分之一,全球人口的三分之二,是名副其实的"全球电视帝国"。

  即便如此,默多克还未停止其雄心勃勃向全球进军的步伐。1998 年 11 月,默多克创办了新闻集团欧洲分部,决定大举进军欧洲电视市场。当新闻集团欧洲分部想收购意大利一家数字电视台被意大利议会否决后,

---

① 参见〔美〕威廉·哈森:《世界新闻多棱镜》,新华出版社 2000 年版,第 150—153 页。
② 参见郭景哲:《世纪之交的外国广播电视业新动向》,载《世界广播电视参考》,1999 年第 5 期。
③ 参见〔美〕爱德华·赫尔曼:《全球媒体》,天津人民出版社 2001 年版,第 42—45 页。

就马上和意大利电信公司、法国电视一台合资创办了一个有100个频道的意大利付费电视台,和意大利广播公司、菲宁韦斯特广播公司展开竞争。同时,又设法控制了德国沃克斯电视台,在德国站稳了脚跟。不久,默多克又盯上了俄罗斯,乘俄罗斯公共电视台(ORT)的财务危机,想方设法购买其50%的股份。但默多克梦寐以求的却是进入中国市场,为此而不惜血本,不择手段,要打开媒体跨国公司最后最大的一块处女地。

西方媒体的跨国经营的主要目的是商业性的,但也必然带来政治的、社会的、文化的诸方面的影响。例如,在媒体实力不断增长的同时,默多克在各国的政治影响也在增长。在英国,默多克在20世纪80年代和90年代一直支持保守党政府,大大削弱了工党的政治影响力。当他改变策略来支持复兴的工党时,工党就在1997年的大选中获胜,由此在欧洲和其他地区引发"默多克"恐惧症,"使法国和意大利政党们担心的不是默多克的蹩脚文化,而是他利用媒体控股公司来影响他从事业务的每个国家的政治"①。

第六节 西方强势传媒觊觎中国

无论是风风火火的资源整合重组,还是小心翼翼的实体经营运作,对于拥有十几亿人口的大国来说,中国的传媒业仍然是尚未成熟的产业。在经济全球化难以阻挡的大潮中,西方强势媒体对中国传媒业这块正在烹制的巨型蛋糕早已垂涎三尺。

从20世纪八九十年代开始,就已经有一些西方媒体有意于打开中国这个市场。第一家进入中国的国外传媒当属美国国际数据集团(IDG)。1980年,它在中国合作出版了IT界的第一份报刊——《计算机世界》。今天,中国已经"入世",而各国强势媒体却更盼望着入华。受中国政府政策的限制,这些传媒公司不能直接在华经营传媒业,便转而利用各种方式,在华寻求合适的对象,通过合作尽可能地挤进中国传媒领域,为日后能在这块传媒市场取得竞争优势打下基础。

---

① 张叔雄编译:《欧洲大陆流行"默多克"恐惧症》,载《世界广播电视参考》,1999年第5期。

一、八仙过海 各显神通

国外强势传媒巨头都拥有雄厚的资金与丰富的资源,它们在试探、渗透中国传媒市场的过程中充分利用自身在全球传媒业中的优势与特色,各显神通。

1. 内容为王

"内容为王"可以说是维亚康姆公司的口号。从1995年开始,该公司通过旗下MTV音乐电视网制作的音乐节目开始进入中国市场。目前,它向中国有线电视台出售教育和娱乐节目,每周16个小时左右,观看这些节目的家庭有6 400万个。2001年3月,公司与北京唐龙文化发展有限公司达成协议,共同制作并播出中文版的儿童节目。从2002年5月开始,维亚康姆又用MTV将其儿童频道的节目《尼克知识乐园》通过唐龙节目分销渠道在中国100多个城市的电视频道播出。

2001年10月,美国在线-时代华纳公司与我国中央电视台达成协议,美国在线的中国普通话频道(CETV)落地广东,其节目包括娱乐、卡通、游戏、电影和体育等等(没有新闻节目)。作为互惠条件,央视英语频道也在时代华纳的美国有线电视系统中播放。此项协议于2002年开始实施。另外,美国有线电视新闻网(CNN)在香港设立了节目制作中心,也与央视签署了关于交换新闻节目的初步协议。

迪斯尼的动画系列片——《米老鼠和唐老鸭》,在20世纪80年代的中国曾经陪伴了一代人的少儿时代,让中国人第一次领会了动画的魅力所在。但在当时知识产权极端淡薄的年代里,市场上米老鼠和唐老鸭的玩具、商标、招贴等等侵权产品泛滥,使得迪斯尼一度被迫退出了中国市场。如今,该公司的少儿节目《小神龙俱乐部》又风靡中国多年,在30多个省市的40多个电视频道播出,成为极具影响力的少儿电视节目。

以内容服务为主的其他公司还有英国的皮尔逊公司(Pearson)。2001年11月,该公司与央视控股的中视传媒签署协议,合资组建Pearson CTV Media多媒体制作公司,其节目以英语教育和娱乐为主。可以说,这是第一家中外合资的媒体内容制作公司。

此外,福布斯公司的CEO蒂姆希·福布斯曾于2001年4月来华试探合作,表示该公司对中国的财经类杂志很有兴趣,并打算从提供内容开始。

2. 扩展平台

默多克的新闻集团最擅长经营其全球范围内的传媒平台并进行扩张。早在1985年,当新闻集团收购20世纪福克斯公司之后,默多克陆续将一些电影引入中国,如《音乐之声》、《巴顿将军》等等。这是默多克与中国早期接触的开始,而其真正的扩张基础则是新闻集团的传媒平台与技术。1994年,默多克投资1 200万美元建立了合资企业天津金大陆公司。该公司以其先进的技术设备,为国内十几家电视台提供体育比赛现场转播、频道节目包装等技术支持,并参与制作了《中国茶文化》、《文化休闲》等节目,在全国30多个省市电视台播放。

默多克向中国内地扩张的关键,是自1993年投资10亿美元收购香港李泽楷的卫星电视(Star TV)开始的。2000年底,Star TV在上海设立了办事处。至2001年,这家电视台通过7种语言和30多个频道向亚洲53个国家和地区播出节目,观众已达3亿左右。目前,大陆观众可以收看新闻集团旗下的凤凰卫视中文台、Channel V音乐台、卫视体育台等多个频道。2002年3月,作为新闻集团全资子公司的星空卫视通过广东有线电视网在广东地区正式开播,成为第一家在华落地的境外有线电视频道。

为回避中国有关外国资本不得进入中国有线电视市场的规定,新闻集团还对国内的宽带建设、数字电视、互动电视等领域表现出相当的兴趣。2001年2月,Star TV改名Star,这标志着星空卫视将从一个单一的电视媒体向多元化的媒体转变。同时,新闻集团还购买了中国电信运营商网通的部分股权,而网通在全国数十个城市拥有高速宽带网,这也算是新闻集团另辟蹊径,准备通过电信网络经营其音频、视频服务。在互联网方面,新闻集团还与网易、人人等网站进行合作与市场开拓。

美国在线-时代华纳为进军中国市场,于2002年1月斥资1亿美元收购了香港华娱电视台90%的股份。这是一家由新加坡华侨蔡和平于1995年创立的华语电视台,其节目在广东等华南地区拥有一定数量的有线电视观众。目前,该台继新闻集团星空卫视之后也落地广东地区。同时,美国在线又与联想FM365结盟,旨在通过双方的技术合作,拉近其在线娱乐服务与中国受众之间的距离。

3. 推销品牌

2001年8月,美国迪斯尼公司与海南海虹企业(控股)股份有限公司合作共建的"迪斯尼中国网站"正式开通,前者授权海虹经营迪斯尼网站的中文版和迪斯尼相关产品。这是出现在中国的第一个"迪斯尼"品牌服务,其项目包括迪斯尼网上游戏、娱乐等精华内容,并增设儿童英语教学、趣味游戏等频道。为进一步扩大其品牌效应,迪斯尼还在香港投资建设了主题公园。

美国在线-时代华纳自 2000 年开始涉足国际英语教育领域,英语课程以游戏教学为主,其主旨是通过著名的华纳卡通形象推广其品牌和管理模式。2002 年 5 月,美国在线-时代华纳公司与广州信孚教育集团达成初步合作意向,在国内合作开办儿童英语教育学校。

4. 印刷出版优先

德国传媒业巨头贝塔斯曼集团则与以上公司不同,它在中国的扩张是以印刷出版业为主。1995 年,贝塔斯曼与上海新闻出版局下属中国科技图书公司合建了上海贝塔斯曼文化实业有限公司。2002 年 1 月,贝塔斯曼又与上海包装集团和印刷集团签订了合作意向书,着手共建当前国内规模最大的印刷企业。迄今为止,贝塔斯曼集团在华建立了近 10 家独资或合资企业。

在投资印刷业的同时,贝塔斯曼还在中国推广发行杂志。2000 年 1 月,集团控股的上海古纳亚尔管理咨询有限公司和上海科学技术出版社共同出版发行了《车迷》杂志,后又与辽宁教育出版社合作引进《国家地理》杂志的中文简体版。

贝塔斯曼给中国消费者印象最深的还是贝塔斯曼书友会。书友会是贝塔斯曼的传统业务,贝塔斯曼于 1997 年开始在中国市场推广这一经典的销售模式,经过几年的努力,曾有相当规模。贝塔斯曼书友会曾在全球拥有 2 500 万会员,其中在中国发展了 150 万会员。2000 年 12 月,贝塔斯曼中国在线(BOLChina.com)开通,将书友会发展为在线、线外两种方式,并与国内 100 多家出版社和音像制品公司合作,经营各类文化产品。

然而,在网络书店和网络电子阅读的冲击下,贝塔斯曼图书销售在中国遭遇滑铁卢,"书友会"悄然消失,2008 年 6 月 13 日,贝塔斯曼宣布其旗下分布在中国的 18 个城市的 36 家零售门店,于 7 月 31 日前全部关闭。至此,贝塔斯曼全面退出中国。

二、本土经营　因地制宜

尽管国外各大传媒集团在跨入中国的第一步中表现出相当的差异性,但在巩固已有阵地、拓展业务、扩大规模方面,它们又根据中国的实际情况,在策略上则更多地表现出一些共同点。

1. 本土经营

本土化是当今跨国公司全球经营中的重要战略之一。本土化经营有利于跨国集团快速深入地了解并熟悉业务所在国的政策条件与市场环境,尽可能避免或化解业务所在国对外资投入与市场准入等方面的限制。

当前,西方传媒集团在我国本土经营的目的就是要将自身的优势与特色在中国市场上生根发芽,其方式主要包括以下几个方面。

(1) 与本土优势传媒或特色传媒合作。

作为本土化经营的重要方式,在与本土传媒的结合中,各大跨国媒体集团在中国寻求强强联合,一来与自身实力相符合,二来可以实现优势互补,获取最大效益。国外传媒与央视这种国内优势媒体进行的合作自不必说,其他各种合作也许更能说明它们的目的与效应所在。

维亚康姆之所以选择与唐龙公司合作,正是看中了唐龙在国内电视节目流通市场上的渠道和制作节目的能力,因为维亚康姆在中国所需要的就是为其节目内容寻求分销渠道。最早拍电视剧亏本的陆兴东,通过8年的努力,使他的唐龙公司成为国内最大的电视节目供应商之一,与全国300个左右城市的600多个频道建立了分销平台,日提供节目量已达7个小时16个栏目。

美国在线-时代华纳与迪斯尼的在华合作伙伴分别有联想与海虹控股。联想在中国市场互联网领域占据相当重要的主导地位,并已具有相当的品牌效应,这是美国在线-时代华纳与之合作的原因所在。而虽然海虹经营的网站并非国内的门户网站,但海虹控股拥有的中公网、联众网络游戏世界、亚联网等也是国内的知名网站,其中联众网络游戏世界更是占领了中国在线游戏60%的市场份额,有"中国第一游戏网站"之称。联众网络游戏世界的游戏娱乐业务与迪斯尼的娱乐业专长不谋而合,而这对迪斯尼推广其品牌来说是非常重要的。

新闻集团在中国寻求的合作可以说是几大跨国传媒中最全面的一家。为开展电信网络的视频服务做准备,新闻集团选中了网通,因为网通在技术上是中国比较先进的电信运营商之一,这使新闻集团在该领域的业务拓展较其他国外巨头抢先了一步。

(2) 人才本土化。

默多克的新闻集团就是由分布在世界各地的单个独立运作的本地化子公司组成的,是媒体跨国经营的典范之一。1995年,默多克将凤凰卫视的一部分股权出让给中方控股。1998年,他还将自己执掌多年的Star TV行政主席一职交给华人,就连其与邓文迪的婚姻也会引起一些人对其经营策略的联想。

在世界各地为维亚康姆MTV工作的员工当中,绝大部分都是当地人才,这些人对本地的文化与市场有较强的认知与适应能力。这对以内容为王的媒体来说尤为重要,只有适合当地文化与习俗的节目内容才能很快融入当地市场。在中国推广维亚康姆MTV音乐频道方面,其中国区女总裁李亦非功不可没,而她本人则是曾经入选《财富》全球企业新星的中国企业家。

(3)内容本土化。

维亚康姆以内容制作为主,较少从事传输载体的经营,其本土化经营策略除了充分利用中国国内的资源与人才之外,就是努力制作推广反映中国文化及其品位的节目,做到内容本土化。MTV音乐网为打入中国市场,根据中国观众的欣赏口味和中国政府的有关制度与规定,更新节目,如MTV天籁村、MTV学英语和MTV光荣榜等,取得了很好的效果。从1999年起,MTV又与央视联手举办音乐电视颁奖晚会——"CCTV-MTV音乐盛典"。维亚康姆还通过MTV包装一些华人歌手,最典型的就是将歌手朱哲琴和李玟的歌曲在全球推广,后者还曾登上奥斯卡颁奖晚会的舞台。

儿童电视节目《小神龙俱乐部》是迪斯尼的一大杰作,正是由于该节目中包含有大量本土化制作的内容,因而深受中国少年儿童的喜爱。迪斯尼在中国开通的网站既保持了迪斯尼娱乐的特色,又根据中国实际,增加了儿童英语教学、趣味游戏等几个具有中国特色的频道,将迪斯尼英文网站精华与国内娱乐统合在一起。另外,小神龙会员俱乐部的成立,又使其在线节目与其市场上的相关产品经营紧密结合起来。

美国在线-时代华纳为推销旗下著名刊物《财富》,专门出版了中文版,并逐渐朝有中国特色的品牌刊物发展。

2. 与政府部门建立关系

在中国目前对外资在传媒领域的投资与合作控制相当严格、政策并不十分明朗的环境中,与政府部门建立关系这一招自有其特殊的功用。实际上,上述国外传媒集团在中国内地所取得的成就,在很大程度上应归功于这一外围突破战略。为了做好这种外围工作,各传媒巨头都不约而同地试图与中国政府部门建立并保持积极友好的关系。

在与中国政府的关系上,新闻集团可以说是远远强于其他强势媒体。总裁默多克就曾多次访华,并拜访了时任国家主席的江泽民。为与中国政府保持良好的关系,1995年与1999年,集团旗下的《泰晤士报》两次赞助中国在大英博物馆举办中国文物展;1996年,新闻集团旗下的哈珀·柯林斯出版社出版英文版《我的父亲邓小平》一书。2001年2月,新闻集团能够收购网通6 000万美元的股份,也与中国政府的支持有很大关系。

早在1993年,时任德国总理的科尔率团访华,当时的贝塔斯曼股份有限公司派员随同,开始和上海有关方面探讨出版与印刷业的合作可能性。此后,贝塔斯曼集团为实现并加强与中国印刷出版业的合作,其上层人物陆陆续续访华30余次,积极与中国政府有关部门展开磋商。

新千年的头两年中,名列全球前几位的传媒集团的上层人物均曾来华进行访问,寻求在华扩张的契机,这些人包括迪斯尼总裁罗伯特·艾根、维亚康姆总裁雷石东、新闻集团总裁默多克、贝塔斯曼总裁米德尔霍夫等等。

3. 踏足香港

值得一提的是,国外各大传媒在竭力跻身中国内地市场之时,也没有忘记香港这块地方。鉴于香港已有的传媒业规模及其发达程度,它本身就是一块不可忽视的传媒市场。香港传媒业在整个中国华南地区,尤其是珠江三角洲一带又有着相当的影响力,再加上中国政府在此地的政策特殊性,使得这里成为国外传媒进占内地市场最合适的外围阵地。

前述新闻集团在香港经营多年及其所取得的成就,令其他跨国集团也跃跃欲试。维亚康姆公司希望通过效仿新闻集团的做法在香港买进广播公司,最终实现在中国拥有一个频道的目的。

综上所述,国外传媒集团在进军中国的过程中真可谓竭尽所能,费尽心机。它们充分发挥各自在内容、品牌、渠道、服务模式等方面的潜力,针对中国的政策与行业现状,采取适当的经营策略。这些在让国人学习全球经营理念的同时,也让国人预见在打造自身强势传媒过程中将会遇到的艰辛。

第七节 西方媒体面临新的困境

西方各国政府对媒体放松管制所引发的集中化、商业化浪潮,媒体激烈竞争引发的对市场的依赖以及新技术广泛运用对媒体形成的强大冲击波,给西方传媒业带来巨大机遇,也导致新的困境。

一、利润至上导致新闻独立性的丧失

按照西方的新闻学理论,新闻(信息)是公共产品,传媒业是支撑西方民主制度的一个支柱。所以,传媒业的新闻专业理念以社会责任为核心,以客观性原则为新闻生产的运营原则。同时,为确保新闻生产的客观性,传媒业实行编营分离的原则,即记者、编辑把他们的角色定位于报道和传播真理,业主、发行人、管理层定位于市场,赚取利润。经营部门不得干预编辑业务,以保持编辑的独立性。你卖你的广告,我编我的新闻,双方有一堵不可逾越的防火墙,以防止广告商控制报纸的新闻栏目。但集中化、商业化的浪潮冲垮了这堵不可逾越的防火墙。在西方各国,当今最盛行的理论,不再是具有理想色彩的自由主义报刊理论、社会责任论,而是"市场驱动新闻学",利润至上正压倒社会责任,冲击着客观性原则。

从20世纪90年代开始,在西方各媒体中,MBA开始统治编辑部,推行一套"整合经销"的方案。这套方案的原则就是"市场高于一切",报纸版面以广告量决定存亡,电视节目以收视率作为去留的标准。这套方案的操作方法就是把采编人员和经营人员混合编组,一切以市场需要为出发点,以最小投入达到最大产出的企业运作原则作为编辑的运作模式,受众欢迎什么就生产什么,怎么赚钱就怎么办。这么一来,严肃新闻锐减,而娱乐新闻甚至八卦新闻剧增;国际新闻锐减,社区新闻剧增;深度报道锐减,动态新闻剧增;独家新闻锐减,一般新闻剧增。美国一项对地方电视台从1998年到2002年的33 911条新闻所做的调查显示:地方记者自己采访的新闻从62%下降到43%,而使用第三方新闻(指通讯社、公关公司、政府新闻发布等等)的比例从14%上升到23%[1]。

媒体独立性逐渐丧失的另一个表现是媒体丧失可信任度。如果与20世纪七八十年代拥有的80%的可信任度相比,这一比例已下降了70%以上[2]。报道失实,捏造新闻,是媒体失信于民的最直接原因。近些年,西方各国报道失实、捏造新闻的丑闻不绝于耳。《纽约时报》在2003年3月不得不公开承认,该报年轻记者杰森·布莱尔在其十几篇新闻报道中伪造信息,不但开除了这名记者,主编也不得不引咎辞职。《纽约时报》在2003年5月7日的文章中承认:这一事件导致该报跌入创刊以来最大低谷。而不久后,

---

[1] 马里昂·罗森斯蒂乐:《"传声筒新闻"为何在美国有市场》,转引自《参考消息》,2005年3月28日。
[2] 哥伦比亚《时代报》2004年10月5日报道,转引自《参考消息》,2004年10月15日。

《今日美国》也开除了制造许多假新闻的记者杰克·凯利,称他为"骗子记者"。2004年7月,"60分钟"节目主持人、著名记者丹·拉瑟制作的有关布什服役记录的报道严重失实,迫使丹·拉瑟"退休",四名相关制作者被除名。而一贯以"客观公正"著称于世的BBC,在涉及伊拉克战争的"凯利"事件中报道严重失实而声誉大跌,BBC管理层因此重组。然而,这些事件不过是西方新闻业失实报道的冰山一角。《纽约时报》公开揭露许多新闻报道是"政府与媒体共谋","政府制作的新闻淹没在卫星传送、辛迪加经营、网络提供的新闻节目当中,经处理之后作为独立新闻与观众见面"①。记者们变成了政府当局的速记员,新闻失去了客观性。为什么会这样?因为采用这样的新闻,"地方上的新闻机构省去了挖掘原始材料的开支"②。

二、专业理念的衰退导致媒体公信力下降

美国不同的调查机构近些年对美国媒体的公信力做过数次调查,显示美国媒体的公信力在不断下跌。美国权威的调查公司皮尤在2005年1月公布的调查显示:相信媒体有关政治报道的美国人大幅下降,1988年,38%的美国人认为媒体的政治报道不客观,而2004年,这个比例上升为58%,即超过半数的美国人不相信政治报道。而2004年10月,美国盖洛普市场及民意调查公司公布的调查表明:只有44%的美国公众表示相信美国媒体。对547名记者所做的调查显示,很多记者都承认新闻报道"失实"和"草率"的内容越来越多,51%的全国性记者、46%的地方记者认为,美国新闻正出现方向性错误,45%的记者认为新闻报道越来越不客观。

对政府监督乏力、跟着政府亦步亦趋是媒体失信于民的重要原因。在不少美国人眼里,一些媒体已经变成了政府的马屁精③。在伊拉克战争中,美国、英国、日本等国的媒体成了政府的传声筒④,政府说什么,它们就登什么,最终事实证明,当时伊拉克政府既无大规模杀伤性武器,也与本·拉登基地组织没有关系,媒体在公众面前颜面扫地。更有甚者,有不少记者暗中接受政府津贴,替政府说话。美国著名评论员阿斯特朗暗中收取24万美元的政府"资助",替布什的教育政策造势;一批专栏作家接受政府的酬劳,撰文支持布什政府的相关政策。而在日本,记者俱乐部

---

① 美国《纽约时报》,2005年3月13日。
② 同上。
③ 蔡玉民:《美媒体可信度大幅下降》,载《环球时报》,2005年1月14日。
④ 戴维·巴斯托和罗宾·斯坦:《布什当政,一个预制新闻的时代》,载《纽约时报》,2005年3月13日。

制度再次引发质疑。日本几乎所有的官方发布会都通过这类记者俱乐部举行,政府官员和记者们在内部合谋,一切不利于政府的新闻都不能公开报道。一位业内人士说:"如果你打破规则,报道了俱乐部达成不能报道的事情,你就破坏了行业的和谐,有可能遭以排斥。"①

三、集中化抑制了多元意见的公开表达

西方各国政府实施对传媒业"放松"管制的政策,但对传媒业放松的结果却导致了对言论自由的钳制。

"意见多元"、"政治多元"曾是西方传媒业的目标,"我可以不同意你的观点,但我誓死捍卫你公开表达的权利",西方媒体以此作为自己行为的准则。美国大法官布莱克这样解释:美国立法第一修正案建立于这样一种假设之上,即各种各样甚至是相互敌对的信息源在最大范围内的传播是公众福利的基础②。而这一传统正遭到扼杀。西班牙《起义报》曾公开质疑,"美国言论真的自由吗?"该报指出:"这些媒体大亨的帝国权力集团唱着'自由选择和开放'的高调,限制真正的新闻多样性,不让各种机构与社会阶层机构自由发表言论。""这些媒体组织虚假辩论,在这种辩论中以一个报告为主题,观点都是一致的,不允许讨论对外政策和军事政策,对经济政策的不满情绪,社会不公正现象、种族偏见和新闻媒体的反民主结构等问题。同时不邀请与其政治立场不同、观点不同的评论家参加它们的节目,它们的要求是盲目服从其好战政策。"③

多元意见的逐渐减少,其主要原因在于媒体的集中化。多元意见的前提在于媒体的多元,不同的媒体代表不同的群体,不同的群体有不同的利益诉求。集中化的结果是媒体的高度垄断:一个老板,一个政策,一种意见,一切不听话的记者、编辑随时除名,而一旦除名,可能再也找不到新的工作。其次,西方各国政府尤其是美国以"反恐"、"国家利益"为名,压制不同意见的公开表达。由美国 15 名新闻调查记者合力写成的《黑名单》一书,深刻揭露了一批有良知的记者对大公司、政府提出质疑,他们就会受到种种压制、限制甚至是受到政府迫害。正是在这种现实的威胁下,迫使媒体变成政府的"宠物狗"而不是公众的"看门狗"。

---

① 《日本媒体辜负公众信任》,原载美国《金融时报》,2004 年 10 月 5 日。
② 转引自〔美〕菲利浦·纳波里:《基础原则和传播决策》,载《国际传媒政策新视野》,上海三联书店 2005 年版,第 51 页。
③ 西班牙《起义报》,2003 年 10 月 29 日。

第二章　新时代里新老媒体的境遇

随着互联网的崛起,人们一般把互联网称为新媒体,而把报纸、电台、电视台称为老媒体。进入 21 世纪前后,四大媒体都在新形势下进行变革、整合,上演一幕幕悲喜剧。

第一节　面对第三次冲击波的报纸

从 1609 年德国奥格德堡发行第一份新闻周刊《德国观察周刊》、1663 年德国莱比锡发行第一份新闻日报《莱比锡新闻》起,报纸已走过近 400 年的历程。它开始一枝独秀,后来又与电台、电视台一起稳定增长。但进入 20 世纪 80 年代,尤其是 90 年代以后,西方各国报业逐渐萎缩,报纸总量减少,发行量下降,广告收入降低。从 1970 年到 1996 年,报纸总数(指日刊)从 5 266 种减少到 3 972 种,发行量从 3.16 亿份减少到 2.76 亿份,千人拥有报纸数从 292 份/千人减到 226 份/千人[①]。进入新千年,欧美报业危机加剧。美国报纸在 1997 年到 2001 年的 5 年间,发行量下降 2%,其中 2001 年的报纸发行不但未能从"9·11 效应"中受益,反而比上年下降 0.7%。广告收入更是惨不忍睹,2001 年收入比上年减少 11.5%。从 1997 年到 2001 年的 5 年间,欧盟成员国的报纸数量从 1 467 种减为 1 430 种,发行量除意大利、西班牙、爱尔兰、奥地利小幅增长外,其余各国持续下跌,其中:比利时跌 4.9%,丹麦跌 10.7%,德国跌 6.4%,英国跌 8.7%,卢森堡跌 11.7%,法国跌 0.7%。广告收入同时下降,2001 年,除

---

① 参见联合国教科文组织:《联合国教科文组织统计年鉴》(英文版),UNESCO1999 年版,第 183—185、204 页。

比利时、卢森堡广告收入稍有增长外,其余成员全线广告收入下降。报业大国日本情况也不妙,2001年报纸发行量下降约0.3%,广告收入下降1.4%①。世界报业大国德国的报业更是举步维艰。德国《世界报》以《德国报业陷入二战以来最严重危机》(2002年6月27日)为题,报道德国报业近些年来噩耗频传,各大报亏损连连,债台高筑。2002年上半年,德国全国发行大报《法兰克福汇报》广告减少38%,《南德意志报》广告减少27%,《世界报》广告减少19%,各报不得不裁员、减版,最后出让②。

面对西方发达国家报业的颓势,西方一些学者称,"报纸正处于即将迈入衰落期的成熟期"③。对于报业逐渐衰落的原因,各有各的说法,但有一点原因是共同的:互联网对报业的挑战。德国著名的出版业大亨胡贝特·布尔达分析德国报业危机的原因时就说了一句话:"因特网的发展给德国报纸带来一场结构性危机。"④

近70年来,世界报业曾面临三次冲击。第一次是20世纪30年代,电台投入大规模商业运作,有些人曾断言电台将取代报纸。但报纸发展了综合报道和专栏等新的体裁,扬其所长,在电台的冲击下站稳脚步,稳步增长。第二次冲击是50年代,电视台以空前的速度和规模呈几何级数增长,有更多的人预言,"电视时代来临,报业已日薄西山",但报纸以解释性新闻的兴起抗衡电视图文并茂的优势。报纸的增长虽然减缓,但还在小幅增长,大众传播业形成报纸、电台、电视台三足鼎立之势。即使在2001年,报业在世界广告市场上仍约占1/3(32.9%)⑤。目前,互联网对报纸的挑战是报业面临的第三次冲击。和电台、电视台相比,报业受到互联网的影响更大。互联网新闻的快速、海量、互动、多方面链接都是报纸难以达到的,而且看互联网新闻还是免费的。在互联网最热火的1997年以后的几年,"互联网将全面取代报纸"的断言不绝于耳。为了生存,西方各国报业相继采取了一些措施。

1. 报业大兼并,资源大整合

从2000年开始,报业也像广电一样,进行规模巨大的兼并。2000年

---

① 法国《费加罗报》2002年5月29日报道:《全球报业发展趋势》,载世界报业协会报告:《全球新闻报刊发展趋势》,2002年5月27日;转引自《参考消息》,2002年6月24日。
② 转引自《参考消息》,2002年7月9日。
③ 〔美〕富兰克·丹东·哈沃德·库茨:《报纸的再生》(英文版),20世纪基金会出版(纽约),1993年,第10页。
④ 德国《世界报》2002年6月27日报道,转引自《参考消息》,2002年7月9日。
⑤ 世界报业协会报告:《全球新闻报刊发展趋势》,2002年5月27日,转引自《参考消息》,2002年6月24日。

到 2002 年期间,西方报业兼并案数其大者有:2000 年,美国的论坛公司(以《芝加哥论坛报》为核心报)出资 80 亿美元从时代镜报集团手中收购《洛杉矶时报》(发行量达 80 万份),从而使论坛公司旗下的日报达到 11 份,总发行量超过 300 万,成为全美发行量排名第三的报业公司。2000 年 6 月底,美国报业发行量排名第一的甘乃特公司以 26 亿美元,收购中央报纸有限公司以及该公司旗下的所有报纸;以 11.3 亿美元,从加拿大汤姆森公司手中购买 21 份报纸的产权。在英国,2000 年 10 月,Trinity 公司以 20 亿美元兼并英国著名小报《每日镜报》(发行量达到 300 万份)和所有地方报纸,组建成英国发行量最大的报业公司——Trinity Mirror(三一镜报)集团。在德国,2002 年初,著名的报业公司霍尔茨布林克集团一口气购并了《每日镜报》、《柏林日报》、《柏林信使报》(原属著名的贝塔斯曼集团)。而德国最大的日报之一《世界报》和《柏林晨邮报》宣布合并。在加拿大,两家最有实力的报业大公司 BCC 公司和汤姆森公司在 2000 年 9 月合并,使该公司不但拥有加拿大最大的日报《环球邮报》,而且拥有最大的商业电视台 ROB TV 50% 的股份和全国电视网。

兼并的目的不仅仅是使报业集团做大,更主要是做强,降低成本,提高效益。所以,兼并必然伴随内部的资源整合,实现资源共享,人员合理配置,这意味着裁员、砍掉重复、亏损的报纸。在欧美各国,报纸数量、报纸从业人员数量持续下降,但一些著名报纸的前途得以保证。

2. 向国外开拓,走国际化道路

眼看着国内报业竞争激烈,市场饱和,发展空间不大,西方列强的报业大鳄无不加快国际性的步伐,争夺其他国家的报业市场。一方面,发达国家之间相互渗透。例如,2000 年 2 月,英国《金融时报》发行它的第一个外文版——德文版,招募 130 名记者,专门报道德国金融、经济、企业发展动态,在欧洲德语区国家发行。而美国的甘乃特公司在 1999 年夏天以 15 亿美元收购英国最大的地区发行商 Newsquest 公司,2000 年春又以 7 亿美元收购另一个地区性大发行商 Newscom 公司,从而成为英国最大的地区发行公司。2000 年,瑞典现代时报集团在美国费城发行《现代时报》美国版,并逐渐扩展到纽约、旧金山、波士顿等大城市。另一方面,大的报业集团大举进军发展中国家,包括亚洲地区,尤其中国被他们视为世界最大的一块报业市场,它们不惜工本、想方设法进入中国内地。

3. 采用新技术

1999 年以后,以信息技术为核心的新技术装备报业形成热潮。2000 年春以来,欧洲已有超过 500 家报社安装了电脑直接制版系统,大大缩短了报纸出版时间。海德堡的 Mainstrean80 印刷机正式投产,订单纷至沓来,该机每小时可印刷 480 万份对开版。而更迅速、更便捷的数码印刷也已走向市场。以信息管理、XML 国际互联网和报纸内部网络为基础的网络建设热火朝天。

诚然,这一切都是报业发展的积极举措。但面对互联网的挑战,能够吸引读者的,归根到底还是报纸的内容。面对报纸发行量不断下滑的颓势,欧美一批新闻传播学者忧心忡忡,开出种种药方来挽救报业。其中,《报纸的再生》一书①是很具代表性的著作。两位作者回顾了美国和世界报业发展史,总结了报纸成败的经验教训,提出一个基本观点:报纸的真正生命在于报道质量,核心是硬新闻②。他们从报纸的优势出发,提出报纸的三大基本内容③。

(1) 新闻:报纸战胜电视的武器不是娱乐性、快捷性,而是新闻。它应该通过翔实的材料、清晰的解释、敏锐的洞察力、深刻的理解及本土化、渗透力强等基本元素形成自己的风格,对零散的新闻事件进行整理,挖掘出有新闻价值的新的内涵。

(2) 调查性报道:报纸应意识到这是它最基本的优势,也是读者的关注所在。报纸要确定一定的报道目标,并对该事件进行深入细致的调查,通过自我宣传和连续性报道,让读者了解是谁在做这些事,而谁没有做这些事。

(3) 解释性报道:在信息爆炸的时代,人们对越来越纷繁复杂的世界有着更多的困惑,报纸应尽可能地对读者的疑惑作出科学合理的解释。

2006 年,日本的《朝日新闻》以《世界报纸走向改革》为题总结了 10 年来世界各国报业改革的基本取向:"报纸不断改版,增加分析和解说内容,以充分发挥报纸的特点。"④

不断的改革,终于使报纸在互联网的冲击下站稳了脚跟,并稳步发展。全球报纸发行量自 2001 年以来,每年均以 1% ~3% 的速度增长。全球报业广告收入在 2000 年达到 1 200 亿美元的峰值,而后几年,则以 1% ~3% 的速度下滑,2003 年开始止跌回升,2005 年回升到 2000 年的水平,2006、2007 年度进一步增长(见图 2-1)。在美国,皮尤调查中心的数据同样显示出这种趋势,全美报纸读者数量从 1996 年的 50% 下降到 2005

---

① 〔美〕富兰克·丹东、哈沃德·库茨:《报纸的再生》(英文版),20 世纪基金会出版(纽约),1993 年。
② 同上书,第 182 页。
③ 同上书,第 24 页。
④ 《朝日新闻》,2006 年 10 月 14 日。

年的40%,但2002年以来的历次调查显示这一数字并没有发生变化。从信息来源看,仅有4%的成年人把在线新闻作为获取信息的唯一来源,而多数人则坚持认为网络是报纸、广播、电视等传统媒体的补充。在时间分配上,平均每个成年人接触各类媒体的时间为:看电视30分钟,读报17分钟,阅读在线新闻6分钟①。

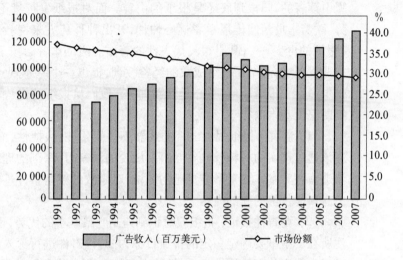

图2-1　全球报业广告收入和市场份额

在网络时代,为什么受众仍然青睐报纸? 2006年10月14日,日本发行量最大的《读卖新闻》所做的一项调查很能说明问题。此次调查显示,日本公众喜欢读报的最大原因在于,90%的受访者认为,报纸是最值得依赖的信息来源。这一数字比2005年高出了4个百分点。公众的信赖,即公信力、信息的权威性,这是报纸能够在网络挑战下赢得读者的最根本的原因。也正如马克思所说:"人民的信任是报刊赖以生存的条件,没有这种条件,报刊就会完全萎靡不振。"

无疑,网络是强大的。就新闻传播而言,网络新闻的快捷、海量、互动性、强大的搜索功能以及博客、论坛内的自由讨论,都是传统媒体无法企及的。但是无论网络有多么强大,到目前为止,它仍然不能超越覆盖报纸的全部优势。网络新闻的海量是其所长,也是其所短。所谓"过犹不及",大量的信息使人们无从选择。报纸经过编辑的精心编排,方便读者在最短的时间内了解国内外的重大信息。网络上垃圾信息、八卦新闻充斥,也

---

① "Online Papers Modestly Boost Newspaper Readership — Maturing Internet News Audience Broader Than Deep", Pew Research Center Biennial News Consumption Survey released by Pew Research Center on July 30 2006.

严重损害了在线新闻的可信度。读者总是更加信任报纸上的新闻,这种心理定势在相当长的时间内将难以改变。

第二节 电视:新技术旧节目

　　电视是20世纪人类最伟大的发明之一。1936年11月,英国广播公司(BBC)建立世界上第一座面向公众的电视发射台;1954年,美国全国广播公司(NBC)第一次正式播送彩色电视节目。此后,世界电视业经过长达30年的迅猛扩展,西方发达国家电视机拥有量,1970年为2.72亿台,到1997年达到6.75亿台,增长248%;每千人拥有电视机从263台增加到548台,如果平均以三口人为一家庭的话,平均每个家庭拥有1.5台以上。近10年来,西方各国电视台的数目增长不多,美国几乎没有增加,欧洲由于实行公私并争的双轨制,私营台有了长足增加,电视台总数也不过增加三四十家。然而,电视频道的数量却成倍增加,欧洲从原来20世纪80年代初期的48个增长到2000年的400个,2006年增加到800个。美国一般家庭收看的电视频道已从90年代中期的40个左右猛增到100个左右。电视的广告收入也是一路攀升。从目前的发展势头看,电视的发展还是如日中天,显得生气勃勃。

　　近10年来,西方各国电视业在技术层次上的发展呈现以下趋势。

　　(1)技术数字化。几十年来,电视一直使用模拟技术,而今天从模拟技术到数字技术的转变已成为全球电视业发展的大潮。技术数字化是整个电视业的一场革命。数字电视包括从采访、制作、播出、传输最后到接收的各个环节。数字电视使采制节目方便、快捷,电视屏幕清晰,且可大大扩大电视频道的容量。从20世纪90年代起,欧美日各国相互赶超,力争抢占数字电视的技术制高点。1998年11月,美国10个大城市有43家电视台开播数字电视,成为世界上第一个播出数字电视的国家,2009年3月1日关闭模拟电视信号,全国实现电视数字化。而当今世界数字电视最普及的国家是英国,2008年调查发现,有86%的英国家庭收看数字电视。

　　(2)传输网络化。这主要包括卫星传送和有线电视的光纤宽带网。使用数字压缩技术把一地的电视节目送上卫星,从而使电视节目覆盖全国乃至全球,这在西方许多国家已经实现。目前致力于解决的是,改造原有的有线电视网,铺设光纤宽带网,将原来单向传输节目的有线电视变成具有双向传输功能、提供多种服务的综合信息网,并大大提高传输质量、数量,从原先几十套电视节目扩大到几百套、上千套节目。据2009年9月国外非营利机构 The Conference Board 公布的一项调查显示,有 1/4 的美国家庭在线收看电视,比2008年增加20%。

(3) 频道专业化。在20世纪六七十年代,电视台一般都是综合台,包括新闻、综艺、电视剧以及娱乐体育节目等。频道专业化伴随着有线电视的推广、普及而出现。最早开播的专业频道是1980年美国的电视大亨特纳开设的有线电视新闻网,即 CNN。当时,美国电视业认为 CNN 和美国三大电视网相抗衡,简直是做白日梦,讥讽 CNN 是"鸡汤面条网"(Chicken Noodle Network)。而到了90年代初,CNN 的巨大成功大大加速了频道专业化的进程,到90年代后期,欧美日各国基本上已完成频道专业化。专业频道以新闻、影视、音乐、体育、时尚为大宗。在这些专业频道中,英国电视有一半属免费(视听费必须交),另一半属收费。美国免费的无线电视已经不多,大城市能收看到的频道也只有十来个,目前大约有6 500万个家庭订购有线电视,占美国家庭总数65%以上。常规的有线电视月租费为25美元,额外付费节目依级别不同从25美元/月到50美元/月不等。美国有线电视收费在20世纪90年代中期达到300亿美元,到2000年达到400亿美元,和全国电视广告收入相当。

然而,技术的进步并没有带来电视节目的飞跃,相反,电视节目出现了返祖现象——回复到电视最初的功能:娱乐。1936年11月,BBC 建立第一座电视台,几乎全部播放录制的文艺节目。到60年代以后,新闻才逐渐成为电视台的主打。而现在,影视频道已占据西方各国电视频道的95%以上,尤其是新开设的频道,几乎是清一色的娱乐节目。尽管像 CNN 那样的全新闻频道在西方主要国家的建立,使新闻节目播出的时间大大增加,但从电视播出的时间比例上看,新闻节目所占比例还是在缩小。即使在新闻节目中,"硬"新闻也在减少,而娱乐化的"软"新闻在增加。毫无疑问,追求收视率、追逐利润的节目市场取向是造成节目娱乐化的直接原因。

第三节 电台:重现生机

1920年11月2日,具有合法营业执照的美国匹兹堡 KDKA 电台正式向公众播音,报出第一条新闻:共和党候选人哈定击败民主党人考克斯而当选美国总统。这是世界上第一家正式播音的电台,这条新闻是第一条由正规电台播出的新闻。自此,西方各国纷纷建立自己的电台。20世纪30年代,电台业兴旺一时,二次大战使电台业走向它的鼎盛时期。交战双方的国家都利用电台从事宣传,电台成为动员民众、鼓舞士气、打击敌方的攻防利器,受到各国政要的分外重视。到了50年代,随着电视的崛起,电台开始走下坡路;到六七十年代,除政府资助的对外广播外,电台已被电视压得没了音讯。但进入80年代,尤其在90年代,电台则重新焕发了生机,虽然不能说重振昔日雄风,但在与报纸、电视的抗争中站稳了脚跟,即使在20世纪90年代后期互联网的冲击下,电台依然稳定前进。例如在美国,从1995年起,电台的广告收入连续每年以5%~10%的速度增长,办得红红火火。目前,西方家庭、个人拥有13亿台以上收音机,平均每人一台。有营业执照的电台,大的国家有一万多家(例如美国),小的国家也有数千家。

电台的复活,其直接原因有三个。

(1)家庭轿车的普及。20世纪八九十年代,西方有过长期的经济繁荣。80年代,美日经济比翼飞跃;90年代,美国有过长达10年的经济快速增长,欧洲经济也在稳定前进。在这样的背景下,家庭轿车拥有量迅猛增长。美国被称为"车轮上的国家",成年人几乎人均一辆。每辆轿车上都装有收音机,边开车边听广播已成为民众的习惯,车民几乎都是电台的听众。这样,电台随着轿车的增长而增长。

(2)彻底的频率专业化。在欧美日,除对外广播外,电台基本上没有综合的,各个频率专业化,只做一种类型的节目,大的可分为新闻、音乐、气象交通、体育、财经(主要是证券)五大板块,每一板块下又细分许多类型。其中音乐台数量最多,边开车边听自己喜爱的音乐,是许多开车人的共同选择。在美国,音乐台又细分为流行音乐、乡村音乐、古典音乐、爵士乐、摇滚乐、怀旧音乐、女性音乐、黑人音乐、西班牙音乐等等,每一个听众都有自己喜欢的音乐台,这样,每个台的听众数量虽不大,但听众的层次清晰,听众固定,广告客户可以有针对性地做广告,且广告收费低廉。例如,在一般的美国音乐台做广告,15秒钟收费10~20美元,全年3 000~6 000美元,还不到在《纽约时报》上做一条分栏小广告的价格。这样,电台的广告收入源源不断。而电台的支出不多,一般电台才三四个人,设备单一,经营电台成了很有利可图的行业。

(3)采用高新技术。20世纪80年代,随身听的发明是电台复活的契机。与看电视是家庭成员集体行为相比,听广播是个体行为。随身听的发明使每个人听广播不再影响任何人,且走到哪听到哪,听广播成了年轻人的新喜好,这大大扩大了听众数量。而近年来,数字音频广播逐步取代模拟广播。数字音频广播可利用卫星直播,大幅度提高广播的覆盖率,而更重要的是它有很强的抗干扰能力,音质好(CD 的质量),可保证高速移动下的接收质量,且一个频率可输出多套节目。所以,数字音频广播是继调幅和调频广播以后的第三次革命,将给广播界带来巨大变化。1994 年 1 月,美、英、法、德、日、加拿大、荷兰等国在伦敦成立"世界数字广播联盟",全力推进这一技术。到 2000 年,美、英、法、日等国的国内广播已基本上采用数字音频广播。

第四节 呈马蹄形发展的互联网

互联网的兴起,从其前身——美国国防部阿帕网于 1969 年建立四个节点投入运行算起,距今近 40 年。近 40 年时间,互联网以其惊人的速度迅速崛起,到 20 世纪 90 年代中期已经能和三大老媒体相抗衡,开始时被称为"第四媒体",现在被称为"新媒体",甚至许多学者称现在为"新媒体时代"。

根据美国国防互联网委员会发布的《国际互联网发展状况报告》,1993 年全球(全部在西方发达国家)只有 153 个网站,9 万名用户;至 2006 年已有网站数百家,网页数达 20 亿,1 770 万的网络注册域名,网民达 10.7 亿。其中,美国的网民达 1.5 亿,占全球总数 14%,互联网普及率达到 42%,位居全球第一;欧洲网民总数为 3.1 亿,占全球总数 28.9%(见表 2-1)。

表 2-1 世界网民的发展[①]

地 区	总人口 (2005 年 估算值)	占世界 总人口 的比例	最新网民数	网民占 人口数 量比率	占世界 网民数 量比率	2000 年至 2006 年 网民增长率
非洲	915 210 928	14.1%	32 765 700	3.6%	3.0%	625.8%
亚洲	3 667 774 066	56.4%	378 593 457	10.3%	35.2%	231.2%

① 参见 Http://down.ciw.com.cn/UploadFiles 1727/200701/20070111143638670.pdf。

续表

地区	总人口（2005年估算值）	占世界总人口的比例	最新网民数	网民占人口数量比率	占世界网民数量比率	2000年至2006年网民增长率
欧洲	807 289 020	12.4%	311 406 751	38.6%	28.9%	196.3%
中东	190 084 161	2.9%	19 028 400	10.0%	1.8%	479.3%
北美	331 473 276	5.1%	231 001 921	69.7%	21.5%	113.7%
拉美及加勒比地区	553 908 632	8.5%	85 042 986	15.4%	7.9%	370.7%
大洋洲	33 956 977	0.5%	18 364 772	54.1%	1.7%	141.0%
总计	6 499 697 060	100.0%	1 076 203 987	16.6%	100.0%	198.1%

网民人数呈几何级数的激增孕育着巨大的商机，引发各国政府的高度重视，引发投资互联网的狂潮，2000年达到鼎盛时期。这大批网站以内容来看，有综合性网站，以美国Yahoo、America online为代表，也有专业的商务网站，以美国的亚马逊网站为代表；以其属性看，有政府网站，像英国在线(UK online)、日本的"ECOM"，有民间网站，美国绝大多数网站都是如此。

从新闻角度看，大的综合性网站和新闻媒体办的网站是互联网发布新闻的主体，尤其是媒体办的网站，正吸引越来越多的网民。据《美国新闻学评论》公布的数据，至1998年底，世界范围的网络报纸达4 925家，美国有800多家电视台、1 000多家电台提供网上信息服务。可以说，目前西方发达国家比较有规模的新闻媒体都开办了自己的网站，《纽约时报》、《华盛顿邮报》、《今日美国》、《泰晤士报》等著名报纸的网站日均页面访问量已达300万次以上[1]。而且，网络新闻也开始走向专业化。在美国，有专门报道科技新闻的ZDNet(日均访问量590万人次)、气象新闻网Weather.com(日均访问量500万人次)、金融财政网CNN/FN(日均访问量130万人次)、体育新闻网ESPN.com(日均访问量400万人次)等等。

从2000年下半年开始，西方各国的互联网业开始退烧，主要是网络的财政发生危机。除去极个别的专业网站外，全世界所有大网站没有一个是赚钱的，不断在烧钱，而且像永远填不满的无底洞。网络的收入主要

---

[1] 赵启正：《中国网络新闻事业发展现状和趋势》，载《新闻战线》，2000年第2期。

是广告,但广告收入对于网站巨大的开支而言简直是杯水车薪,而且看不到盈利的前景,使投资者望而却步,纷纷落荒而逃。像美国的Yahoo,在股票市场2000年8月每股还值300多美元,2002年7月每股缩水到15美元;1999年底,America online每股也达到150美元,2002年7月却只有5美元多。大批大批的网站破产或关门大吉,互联网高开低走,在2001年的一片凄风凉雨中跌入低谷。

然而,作为新兴媒体,互联网具有传统媒体不可替代的优势。这一点,决定了互联网必将重新崛起。经过二、三年的消沉,从2003年开始,互联网强势反弹,并以前所未有的速度快速增长。

互联网不断开拓服务领域,为公众提供无微不至的周到服务。网上银行、网上购物、网上游戏等等,尤其是以Google为代表的强大搜索引擎,为公众提供了丰富的信息资源。上网已成为越来越多公众工作、生活的必需。

互联网不断开发新技术,不断开拓互联网的功能,宽带网的普及、互联网的容量大大增长,使视频、音乐下载等成为可能。同时,网民上网、链接的速度大大加快,尤其是Web2.0的采用,实现了网络社会化和个性化的理想,开创个体主导互联网的时代,这极大激发了网民的积极性,博客、播客成为社会时尚。

正因为互联网不断扩大服务领域,从而使网络盈利途径大大拓展,广告已不再是网络的主要收入来源。多样化的盈利手段,促使公众不断开拓网络的新功能,诱使更多人投资网络,这使网络呈现一派繁荣、兴旺之势。

不过,从目前来看,西方各国的网络新闻还存在一些问题和困惑,主要有以下几点。

(1) 美国利用其经济强势、文化强势、信息强势、语言强势,几乎独霸互联网。尽管以英语为母语的网络用户只占用户的50%左右,但目前互联网上的网址78%为英文网址,70%的网址出自美国;网上信息90%是英语,余下的法语为5%,西班牙语为2%,也由美国提供80%的内容①,这些信息渗透着美国的意识形态。美国哥伦比亚大学教授罗斯科普夫就指出:"美国控制着全球信息与通讯的命脉,其音乐、电影、电视与软件已几乎普及全球。它们日益影响着几乎所有国家的审美观、日常生活与

---

① 参见《解放日报》,2000年9月5日。

思想。"①

（2）网上新闻的真实性。1998年夏，德国一名传播学者以面访、电话和E-mail等方法对德国受众做了一次调查，其中问到这样一个问题：当报纸/电视的报道与网络新闻有出入时，你倾向于相信何种媒体？回答几乎是一致的：相信报纸/电视。人们对网络新闻的态度就是：看看，作为参考，或者不可不信、不可全信。网络新闻在公众心目中的信任度不高，这主要是网络新闻你抄我抄，互联网成为互抄网，不少新闻以讹传讹；在传抄过程中不断添枝加叶，越抄越走样。

（3）互联网的互动性使网民可以在网上任意发布信息、发表评论，这当中揭露过不少鲜为人知的内幕，出现过很多精到言论，但也有不少个人隐私被公开，有不少诽谤，令人生惧。

---

① 参见〔美〕《外交政策》，2000年第107期。

第三章 不断调整中的新闻报道

新闻媒体曾是东西方冷战时最主要的攻防武器,新闻报道则是攻防武器上的尖刀。冷战结束,西方新闻报道似乎突然失去了攻击目标,新闻报道立时陷入了混沌。20世纪90年代,面对方方面面的需要和诘难,当代发达国家的新闻媒体不知所措,新闻报道一直处于不断摸索、不断调整之中。

第一节 支柱未倒

20世纪90年代末期,西方的社会学家、新闻传播学家对西方各国媒体的新闻报道有许多负面评价,感性化、庸俗化、低俗化等责难不断出现在学术论文中,甚至有人断言:"新闻,现在已是风光不再,利剑已钝,使命全无。"①确实,90年代以来,西方媒体的新闻报道发生很大变化,潜伏着危机,但全盘否定它并不符合实际。客观来说,目前西方媒体的新闻报道的基本态势有以下几个方面。

(1)尽管受到娱乐化的冲击,新闻仍然是三大传统媒体的主打;新闻的龙头地位受到冲击,但目前依然是龙头。

从报纸来看,新闻依然是整个报社的重心,新闻版是报纸最重要的版面。从美国、英国、日本的统计看,新闻版面不缩反增,一般大报都保持着16版至24版。从备受责难的电视来看,在一般家庭能收看到的百来个频道中,有新闻节目的频道不到十分之一,但电视新闻的播出时间大大增加。以英国为例,1986年,电视新闻节目平均每周只有30小时,到1997年底,新闻节目每周播出243小时,是1986年的8倍多,原因就是全新闻

---

① 〔美〕里查德·科恩:《新闻公司与利润最大化》,载《国际新闻界》,2001年第2期。

频道的出现。在英国,目前24小时全天播出新闻的频道有天空电视台和英国广播公司"24小时新闻频道"(BBC's News24),还包括美国的CNN。在每周243小时的新闻节目中,3/4是由全新闻频道播出的。在西方各国,除本国电视台开通24小时的全新闻频道外,还引进CNN,难怪联合国秘书长称CNN是联合国安理会的第16位成员①。全新闻频道在西方各国的普及,正说明西方各大电视公司对新闻的重视。

(2)尽管受到多选择的影响——最明显的是互联网,受众接触媒体的人数在下降,时间也在缩短,但70%左右的成年人依然钟情于传统媒体,新闻仍然是受众接触媒体的首选内容。对欧洲的受众调查显示,在成年人中,有59.3%的人是报纸的固定读者,61.6%的人是广播新闻的固定听众,56.8%和60.7%的人是电视本地新闻节目、全国新闻网的固定观众②。

(3)尽管受到商业化和其他方面的影响,新闻从业人员基本上恪守其新闻专业的基本要求,依然有其相当的可信度,这一点在美国"9·11"事件的报道中得以显示。在恐怖袭击爆发的一瞬,仿佛是天职的召唤,无数记者自觉投入这一场规模空前的新闻大战之中,使这一悲剧的每一细节在全世界的受众面前展现得淋漓尽致。在撞击事件的第一时间8:45,《华盛顿邮报》的记者、编辑、摄影记者以及正在休假的员工都迅速赶到编辑部。5个小时后,20个版的最新新闻,5万份特刊就抢印出来,迅速销售一空。最惊险的是《华尔街日报》,该报社位于世贸中心对面的国际金融中心,世贸中心被炸,该报编辑部一片狼藉,全体员工疏散到50公里外的一幢大楼组建起临时编辑部,第二天照样出报,发行量达170万份。《华盛顿邮报》的专栏文章指出,《华尔街日报》的表现为美国人赢得了尊严③。

当然,从发展趋势来看,当今的西方媒体在新闻报道方面也存在着一些令西方各国受众不满之处。

第二节 娱乐化 本土化 亲近化

近10年来的各项统计显示,西方发达国家的新闻报道呈现出三大趋

---

① 〔美〕丹尼·斯盖施特:《媒体的新秩序》,载《国际新闻界》,2000年第1期。
② Loa Aldisardottir, "Global Medium — Local Tool", *European Journal of Communication*, 2000(2).
③ 熊波:《"9·11"新闻大战》,载《南风窗》,2001年第10期。

势,即硬新闻比例下降,软新闻大幅上升;国际新闻比例下降,地方新闻大幅上升;重大新闻比例下降,而贴近平民生活的亲近新闻上升。这三大趋势可以归结为"娱乐化、本土化、亲近化"。

一、娱乐化

1998年底,美国新闻工作者协会和Medill新闻服务局合作研究美国四大报《纽约时报》、《华盛顿邮报》、《今日美国》、《洛杉矶时报》1977年、1987年、1997年这20年间新闻报道的状况,结果发现头版的内容构成发生了很大变化:硬新闻从1977年的60%下降为1997年的30%;以丑闻为重点的新闻从4%上升到12.5%,有关生活质量的报道从4%上升到8.3%,对稀奇古怪事物的报道从0.5%上升到4%,还有其他趣味类报道从2%上升到5%。也就是说,软新闻从过去的8%上升到25%[①]。除《今日美国》外,其余三家报纸都是美国领导舆论的严肃高级报纸,连这样的大报都不能免俗,就遑论小报了。而电视新闻更是充斥着暴力、冲突、灾害、犯罪、性等新闻。炒新闻已成为西方发达国家的共同现象,煽情新闻已成为相当数量媒体尤其是电视台的当家新闻。20世纪90年代,美国的辛普森杀死前妻案、英国戴安娜王妃之死的报道据说比"二战"胜利结束报道的版面还多,克林顿绯闻案的另一主角莱温斯基在两三个月时间内就成为媒体出镜率最高的名字。

在娱乐化浪潮的冲击下,一批有名的节目纷纷改变方针,换上嬉皮笑脸的新面孔以取悦受众。美国最出名的四大新闻杂志节目"60分钟"(CBS)、"20/20"(ABC)、"48小时"(CBS)、"日线"(NBC),除"60分钟"坚持以硬新闻题材为主外,其他各档节目都重新包装,以犯罪、性、家庭、健康、演艺圈等为主要题材。

这些年来,以美国的传媒为领头羊,西方传媒还盛行"新闻故事",就是将新闻尽可能故事化,一批"基于事实"加上许多"合理想象"的杂志性新闻节目纷纷出笼。像CBS的《街头故事》,以犯罪、毒品、卖淫等都市生活的阴暗面为背景,以警察的追踪破案为主线,每周播出一集,警察都是原型,罪犯有时请演员来演,有时也让原型出现。ABC和NBC则播出《没有公开的故事》、《没有结果的秘闻》,挖掘联邦调查局二三十年前的内部阴谋、犯罪、伤害事件的秘闻,以一些真实新闻加上道听途说编成故事来

[①] 参见刘微:《变化中的新闻内涵》,载《国际新闻界》,1995年第5期。

吸引观众。这些节目使得新闻、纪录节目和娱乐性节目之间的界限变得非常模糊。

二、本土化

本土化指的是地方新闻比例大幅上升，国际新闻地位日趋式微。地方新闻是中、小新闻媒体（无论是报纸、电台还是电视台）在超级巨型媒体挤压下能够赢得受众的唯一手段。地方新闻可以说是社区新闻，报道市民的日常琐事，主要是当地的治安、天气、交通、健康、时尚等等。与此同时，国际新闻却惨遭冷遇，20世纪90年代，"美国的1 500份主流报纸中，大多数报纸的国际报道几乎达到消失的地步"。美国三大新闻周刊《时代》、《新闻周刊》、《美国新闻与世界报道》的国际新闻占整个版面的比例从1985年的22%左右下降到1996年的14%，三大电视网（ABC、NBC、CBS）的国际新闻则从1987年的40%左右下降到1996年的12%[1]。同时，三大广播公司还不断削减驻国外记者站和记者。正如《纽约时报》的编辑麦克斯·弗兰克尔所描绘的："一片阴霾正笼罩在美国人的心中，它使美国人忘记了在美国疆土以外还有另一个世界。三大电视网全都吃错药般将镜头对准美国国内的各种传闻和戏剧性事件。"[2]

三、亲近化

亲近化新闻，也可称作市民新闻、生活化新闻。按照亲近性新闻倡导者、美国学者的说法，此类新闻是关于普通人每日生活中新鲜的、不平凡经历的记录。例如，"一个小女孩第一次进入教堂，神的力量进入瞬时的感受；一位老农在家宅变卖前最后一夜闩上谷仓大门时的感受；当一个差生变成了优生时老师的感觉……当亲手埋葬自己的长子时父亲的感觉"[3]。在亲近新闻中被树为典范之作的是两个杰西卡的故事。1991年，18个月大的杰西卡·麦可纳尔不幸掉入得克萨斯州一个废弃的、深22英尺的矿井里，附近居民全力投入抢救。各家媒体倾巢而出，CBS广播公司还在现场作实况转播。一连几天，各大电视台的头条全是营救新闻，并占

---

[1]《不断减少的国际新闻》，载《波士顿环球报》，1998年11月15日；转引自《参考消息》，1998年12月17日。

[2]〔美〕威廉·哈森：《世界新闻多棱镜》，新华出版社2000年版，第115页。

[3] Walt Harrington, *Intimate Journalism*.

去 1/3 到 1/5 的新闻报道时间,直到第四天杰西卡被抱上来。另一名叫杰西卡·多普罗茨的小女孩,1997 年,她刚满 7 岁,就决定单独驾轻型飞机穿越全美。全美媒体每天跟踪着她进行全方位报道,一时间杰西卡垄断全美所有媒体的头条新闻。不幸的是,到第五天,小杰西卡遭遇恶劣天气,因飞机坠毁而身亡。事后,法学家、新闻学者都不约而同地提出一个问题:谁允许一名 7 岁小孩单独飞行?媒体明知这样的事情属违法,为什么置女孩安全于不顾而故意大肆炒作?

原因很简单:这样的报道具有很高的收视率和阅读率。像营救小杰西卡的报道的那几天,正值海湾战争爆发,纽约股市跌宕起伏,然而,受众却偏爱小杰西卡的报道,关心杰西卡的命运,并赢得那些天所有电视新闻最高的收视率。

显然,把新闻娱乐化、本土化、亲近化的趋向完全归咎于媒体的商业炒作有失公道。以臭名昭著的辛普森杀害前妻案为例,连续近一年的狂轰滥炸,每个人都说烦透了媒体喋喋不休的炒作,但尼尔森公司媒体研究 1994 年夏天的数据显示,所有黄金时段的新闻节目,都借辛普森一案提高了收视率:《时代》杂志估计其销量在一星期内上升了 50%,《新闻周刊》、《人物》以辛普森为封面的两期杂志高居 1994 年全年销售之首,而《今日美国》载有辛普森新闻的报纸销售超出平时 10 万份①。克林顿丑闻报道也是如此。《时代》杂志驻北京首席记者吉米·弗罗克鲁说:"人们说他们烦透了莫妮卡的故事,但数据显示,只要一有这个故事,他们便会去读、去看。"②

媒体的市场取向、受众导向,迫使媒体只能跟随着受众的兴趣走。自 20 世纪 90 年代以来,历次的调查都显示,美国以及西方其他各国对严肃新闻的关注程度不断下降。普氏研究中心 1996 年对受众的调查显示,美国受众最感兴趣的话题依次是犯罪、有关当地人物、事件、健康、体育、当地政府、科学、宗教、政治新闻、国际新闻。政治新闻和国际新闻分别排第九、第十位。而美国的传媒把发行量、收视率视为生命线,它们不得不随美国受众的兴趣而变化。所以,美国的一位学者指出,美国传媒的娱乐化、本地化,"我们究竟应该怪谁呢?是媒体,还是老百姓?也许两者都有责任"③。

---

① 顾耀铭主编:《我看美国媒体》,新华出版社 2000 年版,第 85 页。
② 同上。
③ Richard M. Cohen, *The Corporate Takeover of News: Blunting the Sword*, New York Press, 1997, p.45.

第三节 新奇的操作原则

"我们的新闻价值标准必须以最高的职业要求来界定,也就是说,以重要性为依据,而不是仅仅考虑新闻的趣味性。"① 20 世纪 60 年代,CBS 晚间新闻的制片人萨朗特严肃地说出这番话,并代表着当时西方国家新闻从业人员的主流意见自豪地宣称:"给我们 22 分钟,我们将给你整个世界。"②但现在,传统的新闻选择标准在许多地方已被抛弃,受众对世界看不清了,只看到世界的碎片,CBS 的制片人卡茨指出,从媒体看世界,"就像从摔破的镜子中看东西,看到的是镜子里自己在往外看"③。

媒体的市场取向逐渐取代新闻专业理念,激烈的市场竞争影响了新闻从业人员的意识。在当今西方发达国家,有一些成文或不成文的操作原则对新闻制作产生直接的影响。

(1)"极速"——只求快速不求真实。1964 年,当年的美国联邦调查局局长胡佛弄到一批录音带,上面有记录黑人宗教领袖马丁·路德·金婚外恋的证据。胡佛如获至宝,以为可以一举搞臭他。于是,胡佛邀请了一批记者去听那批带子。然后,第二天打开报纸一看,胡佛倒吸一口冷气,没有一家报纸报道此事,尽管其中不乏与胡佛私交甚好的,或者厌恶马丁·路德·金的记者。为什么这样的事情不报道?记者们告诉胡佛:那仅仅是你的一家之说,我们得核对④。而现在,持有这样严谨作风的记者已不多见,他们唯一的念头是抢时间,抢在其他媒体之前把新闻发出去,这种"极速"做法终于酿出大笑话。2000 年 11 月美国总统大选时,共和党候选人布什和民主党候选人戈尔对决,其余各州的选举已统计出来,两人几乎平分秋色,只看最后佛罗里达州的选票结果。由于技术上的原因,选票迟迟计算不出来。11 月 7 日晚 11 时 15 分,美国三大电视网几乎同时宣布:共和党候选人小布什在美国佛罗里达州的选举中获胜,从而以 271 张选举人票当选美国第 43 任总统。瞬时间,全世界主要媒体都以"美国新总统诞生了"、"布什当选美国新总统"为题发布最新新闻。布什

---
① Peter T. Boyer, "Who Killed CBS?"
② Richard M. Cohen, *The Corporate Takeover of News*: *Blunting the Sword*, New York Press, 1997, p.46.
③ 〔美〕丹尼·斯盖施特:《媒体的新秩序》,载《国际新闻界》,2000 年第 1 期。
④ Bill Kovach, Tom Rosenstiel, *Warp Speed*, Century Foundation Publish, 1998, p.6.

的支持者举行全国性庆祝,连民主党候选人戈尔也信以为真,打电话向布什表示祝贺。但仅仅过了一小时多,佛罗里达州的总检察长正式宣布:佛罗里达州的选票要重新清点,谁当美国总统尚未确定,真正结果要10天后才能公布①。于是,三大电视网连忙道歉,全世界所有媒体忙于更正,连戈尔也收回他对小布什的祝贺。美国三大电视网向全世界开了个大玩笑,三大电视网事后都承认,从选举委员会听到消息,未经核实就匆忙发布了。"一犬吠声,百狗吠影",一家报了,其他几家唯恐落后,也忙跟进。残酷的媒体竞争,迫使各家媒体不敢怠慢一分一秒。

(2)"瞬间原则"。这是指千方百计地在电视新闻中选取并突出有冲击力、有刺激性的场景。新闻事件中的细节和感情因素常常被夸大、渲染,记者在报道新闻中往往更多地选取血淋淋的现场、警匪片式的追击、悲哀的泪水、欢乐的尖叫等极富煽动性的镜头。比如ABC晚间新闻播出一条学生要求校长辞职的新闻(1995年2月8日),新闻一开头就是学生静坐的大场面,马上再聚焦一个大镜头,"我们解雇他(校长)",再是一名黑人学生愤怒的脸以及演说者的话,现场气氛剑拔弩张。实际上不过是一名校长讲了一句对少数民族学生不恭的话,引发该大学少数民族学生不满而要求校长公开道歉。在该大学的学生看来,因校方某些言辞举措引起一些学生不满而静坐抗议,就像家常便饭,大"坐"三六九,小"坐"天天有,算不了什么新闻事件,但媒体通过"瞬间原则",把学校习以为常的事闹得满城风雨。"瞬间原则"往往把一桩新闻事件切割得支离破碎,留给观众的就是一些有刺激性的镜头,使观众弄不清事件的来龙去脉、前因后果。

(3)"后篱笆原则"。美国一位电视新闻制片人曾问编辑:一天工作结束时,两位主妇倚在后院的篱笆上聊天,她们会谈论什么话题?他以20世纪80年代三个大新闻为例:英国与阿根廷之间的福克兰群岛之战、中东战争和英国戴安娜王妃生王子。那位制片人假设这三大新闻发生在同一天,他断定,这两名主妇多半会谈论王妃生王子。所以,电视新闻就该把王妃生王子作为最重大的新闻加以突出②。通过这个例子,我们可以得知,"后篱笆原则"就是要把电视镜头对准人们最感兴趣的任何事件,不管该事件的重要性程度如何,只要能引发人们兴趣,只要能把人们吸引到电视机前,只要能成为人们茶余饭后的谈话内容,那就是今日要闻。辛普

---

① 参见《新民晚报》,2000年11月9日,第16版。
② 吴燕:《商业带给美国电视新闻业的负面影响》,载《现代传播》,1999年第2期。

森杀害前妻案就是这种"后篱笆原则"的经典之作。

这些操作原则是电视界发明的,但近些年也逐步渗透到报纸、广播,乃至新闻类杂志。

这些在美国乃至西方新闻界新闻制作中的操作原则严重损害了新闻报道的信誉。1999年4月,美国报纸编辑协会公布了一份历时两年的调查《报纸信誉为何下降》,其中提到:73%的读者怀疑新闻的准确性,其中27%的读者非常怀疑;68%的读者认为,报纸上的新闻没有经过核对,其中22%的读者非常同意①。而《纽约时报》在1999年的抽样调查的结果是:大多数人每天看电视看很长时间,超过半数的人认为看不出什么名堂②,从而使媒体信任度不断下降。据美国"Media Report 1997"报道,从1989年到1996年,报纸的信任率从35%跌到21%,电视的信任率从36%跌到27%③。

---

① 陈中原:《信誉咋不断下降》,载《当代传播业》,1999年第4期。
② 〔美〕丹尼·斯盖施特:《媒体的新秩序》,载《国际新闻界》,2000年第1期。
③ 陈中原:《信誉咋不断下降》,载《当代传播业》,1999年第4期。

第四章 七国争雄

西方发达国家,尤其是西方七国(美国、日本、英国、法国、德国、意大利、加拿大)无论是新闻媒介的规模、技术水平,还是对世界事务的影响,都在新闻媒体领域发挥着主导作用。西方各国在世界传媒界展开激烈的竞争,相互渗透又相互结盟,力图霸占世界传媒市场。

西方各国的政治体制都是以两党制或多党制为核心的三权分立制度,经济体制上是以私有制为基础的市场经济,文化上是以个人主义为主导的价值观,社会结构是以中产阶级为主体的市民社会,这些共同点决定了西方七国的新闻媒体有其共同特点:新闻媒体以私有制为主体;媒体的运作基本上是市场取向,并采取垄断竞争;在新闻自由的旗帜下,力图保持媒介相对于政府的独立性,发挥国家除立法、行政、司法以外的第四势力的作用。但是,由于在政体、经济运行模式以及文化传统上的差别,西方七国的新闻媒体也显示出不同的特点。

第一节 美国的传媒业

美国是现代新闻媒介的发源地。虽然报纸并非在美国最早诞生,但以1833年《纽约太阳报》创办为标志的便士报运动开启了报纸现代化之路。而广播、电视则首先在美国投入商业运行。

目前,美国拥有1 600家左右日报,60%的家庭至少订阅一份报纸。日报发行量达到5 560万份,居世界第四位,每千人报纸的拥有量达185份。电台达11 000家,其中商业调幅电台为5 000多家,调频电台为4 750多家。拥有美国联邦通信委员会(FCC)签发许可证的商业电视台1 202

家,另有360家非商业电视台。电视机近3亿台,每千人拥有1 116台,均占世界第一位,65%的家庭接入有线电视,另有80%的家庭拥有录像机。第四媒介快速发展,目前已有3 600万台电脑接入互联网。三大媒体2004年的广告收入达到600亿美元左右(其中报纸170亿,各类电视410亿,广播30亿),名列美国第十大产业。

毫无疑问,美国是当今世界传媒业的霸主。美国传媒称霸世界,不仅仅因为它拥有世界一批最大的传媒公司,像美国在线-时代华纳、维亚康姆、迪斯尼,更因为美国的媒体已渗透到世界主要国家和地区,媒体产品遍布世界的角角落落,对世界事务具有强大的影响力。从新闻到娱乐,从空中到地面,看的、听的、读的,美国的媒体产品铺天盖地,难怪西方的学者都惊呼:媒体的全球化等同于美国化,媒体的商业化等同于美国化[1]。

与其他西方国家的新闻媒体相比,美国的新闻媒体有其显著的特点。

(1)新闻媒体基本上都是私营的。尽管美国也有不少非商业性的电台、电视台,但除了公共电视台(PBS,1969年成立)外,其余都是宗教的或小社区的,影响力很小。除此之外,所有的报纸、杂志,绝大多数的电台、电视台(占有95%以上的收视率)都是私营的。

(2)新闻媒介高度垄断。美国重要的报刊、电台、电视台以及互联网都被大企业所控制,数家大的垄断公司在全美乃至全球展开激烈的竞争。前10家的报业集团拥有1/5的日报,报业集团的发行量占全国报纸发行量的4/5;20家集团控制50%的杂志收入;40%的电台属于广播集团;50%以上的电视台被广播集团控制;所有电影由6家电影公司出品。

(3)新闻媒介的运作实行彻底的商业化。除公共电视台由政府给予财政支持外,其余所有媒介都以广告收入和其他经营收入作为全部财政来源。

(4)报纸、电台、电视台、互联网虽然为争夺受众展开激烈的竞争,但在竞争中,各种媒介扬长避短,均衡发展。据1997年调查,在成人受众市场中,报纸占有58.7%的读者,电视黄金时段拥有42.4%的观众,早晨广播节目占有25.4%的听众,在白天有20%的成人至少上网一次。

---

[1] 参见〔英〕丹尼斯·麦奎尔:《媒介政策》,萨奇出版社(伦敦)1998年版,第218页。

(5) 受众市场的细分。作为商业化运作的基础,美国媒体格外重视受众调查,每一种媒体、每一家媒体都确立了自己的核心受众,并根据受众的变化调整自己的内容。

报纸:美国报业协会曾调查显示,美国的广播电视越来越呈现出强烈的娱乐化倾向,主流报纸却仍以提供严肃新闻和解释性报道为主。这并非是由于报纸保守,而是由报纸的受众定位决定的:以受过良好教育的中产阶级为核心读者群。这个群体占美国成年人的60%~65%,他们关心美国和世界的公共事务,需要严肃新闻和解释性报道。但在广播、电视和网络的冲击下,纸质媒体难以为继。在2009年10月召开的世界媒体峰会上,《纽约时报》国际版执行副总编指出:纸质媒体的收入已不是《纽约时报》的主要收入来源,而是通过互联网等多种渠道拓展收入。

美国发行量最大的前7家报纸是①:

《今日美国》(229.3万)

《华尔街日报》(201.2万)

《纽约时报》(103.8万)

《洛杉矶时报》(78.0万)

《纽约每日新闻报》(68.1万)

《纽约邮报》(66.7万)

《华盛顿邮报》(63.5万)

电视:目前,美国的电视市场基本上被25家大电视网所垄断,其中最大的有5家(见表4-1)。

表4-1 美国最大的5家电视公司

公 司 名 称	拥有电视台数	覆盖率
福克斯电视公司(FOX)	23家	35%
全国广播公司(NBC)	13家	25%
美国广播公司(ABC)	10家	25%
帕克森传播公司(PAXSON)	60家	35%
派拉蒙/哥伦比亚广播公司(Paramount/CBS)	35家	40%

---

① 据世界报业协会2008年6月5日于瑞典哥德堡发布的"2008世界日报发行百强"排行榜。

与其他西方国家相比,美国的电视频道化是比较彻底的。美国目前有65%的家庭即6 500万户接入有线电视,一般拥有100个左右频道。这当中,大概只有10%的频道是综合节目,其他全是专业化频道。其中有闻名全球的CNN以及FOX News、CNBC三个全新闻频道,有在全美、全球有极高覆盖率的Animal Planet(野生动物)、Discovery(发现)、History(历史)、Travel(旅游)等频道,还有HBO(家庭影院)、TNT(电影)、E(娱乐)、VHI(音乐艺术)、Comedy(喜剧)、Cinemax(电影)、Showtime(电影)、ESPN、Classic Sports(体育)等人们耳熟能详的影视音乐频道。除此之外,两个公共频道C-SPAN1、C-SPAN2专门报道公共事务,国会开会期间,两家公共频道会全程报道。

电台:在电视冲击下,广播一度很衰落,但20世纪70年代以后,广播重新寻找到新的定位,那就是彻底走专业性道路。广播成为完全意义上的"窄播",一家电台只办一个类型的节目,这样,电台成本大大降低,可牢牢吸引一批忠实的听众。全美虽有11 000多家商业台,实际每个台的工作人员都不超过10个人,但收听率却节节上升,1997年广播的广告收入达到36亿美元,已经连续6年持续增长。

第二节 日本的传媒业

日本的新闻事业起步较晚,报纸在19世纪70年代才创办,电视在1951年开播。但20世纪60年代以后,随着日本经济的起飞,其新闻业突飞猛进。目前,日本有110家正式日报(参加日本新闻协会的会员),198家电视台,近千家电台。日本新闻媒体的数量不多,但规模却惊人,据世界报业协会2006年的统计,日报发行量达6 970万份,为世界第二;千人拥有量为680份,居世界第二。媒体广告收入在世界排名第二,2006年达到近6万亿日元,四大传统媒体的广告费减少,互联网广告费大幅增长,2006年比2005年增长30%。

日本新闻媒体的显著特点是——

(1) 高度的垄断和激烈的竞争。日本的新闻媒体在西方国家中的垄断程度最高,日本的报纸虽有110家,但真正有影响的报纸只有5家(见表4-2),这5家报纸占有日本全国报纸发行量的53.5%。

表4-2　日本最有影响力的5家报纸①

报　　纸	发行量(万份)
《读卖新闻》	1 002.1
《朝日新闻》	805.4
《每日新闻》	391.2
《日本经济新闻》	305.4
《产经新闻》	220.4

日本的广播电视公司事实上只有5家,即公营的日本放送协会(NHK)以及私营的东京广播公司(TBS)、日本电视广播(NTV)、富士电视公司(FTV)、全国朝日广播(ANB),其余电视台分属上述5家公司。

(2)新闻媒介和政府、政党的关系十分密切。日本媒体都自称是客观中立的,但事实上各家大的报纸、电视台,其政府、政党背景十分明显,这是由政府体制和媒体体制所决定的。日本最大的电视公司NHK是公营的,台长由政府提名、议会批准,视听费由政府的邮政省代收,这就决定了NHK天然地倾向政府。在日本,从国会、政府各部、司法机关到地方各级行政机构,从各政党到各团体,都设有记者俱乐部,例如国会记者俱乐部、首相官邸记者俱乐部、外务省记者俱乐部、警视厅记者俱乐部、自民党记者俱乐部等等,各机构都派遣自己的记者常驻在俱乐部。俱乐部常向各新闻媒体发布消息或内部吹风,或透露某些机密,发放"探测气球",各媒体记者从中获取信息来撰写新闻。各媒体还专门设立政治部,专职采访政府、议会、司法当局以及各政党、大团体的新闻。这些政治记者都有特定的政治背景,和政府、政党关系特别密切,他们都成了议会、政府、政党和大团体在媒体的代言人或双方的中介者。

(3)背靠大财团、大公司。除了NHK,日本各大媒体的自有资本额极小,像日本四大私营电视公司自身资本全都不足1亿美元,全国朝日广播只不过1 000万美元。各大报的自有资本金也不高。所以,媒体的发展、日常运作基本上依靠银行贷款,而银行为分散风险,要求大企业来认购媒体的股份,大公司也同样需要一家大的媒体为自己造势。这样,媒体、银行、大公司就紧密联系在一起。例如,《朝日新闻》依靠第一劝业银行、三井银行、住友银行;《日本经济新闻》背靠三井物产公司,和住友银行、三和

---

① 据世界报业协会2008年6月5日于瑞典哥德堡发布的"2008世界日报发行百强"排行榜。

银行关系密切;《每日新闻》依托新日本制铁公司,和三菱银行、三和银行关系密切,主要股东有东京电力公司、关西电力公司、新日铁等等。

(4) 日本媒体基本上囿于日本国内,除了富士电视公司在美国有一家公司外,其他大的媒体都没有实施跨国经营。与此相一致,外国资本也很少进入庞大的日本市场,除了时代华纳、新闻集团两家公司投入日本的有线电视网络和卫星电视外,欧美大公司都没有在日本传媒业投资。

第三节 英国的传媒业

英国是新闻自由的发源地。弥尔顿1644年发表的《论出版自由》至今仍被世界新闻界奉为新闻自由的圭臬。英国曾是"日不落帝国",有"世界工厂"之称,但经历了两次世界大战,大英帝国逐步衰落,只是余威尚在。英国始终是世界上新闻事业最发达的国家之一。目前,英国的日报、星期日报纸约1 200家,周刊6 000家。广播电视由英国广播公司(BBC)和独立电视委员会(ITC)以及英国天空广播公司(BSkyB)三家垄断,BBC下属有15个地方广播电视公司,ITC下属有144家商业性广播公司,和BBC展开竞争。

英国媒体的显著特点在于——

(1) 媒体保持相对的独立性。在英国,新闻自由的观念深入人心。在英国官员和老百姓的心目中,实行新闻自由,保持新闻媒介的独立性是天经地义的事情,就像私有财产一样,新闻自由同样神圣不可侵犯。BBC是公营广播公司,其所有权属于议会,在紧急情况下政府有权控制广播,内政部对节目有否定权。但在节目编排、经营上,BBC可以保持独立,不受干预。而历届政府很少敢冒天下之大不韪,出面干预BBC的节目。BBC以其相对比较客观公正的报道赢得受众的尊敬。《泰晤士报》虽已被新闻集团所收购,但默多克自称"只管经营,从未踏进编辑部一步",不干涉《泰晤士报》的编辑方针和业务。

(2) 英国媒体受到西方其他国家跨国公司的兼并。英国是个羸弱的巨人,西方一些大的跨国公司乘英国之危,纷纷进入英国,收购媒体股份。《泰晤士报》曾是英国人的骄傲,但该报屡屡发生财务危机。1981年3月,《泰晤士报》被默多克的新闻集团收购,新闻集团还收购了《星期日泰晤士报》、《太阳报》、《世界新闻》。英国的世界电视新闻社(WTN)是世界主要的电视新闻供应商,1999年也被美联社收购。

(3) 英国媒体的雅俗分野十分鲜明,尤其是报纸。一种是严肃的高级报纸,以《泰晤士报》、《每日电讯报》、《卫报》、《金融时报》为代表。这类报纸版面多,内容庄重严肃,以报道国内外要闻和评论为主,极少有煽情新闻,报道体裁多为解释性报道。其核心读者群是政界、经济界人士以及中高级知识分子。这类报纸发行量稳定,广告来源也稳定,没有大起大落的现象。与此相对应的另一种则是通俗化的大众报纸,以《太阳报》、《每日邮报》、《每日镜报》、《每日快报》为代表。这类报纸以城镇市民为对象,大量刊登耸人听闻的煽情新闻、社会热点新闻,其中犯罪新闻、名人轶闻即性(两性关系)、星(各种明星)、腥(警匪案)新闻为大宗,发行量非常高。据最新统计,严肃的高级报纸最高发行量是《每日电讯报》的90万份,著名的《泰晤士报》才发行70万份,而大众报纸的发行量都在100万份以上,其中《太阳报》发行373.7万份,《世界日报》星期日版高达461万份。

(4) 广播电视的双轨制。英国是世界上最早实行公营台和私营台并行双轨制的国家。1927年元旦,英王颁布"皇家约章",将私营的英国广播公司改组为公营的英国广播公司(BBC),1936年成立BBC电视台,是世界上第一家公共广播机构。1954年,根据《1954年电视法》而开办商业电视台,1972年正式改名为独立广播局(IBA),这样就形成了当时世界上独一无二的公私并举的双轨制。

英国媒体在世界有一定的地位,有重大的影响,完全在于它的三大媒体机构——路透社、《泰晤士报》和BBC。

路透社:成立于1850年10月,是世界上最早的通讯社之一,素以客观、公正、快速的新闻报道而闻名。

路透社的新闻稿以国际新闻为主,包括一般新闻和经济新闻两大类,采用英、法、德、西、日等10多种文字播发。订户遍及世界160余个国家和地区,媒介直接订户3 000多家(其中报纸1 000家,电台700家,通讯社130家,图片社440家,新闻订户900家),间接订户10 000家(间接订户是指由直接订户转发的媒介)。路透社在1992年全部兼并了Vis News(维斯新闻),改为"路透社电视",成为世界最大的电视新闻供应商,在全球拥有38家分支机构。路透社1997年的收入达47亿美元,但90%的收入并非来自向媒介提供新闻,而是在于向遍布世界的20多万个公司信息终端提供24小时信息。从这个意义上说,路透社实质上已成为商业信息公司和电子商务交易公司①。2007年,汤姆森媒体集团并购路透社,成为全球最大的金融新闻和数据提供商,在全球金融信息市场占据约34%的份额②。

《泰晤士报》:英国历史最悠久、最有权威、消息灵通可靠的报纸。它以《世界纪事日报》的报名创刊于1785年1月1日,创办人约翰·沃尔特。《泰晤士报》的黄金时代实际上是在19世纪前期和中期,对当时英国和世界事务的影响力举世无双。当时美国总统林肯曾说,除密西西比河以外,他不知道有什么东西拥有像《泰晤士报》那样强大的力量③。但进入20世纪后,该报逐渐落伍,处境窘困。1908年,北岩爵士取得了该报所有权,加以革新,使之重见起色。1922年北岩去世,报纸转到阿斯特家族手中,1966年因财政困难又转卖给国际报阀汤姆森。老汤姆森在世时曾为弥补报纸赤字花掉了80万英镑的家产。1981年,汤姆森之子不堪重负,以1200万英镑将报纸卖给了澳大利亚报业巨头默多克。尽管《泰晤士报》的所有权一再易手,但它在英国和在世界上的影响力却一如既往,至今还是各国政要的案头报。

《泰晤士报》消息灵通,报道严肃,内容详尽。它重视国际国内大事报道,对重要文件刊登详尽。它也重视言论,社论版一边刊登社论,一边刊登读者评论。该报每天40版左右,分两大部分,一是国内外新闻、评论、文化艺术、书评,一是商业、金融、体育、广播电视和娱乐。排版比较清晰、紧凑。读者对象主要是政界、工商金融界和知识界人士④。2000年该报的发行量为61万份,但以后几年,该报发行量逐年下降。为此,《泰晤士报》在2003年11月改为"大小并行",即一半为原来的对开报,一半改为四开的小型报,由市场决定取舍,到2004年11月全部改为四开小型报,因为读者喜欢小型报。尽管该报一再声称"缩小的是版面,绝对不是报格",但《泰晤士报》在改为小型报以后不断增加趣味性内容却是不争的事实。

英国广播公司(BBC):成立于1922年,是世界最早的公共广播机构。

BBC把"客观、公正"作为报道的总方针,并以新闻报道的客观、公正赢得了世人对它的尊敬,使它成为许多国家的领导人、外交官、经济

---

① 参见〔美〕威廉·哈森:《世界新闻多棱镜》,新华出版社2000年版,第64页。
② 来源中国经济网,2007年6月29日。
③ 参见〔英〕马丁·沃克:《报纸的力量》,新华出版社1987年版,第54页。
④ 参见新华社国际部编:《世界新闻出版大典》,中国档案出版社1994年版。

金融界人士等实力人物每天必看必听的工作日程。它非常重视新闻报道的可靠性,力求真实。稿件中如果出现未经核实的事情,一定要对来源的可靠性作附加说明,如"根据未经证实的消息"或"据一些消息报道"之类。

BBC 堪称当今世界上机构最庞大、覆盖面最广、影响最大的一家新闻机构。在 1997 年,BBC 的职员达到 23 442 人(其中,国内从业者为 19 341 人,国外从业者为 4 101 人)①。BBC 的国际广播电视包括世界电视台(BBC World)和 BBC 国际广播。世界电视台在美国、印度、澳大利亚、欧洲大多数国家、中东主要国家都借用当地的有线台开设了专门频道,目前已拥有 4 500 万电视家庭,其中 3 000 万在欧洲。BBC 国际广播已覆盖全球,有 1.43 亿听众。

BBC 在英国原先是一家独大,但近年来,随着独立电视委员会和天空广播公司的崛起,BBC 正受到内外广播电视的激烈竞争,收听、收视率下降。为此,从 1997 年开始,BBC 实施了一整套改革计划,主要集中在三方面。

(1) 在机构和人员方面,实行制播分离,除新闻外的节目绝大多数实施委托制作;将国内与国际新闻制作统一起来;大力精简冗员。其目的是将人力、财力、精力集中到受众需要的方面去。

(2) 调整新闻节目。BBC 用 18 个月、20 万英镑对其新闻节目进行全面调查和战略回顾研究,重新确定了三套主要的新闻节目内容:6 点新闻面向全国,为了提高节目对妇女、青年的吸引力,增加了国内新闻、地区新闻和社会新闻量,使报道内容更加贴近以家庭为主要生活内容的妇女、青年。9 点新闻加重国际新闻,使国内和国际新闻各占 50%,旨在吸引比较传统的男性观众。10 点半新闻则侧重于新闻分析,旨在吸引受过良好教育的男性观众。这使 BBC 各档新闻节目的收视率平均提高 9%,重新成为英国观众最喜欢的新闻节目②。

(3) 向数字化迈进。1998 至 1999 年,BBC 的两个电视台从原先的两个频道增加为四个频道,其中一个是 24 小时全新闻频道,另一个为选择频道和信息服务。1998 年 9 月 23 日,四个频道全部实行数字化播出③。

新世纪到来后,面对数字时代传媒日益激烈的竞争和新媒体的崛起,BBC 更加大了改革力度。2006 年 3 月,英国政府发表了《广播电视白皮

---

① 参见肖虹:《英国广播公司新面貌》,载《世界广播电视参考》,1999 年第 1 期。
② 参见〔英〕高登·金:《英国电视新闻节目的探索与调整》,载《中国记者》,2000 年第 4 期。
③ 参见《英国广播公司的数字化》,载《世界广播电视参考》,2000 年第 6 期。

书》。这份关于 BBC 2007—2016 年经营方针和发展方向的文件,包括以下要点:一是向电视用户征收广播电视执照费的制度不变,但为了减轻电视用户的负担,BBC 要提高经营效率,开展新的服务项目。二是撤销 BBC 经营委员会,改组 BBC 执行经理会,成立与 BBC 分离的独立行政机关。三是 2012 年之前电视台地面波频道全部实现数字化技术,以加强英国同国际同业间的交流。四是制作超越其他电视台的高质量节目,不追求收视率[①]。

第四节 法国的传媒业

  法国的新闻媒体是西方各国中历史最悠久也是最年轻的媒体。说它悠久,因为它是现代新闻媒介和新闻自由思想的发源地之一。法国作为资产阶级革命最典型、最彻底的国家,从 16 世纪以后的 300 余年间,经历了复辟与反复辟、独裁与共和的斗争,而在历次斗争中,法国的报刊都鲜明地站在斗争的最前线,发挥过巨大的作用。法国的《人权宣言》(1789年)所确立的新闻自由原则开启了现代文明之门。说它年轻,因为现在的所有报刊、电台、电视台绝大多数在第二次世界大战以后才创办。1940 年德军攻占巴黎以后,当时法国的报刊要么投降,要么跟随维希傀儡政权。1944 年夏,法国解放以后,临时政府规定,凡在敌占区出版 15 天以上的报纸永远不准再出版,原先的报纸几乎全部关闭。所以,目前法国的各新闻媒介除个别报纸外,其历史最长的也不会超过 63 年(到 2007 年底)。

  法国目前有 250 家左右报纸,其中以《世界报》(1944 年创办,发行 40 万份)、《费加罗报》(1826 年创办,发行 40 万份)、《法兰西晚报》(1944 年创办,发行 42 万份)为龙头。电视台共有 6 家,即电视一台、二台、三台、四台、五台和新频道,另有 1 000 家左右商业电台。

  法国新闻媒体的特点在于——

  (1) 政府对报纸和广播电视长期实行二元政策。对报纸,法国政府历来推行多元主义原则,鼓励多种报纸、多种声音,鼓励报业之间展开竞争。随着报业集团的不断壮大,法国议会在 1982 年 11 月制定《反托拉斯法》,限制报业过度集中,而且,政府还通过减免税费,提供运输、通讯等优

[①] 参见《英国政府出台 BBC 改革方案》,郭瑞璜编译,载《今传媒》,2006 年第 6 期。

惠政策鼓励报刊的多样性。但对广播电视,政府却反其道而行之。1944年6月,法国临时政府宣布没收所有私营电台为国家所有。同年11月,成立广播电视公司,直属政府情报部,领导法国境内所有电台、电视台,由国家财政支持其日常支出,并且禁止任何公司、私人创办电台、电视台。以后历届政府对电台、电视台拆拆并并,但国家垄断的方式从未改变。1974年的法律还规定:"法国公共广播电视部门为国家垄断。"①这种状况直到20世纪80年代中期才逐渐改变,政府允许开办私营电视。对报纸、广播电视截然相反的二元政策实在匪夷所思,许多新闻学者对此作出多种解释,都有一定道理,但终究还是难以全部释疑。

(2) 强烈的娱乐化取向。时尚和体育比赛是法国媒体永远的主题。曾有这样一句话形容法国的传媒业:法国只有一份报纸闻名于世——《队报》,专门报道足球;法国只有一种新闻让全球关心:时装表演。这当然是极而言之,但法国媒体的娱乐化取向在西方各国媒体中是最明显的。

(3) 法国民众逐渐离开媒体。令法国媒体忧虑的是,尽管媒体使出了浑身解数取悦于民,但法国的民众却不买账,与媒体渐行渐远。在西方发达国家中,法国千人所拥有的电视机和报纸在西方各国中都是最少的。报统计,1946年至1976年,法国人口从4 200万增加到5 370万,而同期报纸发行量却从1 512万份下降到1 054万份②;1976年到1997年,法国人口从5 370万减少到5 200万,下降3%多一点,而报纸发行量却从1 054万份下降到882万份,下降6%。民众远离媒体的原因,也是众说纷纭。

法国媒体尤其广播电视的大变革是从20世纪80年代开始的。在此之前,法国的6家电视台全部为国营,管理层由政府任命,经费由议会拨款。1982年7月,法国议会通过《视听传播法》,规定政府不得垄断广播电视。1985年1月,当时的法国总统密特朗宣布开放私营电视,法国政府随即改组电视台。电视一台、五台以及新频道公开招标,转制为私营台,二台、三台、四台由国营改为公营,一时间,私营的电台、电视台风起云涌。目前,法国主要的电视台为:私营的有电视一台(这是法国收视率最高、影响最大的综合台),电视五台(以教育、文艺、体育为主的综合台),新频道(影视频道),都市六台(以音乐为主),电视七台(法德合办的文化台,

---

① 转引自孙维佳:《法国新闻体制概况》,载《国际新闻界》,1986年第4期。
② 中国社会科学院新闻研究所编:《七国新闻事业》,重庆出版社1988年版,第6、37页。

这是面向欧洲的影视频道,受到欧洲观众的关注);公营的有电视二台(以新闻、体育、电视剧为主的综合台),电视三台(教育台),电视四台(由各地方台节目串编而成的为地区服务的频道)。

总体上看,法国的媒体除法新社外,在世界的影响不大,只有近些年崛起的威望迪环球公司才备受世人瞩目。

法新社最早称哈瓦斯社,"二战"后改名,为世界最早的通讯社,目前为与美联社、路透社齐名的西方三大通讯社之一。法新社总部在巴黎,在165个国家或地区有分社、记者或兼职报道员。法新社的新闻采写按活动领域被分为5个报道区:以巴黎为中心的52个分社(其中包括在欧洲的36个和在非洲的16个)负责欧洲和非洲的报道;以华盛顿为中心的9个分社负责北美的报道;以蒙德维的亚为中心的15个分社负责拉美地区的报道;以香港为中心的25个分社负责亚太地区的报道;以尼科西亚为中心的9个分社负责中东地区的报道。它们分别以各自所在区域的主要语种采编当地新闻,为当地客户服务,同时供给总社,并转发总社的新闻。法新社国内订户为2 750家(650家报纸杂志、400家电台、200家电视台、1 500家机关和公司用户),国外订户10 500家(通过100家通讯社向7 600家报纸、2 500家电台、400家电视台供稿)[①]。

威望迪环球公司是近几年崛起的全球超级媒体集团。该公司原来以经营水处理闻名全球,20世纪80年代中期开始涉足媒体。首先把新频道收归旗下,当新频道纯利润每年以30%的速度增加时,激发起威望迪高层全力挺进媒体的决心。从1996年起,威望迪总共花了875亿美元收购各种媒体,包括远征好莱坞,以340亿美元收购环球电影、环球音乐,以108亿美元收购美国USA的电视网,以110亿美元收购法国一家有线电视公司。这样,威望迪拥有了世界第二大的影视片库,欧洲最大的付费电视、数字电视公司,以及欧洲最大的电影公司,在美国拥有8 200万有线电视用户。威望迪环球公司几乎一夜成名,也几乎一夜跌落。迅猛的扩展使资金周转不灵,众多的公司一时难以消化,导致利润下降,回收成本的日子遥遥无期,威望迪的债务高达290亿美元,股票价格直线下跌,总裁梅西埃最后被解职。新总裁上任不久,就宣布出卖部分资产来还债,对法国朝野造成巨大震动。当然,威望迪的市场地位还没有动摇,目前正处于整顿期。

---

① 引自http://www.afp.com/english/arp。

第五节 德国的传媒业

在近代新闻史上,德国有其独特的贡献。1450年,德国人古登堡发明活版印刷。此后的100年间,活版印刷术遍及全欧。1615年,艾莫尔创办《法兰克福新闻》周刊,被世人公认为世界上第一份真正的报纸。正因为上述两项成就,世界新闻界把德国看做近代报纸的摇篮。但德国经历长期的封建统治,又是两次世界大战的策源地,新闻媒体备受封建专制主义和法西斯统治的摧残,发展一直很缓慢。直到20世纪60年代,随着德国经济的全面复苏和起飞,新闻媒体才步入发展的快车道。

目前,德国出版报纸约375种,报业市场主要由三家大报业集团控制。施普林格集团占有70%的市场份额,《图片报》、《世界报》是其主要报纸。WAZ集团发行近40份报纸,《两德汇报》是旗舰报,其发行量为60万份。还有霍尔茨布林克集团,其最著名的报刊为《时代周刊》。在政界、经济界有影响的大报是《南德意志报》、《法兰克福汇报》、《世界报》、《法兰克福评论报》等。其中发行量最大的是《图片报》,日发行470万份。德国广播电视实行公营与私营并存的双轨制,公营台有德国公共广播联盟(ARD,也称电视一台)以及德国电视二台(ZDF),下属11个地方广播电视台。私营台主要是卫星电视一台(SAT1)、卢森堡广播电视台(RTL)、电视七台(Pro 7)。目前,公营、私营广播电视台势均力敌,各占50%左右的收视率。

德国新闻事业的独特之处在于它的新闻体制和运行模式。

在领导体制上,德广联(ARD)领导德国电视一台、二台(即第一套节目、第二套节目),它是各个社会阶层代表组成的公众机构。

德国广播电视的管理形式是独特的,由三种组织各司其职。

(1) 电台、电视台理事会。理事会由具有社会影响的民间组织及联邦议会各政党的代表组成,负责监督执行电台、电视台的基本原则,决定章程,对广播电视节目的安排向台长提出建议,决定电台、电视台的预算、年度决算和年度报告,以及对某些疑难问题作出最后裁决。

(2) 管理委员会。它是电台、电视台业务领导的监督机关,其职权是审查预算提案、年度决算和年度报告,与台长签订工作合同并且监督电台、电视台的工作。管理委员会有权招聘财务、律师及技术方面的专家,专家可以列席管理委员会的会议。

（3）台长。台长是包括安排节目在内的整个业务工作的责任领导，对外全权代表电台、电视台。台长由电台、电视台理事会每隔数年选举一次，各电台、电视台台长任期年限不统一。

在运营方式上，电视二台采取中央运营的方式，新闻节目由自己制作，从总部所在地美因兹向全国播出。电视一台则不同，它由11座公营电视台组成。电视一台本身并不制作节目，而是按联邦各州的人口和收到的视听费划分出不同时段和节目比例，在电视一台总部串编以后向全国播出。

德国报业的运行模式也很独特。从严格意义上讲，德国没有全国性报纸，一些报纸都是地方性的，只不过是跨地区发行。德国报纸的大报虽不具全国性，且全德大报不过10多种，却有1 600种地区版，形成子母报的独特现象。每一家地方版报纸在经济上、法律上是独立的，但奇怪的是在编辑上却不独立，地方版报纸只采编本地新闻，其他新闻不加任何改变从主报上转载。实际上是把主报换一个报头，插上本地新闻的专版，就成为一份新的报纸。

毫无疑问，德国是当今世界的媒体大国，然而，"最近几年来，德国报业陷入了第二次世界大战以来最严重的危机中"（德国《世界报》2002年6月27日报道），其直接表现是广告大幅度下降。2001年，全国报业广告收入下降30%[①]。德国全国性大报《法兰克福汇报》的柏林版不得不停刊，著名的《世界报》和《柏林晨邮报》合并。裁员、压缩版面以节约开支成了所有报纸共同的临时措施，最终一批报纸不得不关停并转。同时，德国报业加快结盟步伐，以减少竞争的压力。

德国媒体实在是祸不单行。2002年4月8日，德国最大的影视传媒集团——基尔希集团正式宣布资不抵债而破产。公司债务已高达65亿欧元，基尔希集团经营全德有线电视，是全德最大的影视节目制作商，不仅垄断德甲德乙的电视转播权，还以巨款买断2002年和2006年世界杯足球赛的转播权，以40多亿美元垄断好莱坞影视节目在欧洲的转播权。可以说，基尔希集团在德国传媒界一手遮天，但该公司在有线电视上巨量投资并没有获得回报，反而成了亏损大户，以致最后不得不宣布破产。

而德国传媒巨头贝塔斯曼集团旗下的贝塔斯曼书友会也在走下坡路。据《经济学人》杂志报道，其会员数量下降，部分书友会连续亏损，美

[①] 《德国报业陷入战后最严重危机》，载《参考消息》，2002年7月9日。

国的书友会即将抛售，贝塔斯曼在中国更是经历了13年水土不服的历程后于2008年黯然告别中国。

可以说，德国媒体正经历该国传媒史上最艰难的调整期。

第六节　意大利的传媒业

在西方国家，意大利是新闻媒体萌芽最早，却生长最慢的国家。15世纪的《威尼斯手抄新闻》是近代新闻事业的萌芽，但直到1770年，取名《公报》的第一份正式报纸才在威尼斯出版，报式完全仿照法国，这比英法等国晚了近一个世纪。自此以后，新闻业发展缓慢，至今在总体水平上仍然落后于西方其他发达国家。

意大利目前报纸总数为101种，全国性日报以《晚邮报》、《新闻报》、《共和国报》为代表，发行量均在50万至80万之间。广播电视自1990年以来实行公营、私营并举的双轨制。目前，公营的意大利广播公司（RAI）和私营的菲宁韦斯特公司两大公司展开竞争。RAI目前拥有三套电视节目即电视一台、二台、三台，从1999年7月起又创办六套新数字频道。其经费55%来自视听费，45%来自广告和其他销售收入。菲宁韦斯特拥有三大电视网，即电视五台、意大利第一电视台（拥有25座地方台）以及雷蒂四台（拥有15座地方台）。双方从20世纪90年代初开始展开激烈的市场争夺战，势均力敌，二者占据了意大利电视市场90%的份额。近年来，随着数字技术的发展，各家传媒集团瞄准了新的电视市场展开争夺。菲宁韦斯特旗下的Mediaset集团向数字电视投资的同时和默多克的意大利天空传媒集团争夺意大利付费电视市场。意大利天空传媒集团在意大利付费电视市场占有率约为90%，而Mediaset集团2008年这一数字仅为2%至3%，它们准备在未来五年把市场占有率提升至15%，各媒体集团间的竞争势必愈益激烈。

意大利新闻媒介的最大特点是高度的政治化。第二次世界大战以后，意大利几个大政党对峙，群雄混战，政府更迭像走马灯。在激烈的政治斗争中，各派政治力量都需要新闻媒体作为它们的枪手，因此，几乎所有大的媒体都有浓厚的党派色彩。各个政党以各种方法操纵不同的媒体，媒体成为某些政治集团的代言人，成为各政党争权夺利的工具。意大利几家大报分别受几个大党控制：《晚邮报》倾向于天主教民主党，《信使报》投靠社会党,《共和国报》受共产党控制。1975年,议会规定公营的意大利广播公司政治独立、经营自治,但实际上是一纸空文。该公司所属的电台、电视台被各政党瓜分,天民党控制电视一台,社会党控制电视二台,共产党控制电视三台。在这样激烈的政治斗争中,独立的媒体往往成为政治斗争的牺牲品。各家媒体都纷纷寻找大的政党做靠山,从而也卷入政治漩涡中。这样一来,意大利几乎难以找到一份独立的大众化报纸。每次媒介的改组或所有权变更,往往是各党派力量发生变化、要求重新按势力瓜分媒介的结果,这就不可避免地造成媒介内部组织臃肿,职能重叠,人力、财力浪费严重;而且,各党派对媒体的分割使媒体结构失衡,传播内容重复、单调,严重脱离受众需要,从而束缚了传媒的发展。

正是由于政治斗争的需要,意大利的报纸大多数是全国性的,全国性报纸占全部发行量的73.5%。近几年,意大利公众已逐渐厌倦喧嚣不息的政治报纸,全国性报纸发行量逐渐下降。相反,中小型的城市报纸逐渐走俏,这些报纸以服务当地居民生活为宗旨,很受欢迎。

第七节 加拿大的传媒业

加拿大是西方七国中国土面积最大、人口最少的国家,而且分为西部的英语区和东部的法语区,新闻媒介也分成两大语种。报纸全部集中在十来个大中城市中,总数在100种左右,分属四个报业集团。广播电视也实行公营、私营并举的双轨制。加拿大广播公司(CBC)是公营的,占据65%左右的电视市场份额,与之竞争的是私营的加拿大电视网(CTV)。

加拿大与传媒业的超级大国——美国为邻。美国的新闻媒体无时无刻不想染指加拿大媒体;加拿大媒体则竭尽全力抵御美国的文化入侵,保卫加拿大的本土文化。两者的斗争焦点是文化的"加拿大化"还是"美国化"。在斗争中,美国方面可以说是咄咄逼人,而加拿大则是步步为营,这构成加拿大媒体最独特的风景线。

加拿大广播公司(CBC)成立于1936年,传统上是加拿大唯一的全国性广播电视网,并获得议会授权,成为享有国家特权、政府财政支持的独立公营机构。它的使命是为加拿大全民服务:传播加拿大声音,讲述加拿大故事,告知加拿大人民所需要的信息,繁荣加拿大的文化。面对美国文化的大举入侵,CBC规定,在CBC播出的影视节目,至少有60%以上由加拿大本地制作或与外国合作制作的节目。与此同时,CBC 将原来的购买美国情境喜剧的资金加上本国的电视基金来支持加拿大的制片人、作家、演员制作反映加拿大现实的电视剧,仅 1997—1998 年度就有 1.5 亿加元投入新片制作。目前,加拿大独立制片人制作的戏剧、微型剧、纪录片是 CBC 节目中最受欢迎的。而美国媒体也不甘示弱,电视节目供应商通常以 1% 的成本价出售一些电视剧在加拿大的播出权。这样,在私营电视网以及有线专业频道上,仍然充塞着美国影视片。

在报纸杂志方面,美加双方争斗更趋激烈。早在 1965 年,加拿大就通过议会立法,规定加拿大报纸不得拥有 25% 的外国股份,对外国报纸杂志进入加拿大课以 80% 的关税,并宣布政府财政补贴加拿大的报纸杂志。但 1994 年《北美自由贸易协定》生效后,美国向 WTO 状告加拿大高达 80% 的报纸进口关税是违反 WTO 规则的。1997 年,WTO 裁定,加拿大的上述政策违反其加入 WTO 的承诺。加拿大不得不再退一步,决定取消高额关税,但文化遗产部向议会提交 C55 号法案,规定禁止外国出版商在加拿大占有广告。美方对此反应强烈,扬言要动用美国 301 条款对加拿大实行贸易制裁。于是加拿大再退一步,允许美国的报纸杂志在三年内取得 18% 的广告市场。但一波刚平,一波又起,加拿大的两大报业巨头汤姆森公司、霍林格公司想卖掉其旗下的几十份报纸,美国传媒巨头闻风而动,要一口吞掉加拿大报业,而加拿大议会法案却禁止外国公司控制加拿大报业。美加双方又开始新一轮的吵吵嚷嚷。

除了美国对加拿大传媒业的挤压外,当前的经济衰退和新媒体的迅猛发展也给加拿大传统媒体带来巨大冲击。据《新华每日电讯》2009 年 5 月的报道,在加拿大四大私营媒体巨头中,拥有环球电视网和《国家邮报》等多家报纸的加西环球通讯公司负债高达 40 亿加元,未来数周内很可能会被迫宣布破产。而加拿大电视网 CTV 前不久宣布关闭数家地方小电视台,并登广告说如有下家接手,愿以每家电视台 1 加元的价格转让,但目前尚无买主。加拿大媒体业协会——加拿大广播之友发言人伊恩·莫里森认为,无论加政府采取何种干预措施,对加各大媒体集团而言,顺应技术潮流,进行运营策略革新,才是根本出路[①]。

---

① 赵青、杨士龙:《加拿大传媒业举步维艰:电视台仅售 1 加元》,载《新华每日电讯》,2009 年 5 月 22 日。

第五章　西方媒体的基本理论和学派

西方的新闻学在研究些什么？它的主体是研究社会（主要是政府、企业、社区、文化等）、受众、媒介三者的互动关系。正因为如此，西方新闻学的研究领域深深地涉及社会学、心理学、社会心理学、政治学、经济学、法学等学科，并且以这些学科作为研究的理论范式。社会的永恒变动、受众兴趣的永恒变动迫使媒体的决策和运作不断求新求变，需要新闻学者不断地追随时代的发展去总结、去探索，这必然使社会、媒体、受众三者之间的互动关系成为西方新闻学理论的主课题。

第一节　西方媒体的基本理论课题

西方媒体的理论形形色色，异常纷繁复杂。然而，英国的新闻学者丹尼斯·麦奎尔却以一张图，把西方媒体的基本理论囊括起来，勾勒出西方媒体理论的基本框架[①]，见图 5-1。

这张图分为三层，上层是社会结构，包括政治、经济、法律、教育、宗教等，中层是媒体，下层是受众。在社会、媒体、受众三者之间，每一个层面上都有对应的理论课题。

一、宏观理论

它涉及媒体与社会的整个关系，因为媒体只是社会的一个子系统，它与社会总系统、与社会其他子系统的关系，是宏观理论的课题。这方面，

---

① Denis McQuail, *Mass Communication Theory*, London SAGA, 1987, p.58.

西方学者由于运用的理论范式不同,有三种理论主张。

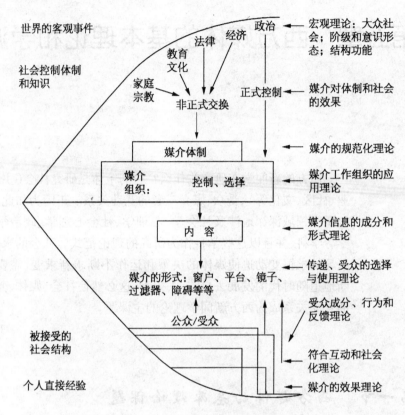

图 5-1 西方媒体理论的基本框架

1. 结构功能理论

　　这个理论以柏拉图的《理想国》一书作为理论源头,由社会学的开山鼻祖孔德创立,经著名的社会学家斯宾塞、涂尔干的进一步发展而确立,目前是西方社会学的主流理论。结构功能说的核心观点是把社会设想成一个有机体:有机体内的各部分(结构)组成互相依存的体系,其中每一部分都为该体系的平衡作出贡献;而一个部分的变化会引起该体系的暂时失衡,从而引起其他部分的变化,甚至改变整个体系,形成新的平衡,使有机体产生新的功能。结构功能说强调社会各部分的协调、平衡。而大众传播媒介是社会有机体中不可或缺的一部分。它通过传播信息沟通上下左右的联系,传播文化——一个社会的共同信仰、规范和价值观——来凝聚社会的方方面面。而大众传媒如果传播各种形式的怪异行为以及离经叛道的文化,必将使社会失衡。所以,结构功能理论特别强调大众传媒的社会责任感,强调它的沟通、协调、维护功能。但结构功能理论正面临着严重挑战,因为该理论的一个致命缺陷是无法解释社会革命和社会变革。在新闻学术界有许多学者也批评该理论太保守,过多强调传媒的协调、维护功能,而忽略传媒推动社会变革的作用。

2. 社会进化论

源于达尔文的进化论,曾在19世纪的社会学中占有统治地位,以后有些低落,而近20年又成为社会学的热门话题。社会进化论的核心观点是,社会和文化随着时间的推移总是在从简单形式向复杂形式变化,而整个社会的发展趋势是社会在技术上越来越发达,社会越来越分化,社会各部门越来越相互依赖。持这一观点的新闻学者以此来描述新闻事业的历史、现状和未来的发展。新闻事业包括它们的结构、体制、功能、技术及至各种文体都是一个自然发展过程,不断从简单到复杂的发展过程。在这一过程中,新闻媒介相互竞争、优胜劣汰;在社会变革过程中不断变革自身,在适应社会变化中维护社会的稳定,在满足社会需要的过程中不断尝试新的形式。这种理论强调新闻媒介的自然发展、技术进步、自由竞争、不断创新、自然选择,从而使新闻媒介不断进化(发展),也推动社会的不断进化。

3. 社会冲突论

西方社会学家自称社会冲突论源于马克思的阶级斗争理论,是从"阶级斗争是历史发展的直接杠杆"的理论中引发出来的。它把社会设想成利益明显相异的各种群体,为追求自身的利益而相互冲突;利益相互竞争、冲突的辩证过程产生一种社会变革的内驱力。所以,社会不是处于平衡状态,而是在永远的冲突中不断变化。持这种观点的新闻学者被称作批判学派,他们以社会冲突论来阐述新闻媒介和社会、受众的关系。任何一家新闻媒介都是具有自身利益(为营利、为争取社会地位和社会影响等)的机构,它们始终处于内外两种冲突之中,这就使新闻媒介处于政府、法院、社会道德规则、受众、广告商所施加的一张复杂的限制网中展开相互竞争。比如,新闻媒介与政府之间的控制与反控制、监督与反监督的长期冲突,与广告客户的控制与反控制的长期冲突,与受众的干预与反干预、影响与反影响的长期冲突建构了新闻事业的历史、现状与未来。正如美国著名的大众传播学者梅尔文·德弗勒所说:"社会冲突模式为思考和研究有关我们不断变化的大众传播系统提供了一个富有成效的理论范例。"①

---

① 〔美〕梅尔文·德弗勒:《大众传播学诸论》,新华出版社1990年版,第40页。

上述三种学说可以用一句话来概括：结构功能论关注社会稳定，社会进化论强调社会适应，社会冲突论重视社会变化。

二、媒介的规范理论即媒介的主导性理论

主导性新闻学理论是一个国家赖以制定新闻政策、新闻法规的理论依据，是新闻工作的指导性理论。目前，西方国家的主导性新闻理论主要有自由主义报刊理论、社会责任论和客观性原则。

三、应用于媒介工作的组织理论，即媒介的工作理论

它涉及媒体内部机构设置、相互协调使媒介正常运作；新闻从业人员必须遵守的工作原则、操守。其中，新闻从业人员的职业伦理是其重点。

四、媒介信息的成分、形式理论，即新闻实务

这里涉及新闻的采访、写作、编辑、评论、摄影等技能、技巧。

五、受众选择、使用理论，即常规理论

受众如何认识、接触新闻媒介？受众区分新闻媒介好与坏的标准是什么？他们认为新闻媒介和受众的关系是什么？他们喜欢什么、不喜欢什么？简言之，是以受众的眼光来评价新闻媒介。常规理论是动态的，不同时期、不同地域、不同受众对新闻媒介的认识不同，甚至截然相反，还没有固定的理论模式。但常规理论对于新闻媒介的功能定位、受众定位以及改进新闻媒介工作具有不可或缺的参考作用。

六、受众构成、行为和反馈理论，即受众理论

西方新闻媒介激烈的竞争首先就是争夺受众，而最终目的是争夺广告，因为广告的价格和数量直接和受众人数成正比。新闻媒介号称大众传播媒介，实际上任何一家新闻媒介都不可能以全社会公众作为自己的传播对象，只能选择其中一部分（称作目标受众）。面对不同性别、不同文化水准、不同职业、不同区域、不同民族以及文化背景的受众，媒介如何来

确定自己的目标受众？西方新闻学者运用市场营销学提出受众细分理论。这一理论的核心是：随着信息时代的需求越来越分化，受众的兴趣也越来越多样，任何一个新闻媒介要做到老少咸宜、雅俗共赏越来越困难。所以，新闻媒介只能选取其中一部分作为自己的目标受众，而目标受众则通过受众调查来确定。

七、媒介效果理论

这是西方新闻界最关注、投入资金最多的研究。这一调查研究有两种不同的目的：一种是纯粹商业上的目的，调查不同媒介的阅读率、收视率、收听率；另一种是为科学研究需要所做的调查研究。从受众接触新闻媒介所引发的认识上、感情上、行为上的变化来研究媒介与受众的关系，并上升为普遍性的结论，形成一种理论模式。目前在西方新闻界得到基本认可的理论模式有：刺激—反应模式，即 S—R 模式，又称魔弹论、皮下注射论；两级传播模式；选择性理论；使用满足理论；创新扩散理论；议题设置理论；沉默螺旋理论；社会培养理论等等。

第二节 自由主义报刊理论

自由主义报刊理论是资本主义国家最早形成的一种新闻理论系统，是西方各国新闻体制的基石和主导性理论。它影响巨大，虽然遇到种种矛盾和挑战，但迄今还被西方各国新闻界奉为圭臬。

一、自由主义报刊理论的产生与发展

关于自由主义报刊理论的发展历程，美国传播学家弗雷德·西伯特作了这样的概述："16 世纪提供了直接的现实基础；17 世纪见到了哲学原理的发展；18 世纪将这些理论付诸实践。"[1]

这里所说的"直接的现实基础"是 16 世纪资产阶级报刊反对封建专制的斗争。15 世纪，近代报刊已在欧洲各国发展起来，但当时报刊主要传

---

[1] 转引自〔美〕威尔伯·施拉姆等：《报刊的四种理论》，新华出版社 1980 年版。

播商业信息。进入16世纪,报刊开始转向思想传播和政治斗争,引起各国封建王朝的恐惧,纷纷建立严厉的报刊审查制度,以控制、限制报刊。在整个16世纪,资产阶级为争取出版自由所进行的斗争此起彼伏,慷慨悲壮。这些斗争虽然取得了一些具体成果,迫使封建王朝不得不作些让步,但由于没有系统的理论作指导,不可能从根本上动摇封建专制的新闻制度。资产阶级报刊的先驱者为争取报刊自由的斗争呼唤着资产阶级新闻理论。

在17世纪的欧洲,在为资产阶级革命进行舆论准备的过程中,欧洲早期的思想家们所提出的关于人的理性、人的权利、国家性质和作用等一系列学说,不仅构成了整个西方资产阶级社会政治理论的核心,而且成了西方各国自由主义报刊理论的主要思想来源和基础。其中,英国政治思想家约翰·弥尔顿以及约翰·洛克,为自由主义报刊理论作出了直接的贡献。

1644年,弥尔顿向英国国会提交了一篇演说词,抨击出版检查制度,争取言论自由,后来印成小册子《论出版自由》,产生了深远影响。弥尔顿主张,每个人都有将自己的思想诉诸社会的自由权利。他提出,言论出版自由是"一切自由中最重要的自由","这自由是一切伟大智慧的乳母"。他坚决主张让一切思想、主张都公开地表达出来,真理必定会在思想的自由市场上击败谬误。他呼吁"让她(真理)和虚伪交手吧,谁又看见过真理在放胆交手时候吃过败仗呢"①?因为人是理性的,人的本性决定了人必定会选择真理,自我修正谬误。从弥尔顿的思想出发,发展出自由主义报刊理论的两大基本原则:"意见的自由市场"和"自我修正"。

约翰·洛克从自然权利说出发,第一次从理论上论证了资产阶级天赋人权的原则,即生命、自由、财产是人人与生就有的不可剥夺的权利,而天赋人权应该受到法律的保障。为了保障天赋人权,洛克提出了分权学说,即立法权与执行权分开。他认为,不分权就没有自由。洛克的政治思想学说奠定了西方的社会政治制度包括报刊制度的理论基础。

孟德斯鸠从三权分立的原则出发,阐述了言论自由对于维护资产阶级政权的极端重要性。他认为,要防止滥用权力,除了必须以权力约束权力外,还必须看到舆论可以作为一种权力形式而对权力机构实行约束,而发挥舆论力量的前提是必须实行言论自由。他认为,言论自由乃是人的

---

① 〔英〕约翰·弥尔顿:《论出版自由》,商务印书馆1958年版,第44—45页。

一切自由权利中最重要的权利,没有这一自由,其他自由也就无从谈起了①。

从18世纪开始,随着资产阶级政权的先后建立、新闻业的不断发展,西方新闻自由从理论探索转向制度化的实践探索。在这一历史过程中,西方各主要资本主义国家经历了尖锐的矛盾冲突。这一矛盾冲突不再是资产阶级对封建专制的斗争,而主要是发生在资产阶级内部不同派别、不同利益集团间的冲突。其原因就在于,新闻自由原则对任何权威所构成的挑战性、批判性以及某些破坏性,会对刚建立的资产阶级政权构成现实的威胁,资产阶级政权对新闻自由原则有一个重新认识、重新建构的艰难过程。

众所周知,英国是资产阶级革命的发源地,也是最早提出新闻自由口号的国家。1694年,英国国会废除了象征封建专制的特许制,宣布新闻自由。但1712年国会又颁布印花税法案,对报刊课以重税,使其难以生存。印花税制实行不到半年,英国一半的报刊被迫停刊。同时,当局还采取一系列规定来限制新闻采访和公开报道。例如,禁止记者采访国会辩论。而威胁最大的是对那些敢于揭露政府弊端的报人以诽谤罪、叛国罪进行制裁。经过长达百余年的斗争,直到18世纪末,印花税法和其他限制新闻自由的规定才得以取消,英国的新闻自由才得以实现。正如恩格斯所言:"诽谤罪、叛国罪和渎神罪,都沉重地压在出版事业身上……英国的出版自由一百年来苟延残喘,完全靠当局的恩典。"②

法国被称为资产阶级革命最彻底的国家。其在1789年通过了《人权宣言》,取消了一切限制新闻自由的封建王朝法规和任何形式的出版许可证,获得了充分的新闻自由。但不久,热月党人专政,对反政府的报纸大开杀戒。拿破仑称帝后,对新闻事业的压制甚至比君主专制还厉害。1800年1月17日颁布的一道法令规定,在巴黎只有13家报刊准许出版,并威胁如果刊登诋毁当局的文章,立即予以取缔。1830年,波旁王朝的查理十世甚至颁布取消一切新闻自由的法令,终于引爆人民起义,推翻了波旁王朝。新建立的政府再一次宣布取消一切新闻检查,法国新闻界从此获得相对的独立。

美国为新闻自由同样在资产阶级政权内部引发了一场激烈的斗争。独立战争胜利以后,以汉密尔顿为代表的联邦党人与以杰斐逊为代表的

---

① 〔法〕孟德斯鸠:《论法的精神》上卷,商务印书馆1963年版,第322页。
② 《马克思恩格斯全集》第1卷,人民出版社,第695页。

民主党人就国家的体制问题展开了一场论战,新闻自由是这场论战的一个要点。最后,美国国会终于在1789年通过宪法的十条修正案(又称《人权法案》),其中第一条就明确宣布:"国会不得制定法律,建立宗教或禁止宗教信仰自由;剥夺人民言论或报刊自由;剥夺人民和平集会及向政府申冤请愿之权利。"至此,报刊自由得到了美国法律的确认和保护。

在西方各资本主义国家确立自由主义报刊体制的历史进程中,贡献最大、影响最大的当推杰斐逊。

托马斯·杰斐逊是美国《独立宣言》的起草人,曾任第三、第四届美国总统(1801—1809)。他是17世纪欧洲思想家们所创立的一般自由主义理论的忠实信奉者和伟大实践者。他不但力争美国宪法第一修正案在国会的通过,而且以总统的权力来确保自由主义报刊体制的确立。1787年,在给他朋友卡林顿的一封信中,杰斐逊写道:"民意是我国政府存在的基础,所以我们先于一切的目标就是保持这一权利;若由我来决定我们是要一个没有报纸的政府,还是没有政府的报纸,我会毫不迟疑地立即回答:我宁愿要后者。"①杰斐逊如此重视报纸,重视新闻自由,在于他的坚定信念。他认为,人们只有利用报纸,自由地交流思想,才能认识真理,人们的分歧通过自由讨论而自行澄清②。只有提供新闻的自由和发表各种言论的自由,人民才能有效地监督政府,政府才能听到人民的意见③。而且报纸自由是人民其他一切自由和安全的最大保障,"哪里报刊是自由的,并且每个人都能阅读它们,一切就是安全的"④。更加难能可贵的是,在他担任总统期间,正是美国新闻史上所称"黑暗年代"的政党报刊时期,联邦党人和民主党人利用各自的报刊相互攻讦、造谣、诽谤、谩骂,甚至大打出手。杰斐逊作为民主党人的代表成为联邦党人报刊攻击的首要目标,深受其害。杰斐逊有时痛心疾首,有时被弄得心灰意懒。他曾愤怒地写道:"报刊随心所欲和撒谎到放肆的程度,从而使它完全丧失人们对它的信任。"⑤但即便如此,他仍然坚信自由主义报刊的原则,仍为新闻自由而辩护。

经过长达300余年的艰苦探索和斗争,到18世纪末19世纪初,西方各主要资本主义国家基本上都以法律确认的形式,使自由主义报刊成为

---

① 参见《杰斐逊文选》,商务印书馆1963年版。
② 同上。
③ 同上。
④ 同上。
⑤ 同上。

一种制度,成为资本主义政治制度的一个组成部分,也是根本标志之一。这反映了处于上升时期的资产阶级的进步性。正如列宁所说:"出版自由这个口号,从中世纪末直到19世纪,在全世界成了伟大的口号。为什么呢?因为它反映了资产阶级的进步性,即反映了资产阶级反对僧侣、国王、封建主和地主的斗争。"①

二、自由主义报刊理论的要义

自由主义报刊一词的英文是 Freedom of Press。这个词在西方国家的不同历史时期有过不同的内涵。在文艺复兴运动期间,Freedom of Press 仅指言论自由,即文艺复兴运动的先驱们反对教会的思想禁锢,争取自由表达自己的意见;在弥尔顿那个时代(17世纪初),西欧各国印刷术广泛应用,Freedom of Press 主要指出版自由;到报刊开始在西欧各国兴起,Freedom of Press 又主要指报刊自由;而在现代,在原有含义的基础上,强调了信息交流的自由。而 Freedom of Press 一词中文有不同译法:"出版自由"、"言论自由"、"言论出版自由"、"报业自由"等等,现在一般都译为"新闻自由"。"自由主义报刊"理论是近些年的译法,专指相对社会责任论而言的一种新闻理论,以区别于西方国家作为一种政治制度的新闻自由。

什么是新闻自由?有各种不同的说法,但基本上大同小异。新闻自由包括:不受批准自由出版报刊,即不必向政府申请营业执照或交付保证金,在政治上、经济上不受限制,人人都拥有出版权;不受任何形式的事先审查,可以发布任何新闻和发表任何意见(当然,事后的追惩在任何国家都存在,即不容许报刊自由地损害国家、社会、个人);不受限制地自由接近新闻源。简要地说,新闻自由就是新闻媒介拥有出版权、采访权、发布权。

而自由主义报刊理论是为了确立、维护和发展新闻自由(当然,这里的新闻自由都是指资产阶级的新闻自由,以下皆同)所作的理论探索,力图以理论的形式来阐述、论证新闻自由的合理性、必然性;而探讨新闻自由和政府、社会、个人的关系则是自由主义报刊理论的主要内涵,并由此确立其基本原则,主要有以下几点。

1. 报刊不受政府的干涉

报刊和政府的关系是自由主义报刊理论中的一个关键性问题。自由主义报刊理论主张,政府不得采取任何措施来干涉、收买或控制报刊。政

---

① 《列宁全集》第32卷,人民出版社1990年版,第492页。

府的唯一职责是采取措施来保护新闻自由,为新闻媒介的采访、发布新闻提供种种方便。

2. 报刊拥有对政府的监督权

资产阶级的理论先驱们从权力相互制衡的原则出发,认为除了立法、司法、行政三种权力之间具有相互制约的关系外,公众的舆论无疑是约束权力的一种权力。杰斐逊把新闻自由的实践看作是探索美国民主政治体制如何有效运行的伟大尝试。他反复指出:"人民的意见是各级政府的基础。""人民是统治者的唯一监督者。""要使他们永远关心国事。假如他们一旦不关心公共事务了,那么你和我,以及国会和州议会,法官和州长,都要变成豺狼了。"① 人民有权监督政府,通过什么途径和手段来实现呢? 杰斐逊认为,最主要最经常的中介就是报刊。这个思想以后就引申为,报刊是行政、立法、司法以外的国家第四势力或第四种权力。

3. "意见自由市场"和"自我修正"理论

让人民群众、让各党各派都利用报刊充分地、自由地表达各自的意见,而充分地表达意见的前提是给予人民有关各项事务的充分信息。如前所述,"意见自由市场"的理论最早是从约翰·弥尔顿的《论出版自由》一书中引申出来的。其后,有许多西方著名的学者对此作过系统的论述。在这些论述中,一个非常集中的问题是人民通过报刊或者报刊本身发表了错误的意见怎么办? 英国哲学家约翰·斯图伍特·穆勒对此作了最全面的阐述。他认为,任何试图利用权威的力量来压制言论的自由表达的做法都是不合理的。他的逻辑证明是:假如被压制的言论是正确的,不仅显而易见地践踏了被压制者的政治权利,而且压制者自身也被剥夺了以错误换取真理的机会;假如被压制者的言论或思想是错误的,这也意味着大家同样失去了让真理同错误在公开的较量中使真理更加显明的机会。因此,压制人们的言论或思想使之不能自由地表达,必然是一种对个人乃至整个人类的智慧力的掠夺②。而杰斐逊则断言:"如果严厉地惩罚人民的错误,就会有损于唯一的公众自由的安全保障。""事实已经证明,当报刊不犯错误时,它就是软弱无力的。"对正确意见与错误意见的辩证阐述,使得"意见自由市场"在理论上站稳了脚跟。

4. 对事实的信念

从个体主义至上的价值观出发,自由主义报刊理论强调,新闻报道的

---

① 《杰斐逊文选》,商务印书馆1963年版,第8页。
② 〔英〕穆勒:《论自由》,商务印书馆1982年版,第30页。

最终目的不是向公众灌输某种标准的观点,而是客观地反映现实,让人们对外部世界形成独立的见解。"公共报刊向读者提供的最崇高的服务是鼓励他们形成独立的见解。"①为了使新闻报道满足不同政治立场、不同社会阶层、不同职业的个体的需要,自由主义报刊理论把客观地向公众提供事实作为新闻报道的最高标准和新闻从业人员的职业道德标准。所以,自由主义报刊理论崇尚并提倡客观性报道。可以说,客观性报道是自由主义报刊理论在新闻实践中的具体体现。

三、自由主义报刊理论的哲学基础

依照西方学者的看法,新闻自由所涉及的,绝不仅仅是报刊自身的问题,而是"人的性质、社会的性质、人与社会的关系,以及知识与真理的性质"②。就是说,涉及哲学、政治学中的基本问题。理性原则、自然法则、权力制衡学说则是构成自由主义报刊理论的三个理论前提。

1. 理性原则

理性至上是文艺复兴中为反对神权至上所兴起的,并在16、17世纪响彻欧洲大地的口号。法国哲学家笛卡儿、英国哲学家培根都反复指出,理性是每个正常的人所具有的;具有理性的人都能够运用自己的理性去分辨真伪和善恶,而无需由神或帝王来代替人的理性发号施令。弥尔顿在《论出版自由》一书中,从理性原则出发,提出了出版自由的论断。弥尔顿认为,真理是确定无疑的东西,是通过人的理性表达出来的,只要允许真理参加自由而公开的讨论,真理就会显现出战胜一切谎言和谬误的力量。这就是说,让各种意见自由存在,那么人们总会自然地接受真理而抛弃谎言和谬误。真理总是越辩越明,越辩越会有更多的人接受。以此出发,弥尔顿猛烈地抨击了代表封建专制主义和宗教蒙昧主义的"许可制"和"查禁制"。弥尔顿的这一思想使他本人被西方新闻界奉为新闻自由理论的开山鼻祖,并被后来的新闻学者认可、发展。

2. 自然法则

荷兰哲学家别涅狄克特·斯宾诺莎从反对封建神学出发,提出自然权利说,即每个人都拥有财产权、信仰自由权和思想自由权。而英国的政治思想家约翰·洛克进一步发展自然权利说,第一次提出"天赋人权"的

---

① 参见〔美〕威尔伯·施拉姆等:《报刊的四种理论》,新华出版社1980年版。
② 同上。

基本原则,即生命、自由、财产是人人享有的不可剥夺、不可转让的权利。而且提出"天赋人权"应当受到法律的保护,"法律的目的不是废除和限制自由,而是保护和扩大自由"①。自由既然是人的天赋权利,那么,出版自由、言论自由(新闻自由)是无需任何权威认可的自然权利,从而把新闻自由放在不可动摇的基石上。

3. 权力制衡

这是自然法则的必然延伸。为了保障自由,免受专制主义的压迫,必须让权力分立,以权力制约权力。洛克鲜明地提出,不分权就没有自由②。洛克提出了立法权和执行权分开。法国启蒙运动先驱孟德斯鸠则明确地提出"三权分立",而且,他在三权分立之外,把舆论看作一个权力形式而对掌握国家权力的人实行约束。为了实行有效的舆论监督,必须实行言论自由。这样,言论自由的意义从哲学原理上升到政治学原理,从人的一般性质上升到国家的性质,由此确立了言论自由(新闻自由)在国家政治结构中不可动摇的地位。

除了上述三个理论前提外,自由主义报刊理论在其形成过程中还受到牛顿力学和古典经济学的影响。从牛顿的永恒机械运动原则,引申到世界这架机器按某种不变的自然法则永恒地运动着。古典经济学则确认,政府保持最低限度的干预,让市场这只看不见的手自然调节,经济将健康地发展下去;当人们为自我利益而工作时,就不可避免地为公众而工作。这一切引申到新闻学上,就是要求政府尽可能少干预报刊,让人们自由地表达自己的观点,而报刊按它自身要求去发展。

四、自由主义报刊理论的现实困惑

出版自由、言论自由,这是资产阶级的理论先驱们为反对封建专制主义和宗教蒙昧主义而进行的一场斗争,它是资产阶级处于上升时期政治斗争的需要和经济发展的需要在新闻事业上的反映。资产阶级在取得政权以后所推行的自由市场经济,其基本前提是信息的自由流动,是各利益集团意见的自由表达。否则,自由市场经济无法运转。自由主义报刊理论适应了资产阶级在政治上、经济上发展的需要,从而在西方各国逐渐成为主导性理论。同时,这一理论也大大推动了新闻事业的自由发展。从

---

① 参见徐大同主编:《西方政治思想史》,天津人民出版社1985年版,第36页。
② 同上。

19世纪中叶,自由主义报刊理论在制度上确立以后,西方各主要国家的新闻事业得以迅猛发展,成为各国最具活力、最有生气的新兴产业。

但是,由于阶级的局限性和历史的局限性,自由主义报刊理论从一开始就带有片面性和空想成分。绝对自由化曾使西方新闻界陷于一片混乱。杰斐逊曾带着美好的理想进行新闻自由的伟大实验,却被热衷于党派纷争的报刊弄得濒于绝望。他愤懑地写道:"一个令人感到悲哀的事实是,禁止报刊发行反而比放纵那些荒诞无稽的谎言泛滥使国家的利益受到较小的损害……从来不看报的人要比读报的人消息更灵通。"①从不择手段的相互攻讦到耸人听闻的煽情新闻泛滥,从漫无边际的谎言到煽动战争狂热,都被自由主义报刊理论召唤出来。进入20世纪,西方报刊的混乱情况虽然稍有改善,但基本问题依然没有解决。这个基本问题就是:支配着西方报刊的,不是自由主义报刊理论的设计者们所设想的理性至上,而是利润至上、金钱至上。利润至上的原则支配西方新闻媒介,带来一系列严重的后果。

1. 资本取代行政(政府)控制了报刊

广告收入是西方报刊主要的经济来源,有些甚至是全部来源。在西方国家,报纸、杂志一般必须有60%以上的版面提供给广告,报刊才能维持下去。一批大的企业成为广告最稳定的来源,从而也成为报刊的经济支柱,掌握着报刊的生死兴衰。因此,报刊不但广告版面迁就大的企业,而且新闻、言论也俯就大企业。一旦得罪大企业,它们随时以撤销广告相威胁。在西方各国,除了极少数实力雄厚的大新闻媒介外,没有一家报刊敢得罪大的企业。自由主义报刊理论设计者的初衷是希望报刊能摆脱政府的控制,让报刊自由地表达人民的意愿,而在利润支配下的报刊,仅仅大企业的老板们才能自由地表达他们的意愿。

2. 煽情新闻泛滥

报刊要争取广告客户,其前提就是要有一定的销路(发行量),销路越大,广告收费也越高。扩大销路,争取读者,当然有多种途径。比如,以独到的见解、独具慧眼的独家新闻来吸引读者,这是西方严肃报刊诸如《纽约时报》、《华盛顿邮报》、《泰晤士报》等所走的路,但这毕竟要付出艰辛的努力和很高的成本,且曲高和寡,读者群有限。另一条简便的途径就是搞煽情新闻——绘声绘色的色情新闻、血淋淋的暴力新闻。这就是西方大多数的大众化通俗报纸所走的共同道路。一百多年来,西方报刊的煽

---

① 转引自《杰斐逊文集》(英文版)第8卷,第216页。

情新闻屡禁不止,原因就在于煽情新闻是西方大多数报刊刺激销路的绝佳手段。

3. 自由竞争被垄断取代,垄断扼杀意见自由市场

进入20世纪,西方各主要资本主义国家由自由竞争走向集中的现象在资本主义报业中也明显地反映出来。例如,到40年代,美国报业中,十大报业垄断集团控制着60%的报纸、80%的发行量;日本报业被三大报团所垄断,控制着80%的发行量;英国、法国、德国的报业也分别被三四家报团所垄断。小型报纸纷纷倒闭,各国报业总数下降。在美国,1909年全国有2 600家日报,到1946年跌到1 750家。自由竞争被垄断竞争所取代。各垄断集团为攫取更大份额的新闻市场,凭借其雄厚实力,纷纷采用最新技术和设备,造成成本支出大幅度上升,由此引起报业创办和维持费用呈几何级数增长。这个态势导致的后果是,创办新的报刊更加困难。在20世纪40年代的美国,想要成功地创办一家新的大都市报纸的投资估计要在500万~1 000万美元,中等城市需花费75万美元到几百万美元之间。对于西方各国的普通老百姓或一大批小资本家来说,创办新的报纸成了难以实现的梦想。于是,出版自由就成了一句空话——不是政府不容许,而是资本控制。同时,报业的垄断和创办新报的困难,严重威胁了报业的多样化。而众所周知,意见自由市场是以报业多样化为基础的,报业多样化一直是自由主义报刊理论与体制所追求的基本目标,报业多样化的动摇意味着意见自由市场的解体。

上述事实显示出,自由主义报刊理论面临的是深刻的危机,这个危机所揭示的是资本主义社会里资本的私人占有和生产社会性的矛盾,在新闻事业中则表现为报刊的拥有者与读者利益、社会利益不可调和的矛盾。

第三节 社会责任论

社会责任论在20世纪40年代由美国一批学者正式构建,50年代被西方大多数国家所接受,并逐渐取代自由主义报刊理论成为西方大多数国家的主导性理论。尽管它自身有着不可克服的致命缺陷,但西方大多数国家仍把社会责任论作为新闻立法、制定新闻政策和构建新闻工作者道德规范的理论依据。

一、社会责任论的提出

要叙述社会责任论提出的经过是很简单的。

1942年,时代出版公司的创办人亨利·卢斯提议:"对报刊自由的现状和前景进行一项调查分析",并由该公司出资20万美元给予经济资助。一年以后,组成了报刊自由委员会(又称"哈钦斯委员会"),承担起对报刊自由的现状和前景进行调查分析的任务。该委员会有13名成员,他们是——

主席:罗伯特·哈钦斯,芝加哥大学校长,故报刊自由委员会又名"哈钦斯委员会"。

副主席:小泽长赖亚·查菲,哈佛大学法学教授。

成员:哥伦比亚大学经济学教授约翰·克拉克;宾夕法尼亚大学法学教授约翰·迪辛森;哈佛大学哲学教授威廉·霍金;耶鲁大学法学教授哈罗德·拉斯威尔;前助理国务卿阿奇博尔德·麦克利什;芝加哥大学政治学教授查理斯·梅里亚姆;联合神学院宗教伦理和哲学教授莱因霍尔德·尼布尔;芝加哥大学人类学教授罗伯特·雷德菲尔德;哈佛大学历史学教授阿瑟·施莱辛格和乔治·舒斯特;联邦储备银行纽约分行主席比尔兹利·鲁梅尔。

很奇怪,在报刊自由委员会的名单上没有一名新闻学教授,这不是一个无意的疏忽。要知道,排名全美第一的密西根大学新闻系就在芝加哥附近。这说明,在美国一批学者的眼中,报刊自由主要不是个新闻理论问题,而是政治的、经济的、法律的、社会的以及哲学、伦理上的问题。正如该委员会所提交的总报告《一个自由而负责的新闻界》开宗明义写到的:

"本委员会打算回答这样一个问题:新闻自由是否处在危险之中?我们的答案为:是的。委员会之所以得出新闻自由处在危险之中这样的结论,原因有三:

首先,作为一种大众传播工具,新闻界的发展对于人民的重要性大大提高了。同时,作为一种大众传播工具,新闻界的发展大大降低了能通过新闻界表达其意见和观点的人的比例。

其次,能把新闻机构作为大众传播工具使用的少数人,未能提供满足社会需要的服务。

最后,那些新闻机构的指导者不时地从事受到社会谴责的种种活动。这些活动如果继续下去的话,新闻机构将不可避免地受到管理或控制。"①

　　几百年来,资产阶级的先驱们为实现报刊自由做了不懈的努力和不倦的斗争,从理论探讨、法律保证到制度完善。而到了20世纪40年代,一批学者却惊呼"新闻自由处在危险之中",这不能不说是一个时代的转折。然而,这正是提出社会责任论的历史背景。

　　新闻自由处在危险之中。正是这个危险危及了资产阶级的统治,危及了资本主义制度,具体表现在以下几个方面。

　　(1) 新闻媒介迅速扩展,组成了一个无孔不入的信息传播网络和体系,成为影响国家稳定和发展方向的准权力中心。正如学者威廉·里弗斯所说:"几乎每个人都确信,不管是好是坏,大众媒介已成了现代社会的中心。"具有如此强大力量的新闻媒介必须纳入有序的轨道上,才能维持整个资产阶级的利益。如果听凭几名新闻媒介的巨头为所欲为,势必危害整个资产阶级的利益。

　　(2) 自由主义报刊理论的核心是政府不得干预新闻媒介,而新闻媒介却有监督政府的权利。面对新闻媒介不论出于何种动机,不论是真是假的指责、批评甚或无中生有的诽谤,政府只能被动挨打。面对新闻媒介的种种胡作非为,政府也无能为力,以致政府官员、普通读者、学者专家不断地呼喊:"媒介监督政府、监督社会,那么,谁来监督媒介?"政府与媒介之间的关系越来越对立,这种对立已危及资产阶级的统治。美国的开国元勋詹姆斯·麦迪逊在《联邦党人》杂志上所写的一篇文章中毫不掩饰地写道:"在组织一个人统治人的政府时……首要的问题是使政府能统治被统治者,其次才是迫使政府约束自己。"②这说明,即便资产阶级承认新闻自由的实践,那也是新闻自由必须满足有助于统治者去统治被统治者这一前提。看来,自由主义报刊理论在实践中显然背离了这一前提,它必须被修改。

　　(3) 新闻媒介的所作所为引起社会各界的广泛不满,社会责任论的倡导者将此归纳为七个方面。

　　"第一,报刊行使巨大的权力为自己的目的服务。报刊拥有者特别在政治和经济事务中宣传自己的观点,不惜损害反对的观点。

　　第二,报刊屈从于大商业,并且让广告客户控制其编辑方针和编辑内容。

---

　　① 〔美〕新闻自由委员会:《一个自由而负责的新闻界》,展江等译,中国人民大学出版社2004年版,第1页。
　　② 转引自《詹姆斯·麦迪逊传》(英文版),第52页。

第三，报刊抵抗社会变革。

第四，报刊对当前所发生的一切进行报道时，常常更多地将注意力投向肤浅的和煽情性的事情，而不是有意义的事情。

第五，报刊已损害了公众的道德。

第六，报刊无正当理由地侵犯了个人的隐私。

第七，报刊被一个社会经济阶层，或笼统地说'商业阶层'所控制，对于新来者来说难以进入这个行业，所以自由而又开放的思想市场被损害了。"[1]

上述种种不负责任的表现，损害了信息和思想最大的自由流通，进而危害了以高度发达的市场经济为基础的西方社会的生存和发展，同时，也危及了新闻媒介自身的生存和发展。社会各界难以容忍新闻媒介的为所欲为，不断呼吁政府干预新闻媒介。

"新闻自由处在危险之中。"这个危险不是来自外界对新闻媒介自由的干预，而是来自新闻媒介对新闻自由的滥用。这就是社会责任论倡导者在面临的问题前发出的呼吁。

二、社会责任论的理论前提

社会责任论的倡导者惊呼"新闻自由处在危险之中"，其初衷并非要否认新闻自由，而是要保护新闻自由，只不过他们认为，倡导自由主义报刊理论的先哲们对新闻自由的理解有偏颇，有些理解要作出新的解释。

对一般自由的认识是自由主义报刊学说的理论基础。所以，社会责任论者也以此为出发点，重新阐发一系列理论观点。

自由是什么？社会责任论者认为："自由就是使用人的行动的权利。"要实现这种自由，需要两个基本前提：第一，"没有来自外部的限制和控制"；第二，"具有行动所必需的手段和设备"[2]。

对自由的这种理解是对传统认识的一种修正。过去认为，自由是"免于对某些东西的自由，即免于对行动的专断的阻碍，免于统治权力或权威"，可以概括为"免于……的自由"；而社会责任论的认识则强调了自由必须有条件——手段和设备，可以概括为"有做……的自由"。从这一点出发，社会责任论者对报刊自由提出三点新的见解。

---

[1] 参见〔美〕威尔伯·施拉姆等：《报刊的四种理论》，新华出版社1980年版。
[2] *A Free and Responsible Press*, U and C Press, 1947.

1. 报刊应有有限制的自由

"完全的自由和绝对的自由是没有的","没有限制的自由只是一个幻想"①。这是因为,自由必须受到他人相等的自由的限制。每个人、每个机构自由的界限在于不损害他人行动的自由。同样,报刊自由必须以不损害公众的自由为界限。为了报刊自由而损害全社会的自由,这是荒谬的。社会责任论者坦率地承认:美国的宪法修正案(即《人权法案》)对报刊自由字面上没有附加任何条件,在事实上却是附有种种条件的,是有限制的自由,容不得报刊为所欲为。

2. 公民"知的权利"

美国第一宪法修正案规定要保障言论自由或称新闻自由。那么,究竟要保障谁的言论自由?因为事实上存在着两种自由:报刊自由和公众的自由。过去,自由主义报刊理论从来没有注意到两者的区别,而是认为,只要报刊获得了自由,那么公民也自然而然获得了言论自由。但社会责任论的倡导者经过调查发现:这两者实际上不是一回事。自由主义报刊理论所倡导的新闻自由只不过是报刊媒介的自由,法律保障的也仅仅是报刊媒介的自由,公众实际上得到的仅仅是一种自由:逃避的自由,即当公众讨厌报刊的时候,"报刊自由包含着消费者不消费任何特定的报刊产品的自由"②。社会责任论者认为,应该明确地提出,公众的自由高于报刊媒介的自由。公众拥有获得新闻的权利,即"知的权利"或称"被告知的权利"。保护报刊的自由仅仅是为了保护报刊消费者的利益;如果不能满足公众对新闻的需求,那就不应该再对报刊发行人提供足够的保护。

"知的权利",可以说是社会责任论的一个核心观点,也是对美国宪法第一修正案在观念上的修正。从此,"知的权利"首先在美国,进而在世界其他国家成为公众维护自己获得新闻的权利的普遍口号。

3. 报刊必须约束自己的行为

自由主义报刊理论的核心是处理政府与报刊之间的关系。"我们的先辈满怀理由地认为,如果他们能够阻止政府对报刊自由的干涉,那么报刊自由就有了充分保障。"③所以,自由主义报刊理论千方百计地论证政府干涉报刊的危险性。但社会责任论的倡导者认为,随着历史发展,政府对报刊自由的威胁已退到次要地位,报刊自由的主要威胁已来自报刊自身。报刊发行人为了自身的利益而损害公众利益的不负责的表现,已损

---

① *A Free and Responsible Press*, U and C Press, 1947.
② Ibid.
③ Ibid.

害了信息和思想在社会内的自由交流和流通,从而激起公众的强烈不满。如果报刊不能约束自己的行为,那么公众不得不呼吁政府或公众自己的组织来管制报刊。可以说,自由主义报刊理论的立足点是约束政府行为,社会责任论的立足点则是约束报刊的自由行为。

报刊自由委员会的上述理论主张,有其深刻的哲学、政治学、社会学等方面新的学科背景。"现代思想革命已几乎摧毁了支撑报刊自由理论的世界观,决定20世纪世界观出现的是达尔文爱因斯坦革命,它引起了社会知识界的思想的深刻革命。"①正是在这样新的知识革命和思想革命的推动下,报刊的社会责任论倡导者对报刊自由理论的基本概念作了全面的考察,作出上述新的解释。

三、社会责任论的基本观点

在论述社会责任论的基本观点之前,我们必须强调,社会责任论并没有抛弃自由主义报刊理论;社会责任论的基础仍旧是自由主义报刊理论,只不过对自由主义报刊理论作了某些修正、修补,或者说社会责任论是嫁接在自由主义报刊理论树杈上的新枝而已。

报刊自由委员会在其总报告《一个自由而负责的新闻界》中要求报刊对全社会负责,对报刊提出五项具体要求,即社会责任论对报刊的基本要求②。

(1)一种就当日事件在赋予其意义的情境中的真实的、全面的和智慧的报道。

第一,新闻必须真实、不应该撒谎。这个要求看上去简单,但切中当时美国报刊的最大弊病。新闻失实已使公众对报刊失去信任。

第二,新闻报道必须理智,减少那种耸人听闻的煽情新闻,那些诲淫诲盗的细节描写。

第三,新闻要作出合乎真实的解释,即把每一项重大事件放在特定的社会背景、各种事物的联系中去分析其产生的原因、社会影响、后果。

(2)报刊要成为"交换评论和批评的论坛"。要求报刊担负起社会成员之间交流思想观点的责任,"社会中的所有重要思想观点都应该出现于大众传播机构之中",尤其是与报刊相反的观点。报刊可以不赞成他们的观点,但应该给他们公开表达的机会。

---

① 参见〔美〕威尔伯·施拉姆等:《报刊的四种理论》,新华出版社1980年版。
② 参见〔美〕新闻自由委员会:《一个自由而负责的新闻界》,展江等译,中国人民大学出版社2004年版,第20页。

(3) 报刊要反映出社会各个集团的典型画面。社会责任论者认为，在现代社会，公众越来越依赖报刊所提供的情况作出好或坏的判断。这就要求报刊对社会各集团、各种族、各阶层、各区域作出合乎实际的正确描述，彼此了解、理解，避免因误解而引起各集团的冲突，以此确保美国社会的稳定。

(4) 报刊要澄清和提出社会的目标和价值观。这是社会责任论者对大众传播媒介提出的全新要求，即大众传播媒介必须承担起教育和宣传的职责。自由主义报刊理论仅仅强调"意见的自由市场"，让各种意见都平等地表达出来，从理性出发，人们自然而然地会拥护真理，抛弃谬误。但事实上，受众或者时常跟着潮流走，醉心于时髦的思潮，或者会固执己见，拒绝服从真理。同时，伴随着各种思潮包括马克思主义的传播，使社会责任论者意识到西方社会赖以生存的价值观受到动摇。为此，他们不得不大声疾呼："我们必须承认，大众传播机构是一种教育工具，可能是最有力的教育工具；并且它们必须承担教育者的责任，陈述和澄清为之奋斗的理想。"

(5) 报刊要"完全接近每日的信息"。这是对新闻时间性的要求，保证每个公民能平等地共同分享信息。

社会责任论者还向政府发出了呼吁。自由主义报刊理论的核心是反对政府对报刊活动的任何干预。但在新的历史条件下，报刊不能真正实行自律，公众对报刊的不负责任又无能为力，社会责任论者只能求助于政府来管束和制约新闻媒介。报刊自由委员会的总报告向政府提出五个方面的要求，主要有：要求制定反垄断法来制止新闻媒介的过度集中，保持大众传播业的竞争；同时，鼓励传播行业的新投资者，以此试图维持思想和意见的自由市场；要求政府采取措施，保证公众及时、全面了解政府的政策以及政策制定的目的；必要时，政府可以创办自己的媒介以保证上情下达，政令畅通；切实保障言论自由。

四、社会责任论的影响及问题

社会责任论在20世纪40年代中期问世，10年以后，不仅在美国新闻界得到普遍的认同，而且开始风行西方各国。从实践情况看，某些西方国家，像日本、德国、加拿大等比美国走得更远。这说明，社会责任论在一定程度上适应了西方社会的变迁，适合西方国家的现实需要。

毫无疑问，社会责任论是维护西方资本主义的社会政治制度的。但同时,它从现实出发,修正了自由主义报刊理论的许多缺陷,比较好地协调了公众、新闻媒介和政府三者之间的关系。它一方面提出公众具有"知的权利",另一方面又一再宣称要保障新闻自由;它一方面揭露和批评了新闻媒介滥用新闻自由的种种弊病,同时却一再保护新闻媒介的私有制;它一方面要求政府出面来约束新闻自由的行为,另一方面又一再提醒政府对这种约束要有限制,并保证新闻媒介对政府的舆论监督。这样,社会责任论照顾了各方面的利益,缓和了各方面的冲突。

社会责任论对美国、对西方其他国家的新闻媒介确实产生了某些积极的影响,具体表现在以下几个方面。

(1) 它为公众评价西方的新闻媒介建立了一个价值体系,成为人们对大众传播媒介进行批评的武器,从而对传媒造成巨大的社会舆论压力。

(2) 西方各国的新闻媒介先后都依据社会责任论建构新闻道德自律,以及同业协会进行自我监督和相互监督,甚至在英国、美国等国建立新闻评议会,处理公众对新闻媒介的投诉和新闻媒介违反职业道德的问题。

(3) 由于自律以及来自各方面的压力,使新闻媒介的煽情新闻在一定程度上得到抑制。全少,在新闻界逐步形成一定的风气:刊登煽情新闻是不光彩的。

(4) 在一定程度上,影响了司法机构的判案标准。在肯定新闻自由的同时,注意保护公民的权利,例如隐私权、知的权利(公民的新闻自由权);也影响了议会、政府对新闻媒介的态度,制定了反垄断法等法律。

(5) 社会责任论成为新闻从业人员培训和新闻教育的重要内容,教育了几代西方新闻从业人员。

但是,即使在西方,一些新闻理论工作者对社会责任论的评价并不高。《报刊的四种理论》一书就指出:"社会责任理论现在主要地仍然是一种理论,记住这一点是重要的。"《报刊的四种理论》出版到现在,过去了几十年,社会责任论还是写在纸面上的东西,这一情况并无根本改观。原因在于,社会责任论由于内在致命的矛盾而难以付诸实践。

我们在本章第二节"自由主义报刊理论"中指出,导致自由主义报刊理论衰落的主因在于新闻媒介无限制地追求利润,不是自由主义报刊理论所设想的以理性原则指导办报,而是以利润原则为报刊一切行为的出发点和归宿点。而以利润原则来指导办报的根源正是报刊的私人占有,这就形成报刊的所有制私有性和新闻媒介本身的社会性之间不可调和的矛盾。社会责任论者不但未能正视这一矛盾，相反，一再宣称要维护新闻媒介的私人占有。这样，西方新闻媒介本身的基本矛盾就永远存在着。

那么，社会责任论怎么来解决以利润为导向所引发的一系列矛盾呢？它们只有两种办法。一是向人的道德、良心呼吁，这实际上是对人的理性发出呼吁，但这就造成了社会责任论理论上的自相矛盾。它一方面以大量事实对传统的新闻自由所赖以立论的抽象的人性论和理性观提出怀疑和指责，另一方面又把克服现实矛盾的方案和建议寄托在人的道德良知和人的理性觉醒上，希图以道德良知来抑制资本家的追求利润的欲望，无异于缘木求鱼。二是向政府发出呼吁，要求政府有限制地管束新闻媒介，但这又是一个不可克服、无法实践的矛盾问题。因为社会责任论所要竭力保护的是新闻自由的基本原则，这个基本原则包括不受政府的干涉以及对政府的批评监督权。社会责任论者既要防范政府对新闻媒介的干涉，又来呼吁政府管束新闻媒介，这种自相矛盾的理论无法付诸实践。

所以，社会责任论的提出，只能在一定程度上缓和西方新闻媒介和公众、政府的矛盾，并不能从根本上消除新闻媒介和社会大众的对立。就以宣扬暴力的电视片为例，几十年来，社会各界以及广大受众对电视中的暴力提出严厉的批评，但暴力片却愈演愈烈。1996年3月，日本最大的民间电视台之一的东京电视台（TBS）在日本奥姆真理教事件上的丑闻被揭露，震撼日本新闻界。1989年10月，日本的一名律师坂本揭露奥姆真理教的欺骗性，东京电视台以《奥姆真理教受害者之会》为题拟播出坂本律师的谈话。但此事被奥姆真理教的头目麻原彰晃获知，指派手下人与东京电视台做了一笔交易：让东京电视台独家采访麻原去德国的访问活动。东京电视台立刻取消坂本谈话的播放计划，坂本律师也遭麻原手下人暗杀。此事直到1996年3月才被揭露，日本电视界将3月26日定为整个电视界的耻辱日。日本许多学者指出，这个事件不是偶然的、孤立的事件。各家电视台将收视率视为首要课题，靠事件和桃色新闻吸引观众，有时甚至不惜制造假新闻。东京地铁沙林事件发生后，各电视台为了竞争收视率在奥姆教问题上大做文章，频频让奥姆教人员在电视上露面，不加批判地播放麻原主张，甚至不惜采用花里胡哨的标题和猎奇的图像音响，以致整个电视界不得不呼吁重建电视伦理。

这些事件都说明，社会责任论并不能从根本上改变新闻媒介不负责任的状况。

第四节　客观性原理及其实践

客观性原理在西方新闻界的理论与实践中一向具有重要的位置。它不仅体现了自由主义理论的核心理念，而且包括一系列与日常新闻实践有关的方法和准则，这种承上启下联系主导理论与具体业务的特殊功能，决定了它成为西方新闻界流传最广、影响最大的基本原理。从另一个方面来说，在客观性原理产生和发展的过程中，它也经历了不断的批判和修正。在这个意义上，它又是西方新闻界最具争议性的理论。

一般认为，客观性原理包括两个层面的内容：一是作为"软件"的客观性理念，指新闻从业者的专业规范和职业道德；二是作为"硬件"的客观性报道及其方法，这两个层面是互为表里的。本节只阐述其"软件"部分，"硬件"部分在后面介绍。

一、客观性理念的产生及其内涵

客观性原理最早产生于美国并不是偶然的。一般都认为19世纪30年代的便士报业提供了这个理论发育的土壤。一些学者认为，"客观性"（objectivity）这一概念的源头，在于"事实"（fact），而正是便士报业的发展，才使得对于"事实"的尊崇在新闻业成为共识。

1. 政党报纸的特点

在便士报业产生之前，美国报业中居于主导地位的是政党报纸，它们具有以下主要特点。

经济上的依附性：政党报纸运营的经费来自政党津贴，报纸的记者与编辑无须考虑市场操作。报纸的销售以面向政客、乡绅的征订为主，零售的份额很少。

内容上的单一性：经济上对政党津贴的高度依赖，自然导致政党报纸将鼓吹本党利益作为至上目标，由此决定了其内容的单一性。政党报纸主要刊载反映本党宗旨、维护本党利益的言论，经常爆发不同政党间的相互攻击与谩骂。事实性的文字很少，"新闻"对于政党报纸基本上是一个陌生的概念。

2. 便士报纸产生的革命性意义

以1833年《纽约太阳报》的创办为标志,便士报纸的产生,对于此前的政党报纸的理念与实践形成根本的颠覆。从经济态势上看,便士报纸彻底摆脱了对于政党津贴的依赖,完全从市场上开拓报业运营的经济基础。一份一个便士的低廉售价,代表了便士报纸面向社会上广大读者的市场姿态。顺理成章地,绝大多数便士报纸宣布了政治上的中立,以显示与政党报纸的分野。从内容上看,便士报纸第一次将刊载新闻作为报业最基本的日常业务,这也是新闻史家判定便士报业划时代的意义的依据。

曾经有一种说法,"news"这个单词中,四个字母分别代表英语东(east)、南(south)、西(west)、北(north)四个单词的首字母。虽然词源学并未提供坚实的证据,但这种说法十分形象地说明了新闻所具有的重要特性——它是对于丰富的社会生活的描述和记载。在这个意义上,新闻首先是一种对于"事实"的呈现,它理应成为报纸最重要的内容。

便士报纸产生的革命性意义,正是在于它从理论和实践上第一次确定了新闻在报业中的崇高地位。它第一次广泛地刊载来自医院、警察局、教堂、银行的新闻,深刻地扩大了政党报纸原有的报道领域,"政治"现在只是报纸所覆盖的社会生活的一个组成部分,而且它是被统一在"新闻"和"事实"的旗帜下,而不像此前以"言论"和"意见"为主体呈现。新闻史学家形象地将便士报业所开的风气之先概括为两个胜利,即"新闻"(news)对"言论"(editorial)的胜利和"事实"(fact)对"意见"(idea)的胜利[①]。事实上,便士报业奠定的是整个现代新闻事业的基础。报纸和其他纸质媒介是人类历史上最早产生的大众媒介,其后随着物质技术的演进,广播电台、电视台及网络电子媒介相继出现,但是无论何种新媒介都是以发布新闻作为其根本职能和业务。换言之,便士报业所开拓的方向,成为整个现代新闻事业所遵循的方向,物质技术的进步,不会也无法改变这种方向,它只是为延续这个方向提供更为先进和便利的手段而已。

从微观的角度看,便士报业所创立的重视"新闻"与"事实"的传统,也在很大程度上促进了新闻机构内部分工的合理化。在传统的政党报纸时代,并没有明确的记者分工,也无从谈论报纸版面的格局;而在"新闻"与"事实"的大旗下,这两者都进入了非常自然的自组织状态:记者逐渐地向专业化的方向发展,不同的记者报道不同的专业领域,包括政治、经

[①] Michael Schudson, *Discovering the News: A Social History of American Newspapers*, Basic Books Inc., 1978, p.60.

济、社会、文化等,这有助于提高记者的专业水平和报业内部的工作效率,也是现代报业内部的"条线制度"(beat system)的雏形;另一方面,由于报纸报道内容的拓宽和分化,很自然地必须考虑以不同的版面承载不同的报道内容和重点,因而也形成了现代的报纸版面形态。这绝不仅仅是单纯的审美或者阅读习惯的调整适应,它的源头正在于便士报纸对"新闻"和"事实"的引入。

3. 便士报纸和"故事模式"

新闻史家把便士报纸所代表的这种办报模式称为"故事模式",以此区别政党报纸的办报路线。它不仅确立了新闻在报纸呈现手段中的主体地位,而且奠定了新闻学作为一门学科的学术基础。"故事模式"意味着对于社会新闻和软新闻的重视,因此冲突性、趣味性和反常性成为新闻选择的主要取向。"狗咬人不是新闻,人咬狗才是新闻"的名言出自便士报时代并不是偶然的,它形象地说明了在那个时期报业经营管理者和记者编辑共有的理念。但也正因为如此,便士报导致的黄色新闻泛滥引起了普遍的社会批评。在这个方面,英国小说家狄更斯和法国政治哲学家托克维尔的批评已为人们所熟知。

其实,狄更斯与托克维尔的批评涉及了美国新闻业迄今仍然饱受攻击的一面。冲突性、趣味性和反常性基本上诉诸读者的感性活动,它们所唤起的主要是人类所共有的怜悯、恐惧、同情等"基本兴趣"(basic interests)。按照施拉姆的分类,这种新闻给予读者的往往是一种"即刻的酬赏"(immediate reward),它是无法持久的;而能够持续较长时间的"延迟的酬赏"(delayed reward),往往却是诉诸读者的智性活动,它包括推理判断和综合分析等①。虽然感性与智性也许不能如此截然区分,但借助这样的概念我们还是可以更好地理解便士报的局限性,即读者的需求层次是多方面的,而便士报的办报取向更多地集中于满足其中的一个方面。

新闻史家认为,便士报的兴起所代表的"故事模式",虽然摆脱了政党报纸的诸多缺陷,但是仍然无法有效回应那个时代的广泛信息需求。事实上,随着识字率的普遍提高和"杰克逊时代"(Jackson Era)公民政治参与热情的高涨,人们也普遍希望从报纸上获得关于社会政治、经济等情况的重要信息。显然,便士报过于注重社会新闻和软新闻的办报思路无法满足这种社会需求。

所以,便士报运动虽然产生了"客观性"概念的最初萌芽——"事

---

① Mitchell V. Charnley, *Reporting*, Holt Rinehart and Winston, pp.42 – 43.

实",但是由于便士报声名狼藉的煽情新闻实践,这种观念只有在其他类型的报纸中获得支持以后,才能真正成为得到业界普遍认可并且发挥实际效用的行业准则。

4. 精英报纸和"信息模式"

按照一般的标准,西方国家的报纸可以分为大众报纸和精英报纸。前者以社会大众为主要目标读者,主要刊登社会新闻、娱乐新闻和其他软新闻;而后者以社会上的知识分子、国家官员和具有专门技术背景的职业阶层为主要读者,主要刊载政治、经济和文化领域的重大新闻。在美国,这种分野确实可以追溯到便士报时期。如果说便士报代表了最早的大众报纸,那么1896年奥克斯购买和主持的《纽约时报》则代表其后与之相对的精英报纸。

阿道夫·奥克斯创立《纽约时报》的时候,纽约城中的黄色新闻业已经登峰造极。奥克斯的成功之处正是在于确定了与便士报形成鲜明对比的办报路线。他敏锐地察觉到对严肃而有品位的新闻的社会性需求,这种需求包括对于政治、经济、社会文化等重大社会议题的了解和讨论,而这是片面注重社会新闻等"软新闻"的便士报所忽视和无法满足的。至今仍然保留在《纽约时报》报眼位置"刊载一切适合刊载的新闻"的名言,就是对奥克斯的办报宗旨的形象说明。在他看来,应该有一种不弄脏读者早餐餐巾的严肃报纸,而"弄脏餐巾"正是喜欢耸人听闻的便士报的拿手好戏。奥克斯希望以报道严肃而有重大价值的新闻而获得读者与社会的认同。当时纽约已是美国的金融中心,因此奥克斯首先从及时准确地报道金融新闻入手,除了每天报道市场情况外,他还增加了每周金融评论,很快得到读者好评,并进而扩展到政治、文化等报道领域。在1898年《纽约时报》实施降价销售策略后,1901年它的销售量已超过10万份,报纸的财政状况也从亏损转为盈利。《纽约时报》的成功,证明了一份高品位的报纸同样也能在市场上获得成功,因此吸引了许多报纸加以仿效。今天美国的《华盛顿邮报》、《洛杉矶时报》、《基督教科学箴言报》,被公认为和《纽约时报》同一类型的严肃报纸。

新闻史家把《纽约时报》为代表的办报模式称为"信息模式",以此区别于便士报的"故事模式"。换言之,便士报注重"事实"的传统,在严肃报纸中也获得了回应,只是现在它呈现出对于信息含量较高的政治、经济新闻的重视,而非对于社会新闻的挖掘。从另外一个角度看,"故事模式"和"信息模式"的出现,代表了在美国新闻业中的两种主要新闻体裁或者原型——软新闻和硬新闻中,"事实"的观念逐渐都站住了脚。《纽约时报》的显著意义，正是在便士报奠定注重"事实"的现代新闻业指向之后，创造性地将这一指向扩展到更为广阔的报道领域。这一种提升同时使得新闻业获得了它前所未有的地位，因为人们从《纽约时报》的实践中体会到了一份严肃的报纸对于现代社会是必不可少的。

5. 客观性理念的内涵

在20世纪20年代以前，美国新闻从业者与新闻学者对客观性的理解，其核心在于将新闻报道中的事实与价值分离，避免报道中的个人偏见，以此保证报道的公正。正如艾德温·舒曼（Edwin Shuman）在其《步入新闻业》（*Steps into Journalism*, 1894）一书中对入门者的告诫："现代新闻业的精神正是对于新闻和言论的严格区分。前者处理的是事实，而后者处理的是理论上的阐释。如果将两者在新闻业中混杂起来，其产生的有害后果就如同在一个政府中政教不分一样。至少对于初学者而言，这是唯一安全的理论。"①

一些学者同时注意到，19世纪中叶起通讯社在美国的迅速崛起，对于传播和内化客观性观念也起到了显著影响。美联社于1848年在纽约成立，由《纽约太阳报》等六家纽约报纸组成，其目的主要在于利用当时刚发明的电报技术，迅速传播美国与墨西哥战争的消息。因为各报的政治立场不尽相同，美联社在其所供稿件中只有采取中立和平衡的报道手法，其稿件才能被尽量多的报纸所采用。到1900年美联社改组后，它的成员报以各自出版区域内所采编的稿件互通有无，并且逐渐吸收了一批非创始成员报加入，这就使得美联社的新闻采写必须更加注意中立与客观。担任美联社总经理达25年之久的肯特·库珀被视为对传播"客观性"法则居功至伟的人并不是偶然的。因为，"实行客观性法则有利可图，政治上的中立就是商业上的盈利。为了最大限度地争取订户，就必须平等地对待民主党和共和党、拉尔夫·纳德和通用汽车公司的实在要求"②。

另外，由于19世纪中叶新闻学尚未成为独立学科，绝大多数从业者受的是文学、自然科学方面的专业训练，在当时居主导的科学中的经验主义和文学中的现实主义传统影响下，记者和编辑也很自然地相信，对人类社会加以精密的观察和描述，同样可以像自然科学一样揭示其内在规律。朱黎叶斯·钱伯斯（Julius Chambers）回忆他在《纽约论坛报》的经历时，将其总结为，"事实，事实，只有事实"。后来成为揭露黑幕先驱的林肯·

---

① Michael Schudson, *Discovering the News: A Social History of American Newspapers*, Basic Books Inc., 1978, pp. 79–80.

② 〔美〕赫伯特·阿特休尔：《权力的媒介》，华夏出版社1989年版，第153页。

斯蒂芬斯(Lincoln Steffens)同样认为,他在《纽约晚邮报》所受到的训练可以归纳为,"记者必须像机器一样,如实地报道新闻,剔除所有的偏见、个人色彩和风格"①。美国学者塔奇曼认为,客观性法则从具体操作上看,包含记者必须遵循的四个步骤:(1)提供争论双方的"观点",以便识别冲突情况下对手之间的真实主张;(2)提供代表这些真实主张的确切陈述;(3)直接用引号指明这是消息来源而非记者之言;(4)首先按照提供最多的"事实材料"的方式组织报道②。

客观性法则显然与美国和西方新闻界中长期居于主导地位的媒介自由主义理论有着密切的联系。被公认为自由主义理论奠基人的约翰·弥尔顿和约翰·密尔等人,从17世纪起就提出和完善了"意见的公开市场"和"自我修正过程"等对于现代言论表达自由至关重要的概念。按他们的理论,自由而公开的讨论,是接近真理唯一可靠的途径。在一个各种观点能够自由表达和讨论的环境中,真理必将在和谬误的战斗中脱颖而出,就像在一个市场上人们最终必将青睐和接受优质的商品一样,在这个过程中,"政府不应该参加战斗,也不应该协助其中的一方"③。客观性原则的确立,正是继承了自由主义报刊理论的遗产,它致力于不带偏见地向"市场"提供可以据以形成"意见"的新闻报道等各种材料(商品),各种媒介不仅应该免受政府的干涉,而且在其日常业务实践中,也要排除媒介组织和个人的偏见与意识形态的牵掣。

在相当长的一段时间内,由于杰斐逊总统等一批美国开国元勋的身体力行,媒介的自由主义理论确实主导了美国新闻界。随着20世纪初哥伦比亚大学新闻学院(1904)、密苏里大学新闻学院(1908)等一批新闻教育机构的建立,客观性原则和客观报道手法被广泛地传播和灌输到一代又一代新闻从业者中。

二、客观性理念面临的冲击

脱胎于19世纪30年代美国便士报运动的"客观性"理念,在进入20世纪后就不断地遭到理论上的质疑和现实中的批评。

媒介的自由主义理论以及与之密切联系的客观性理念,其基本假设

---

① Michael Schudson, *Discovering the News: A Social History of American Newspapers*, Basic Books Inc., 1978, p.77.
② 〔美〕赫伯特·阿特休尔:《权力的媒介》,华夏出版社1989年版,第151页。
③ 〔美〕威尔伯·施拉姆等:《报刊的四种理论》,新华出版社1980年版,第51页。

植根于对于自由资本主义市场体制和人类认识真理能力的信赖,但是这一基本假设却日益暴露出它的内在缺陷。

1. 报业垄断局面的出现

从 1890 年开始,在美国的报业中开始出现所有权日益集中的现象,在大多数美国城市中,互相竞争的报纸数目锐减,"一城一报"成为报业的主导格局。从 1890 年到 1930 年,独家日报城市占出版日报城市的百分比从 38.3% 剧增为 71.5%,独报城出版的日报总数占全部日报的百分比由 17.5% 增长到 51.6%①。以纽约市为例,1890 年它拥有代表 12 家业主的 15 份日报,但到了 1932 年,只剩下代表 7 家业主的 9 份日报。

在 19 世纪下半叶,美国报业曾经为美国经济中开始出现的垄断化现象忧心忡忡,由此缘起的揭露黑幕运动也成为进步主义运动的重要组成部分,但是这时它们却被迫面临报业自身的垄断化进程。

当报业逐渐由少数人把持的时候,所谓公众通讯领域向所有人开放的假设就站不住脚了;而认为在一个民主的市场社会中,公众可以听到各种各样的意见和论点的想法,在现代报业自身就代表着巨大的商业利益并且以严密的企业组织形式运作的前提下,也就成了一种奢望,自由主义媒介理论的现实基础被严重地侵蚀,与其相联系的客观性理念同样四面楚歌。

从另一方面来说,媒介的自由主义理论是以启蒙时期的知识气候为依托的,而"形成 20 世纪的世界观的是达尔文爱因斯坦的革命",更具体地说,"报刊自由传统概念的哲学基础已经被近代思想革命突然摧毁。牛顿的静态的永恒世界已经被进化论的思想和近代物理的动力概念所破坏。洛克的自然权利学说已经不仅为浪漫哲学而且也为现代社会科学所推翻。古典的放任主义的经济学已经为近代大多数经济学者所摒弃,并且在实践上也为几乎每一个现代工业国家所不取。此外,弥尔顿的'自我纠正法则'近来已经变成可疑的了"②。

2. "主观性"种种

对于美国新闻界所珍视的客观性理念而言,它的对立面"主观性"此时不可避免地浮出水面,使得从业者和学者们必须重新估价其心目中的"圣杯"。以下这些事件被认为在这一过程中产生过重大影响。

先看美国新闻业在第一次世界大战中的经历。从美国抛弃孤立主义

---

① 〔美〕埃德温·埃默里、迈克尔·埃默里:《美国新闻史》,新华出版社 1982 年版,第 590 页。
② 〔美〕威尔伯·施拉姆等:《报刊的四种理论》,新华出版社 1980 年版,第 94 页。

传统参加"一战"的转变来看,一种说法是美国的报纸受协约国(主要是英国)和国内某些利益集团(如军火商)的宣传的误导,从而将美国拖入了战争。虽然一些学者并不同意这一观点,但却在一点上达成了共识,即"虽然宣传可以追溯到 2 400 年前,但只有到了第一次世界大战,人们才第一次目击它以组织化和科学化的方式进行运作"①。在投身美国战时宣传机器的记者与编辑中,包括了像被任命为公共信息委员会主任的乔治·克里尔(George Creel)和陆军部长助理李普曼等著名报人。公共信息委员会不仅指导和规范新闻发布和传单制作,还组织了大量的战利品展览和演讲宣传,许多教授、演员等积极参与。

在西方新闻界有一句著名的谚语:"当战争来临时,真相是第一个牺牲品。"因为当战争这种非常状态来临时,政府必然以维护国家利益的名义对战时新闻业进行严格管制。乔治·克里尔的委员会把战时新闻分为"危险的"、"可疑的"和"常规的"三类,对前两类进行严格把关。首当其冲的是社会党和德裔美国人的报纸,因其所持的反战立场,共有 75 家报纸受牵连而被取消邮寄权;而 1918 年通过的《取缔煽动法》,授权新闻检查局检查用海底电报、电话或电报传送的国外通讯。

在第一次世界大战中,曾经有两条新闻被认为相当成功地引发了美国公众的参战热情,一条是德国人建造工厂焚烧英国战俘以提炼油脂的报道,另一则是关于比利时婴儿的手臂被德国军人砍掉的消息,在战后这两则报道都被证明是捏造的。在"一战"中美国新闻记者处于这样一种尴尬地位:"一方面,美国记者发现自己作为欧洲战场的记者成为了战时新闻检查的牺牲品,但在另一方面,他们又成为美国国内外宣传机器的代理人。"②这种情况在李普曼身上表现得非常典型,比如,他参与起草了威尔逊总统的"14 点和平计划",但他却希望政府的战时新闻检查能够网开一面,以免留下"丑陋的疤痕",可是他同时又承认,"为战争的利益牺牲某些言论自由是必须的"③。

一言以蔽之,第一次世界大战的经历使得美国新闻从业者们认识到,他们所尊崇的"事实"和客观性理念成为了一种可疑的东西,因为在国家利益的名义下它是可以被扭曲的。这种逻辑的必然延伸就是,如果在战争时期政府可以用国家利益的名义进行新闻管制,那么即使在一种社会

---

① Michael Schudson, *Discovering the News: A Social History of American Newspapers*, Basic Books Inc., 1978, p.142.
② 转引自李良荣:《西方新闻事业概论》,复旦大学出版社 1997 年版,第 52 页。
③ Jean Folkerts & Dwight L. Teeter, Jr., *Voice of a Nation*, Macmillan Publishing Company, 1989, p.356.

常态中，众多的利益集团是否也有其独特的方式影响新闻界的报道，从而使得客观性理念成为海市蜃楼呢？

3. 公关业与新闻业

与对客观性理念的怀疑有重大联系的另一个社会现象是20世纪初公共关系行业在美国的兴起，它为新闻业的忧虑提供了确实的证据。

美国普林斯顿大学的埃里克·戈尔德曼（Eric Goldman）教授对美国公关行业的兴起背景作过精辟的解释，他认为，"直到20世纪初，大多数美国人，包括美国许多产业界人士都认为'公开宣扬'不是个好东西。当时的理念是秘密操作。然后西奥多·罗斯福总统率先发现公开宣扬是一种政治武器。黑幕揭发者将公开宣扬作为反商界的武器，而在对黑幕揭发者的直接回击中，产业界开始认识到，如果公开宣扬可以被用来对付他们，那也同样可以为他们所用。这就是整个公共关系行业的诞生经过"①。

公共关系作为一种职业，其主要目的是受雇于各种社会组织，尤其是政府机构和企业，为了取得公众的认同而进行信息沟通和自我宣传等活动。在19世纪后期美国的揭露黑幕运动中，林肯·斯蒂芬斯、艾达·塔贝尔和雷·斯坦贝克等著名记者都曾经曝光美国各级政府与大公司的腐败和欺诈行径。美国学者曾经评述说，"毫不夸张地说，正是塔贝尔对洛克菲勒王国经营方式所做的揭露，使得洛克菲勒先生接受了他的公共关系官员艾维·李（Ivy Lee）的建议，以为公众做善事来挽回他的恶名"②。

对新闻从业者而言，公关行业最致命的威胁在于，它在新闻记者和新闻源之间设置了一种新的障碍，从而使得记者获得事实和真相变得更加艰难。因为现在记者在相当多的情况下必须通过公关人员获取信息，而这些信息并非都是原生态的信息，它们大多经过公关人员的包装和矫饰，以便符合其雇主的利益，现代公关学术语中的"危机公关"一词就是这个现象的典型体现。引起新闻从业者对公关业的警惕的另一个原因在于，第一代公关人员原来大多是新闻记者，比如被视为现代公关业之父的艾维·李，就曾经是《纽约时报》的记者。这就意味着公关人员凭借着对于新闻活动规律的理解，可以向新闻记者提供完全符合其口味和行业标准（如新闻选择规律）的消息。虽然这些消息在很多情形下并不准确甚至是有意误导，但新闻记者因为截稿期（deadline）等因素的限制，无法面面俱

---

① [美]林肯·斯蒂芬斯：《新闻与揭丑——美国黑幕揭发报道经典作品集》，展江、万胜主译，海南出版社2000年版，第13页。

② 同上书，第14页。

到地对其加以证实或者证伪,只能被动地接受公关人员的"喂养"(feed)。在 20 世纪 20 年代和 30 年代,这种现象达到了一个高峰期,公关人员所提供的材料成为许多媒介的新闻报道的主体。

虽然公关业随着发展也不断地对自身加以规范,比如建立行业协会、制定从业人员道德操守规章等,但是公关业和新闻业这种内在的紧张关系持续地存在着,至少从理论上来说,传媒一向被视为为社会公众服务的社会公器,而公关业只是为自身特定的雇主服务。极端的观点认为,从其诞生之日起,公关业和新闻业就是天敌。而李普曼的分析则更为深刻,"公关人员的发展是一个十分明显的标志,它表明事实在现代生活中不是自然地呈现出被人知晓的形式。事实必然被某些人赋予一种形式,由于在每天的日常生活中记者们不能给予事实一种形式,由于几乎没有什么消息不与一定的组织有利害关系,因而利益集团就按自己的需要阐述事实"①。

4. 对传统客观性理念直接冲击的重大社会事件

对传统的客观性理念造成直接冲击的另外两个重大社会事件,分别是 20 世纪 20 年代的大萧条和 50 年代麦卡锡掀起的非美委员会调查活动。

曾经有学者认为,"19 世纪大部分美国历史完全陷入了人类无法容忍的正统乐观主义的滔天臭气之中"②。但是在进入 20 世纪之后,猝然来临的大萧条则使得这种盲目乐观遭到当头一棒,银行倒闭,工人失业,财富缩水,人心惶惶。大萧条对于新闻从业者的冲击在于,在此前的报道中,新闻媒介(当时仍主要为纸质媒介)没有行使其监视环境的预警职能,导致公众无法从新闻报道中理解现状并掌握未来社会生活的发展线索。这无疑是新闻界的失职。很多记者认为,这种失职和媒介仅仅致力于提供"事实",而忽略解释其背景(context)的"客观"方法有很大联系,"于是记者们开始讨论在事实中加入背景解释的必要性"③。

麦卡锡在 20 世纪 50 年代所成功煽动的美国国内的反共情绪,曾经使得奥本海默、卓别林和费正清等一批著名科学家、艺员和学者被迫接受听证调查。盖洛普民意调查显示,从 1953 年 7 月到 1954 年 1 月,公众对麦卡锡的支持率上升了 16 个百分点。新闻媒介在这个过程中因其"客观

---

① Michael Schudson, *Discovering the News: A Social History of American Newspapers*, Basic Books Inc., 1978, p.44.
② 赫伯特·阿特休尔:《权力的媒介》,华夏出版社 1989 年版,第 52 页。
③ Jean Folkerts & Dwight L. Teeter, Jr., *Voice of a Nation*, Macmillan Publishing Company, 1989, p.411.

处理"的一贯做法,起到了推波助澜的作用。因为麦卡锡显赫的参议员地位,媒介总是将他的各种指控"客观"记录,刊载于显要版面。在麦卡锡所导演的这一出闹剧中,爱德华·默罗是少数几个挺身而出揭露其真实面目的新闻从业者。但是耐人寻味的地方在于,首先,默罗是著名的电视节目主持人,并不属于对"客观性"最为忠诚的报纸记者群体;其次,默罗在《现在看吧》专题节目中对麦卡锡的揭露,如果不是完全违背传统的"客观性"理念,至少也是与其大相径庭。在1954年3月9日晚,《现在看吧》默罗和麦卡锡的对话结束时,默罗对全国的电视观众说了这样一番话:"对反对麦卡锡参议员那套做法的人来说,现在不是保持沉默的时候。我们可以不顾我们的传统和我们的历史,但我们对后果不能回避责任。"①

简而言之,进入20世纪以来,一系列重大事件的发生和美国新闻界的相关报道,都为反思客观性理念提供了丰富的线索和多样的角度,所有这一切使得客观性理念的调整成为必然。

5. 李普曼对调整客观性理念的杰出贡献

作为著名的记者和学者,李普曼几乎参与和观察了所有上述的重大事件,他对客观性理念的思考因此也具有特别的代表性。早在20世纪20年代,他的《公共舆论》一书即引起巨大反响,哲学家杜威曾经评论说,这本书可能是"目前所具有的对民主最有力的指责"。

原因在于,李普曼通过对社会认知和舆论形成的分析,摧毁了意见自由市场的民主假设。他认为,无论社会公众和大众传媒的从业者,都是成见或者刻板印象(stereotype)的囚徒,在这种情况下,首先无法指望公众按照经典自由主义理论的假说作为有理性和寻求真理的个人,在意见的自由市场努力寻求与自己的意见相同或相悖的观点,通过理性的判断和讨论,修正自己的观点,扩大自身在公共领域的知识并以此指导自己的行为;而从另一个方面来说,新闻媒介的日常运作"至少也比民主政治理论目前所承认的远为脆弱,它脆弱得难以实现人民主权论的全部义务,难以自发地提供民主主义者所希望的天生的事实"②,因为新闻的作用只是突出地表明某些事件,它并非必然能够将这些事件连缀成完整的景观以充分揭示其意义,"毛病在于比新闻媒介更深的地方,——毛病在于以一种分析和记录体制为基础的社会组织"③。

李普曼的洞察力体现在他综合分析了对于"客观性"形成障碍的个人

---

① 威廉·曼彻斯特:《1932年—1972年美国实录》,商务印书馆1986年版,第732页。
② 〔美〕李普曼:《舆论学》,华夏出版社1989年版,第239页。
③ 同上书,第241页。

和社会因素,他的睿见是后来许多学者进行相关研究的灵感来源,比如后来提出"沉默的螺旋"理论的德国学者伊丽莎白·诺利纽曼(Elizabeth Noelle-Neumann),就曾满怀敬意地指出,"李普曼书中的任何一个观点,此后都被艰辛的研究一再地加以证实"①。

在李普曼身上同时存在着一种深刻的矛盾,即一方面也许没有人比他更透彻地理解客观性理念的暧昧和薄弱,但另一方面没有人比他更为有力地捍卫客观性理念并筹划它的调整更新,这种矛盾同样深刻地影响了美国新闻业的发展。在李普曼看来,虽然客观性理念有其内在的缺陷,但是彻底抛弃客观性理念是不可取的,它就如同医生抛弃希波克拉底的誓言一样,将使得新闻业丧失整个行业存在的根基,因为"客观性"已经在很大程度上成为了美国新闻界的核心理念。李普曼坚定地认为,"西方民主目前的危机是新闻业的危机",由于"那些无法深刻理解周围环境中的相关事件的人,不可避免地将成为煽动和宣传的牺牲品"②,新闻媒介因此仍然必须担负它作为直接民主喉舌的职责。在此,他对于客观性理念的审视不再集中于它的可得性上,而是转而探求通过何种具体手段最大程度地接近这个已经被悬搁的目标。通过这样一种转换,客观性理念作为一种价值资源并未被彻底抛弃,而是以重新调整和修正的方式继续与新闻实践发生联系。

三、挑战与回应:客观性原理的拓展

当意识到主观性不可避免的时候,客观性原理在美国的拓展主要遵循着两个方向:其一是承认主观性在新闻报道中的合法地位,并且以类型新闻(news genre)的方式加以固定;其二是为客观性理念在具体业务中的运用规定更为严格的程序,这种拓展又同时在理论和实务两个层面上展开。

1. 对主观性的合法性的承认

对于主观性的合法性的承认,最早和最明显的迹象是20世纪20年代辛迪加专栏作家的出现。虽然署名专栏早在19世纪90年代就于芝加哥报业出现,但当时完全局限于幽默和文学专栏,而对于经济和政治事务进行评论的专栏,则在30年后才真正出现。第一批的专栏作家包括大

---

① Elizabeth Noelle-Neumann, *The Spiral of Silence*, The University of Chicago Press, 1984, p.144.
② Michael Schudson, *Discovering the News: A Social History of American Newspapers*, Basic Books Inc., 1978, p.151.

卫·劳伦斯(David Lawrence)、马克·沙利文(Mark Sullivan)、佛兰克·肯特(Frank Kent)和李普曼等人,他们大多是为华盛顿和纽约等政治经济中心的报纸撰写专栏,其他地方报纸以辛迪加特稿的方式也予以刊载。到1937年,李普曼的《今日与明日》专栏共在155家报纸上刊载。

显然,辛迪加专栏的出现,意味着作为一种建设性的因素,"主观性"同样可以成为报纸内容的重要组成部分,它同时还是对于报纸原有的社论版的拓展和细分,诉诸专栏作家在各自领域更为专业的知识背景,满足不同类型的读者需求。

与辛迪加署名专栏的出现相呼应的是1923年《时代》周刊的创办。它把一周以来的消息,以国内、国际、商业、教育等不同内容进行分类,它的目标读者不是某方面具有专门知识的人,而是现代社会中整日奔波、希望以较少时间了解变动中的世界的人。《时代》周刊对于美国新闻业的冲击,在于亨利·卢斯对于"客观性"的不屑。确实,终其一生,卢斯都是自由资本主义制度的狂热支持者,他和他的杂志对此从不隐瞒。他还试图以"公正"的概念来代替"不偏不倚",在创刊25周年的时候,《时代》杂志的社论中总结了这种观念,"不偏不倚和公正的差别是什么?一个有责任感的新闻工作者对在他看来是符合实际情况的事实进行分析的时候,是'有偏见的'。他只要不是为了说明自己的观点而歪曲事实,只要不隐瞒能说明一个不同观点的事实真相,他就是公正的"[①]。

虽然卢斯和他的办刊实践遭到很多批评,但却影响深远,类似的新闻杂志在欧洲和其他国家相继出现。事实上,无论是辛迪加专栏的出现还是《时代》的创办,其显著性都在于新闻报道中解释性成分的加强,而集中体现这一趋势的则是解释性报道的正式出现。

2. 客观性与解释性报道

1938年,美国新闻学者麦克道格尔(Curtis D. MacDougall)将他1932年出版的《新闻报道入门》一书修改后改名为《解释性报道》出版,从而引发了长达20多年之久的客观性和解释性(Objectivity vs. Interpretation)的论战。在1972年出版的《解释性报道》的第六版中,他回顾和总结了这场旷日持久的论战。

从20世纪30年代起,包括解释性报道在内的新新闻主义(New Journalism)被冠以无数的新标签,包括"参与式报道"(activist reporting, participatory reporting)、"人本报道"(humanistic reporting)、"饱和报道"

[①] 〔美〕埃德温·埃默里、迈克尔·埃默里:《美国新闻史》,新华出版社1982年版,第519页。

（saturation report）、"革新式报道"（reformist report）等等。麦克道格尔敏锐地觉察到，虽然这些新的尝试其领导核心是一批老资格的记者与编辑，但是其精神支持主要来自越来越多大学毕业后从事新闻工作的年轻记者。他们目睹种种社会不公，强烈不满新闻媒介作为现有体制的一部分维护现状的保守态度，他们的这种立场甚至获得了一些一向保守的报纸的有保留的赞同。《菲尼克斯共和报》的总编辑爱德华·缪利（Edward Murray）说过这样一番话："我不认为我们应该参加到抗议者的行列。面向公众的报纸是既有体制的一部分，这是应该坚守的立场——我们必须依赖那些认为这个体制还能得到救赎的那些人，但是我们必须认识到，如果没有一些重大的、革命性的调适，这个体制也许就无法得到救赎——我相信，革新式报道能够指引我们的道路。"①

这种思路和新一代记者的激进立场并不完全吻合，但却和李普曼为代表的设计有异曲同工之处。在原来主导的客观性报道面临不可避免的冲击时，他们既认为必须对之进行调整，但又避免使得这种调整危及新闻业的根基，更不希望它使得新闻媒介站到现有体制的对立面。因为同样的原因，麦克道格尔在《解释性报道》一书中强调，不论这些新的新闻学主张和文体被冠以何种名目，也不论它们未来前景如何，它们都必须根植于长期主导新闻采写的一系列规则之上。在这些规则中，他又不厌其烦地指出："我确信，从事新闻业的第一步，应该是对于完全的客观报道的熟练掌握。"②

在确立了这条原则之后，麦克道格尔才详细叙述了解释的必要性。以第一次世界大战前的美国新闻界为例，虽然一批精通外交和政治的记者云集欧洲各国首都，但因为他们刻板地遵循客观写作手法，只报道那些已经确然发生的事件，而没有为读者提供连缀这些事件并凸显其意义的背景分析，所以当战争爆发时美国公众都觉得很突然。在第二次世界大战爆发前，美国新闻界吸取教训，改进了他们的报道，因此，绝大多数美国公众对战争的爆发已有较充分的思想准备。在这样一个快速变动的世界里，麦克道格尔认为，记者必须认识到一个新闻事件不是孤立存在的，而它的意义也只有通过解释它与其他事件的联系才能呈现出来。具体来说，这种解释包括：将读者带到这些新闻事件的幕后，将新闻事件与读者的经历和认知框架相联系，向读者阐明新闻事件的意义等等。

---

① Curtis D. MacDougall, *Interpretative Reporting*, Preface Ⅷ, Macmillan Company, 1982.
② Ibid.

在现代大众传媒中,解释性报道目前已经成为相当重要的体裁,占据了主要的报纸版面。在 18 世纪新闻文体从英国文学的束缚解放出来之后,19 世纪中期以"倒金字塔"为主要结构特征的新闻报道从美国诞生走向世界,而解释性报道的崛起,则被视为继此之后报刊文体的第三次革命。

3. 客观性与精确报道

从另一个向度为客观性原理的拓展做出尝试的是精确报道(Precision Reporting),它在美国新闻界的影响和地位虽然没有解释性报道那样显赫,但又和解释性报道有着非常密切的联系。

从 19 世纪 40 年代起,美国的一些报纸和杂志就零星发表一些以调查结果为主体的新闻报道,这些调查既涉及消费领域,也涉及政治领域。但直到 1896 年在麦金尼和布莱恩特的总统大选中,芝加哥报界派遣记者专门对人口中的不同部分进行抽样调查,才标志民意调查成为报界的正式运作手段。此后,乔治·盖洛普、艾墨·罗珀等人在 1935 年建立专门的调查公司和其他机构,调查的手段和方法逐渐完善。在动荡的 60 年代,一些记者也通过抽样调查等方式,试图确定公众或特定人群对于民权运动、越南战争等议题的态度。到 1968 年和 1972 年的美国大选,新闻媒介普遍使用民意调查的方法进行大选报道。但一般认为,1973 年美国北卡罗来纳大学新闻系教授菲利普·梅耶教授出版《精确新闻学》一书,才标志着精确新闻学的成型。

梅耶秉承了解释性新闻的倡导者对传统的客观性理念的批评。他认为,在传统客观性理念的控制下,记者只需要成为一台精确的传输仪器,他将他觉得读者会有兴趣的材料原封不动地记录并输送给读者。在这个过程中,记者往往诉诸一种所谓的"常识"和"传统智慧"的指导以搜集事实,因为在记者圈中流传着这样的共识:"一点常识加上一些事实,立刻就能形成对于任何主题的正确答案。"[1]结果如何呢? 在马丁·路德·金博士被刺后,报界在其报道中认为,黑人民权运动的非暴力性质随着金博士的辞世而终结了。但是其后的调查表明,黑人民众中突出的情绪只是对民权运动的纲领更为关注,而赞同暴力行动的黑人民众并没有数量上的增长[2]。记者没有权利再满足仅仅充当这种不合格的机器,因为他面对的是更多受过良好教育、更加渴望通过媒介获取知识的新型的读者,在这

---

[1] Philip Meyer, *Precision Reporting*, Indiana University Press, 1973, p.3.
[2] Ibid. p.2.

个变化速度和事物的复杂性程度都前所未有的时代,记者必须首先理解这些事件,然后才有可能对读者解释这些事件的意义。

梅耶和解释性新闻倡导者们的分歧在于他认为,从事实到解释是一种"跳跃",这种跳跃并不轻松,"有必要限制这种从事实到解释的跳跃的幅度,必须寻找到更加坚实的事实基础以完成这样的跳跃"①。上述的金博士被刺的例子和报界对它的处理就显示了这种"跳跃"的危险性。

梅耶的精确新闻学的核心就在于,他认为新闻记者应该更多地使用社会科学的方法收集和处理事实材料,以便使新闻报道具有真正的解释性的力量。这些方法包括了抽样调查、参与观察等社会学和人类学学者们的研究方法,也包括了利用先进的计算机技术进行数据处理等实用技能。他的最终目的是使得新闻学由一门被称为"匆匆的历史"(history in a hurry)的学科,提升为一门具有"匆匆的社会科学"(social science in a hurry)性质的学科。

无论是解释性新闻还是精确新闻的提出,虽然在形态上都构成了对于客观性理念和客观报道的冲击,但究其实质后果却是对客观性理念的拓展,即试图通过对从业者专业素质的提升、报道方法和具体工具的完善,为向客观性的逼近提供更加经得起推敲的基础,它的首要目标仍然是服务于公众与社会,而它的副产品则是新闻业整个行业地位的提升。

解释性报道和精确报道的出现和普及,是李普曼等人以"专业化"(professionalism)应对"客观性"危机的设想的具体实现。新闻从业者"专业化"的设想,最早可以追溯到1904年普利策(Pulitzer)捐助成立哥伦比亚新闻学院。当时业内的批评是此举将造成报业内部的等级化,普利策对此的回答是其用意正在于此。"我们需要在记者中形成一种等级观念,但是这种观念并非建立在金钱的基础上,而是建立在道德、教育和品格的基础上",建立哥伦比亚新闻学院就是"开展一项运动,以提升新闻业成为一个有学养的职业,使得新闻业能够在社会的尊重中成长,就像对这个社会的公益的作用远逊于新闻界的那些职业一样"②。20年后,意识到客观性的危机将导致从业者的相对主义和犬儒主义情绪,李普曼大声疾呼:"越是对人类证言的可靠性发生怀疑,越迫切需要对它们进行尽可能客观的检测。当你认识到现代社会是多么深刻地依赖于它的新闻报道的时候,人类本性的脆弱就无法成为支持自满或道歉的论点,这时它更应该成

---

① Philip Meyer, *Precision Reporting*, Indiana University Press, 1973, p.13.
② Michael Schudson, *Discovering the News: A Social History of American Newspapers*, Basic Books Inc., 1978, p.152.

为永恒警觉的理由。"比普利策更进一步,李普曼指出,除了个人的道德操守和职业道德(其内核仍为对客观性"知其不可而为之"的追求),"科学"将是新闻界的药方,因为"在我们这个纷繁复杂的世界里,只有一种统一性是可能的。那就是方法的统一性,而不是目标的统一性"①。通过在新闻业中掌握和使用科学方法,新闻界将更为称职地履行其职责。精确新闻和解释性新闻的提出,可以视为"专业化"主张的恰当注脚,因为这两种文体都对新闻从业者的知识背景和专业素质提出了更高的要求。而李普曼本人也是在"专业化"上身体力行的代表人物,他主笔的《今日与明日》,成为美国和西方政要天天必读的专栏。

如果说解释性报道和精确报道在一定程度上是对传统客观报道的拓展,这一时期中另外两种文体的勃兴,则和客观性报道存在更加复杂的关系,它们分别是调查性报道和新新闻主义报道。

4. 调查性报道和新新闻主义报道

从19世纪末兴起的揭露黑幕运动,本身是这一时期美国进步主义运动的重要组成部分。借助于林肯·斯蒂芬斯、艾达·塔贝尔和雷·斯坦贝克等著名揭丑者(muckraker)的报道,美国公众了解了政府和公司的腐败行径,形成了强大的社会舆论。为保障公众利益和规范政府及公司运作,《纯净食品与药物管理法》、《肉食检查法》和《反托拉斯法》相继出台。虽然从20世纪头10年起,揭露黑幕运动逐渐走向低潮,但"揭丑"却已经成为美国新闻业的一个传统。正如最早的揭丑记者将这种传统追溯到耶稣和其他《圣经》中的先知一样,在动荡的50年代和60年代,激进的新闻记者同样试图通过追溯这一传统而揭示美国社会的种种不公。林肯·斯蒂芬斯在其自传中曾经说过,作为一个热衷于使用调查性报道的记者,"我的理论意味着探究政治学和政府行政学的基础所在"②。对于60年代那些对媒介的保守立场深感不满的记者来说,这无疑是一笔可以继承的理论遗产。更令当时的记者感到深受刺激的是,这一种光荣传统首先是在新闻界外的圈子结出硕果的。比如美国著名的博物学家蕾切尔·卡逊(Rachel Carson),她在1962年所出版的《寂静的春天》一书中,通过大量的调查和研究证实,美国化学工业界开发的农药对自然环境造成了巨

---

① Michael Schudson, *Discovering the News: A Social History of American Newspapers*, Basic Books Inc., 1978, p.152.

② 〔美〕林肯·斯蒂芬斯:《新闻与揭丑——美国黑幕揭发报道先驱林肯·斯蒂芬斯自述》,展江、万胜主译,海南出版社2000年版,第10页。

大的损害,蕾切尔·卡逊因此也成为美国环境保护运动的先驱①。而美国新闻界开始重视环保议题,则是到70年代才形成气候。再比如美国著名的社会活动家拉尔夫·纳德(Ralph Nadar),他在1965年所出版的《任何速度都不安全》一书中,同样经过翔实的调查揭示了美国大汽车公司的设计隐患,成为美国消费者权益运动的先驱②。

在这样轰轰烈烈的社会运动中,一向自视为社会公器的新闻媒介却处于缺席状态。根据从业者的思考,这并不是业务能力的原因。正如一位记者的感慨:"纳德的所作所为,正是优良报业所必须要从事的运作……首先,将某一论题的背景作一密集的研究……然后,随之访问主要新闻来源……最后,得出结论,采取行动。为何报界一般总是不愿从事深度调查的工作,那是迈入公众议题的主要方法呀!……主要的原因是,编辑和记者已被引领迈向报道事实的方式。"③只要固守传统客观报道貌似公允的立场,必然忽略对这些明显的社会不公的审视和抨击。而从另一个方面来看,新闻界对社会不公和罪恶的失察,既辜负了公众的期望,同时又是对这些社会阴暗面的纵容。正如普利策所言,罪恶只有在隐秘的基础上才得以滋生,它的直接后果则是公众对于媒介公信力的丧失。所以,成功而负责的调查性报道,不仅能够使得媒介重新担负起它的职责,而且必然成为重建媒介可信度(credibility)的利器。以这样的反思为契机,从20世纪60年代起,美国的调查性报道又进入了一个高峰期,其代表作是赫什关于越战中美国士兵屠杀美莱村民的报道和美国调查性报道的里程碑——水门事件报道。20世纪80年代美国向伊朗出售军火的报道,以及90年代的克林顿性丑闻报道,分别被新闻界命名为"伊朗门"和"拉链门",由此也可见这种揭丑传统的延续。

比较而言,如果说解释性报道和精确报道属于对于传统客观性报道比较温和的改良,那么调查性报道的基本态势则是相当激进的。通过追溯和复兴美国新闻业中的揭丑传统,调查性报道成为美国新闻文体中相当特殊的一类。没有任何一种其他文体像它这样,从如下的基本假设出发展开新闻的采写活动:某些事实或真相是对于公众有重大价值和意义的,而某些个人(主要是担任公职的人员)和组织(政府机构或利益团体)试图隐瞒这些事实和真相,而从事调查性报道的记者的任务,就是要打破各种壁垒以获得这些事实与真相。在其他类型的新闻采写活动中,都不

---

① 林达·利尔:《自然的见证人》,贺天同译,光明日报出版社1999年版,第343—352页。
② 〔美〕威廉·曼彻斯特:《1932—1972年美国实录》,商务印书馆1986年版,第1760—1763页。
③ 〔美〕赫伯特·斯川兹:《新闻记者与新闻来源》,远流出版事业股份有限公司1999年版,第158页。不

存在主体和客体之间这种紧张对峙的状态。

和上述三种新闻文体相比较,新新闻主义报道的异端色彩最为强烈,和传统的客观报道的反差也最为明显。

新新闻主义报道的高峰出现在20世纪60年代,其代表人物为汤姆·沃尔夫(Tom Wolfe)、诺曼·梅勒(Norman Mailer)、杜鲁门·卡珀帝(Truman Capote)和亨特·汤姆逊(Hunter Thompson)等人,他们的作品主要发表在《纽约客》、《乡村之声》和《老爷》等杂志上。这一流派的新闻写作的最大特点在于采用文学写作手法,重视对话、场景和心理描写,同时不遗余力地刻画细节。

事实上,由于现代新闻写作脱胎于英国文学,整个现代新闻文体就是在和原有的文学体裁不断纠缠搏斗的过程中确立起来的。在这个过程中,虽然包括对文学体裁的借鉴,但其核心却是"和而不同",即新闻体裁必须更主要地符合新闻媒介自身运作和受众的内在需要。新闻写作中倒金字塔结构和导语的运用,就是非常典型的例子。简言之,现代新闻体裁的进化过程,一直是以非虚构化作为其逻辑起点的,这也是"客观报道"的题中应有之义,但是新新闻主义的理论和实践,却存在着脱离这一逻辑起点并向文学传统回归的趋势。

一些学者认为,新新闻主义的实践,可以追溯到殖民地时代托马斯·潘恩写作《常识》的时候,在其名单中还可以加入后来的厄内斯特·海明威、乔治·奥威尔、丽莲·罗斯等一长串人名。在20世纪60年代和70年代,汤姆·沃尔夫等人和这些先驱的区别并不在于"做得不同",而是在于"做得更多并且比过去做得更为自觉"①。这不仅是因为这批记者中的很多人是非常有天赋的作家,而且因为他们相信新闻必须"向读者展示真实的生活",他们认为这是传统的客观报道所无法担负的使命,却可以经由他们的"新新闻"得以实现。因此,他们花费大量时间深入采访,记录人物的对话,描述他们的行动,并且踏入了一向被视为新闻写作危险区域的人物的主观感受和心理世界,而这也是其招致严厉批评的原因。

虽然学者们承认沃尔夫等人的新新闻主义亦有其建设性的一面,比如他们所钟爱的美国"次文化"(subculture)题材,为新闻业带来了一种"美国研究"的新面貌。但是,这样一种新闻写作的新闻来源和准确性都是值得怀疑的,大量使用甚至滥用文学写作手法"具有歪曲历史和在公众

---

① Chris Harvey, "Tom Wolfe's Revenge", *American Journalism Review*, October 1994 Issue, p. 42.

心目中播撒不信任的种子的潜力"①。

　　进入80年代以后,新新闻主义的境遇更为独特。一方面,随着1981年《华盛顿邮报》记者珍妮特·库克因虚构新闻人物被剥夺普利策新闻奖,对于新新闻主义的新一轮批评又激烈地展开。但另一方面,由于面临电视和网络的冲击,许多报纸又有意识而谨慎地借鉴和引入新新闻式写作。美国报业协会的报告显示,从1970年到1993年,美国在工作日阅读日报的成年人的比例由78%降到了62%,因为"我们的竞争者都是一些高手。电视、电影和计算机都在进行互动式的故事讲述。它们有主角,有挑战者,有故事结构,有波澜起伏的行动和结局"②。在这种形势下,报纸必须寻找新的样式和风格以争夺读者,而新新闻写作的优点也就显得非常突出了。它能通过细节描写烘托气氛,能制造悬念使读者无法割舍,总之,它可以成为对抗新媒介的武器。《今日美国》等一批报纸成为这方面的领先者,它甚至还刊载"第一人称报道"。在这样的潮流中,还包括了像以"水门事件"的调查性报道而一举成名的鲍勃·伍德沃德等著名记者。俄勒冈大学新闻学院从1995年秋季起,开设了"创造性非虚构写作"的研究生课程。

　　但是,即使在这一过程中,美国新闻界还是对新新闻主义的"内伤"保持着高度的警觉。伍德沃德面对一些同行和读者对他在一篇作品中的心理描写的怀疑,不得不费劲地解释说,虽然他确实没有采访这个人物,也只有他周围的16个人会得知他的想法,但是他采访了这所有的16个人,证实了他在报道中所描述的新闻人物的"内心活动"③。美国新闻界在这一时期也只是谨慎地借鉴新新闻主义的一些技法,而并未全方位地为新新闻主义翻案。

　　综上所述,当传统客观报道经受审视和冲击的时候,一些新的新闻体裁相继出现。它们或者通过在新的社会历史情境中复兴美国新闻业的传统,如新新闻式报道和调查性报道;或者通过强化从业者的知识背景和专业技能,如解释性报道和精确报道,共同应对客观性原理的现代危机。

5. 新闻理论界对客观性理念的修正

　　对于客观性理念的修正,不仅体现在新闻界具体业务的拓展中,还体现在理论界。1947年哈钦斯委员会所发表的《一个自由而负责的新闻界》研究报告,集中代表了美国新闻界主导理论从媒介的自由主义理论向

---

① Chris Harvey, "Tom Wolfe's Revenge", *American Journalism Review*, October 1994 Issue, p. 41.
② Ibid., p. 46.
③ Ibid., p. 45.

媒介的社会责任理论的转型。社会责任理论所依据的"积极的自由"的概念和传统自由主义理论所脱胎的"消极的自由"的概念形成鲜明的对比,因为后者是被动的"免于……的自由",而前者则是积极的"有做……的自由"。更具体地说,对于新闻界而言,积极的自由意味着它不仅应该不受政府的干涉,以服务公众与社会为其义务(自由主义理论的侧重点),而且应该通过掌握和运用适当的手段,以便切实和负责任地行使它的自由。

依据这样的思路,哈钦斯委员会指出,从社会责任的角度出发,现代社会对于新闻界提出五项要求,其中第一项仍然是"提供真实的、概括的、明智的关于当天事件的记述,它要能说明事件的意义"。此外,新闻媒介还应该成为"一个交换讨论和批评的论坛";要描绘"社会各个成员集团的典型图景";负责介绍和阐明社会的目标和美德等等①。

值得注意的是,对于第一项要求,虽然这仍然意味着客观报道中事实与意见必须分离的原则,但委员会同时又指出,"只是真实地报道'事实',已经不能令人满意了。现在必须报道'事实的真相'",因为新闻界在进行"客观报道"的时候,往往"既没有告诉读者各种消息来源的可靠性如何,也没有提供足以彻底了解这种情势的必要条件"②。依照"积极的自由"的定义,新闻界再也不能仅仅满足于"客观呈现"。换言之,美国理论界和新闻业界此时已达成了共识,客观性原理在理论和实践中都经历着新的洗礼。

一般而言,西方新闻界将客观性原理的现实功能概括为以下几个方面:对于新闻机构,客观性可以带来经济利益,并且使其免受来自其他社会机构和利益集团的操纵;对于新闻从业者,客观性可以作为其处理资讯的标准,舒缓截稿期的压力,并且通过提供例行程序,部分地让消息来源为报道内容负责;对于新闻管理,客观性同样通过提供一种"策略仪式",以经受司法诉讼和专业人士的考评。对客观性原理的信赖和尊崇,一般也就意味着如下的操作程序。

(1)在汇集和呈现新闻成品时,概以事实为主;无偏私也无党派立场,展现的是正确、真实的报道。

(2)对于新闻事件,他们除了只愿作为"公平的证人"的角色外,不做他想;平衡、平均地处理一个论题的各方意见是不变的原则。

(3)新闻工作不受自己成见或念头左右,也将个人态度或者个人涉

---

① 〔美〕威尔伯·施拉姆等:《报刊的四种理论》,新华出版社1980年版,第102—107页。
② 同上书,第103页。

入减至最少。

(4) 他们的新闻工作不受个人情绪所影响,事实与意见分开处理。

(5) 不在讯息中灌注个人意见或判断,但尽量提供所有主要的相关观点。

(6) 所提供的资讯,都属中立而非评论性;避免存有扭曲、仇怨,或者误导他人的目的。

(7) 所提供的讯息,是各项可查证事实的总和①。

由于解释性报道、调查性报道、精确报道和新新闻式报道往往要求人力、时间和金钱的大量投入,因此它们很难成为日常报道的主体。以客观报道为主体,其他各种替代性报道作为辅助,仍然是目前典型的新闻报道格局。

虽然客观性原理经受了种种的责难和批评,但是从目前看,还没有一种足以与之抗衡的替代性理论,它已经成为西方绝大多数新闻从业者内化的职业理念和相应的操作程序。

1992年,由德国学者沃尔夫冈·唐斯毕(Wolfgang Donsbach)和巴悌纳·克莱特(Bettina Klett)对美国、英国、德国和意大利四国新闻从业者进行的抽样调查显示,虽然由于文化和历史的因素,不同国家的新闻从业者在对客观性的理解上存在分歧,但是几乎所有受访者都认为客观性是极为重要、不可或缺的职业理念,其中又尤以美国记者的评价最高,并且绝大多数受访者认为,他们的新闻机构向公众提供了足够数量的客观报道。因此,"老式而经典的客观性职业规范,仍然存活在西方世界的新闻业中"②。

第五节 发展传播学

一、产生的背景:国家发展和现代化

发展传播学,是研究国家发展与传播之间的关系问题。

第二次世界大战结束后,许多获得了民族解放和民族独立的第三世

---

① 彭家发:《新闻客观性原理》,三民书局(中国台湾)1994年版,第41页。
② Wolfgang Donsbach, Bettina Klett, "Subjective Objectivity: How Journalists in Four Countries Define a Key Tern of Their Profession", Gazette 51, 1993, p.78.

界国家,迫切希望加速国家的发展,缩短与发达国家在经济、政治、文化等各方面的差距。国家发展成为这些国家战后的中心事务。发展中国家试图利用多种手段来促进国家发展,大众传播媒介就是其中一种。特别是电子媒介的产生和迅速繁荣,使得人们对大众传媒寄予了极大的希望。如何利用传媒促进国家发展,探究传播与发展的关系,成为传播学研究的一个热门问题。

要理解发展中国家追求的国家发展,就必须理解现代化问题,现代化是国家发展的核心。对许多发展中国家来讲,所谓国家发展,应当意味着实现现代化。何谓现代化?就是人类社会从传统社会转变为现代社会的过程。"概括起来,现代化可以看作是经济领域的工业化、政治领域的民主化、社会领域的城市化以及价值领域的理性化的互动过程。这种转变的动力从根本上来说是产生于人类在科学革命的推动下所获得的空前增长的知识,从而不断增强对环境的控制能力。"①

在发展中国家开始现代化的早期阶段,人们普遍认同这样一个模式:国家发展等于现代化,现代化等于经济增长。历史的发展终于证明,将现代化狭隘地理解为经济增长,会带来一系列的社会问题,国家发展反而会受到阻碍。现代化是人类社会的一次革命,它涉及了社会的方方面面,社会的研究者们尝试从不同的角度去重新把握现代化的概念②。经济学家认为,现代化是指工业和服务业在社会中占有绝对优势并起着主导作用;社会学家则认为现代社会和传统社会的根本差别在于社会的分层化和整合的程度,现代化表现为社会结构的分化、功能的专门化和整合;政治学家主要是从政治结构的分化和政治参与的扩大来解释现代化;心理学家认为社会行动者性格结构中的某些变化是社会系统现代化过程中的关键因素。

发展传播学的理论视野在某种程度上是建立在现代化理论的基础上的。上述现代化的各种理论都或多或少对发展传播学产生过影响,因此只有充分理解现代化理论,才能明了发展传播学的基本出发点。发展传播学研究的中心问题即是,大众传媒在国家实现现代化过程中的作用。

二、发展传播学的基本观点

来自不同学科背景的学者对发展传播学提出了各自的见解;不同的

---

① 〔美〕西里尔·E·布莱克:《比较现代化》,上海译文出版社1985年版,第7页。
② 李金铨:《大众传播理论》,三民书局(中国台湾)1988年版,第238页。

时期、不同的国家对发展传播学的理论也有不同的侧重点,但纵观世界,发展传播学的基本观点在各国是大致相同的。英国著名学者丹尼斯·麦奎尔归纳了发展传播学的基本要点,即媒介必须把国家的发展目标(经济的、社会的、文化的和政治的)放在最重要的位置上;追求国家文化和信息的自主;支持国家的民主化进程。总之,媒介的社会责任优先于媒介的权利和自由①。美国学者威廉·哈森把发展传播学加以具体化,归结为五个方面②。

(1) 所有大众传播工具,包括报纸、广播、电视、电影,以及全国性新闻服务等,都应由政府进行调动,完成支援国家建设这一伟大任务,如进行扫盲与扶贫斗争,培养政治觉悟,以及为经济发展提供帮助等。不言而喻,这里蕴含着一种社会责任观点,即政府不应置身事外,而应提供充足的媒体服务,因为没有哪个私人机构有能力这样做。很多穷国的状况正是如此。

(2) 媒体因此应支持政府,而不应对它进行挑战。不同政见或批评没有立足之地。这部分是因为对于处在统治地位的政府来说,不同的观点也就意味着混乱。因此,可以根据社会发展的需要对新闻自由进行限制。

(3) 信息(或真相)因此成为国有财产:统治者与被统治者之间权力(以及真相)的流动按照传统集权主义自上而下的方式进行。信息或新闻是一种稀有的国有资源,它们必须被用来为进一步深化国家目标服务。

(4) 这种理念一个暗含的但并不被经常表述的观点是,面对疾病、文盲,以及种族在内的种种问题时,个人的言论自由以及其他公民权显得似乎有点不着边际(批评者们认为,这种理念为旧式的集权主义提供了适时的理论基础)。

(5) 这种提倡媒体应接受指导的理念进一步表明,在控制外国记者进出国境,以及对穿越国境的新闻流动进行控制方面,每个国家都拥有至高无上的权力。

三、具体的内容:理论和人物

在发展传播学的基本框架内,学者们从各自不同的角度,探究大众传媒在国家发展和现代化中的作用。自 20 世纪 50 年代末期开始,陆续有

---

① Denis McQuail, *Mass Communication Theory*, The Cromwell Press Ltd. ,1994, p.131.
② 〔美〕威廉·哈森:《世界新闻多棱镜》,新华出版社 2000 年版,第 46 页。

学者提出各种理论以阐释大众传媒在国家发展中的角色与作用,其中有四个代表性的观点。

1. 信息传播对发展中国家的作用

美国著名的传播学家施拉姆于1964年出版专著《大众传播媒介与国家发展:信息对发展中国家的作用》。在其中,施拉姆提出了大众传媒传播信息能有效促进国家发展的观点。他强调信息传播对发展中国家的重要性,"有效的信息传播可以对经济社会发展作出贡献,可以加速社会变革的进程,也可以减缓变革中的困难和痛苦"①。

施拉姆认为,发展中国家在信息传播方面远远落后于发达国家,这种局面严重阻碍了发展中国家的经济、政治、文化等社会各个方面的发展,因此,消除这种信息不平衡的现象是发展中国家面临的一项艰巨任务。他认为,信息传播在国家发展中有守望环境、参与决策和提供教育的功能。

施拉姆这一理论最引人注目之处是,他提出了大众传媒在国家发展中具体可以发挥的功能,包括以下几点。

(1) 扩张视野,使传统社会的人民把眼光放在将来以及现在的生活形态,并通过媒介唤醒国家意识,促进国家的整合。

(2) 把公众的注意力集中于重要的国家发展项目。

(3) 提高人民的抱负,拒绝被命运摆布。

(4) 为国家发展创造有利的气候。

(5) 与人际管道沟通。

(6) 赋予人与事以地位。

(7) 扩大上下沟通的政策"对话"。

(8) 遵守社会规范,使人不敢轻易逾规。

(9) 形成文化口味。

(10) 改变比较不重要的态度,疏导强固的态度②。

施拉姆的这一理论对大众传媒在国家发展中的功能完全持乐观态度,有强烈的理想化色彩。后来的实际情形证明,他过高地估计了大众传媒的作用,或者说他的假定只是一种理想的情境,在现实生活中并不存在。

2. 大众传媒是"现代人格"的放大器

在这一方面的代表人物是美国学者丹尼斯·勒纳。作为社会学家的丹尼斯·勒纳在1958年出版的《传统社会的消失:中东的现代化》一书,

---

① 张隆栋:《大众传播学总论》,中国人民大学出版社1993年版,第296页。
② 李金铨:《大众传播理论》,三民书局(中国台湾)1988年版,第243页。

成为发展传播学中的经典之作。勒纳与施拉姆一样,对大众传媒在现代化中的作用持非常乐观的态度。他认为,"增加工业化便会提高都市化;提高都市化便会提高(人民)读书识字能力;提高读书识字能力会提高媒介的使用;增加媒介的使用会促进经济和政治生活的参与"①。勒纳认为,在现代社会中,大众传媒作为高度组织化和专业化的社会机构,具有强大的经济实力。它对社会的影响力非比寻常,是现代社会举足轻重的社会机构。大众传媒在社会生活中的作用有:传播信息、普及教育、参与政治、舆论监督。

勒纳特别强调人的现代化。他创造性地将现代性人格定义为"移情性格",即考察世事不限于个人狭隘经验,能设身处地从他人的角度出发。这种现代人格以工业化为国家发展的前提条件,工业化使得固守于土地的农民迁徙到城市,形成了人性格中的流动性。这样的人能够摆脱传统社会长期造成的惰性心理,勇于接受与自己以往的经验截然不同的新思想、新事物,关心个人经验范围以外的事情,敢于尝试社会赋予自身的新角色,相信个人的命运不是由不可知的力量所控制,而是掌握在自己手中。具有如此人格的现代人才能成为现代社会的合格公民,这样的现代人能不断促进社会的变迁,直至从传统走向现代。

勒纳理论中最重要的论点是,大众传媒不仅能刺激"移情性格"的产生,还能将这种人格传播至全社会,即在国民中普及此种人格,故称为现代人格的"奇妙的放大器"。

3. 媒介塑造现代性人格

与勒纳的理论有异曲同工之妙,持这类观点的学者都认为,国家落后不仅仅表现为经济状况,也表现为一种心理状态。一个国家的现代化首先是人的现代化,他们把人的现代化视为一个国家现代化的核心环节。"几乎没有一个人主张仅仅以国民生产总值为标准去衡量一个国家或民族的进步。发展和进步也标志着政治上的高度成熟。例如表现出以国民精神为基础的社会稳定,秩序井然的国家行政管理,此外还包括国民教育水平的普遍提高,文化艺术的繁荣,交通工具的发展,娱乐和休息时间的增多等。当然,发展最终要求的是人在素质方面的改变,这种改变是获得更大发展的先决条件和方式,同时也是发展过程自身的伟大目标之一。"②持这种观点的代表人物是英格尔斯。

---

① 李金铨:《大众传播理论》,三民书局(中国台湾)1988年版,第241页。
② 殷陆君:《人的现代化》,四川人民出版社1985年版,第6页。

英格尔斯最突出的贡献是从心理学的角度提出了传统人和现代人的概念。依据他的论点,传统人在心理方面有如下特征:害怕革新和社会改革;不信任乃至敌视新的生产方式、新的思想观念;被动地接受命运;盲目服从和信赖传统的权威;缺乏效率和个人效能感;顺从谦卑的道德,缺乏突破陈旧方式的创造性想象和行为;头脑狭窄,对不同意见和观点严加防范和迫害;凡事总要以古人、圣人和传统的尺度来衡量评判,一旦与传统不符,便加以反对和诋毁;对待社会公共事务漠不关心,与外界孤立隔绝,妄自尊大;凡属与眼前和切身利益无明显关系的教育、学术研究都不加重视或予以蔑视排斥。这些传统的人格特质轻易不会改变,严重妨碍着现代化的进程。因此,首先必须解决人的现代化问题,着力培养民众的现代化人格。

英格尔斯进一步论证说,个人现代性的形成与大众传媒的使用密切相关。传统的人倾向于将大众传媒视为危险之物,认为它败坏了良好的风尚,特别是败坏了年轻人的道德。它破坏了原先传统社会向人们灌输和提供意识形态与道德教育的正常渠道,同时也刺激人们产生许多过去一直被认为是邪恶和危险的想法。例如,当他认为电视、电影的内容与传统公认的行为准则和道德规范发生冲突时,传统的人往往会对这种新的与现代工业秩序紧密联系的大众传媒产生敌意和抱怨,认为正是它们在社会上的扩散并污染人的思想,才导致了传统价值观遭到挑战。英格尔斯在调查中发现,较现代的人愿意积极地同信息来源保持接触,无论是现代的信息来源还是传统的信息来源,他都经常接触。但在评价和接受这些信息时,较现代的人对于新的现代的大众传播工具较信任,而不太现代的人则重视传统的消息来源。由此他得出结论,一个现代人应当经常与大众传媒接触。

4. 大众传媒的创新—扩散功能

美国传播学家罗杰斯于1962年出版《创新扩散》一书,提出曾经是发展传播研究主导范式的创新—扩散模式。他将传播视为社会变革的基本要素,因为社会变化在很大程度上是"创新"的扩散过程,而这一过程就是一种特殊的传播形态。依据创新—扩散模式,创新的扩散过程包含四个环节:(1)创新发明;(2)扩散,即传播推广创新发明的渠道;(3)时间;(4)创新发明的对象:社会成员。影响一项创新扩散的因素有:它与旧事物相比在经济性、便携性和满足社会需要等诸方面的相对优势的大小,它与接受对象的现存价值观、以往经验和现实需要相符合的程度,亦即相容性的程度,它在理解、使用中的复杂程度,它的可被实验的程度及其效果的可观察性。

在创新—扩散模式中,传播活动是贯穿于始终的,并起着至关重要的作用。首先,传播,主要是大众传播,为广大社会成员提供如下信息:创新事物,其他可供选择的方式,采纳创新事物的方法、途径和利益等。其次,传播是个人之间、领袖与民众之间进行交流的渠道,可以用来劝服人们接受创新与变革,人们利用这些渠道就创新事物进行讨论,最后作出决策。最后,传播可用来成功地教授人们采用创新事物所必须具备的技术。

1966年罗杰斯出版《大众传播与国家发展》一书,更为详尽地阐述了他的发展传播理论,更加强调了大众传播在现代化进程中的重大作用。20世纪70年代,他又提出了创新扩散的"四阶段论",包括知晓,即获知新事物;见解,即形成对创新事物赞成或反对的主张;决策,即经过进一步思考和讨论,作出是否采纳创新事物的抉择;证实,即寻求支持决策的信息等四个阶段。关于个人层次上的现代化,罗杰斯将大众媒介视为中心环节,五个投入环节(原因)——读写能力、教育程度、社会地位、年龄和世界主义精神,经由大众媒介这个转换器的作用,即可产生五个产出环节(结果)——移情性格、务实和治家的创造性、政治知识、成就冲动和进取心[①]。

以上所述发展传播学的具体观点,无论研究者的视角和具体结论有怎样的不同,它们都有一个核心思想,就是对大众传播媒介在国家发展中的角色与地位持有非常高的正面估价。

第六节 公共新闻学

"公共新闻学"(Public Journalism),又称为"公民新闻学"(Civic Journalism),兴起于20世纪80年代后期的美国新闻界,之后波及西方其他国家,但主要的理论和实践展开还是在美国。在美国,公共新闻学被称为"美国新闻理论的第三次革命"或"第四种新闻理论"。但公共新闻学无论是理论还是实践,都还处于探索阶段,争论颇多,前景难测。

一、公共新闻学的兴起

什么是公共新闻学?这在公共新闻学的发源地美国的新闻学界、业

---

① 张咏华:《大众传播社会学》,上海外语教育出版社1999年版,第60—61页。

界也是一个众说纷纭的难题。

最早提出"公共新闻"理论的学者是纽约大学新闻学系的罗森（Jay Rosen）教授。他认为，"新闻记者不应该仅仅是报道新闻，新闻记者的工作还应该包含这样的一些内容：致力于提高社会公众在获得新闻信息的基础上的行动能力，关注公众之间对话和交流的质量，帮助人们积极地寻求解决问题的途径，告诉社会公众如何去应对社会问题，而不仅仅是让他们去阅读或观看这些问题"。他还进一步指出，新闻业是健康的公共生活中的重要组成部分，"所有被公共生活包围着的人——记者、学者、政治家、市民、左派、右派、中立者……都应该认识到如果市场取代了公众而成为现代社会中唯一的舞台，我们将全部沉沦"①。

罗森教授提出的公共新闻学的要点包括了四项基本诉求：（1）视人民为市民、公共事务的潜在参与者，而非媒体商业的消费者或受众；（2）帮助本地区社群针对问题而行动，而非仅仅知晓问题；（3）改善公共讨论的环境，而非亲眼看着它被破坏；（4）帮助改善公共环境，使得它值得人们关注。

而一直致力于倡导公共新闻学的北卡罗来纳大学教授菲利普·梅耶提出，公共新闻学可以从六个方面进行界定。

一是对重新树立公共意识的一种期望。公共意识是一个社会存在的基础，公共意识的消减与报纸读者的减少是有因果关系的，实际上报纸和读者都是社会体系中的一部分，对公共生活的不关心，使得读者不再需要报纸。

二是更长时间的注意力的保持。新闻媒介不能总是从报道一个事件迅速转向另一个事件，而应该对那些重要的公共问题保持更长时间的关注，直到这些问题的所有方面都为公众了解，并且使他们能够认真地思考和作出决策。

三是深刻地解析引导我们生活的社会系统的愿望。仅仅关注事件的本身的报道，不但在时间跨度上是受限制的，而且在内容挖掘上也是肤浅的，不能帮助读者看到事实背后所潜在的社会问题的根源。

四是对中间部分的更多关注和少走极端。从概率统计学的角度说，绝大多数的人，以及他们的行动，是处于中间部分的，而不是处于两个极端的少数，但传统的新闻报道往往只是关注处于"极端"的反常情况。

五是有关政治争论的报道应重视内容，而不是技巧，如总统大选类的

---

① Jay Rosen, "Public Journalism: A Case for Scholarship", *Change*, May 1995, pp. 42–43.

报道,应该更多关注的是这类选择对公众利益和社会发展的影响,而不是竞选活动本身及竞选者的表演。

六是培养公众思考能力的一种愿望。因为表述自己的观点固然重要,但了解他人的看法也同样重要。新闻媒介应该帮助社会的每一个成员去了解他人,促进人与人之间的相互理解,这是"公共新闻"的重要的一个方面①。

从这些对公共新闻学内涵描述性的论述中,我们可以看到,公共新闻学赋予媒体全新的功能。媒体不仅仅提供信息,也不仅仅设置议题,而且还要往前再进一步,引导或发起社区公众来讨论问题,达成共识,解决社区面临的问题。"最为理想的是,这种协商或讨论要以公众判断而告终,问题的解决应建立在广泛参与、明达辩论以及尽可能地达成共识的基础之上。"②

公共新闻学的核心概念是两个关键词:公共利益和民主。媒体必须承认并把维护公众利益置于自己工作的首位。而且,媒体要唤起公众对自身公共利益的关注,积极投身于社区的民主协商中去。

公共新闻学的兴起,源于新闻界对于自身危机的反思。"公共新闻的概念起始于对新闻与民主处于危机中的共识。"③这个危机是指公众对于公共事务和对于媒体的逐渐疏远和冷漠。美国参加总统大选的选民人数逐年下降,在20世纪90年代,参加大选的选民只有"二战"前的50%,而且与自己的社区也渐行渐远。并非公民不关心国家利益、自身利益,而是他们感到即使关心也事无补,无法发挥作用,人微言轻,对政治进程、改革社区生活难有作为。公众对于政治生活和社会生活热情的下降直接导致了他们对于新闻报道兴趣的减弱。读报的人数在逐年下降,据1995年的一份统计,90年代只有45%的美国人每天读报,而在1965年,这一数字是71%④。至于公众对新闻报道兴趣的逐年衰退,传媒业并不是改革新闻报道,而是以娱乐化来应对。一浪高过一浪的娱乐浪潮,从新闻娱乐化到脱口秀、真人秀,从情景剧到怪诞剧,怪招迭出,使得公众更加疏远新闻报道。这引起了新闻学有识之士的忧虑和反思,公共新闻学的提出就是这种反思的新理论。公共新闻学的倡导者希望报道贴近公民生活、关乎公民切身利益的新闻来重新唤起公民参与公共生活、维护自己利益的

---

① Philip Meyer, "Public Journalism and the Problem of Objectivity", http://unc.edu/pmeyer.
② James Curran, "Mass Media and Democracy Revisited", *Media and Society*, p.101.
③ 罗伯特·哈克特、赵月枝:《维系民主》,清华大学出版社2005年版,第165页。
④ Corrigan, Don H., *The Public Journalism Movement in America*, Prager Publishers, 1999, p.11.

热情,从而也使媒体尤其报纸重新赢得公众的信任,重新焕发报纸的活力。从这一点上看,公共新闻学是积极的。

公共新闻学的兴起还得益于新技术即互联网的运用。一个社区的公民可以依据报纸上提供的信息和议题,通过互联网展开网上讨论,达成共识。从这个意义上说,公共新闻学是植根于互联网的事业。

二、公共新闻学的理论冲击

前面提到过,有学者称公共新闻学为美国新闻学的第四种理论模式。前三种模式分别是:鼓吹模式——传媒业依附于政党或其他政治团体、宗教、社会运动,成为其宣传机构,传达并鼓吹一些政治主张。在西方各国的新闻史上称为"政党报"时期。托管人模式——传媒业是公众托管给专业人士经营的一项事业。因此,它必须代表公众的利益,成为公众的"看门狗"。其职责主要就是监测环境、监督政府。传媒业必须及时、准确地告知公众信息,进行可靠的和批判性的判断,客观性成为新闻业的专业标准。市场模式——传媒业以营利为最高目标,并把受众当作消费者,以迎合消费者的需求来吸引受众,最后取悦广告商。

公共新闻学摒弃了鼓吹模式和市场模式,而在托管人模式的基础上向前跨出一大步。公共新闻学要求记者提供准确无误的信息,并要求对信息进行深入、详细的解读,使公众能理解这些信息的内涵。但公共新闻学却摒弃了托管人模式中记者仅仅是信息的告知者、事件的旁观者和中立者的角色。公共新闻学主张在下面两种情况下发挥能动力作用[1]。

第一,对于是否存在积极的大众参与和讨论,或社区是否正视遇到的问题这样的议题,记者不应假装保持中立。对自己的职业至关重要的某些基本价值,如言论自由,记者从不声称要保持中立。公众新闻可以看成是这一价值的延伸。

第二,一旦公众达成共识以后,公共新闻就可以积极倡导对某一问题的政策性解决方案。

公共新闻学动摇了托管人模式的专业标准即客观性原则,传媒业不再是旁观者、中立者,不再独立于任何社会运动之外,而成为社区生活的积极参与者。可以说,这是自新新闻主义运动以来,客观性原则再次受到的严重挑战。也正是客观性原则受到挑战而引发美国进而是整个西方

---

[1] 罗伯特·哈克特、赵月枝:《维系民主》,清华大学出版社2005年版,第167页。

新闻学界、业界的辩论。

从美国公共新闻学的实践中,我们可以看到以下一些局限。

(1) 公共新闻学的实践都在美国县一级的小城镇范围内,人口一般都在10万人以下,像纽约、华盛顿、洛杉矶等大城市或州一级行政区域内还没有展开公共新闻学实践的个案。

(2) 与此相一致,公共新闻学的实践都在城镇一级的媒体(而且基本上是报纸)展开,像《纽约时报》、《华盛顿邮报》、《今日美国》等大报不但不支持,而且成为公共新闻学的最强烈的反对者,因为这些大报的合法性和声望很大程度上归于客观性原因。

(3) 公共新闻学实践的议题基本上环绕着民生问题诸如社区安全、邻里关系、吸毒犯罪、环境保护等展开,也有地方选举案例。这些问题都直接关系公众切身利益,而且也容易达成共识。但很少有涉及美国体制的问题,例如美国当前面临的最大问题是反恐,而至今还没有就此问题展开讨论的个案。

虽然美国公共新闻学的实践存在一些局限,但从实践的结果看,美国的公共新闻学运动还是对于缓解社区矛盾、整合社区资源、协调社区建设产生了积极意义。同时,也加强了报纸和公众的沟通,并在一定程度上使报纸赢得社区公众的信任。公共新闻学的倡导者期望以一种新的理论来唤醒新闻从业人员的社会责任意识,树立崇高的职业理想,从而赋予报纸新的活力,在实践中也取得了积极效果。这些都必须加以肯定。但公共新闻学从一开始就陷入了无法解决的两大盲区。

一是动摇了客观性原则。新闻媒体与生俱来的基本功能是传播信息,新闻媒体赖以生存的社会基础也是传播信息。信息传播必须真实、及时、准确、可靠,这必须以客观性原则来保证。从这个意义上讲,整个新闻媒体是建立在客观性原则的基础上的,动摇客观性原则,就可能导致整个新闻媒体的崩溃。客观性原则作为新闻媒体的生命线,对它的任何非议都势必引起新闻界的强烈反应。正是这一点,预示着公共新闻学难有大的作为。

二是低估了社区共识的复杂性。公共新闻学以维护公众利益为诉求,以社区公众的共识为解决社区问题的途径,这个意愿无疑是好的。但一个社区少则数千人,多则数万人,一个社区内因职业、文化程度、种族、年龄、性别、社会地位、收入等而形成不同群体,他们既有共同利益,也有不同的群体利益。有些问题,比如社区安全、邻里关系、犯罪等,因为利益一致而容易取得共识,但有些问题,比如社区建设规划、阶级以及种族不平等、妇女流产等问题要取得共识就相当困难,有些问题则根本不可能取得共识。公共新闻学运动只能避重就轻,设置一些不冒犯群体利益的话题来达成表面的共识。

另外,公共新闻学还存在一个陷阱,它成为报纸提高发行量的招牌。某些报纸可以装模作样地设置一些引人注目的议程,煽动公众的热情,而对社区建设却没有实质性推进,实现的仅仅是报纸发行量的提升。这在美国已有不少案例。"奈特-里德报系支持自家报纸进行公共新闻的实践,毫无疑问是因为它认为这是阻止不断下滑的发行量的可行方法,也因为市场研究显示那些关心周围社区的人更愿意读地区性报纸。这种公司性自利行为使公共新闻在现存媒体中有更大可行性,但这也造成其中的紧张态势和局限性。积极处理富有争议的问题的公共生活目标与提高发行量的商业性目标,也许是不相容的。"①

三、公共新闻学的实践和困惑

在美国,新闻业界已对公共新闻学做了不少探索的实践,有不少成功的个案。

1993年,纽约州的《夏洛特观察者》日报在报道一场当地居民间与种族分裂相关的冲突时,没有着力去抓取那些很有刺激性的冲突场景和故事,而是对这个地区的居民进行了全面细致的调查,包括对冲突双方当事人、目击者、白人家庭、少数民族居民,还有与这个地区相邻近的居民们进行访问,请他们就事件发表自己的意见。报社为此进行了大规模的专题报道,所有人的观点都在报纸上得到了客观反映。在报社的努力下,居民们开始选派代表组成代理机构,专门讨论解决问题的对策,并拿出一系列具体措施,最终使这场冲突没有进一步激化,社会生活重新回到正常轨道②。

1994年,华盛顿州的《奥林匹亚人》发表了"县城基础设施建设需求、新商机以及产业发展和生活质量"的报道,发动公众对县城的建设作广泛讨论,提出他们的诉求、建议、规划,然后在报纸上作及时报道。

1996年,明尼苏达州的《圣保罗先锋报》开始了名为"更安全的城市"的计划,他们资助了资深记者理查德·秦深入圣保罗犯罪率最高的地区

---

① 罗伯特·哈克特、赵月枝:《维系民主》,清华大学出版社2005年版,第168—169页。
② 此个案出自美国《公共新闻的成果》,此处转引自蔡雯:《探索美国的公共新闻及其研究》,中华传媒网,2004年3月6日。

之一弗罗格城进行采访并发表了他的观察。秦写道:"我们并不是呆在办公室,通过电话采访我们熟悉的新闻渠道写出这些报道的……除非我们到那里去进行采访,那么类似弗罗格城的地方仅仅是我们驱车回家或者到其他地方采访时挡风玻璃外一闪而过的景象而已。"

有些人对公共新闻学表现出由衷的赞赏。美国斯坦福大学新闻传播系教授 Theodore L. Glasser 在总结"公共新闻"的目标时提出:"及时地重新树立社会公众对新闻媒介的依赖,重新建立与正在流失中的受众的联系,重新完善新闻报道者的职业理想……"这番话,表达了美国新闻界热衷于"公共新闻"的理由和目的。

有些人却感到困惑和担忧,正如梅耶在一篇论文中谈到的,对"公共新闻学"最大的困惑是认为这个理论与新闻报道的客观性原则相矛盾,因为理论的初创者们没有对公共新闻这个概念给出定义,而且在理论框架上也是比较模糊的。

而有些人则对公共新闻学表现出不屑。《华盛顿邮报》主编 Leonard Downie 认为,这个被称作"公共新闻"的东西,更多的像是报社发展推广部要做的事情,而不是记者应该做的事。

但不管人们对公共新闻学持何种态度,有一点是达成共识的:美国新闻界对"公共新闻"的实践探索和学术争议,是美国社会发展和大众传媒发展的结果,它表现了美国新闻工作者在新的历史条件下对媒体社会责任的新的思考和努力[①]。

第七节 媒介帝国主义

一些学者在研究大众媒介与国家发展问题时,比较多地看到了它的负面效应,"媒介帝国主义"就是这一方意见的集中代表。

"媒介帝国主义"的理论是在 20 世纪 60 年代提出来的。这一理论在最近又增添了更复杂的社会背景,这就是随着信息高速公路、多媒体技术的迅猛发展,全球性信息网络建立起来,一个崭新意义的世界信息市场正在逐渐成形。正因如此,在信息传播中,作为载体的大众媒介的影响力越来越突出,以至于成为一个关键性的环节。"媒介帝国主义"理论集中的

---

① 蔡雯:《美国新闻界"公共新闻"之争》,载《新闻战线》,2000 年 12 月。

焦点,也正是大众传播的国际化。

"媒介帝国主义"理论一经提出,立即引起了发展中国家的共鸣,也因此在联合国教科文组织引起激烈争论。尽管有一些研究认为这一理论因阐述的对象并不存在,因而很难成立,但仍有许多西方及发展中国家的人们赞同这一理论。这或许说明,无论具体结论如何,在传播领域中确实存在着传播者互相之间的不平等问题,由此引发出信息流通的不公正等问题。

信息市场上的商品流通,较之其他类型的商品流通有其特殊性,无非是此类商品有文化意味甚至意识形态色彩,属精神产品类。因此,此种商品的流通可能出现的种种后果,牵涉的面就广得多。信息传播的参与者之间的不平等,必然会影响到传播的性质和质量。"媒介帝国主义"特指发达国家(尤其是美国)确实在有意或无意地控制发展中国家的媒介系统。也就是说,在信息传播中,发达国家与发展中国家的地位是不平等的,由此造成了发展中国家消极、被动的后果。

这一理论的提出基于这样一些基本认知——世界传播模式并非孤立存在,而是与世界力量结构密切相关。而由国力相差悬殊的国家为主体形成的世界力量结构,显然不可能是强弱均等的,在此影响下的世界传播模式也必然呈现某种倾斜态势,也就是发达国家在传播中的主导性与发展中国家的依附性。事实上,虽然世界经济是一个互相依存、牵制的整体,但就整体而言,发展中国家对发达国家的经济依赖是显而易见的,并且可以预见这种依赖性短时期内不会消失。

"媒介帝国主义"的代表人物之一美国学者许勒认为,在目前的世界经济体系中,经济发达国家处于"核心"地位,而经济落后的发展中国家处于"边缘"地位。落后国家无论是国内经济还是与其他国家的经济关系,都在发达国家的有形或无形的控制之中。在这种完全不平等的经济系统中,大众传媒所进行的信息传播必然也是不平等的。

"媒介帝国主义"的主要表现是,发达国家的媒介系统制造和传播了大量的信息,而对发展中国家的信息却较少传播,即使报道也多为负面信息。在信息单方面地从发达国家流向发展中国家时,发达国家不仅由此取得了巨大的经济效益,也同时输出了西方的价值观念,对发展中国家的传统文化形成极大的威胁。发达国家还凭借经济优势,直接或间接地控制了发展中国家的媒介系统。

当然,虽然世界传播模式存在不均衡,但传播的基本前提仍是"自由"的宣传,有很多是处于无意识状态,其中最大的驱动力还是经济利益。传播者并非蓄意以本国文化控制别国,只是在输出媒介产品有利可图时,间接地实施了文化侵略。发达国家不但向发展中国家输出媒介制品,还同时输出硬件,即与大众媒介传播相关的技术与机械系统,由此附带操纵者即传媒从业人员的职业培训,这样就在输出西方传播技术的同时也输出了西方的传播观念。大众媒介的从业者在自己的国家,变成了最多接受西方思想的人群之一。发达国家的媒介产品,如电影、电视剧、流行音乐、报纸、杂志等,在大量输入发展中国家时,其中包含的文化传统、价值观念、生活方式也随之输入。即使是意识形态色彩相对淡薄的纯粹娱乐性节目,也因有意无意间展示、倡导了西方社会的生活方式,而对发展中国家的人们,尤其是年轻人产生了重大影响。

出现此种局面,是因为发达国家所具有的竞争优势,发展中国家根本无力与之抗衡。无论是在媒介产品的制造,还是在大众媒介的构建运作方面,发达国家凭借其雄厚的综合国力占据了绝对优势。以美国为例,经济发达,国力雄厚,其整体的科研、制作水平世界各国难以匹敌,它借助多种优势更可网罗世界一流人才,美国的媒介产品因此在国际市场上具有极高的商业价值。另一个有利因素是,美国国内就有巨大的媒介制品的消费市场,因此使得传媒工业得以用大批量生产降低成本,用较低价格在国际市场竞争中赢得主动。美国的大众媒介更以其领先的传播理念、卓越的技术手段、强大的传播效力,在信息国际传播中扮演了一个不可或缺的关键性角色,美国正是以此在信息传播中取得了世界霸主的地位,因此有所谓"传媒是美国人的"的说法。

发展中国家发现,信息传播的不平等现象严重阻碍了国家的发展,由此呼吁建立"国际传播和信息新秩序"。这一主张主要包括以下内容:(1)强调发展中国家对于自己的信息资源如同其他自然和经济资源一样,拥有绝对的自主权;(2)在国际的新闻交流中,对第三世界的新闻应予以"优惠",在新闻报道中增加有关第三世界的新闻的比例,同时应努力促进第三世界之间的横向的新闻传播;(3)西方国家在新闻传播方面应增加对第三世界的捐助;(4)西方跨国通讯社在第三世界的活动应受到严格限制,以便保护第三世界国家的主权和利益①。

西方国家对此争辩说,国际信息传播中的不均衡状况确实存在,但并不能视为"媒介帝国主义"。在国际信息传播活动中,"自由"仍是首要原则,在由此展开的竞争中,产生强弱之分是很正常的结果。在市场经济

---

① 张隆栋:《大众传播学总论》,中国人民大学出版社1993年版,第296页。

中,"自由"与"平衡"是不可能兼顾的。如果过分强调均衡状态,就会破坏市场经济同样也是媒介运作的基本原则即"自由",这会极大地阻碍整个世界的信息传播的良性发展。至于在对发展中国家的报道中有大量的负面信息,这与西方的新闻价值观有关,并非刻意针对发展中国家。

目前关于"媒介帝国主义"的争论还没有结束。无论如何,发展中国家在加快经济发展的步伐、加速国家的现代化进程之时,大众媒介是一个不能忽略的因素。如何发挥媒介的正面效应,有效抑制媒介的负面效应,以促进国家发展,是每一个发展中国家必须解决的问题。

第八节 西方新闻学研究的基本学派

在新闻学的研究中,西方的一批学者由于理论背景尤其是哲学背景不同而形成不同的学派,归结起来有三种学派。

一、经典主义学派

这个学派在西欧一些国家,例如法国、德国、英国,以及亚洲的日本有相当的影响。这些学者坚持以本国传统的哲学理论为依托开展新闻学研究,包括对新闻理论的探索。他们的共同特点是用逻辑推理的方法(演绎法)来探索新闻媒介的规律,基本上是定性研究。像法国贝尔纳·瓦耶纳著的《当代新闻学》[①]就极具代表性。该书着重于综述法国新闻媒介的社会职能、新闻媒介与受众、新闻媒介与社会舆论的关系。此书在法国一版再版,具有一定的影响。但从总体上看,经典主义学派由于研究方法落后,观点比较陈旧而日渐式微,目前主要限于对新闻学普及性知识的介绍上。

二、实证主义学派

实证主义学派又称行为主义学派、经验学派,这一学派的大本营在美国。从20世纪20年代起,实证主义哲学成为美国的主流哲学。同时,由

---

① 〔法〕贝尔纳·瓦耶纳:《当代新闻学》,新华出版社1986年版。

于商业上的实用需要，新闻媒介、政府、商业机构都需要新闻学者以确凿的材料来显示新闻报道的实际效果。这样，新闻学的研究自然走向实证主义。这一学派研究的重点是用抽样调查的方法来论证新闻媒介的社会效果以及社会影响，并试图形成一套理论模式。它的研究方法是定量调查，从大量实证调查的材料中加以归纳（归纳法，以此与上述的经典主义学派相对）。实证主义学派的基本特点可以用美国传播学者吉特林的概括来表述："针对媒介内容所做的特定的、可测量的、短期的、个人的态度和行为的效果研究。"[1]具体地说，有以下三个特点。

（1）即时性。即某个新闻事件、某条广告在公开传播以后对受众的即刻的影响。所以，实证主义学派研究都是在新闻事件或广告公开传播以后的几天之内，甚至一两个小时以后就着手进行的。

（2）个体。实证主义学派的研究对象是微观的，一般不做宏观研究。研究者逐个逐个调查受众，然后把不同的态度、行为进行归类，得出各种数据。

（3）可观察的。受众的态度变化、行为变化都是人们可以亲身感受到的。

由于上述特点，实证主义学派强调研究人员对任何调查研究保持客观中立，去除偏见和事先就存有的立场，否则调查的结果就会失真、失实。为了让他人可以印证调查的结果，实证主义学派强调在一切调查报告中必须公开调查的目的、调查对象、内容（问卷）、过程、方法。

撇开某些弄虚作假的调查，实证主义学派恪守"没有调查就没有发言权"、"一切结论产生于调查"的格言。许多学者不辞辛苦、不厌其烦地做了大量实证调查，产生了一批经典之作。像两级传播理论、使用满足理论、选择性理论、创新扩散理论、沉默的螺旋理论等等，都是在实证调查的基础上抽象出一定的理论模式。有些结论看似简单，例如两级传播理论，在日常生活中我们几乎每天都能感受到，几乎人人都经历过，但只有经过实证调查，拿出确凿证据来才能让人口服心服，成为被大家认可的理论。

三、批判学派

批判学派产生于20世纪70年代，以西方马克思主义作为理论基础，又掺杂着其他各种时髦理论，包括弗洛伊德的精神分析、萨特的存在主

---

[1] Gitlin, *Media Sociology*, University of California Press, 1978, p.52.

义、结构主义、现象学、语意学等等,所以派系众多,因为一致反对处于主导地位的实证主义理论和研究方式而被统称为批判学派。批判学派关于新闻学研究的基本特点是:

(1)对新闻媒介效果的研究,从受众短期的态度和行为改变转向长期的认知影响。批判学派大多认为,新闻媒介所传播的意识形态,其潜移默化的影响力、渗透力远远大于即时的态度、行为改变。

(2)对新闻媒介运作的研究,从个体的行为转向宏观的社会,尤其以政治权力、经济权力的影响来分析媒介与政治、经济、文化的互动关系。

(3)在研究的态度上,批判学派抛弃了实证主义学派自称的"客观中立",以强烈的主观意识切入研究过程。他们认为,任何理论都不可能完全客观,研究者也不可能中立。只有在一定理论背景下,研究者才能选择方法,着手研究问题、分析解释问题。

批判学派的派系众多,当今比较有影响的是三派。

(1)政治经济分析,也称结构决定论。主要观点是政治制度、经济制度直接决定媒介的运作及其功能发挥。

(2)假意识形态与文化工业论。大众传播媒介自觉或不自觉地把统治阶级的意识形态灌输给受众,把片面当作全面,把假的当作真的,把愿望当作实现。

(3)统治阶级意识形态分析。揭露大众传播媒介通过种种手段传播文化价值,复制资本主义意识形态。

20多年来,批判学派从产生到壮大,迅速形成一股潮流,显得很有生气。但必须指出,在西方国家的新闻学研究领域里,占主导地位的还是实证主义研究。

第六章 新闻专业主义

第一节 专业主义与新闻事业

一、专业的内涵

专业是在职业分工的基础上产生的,但其意义远大于简单的职业分工。布朗德士(Brandeis)曾对专业的定义作了一个经典的表述,他认为,专业是一个正式的职业;为了从事这一职业,必要的上岗前的训练是以智能为特质,卷入知识和某些扩充的学问,它们不同于纯粹的技能;专业主要供人从事于为他人服务而不是从业者单纯的谋生工具,因此,从业者获得经济回报不是衡量职业成功的主要标准[①]。

专业社会学也用四个准则来定义专业行为:专业技能(Expertise)、自治(Autonomy)、承诺(Commitment)、责任(Responsibility)。专业行为的特征便是展现高超的智能、不受外界干预、利他主义以及伦理行为,这些都很为许多一般性职业所向往。

建立在这些思想的基础上,美国社会学家 Harold Wilensky(1964)为一个从事某职业的群体成为专业群体确立了几项步骤:(1)以这个职业为全时工作;(2)建立专门的训练学校;(3)建立专业协会;(4)其代表人物具有政治动员的力量,为行业赢得自律的法律保障;(5)专业协会建立自律的行为准则[②]。

[①] Carr Saunders, A. M. & Wilson, *The Professions*, Oxford University Press, P. A., 1933.
[②] H. L. Wilensky, "The Professionalization of Everyone?" *American Journal of Sociology*, 1964, p.70.

社会学家卡伦在17位代表性学者的研究基础上,总结了决定专业性职业的10项要素,它们包括:有所组织,复杂职业,长期训练,伦理法规,人本定向,国家特许,利他服务,能力验证,高收入高威信和自我雇佣①。

1. 专业的形成

专业的形成包括如下几个阶段:职业分工的出现;从业者为所处职业寻求保障和特权地位;国家承认某职业的特权地位并予以排他性的市场保护。19世纪初期,资本主义工业化带动了职业结构在西方国家的发展,在此过程中,中产阶级为所处职业进行不懈努力以寻求其专业称号。这些努力反映在两点:一是为所处职业赋予"利他主义"的性质,使其与简单的谋生手段相区别;二是为所处职业提供知识化的内涵,使该职业拥有足以优先于其他一般职业的专业知识与技能,以形成独特而壁垒分明的职业身份。当这种独特的职业身份被国家所承认,并且以排他性的市场保护时,该职业就完成了专业化的过程。

从专业的形成过程中,我们可以逐步分析专业的属性和意义。专业建立在利他主义的基础之上,并以更为有效的"利他"作为其专业形成的合法性依据。国家为何要为某项职业提供排他性的市场保护,其最终目的就在于保护公众利益。这种排他性的市场保护主要体现在要求从业人员获取进入该行业的从业执照,从业人员要取得从业执照必须要积累该职业所要求的知识与技能,遵守该职业的伦理规范,这样便可以防止那些没有资格、不掌握专业技能的人员从事该职业而可能导致对公众利益的损害。

而为希望获得专业称号的职业来说,就必须向社会证明它是成熟的复杂职业,是利他的,是与其他职业有足够大的区别的,是足以在自治状态下提供高质量的公共服务的。由此,我们可以总结出某一职业专业化的几个必备属性。

2. 职业专业化的必备属性

一项职业走向专业化的第一项要求便是它必须是正式的全日制的职业。职业要确定其社会身份的前提条件便是它是正式的,这里正式的含义表现在该职业的从业者必须或多或少拥有共同的制度和意识形态属性,以形成一个有限的可供定义的职业群落。正式、全日制的职业意味着一群职业实践者在全日制的基础上从事着与其他职业在实质上不同的确

---

① Cullen, J. B., *The Structure of Professionalism: A Quantitative Examination*, New York: Petrocelli Books, 1978.

切活动作为其谋生的主要手段,这为确立统一的专业人员的身份提供了前提。

一项职业要取得专业称号,它必须拥有深奥的知识和技能,形成一个相对独立的科学的知识体系,并且这些知识和技能可以通过教育和训练获得。专业区别于一般职业是因为它有非同寻常的深奥知识和复杂技能,足以凭此而形成阻挡其他职业进入的保护性的壁垒,使得外行没有能力、没有资格从事如此复杂的专业服务。所以,国家必须为该职业提供排他性的市场保护,以避免外行从事该项专业可能造成的对公众利益的侵害,促成该专业合格从业者更有效地开展其公共服务。在这里,社会成员要取得从业地位,必须进入一套成熟的职业培训和教育机制而学习这些知识和技能,因此,知识和教育就成为职业走向专业化的必要条件。

一项职业走向专业化,它必须以利他主义为基础,具有服务和社会利益取向。专业人员要从整个社会的角度来看待客户的利益,将整个社会的需要和利益放在首位。为实现这样一种利他服务,专业往往建立一套一致认可的伦理标准,要求全体专业人员共同遵守和全面应用。

职业要走向专业化,它必须向社会证明它有足够的能力保证其利益取向是利他主义,保证其服务是高质量的。在这里,专业是通过专业组织和伦理法规来证明这种能力的。专业的成员发起组织诸如学会、协会、联合会这类设定入会资格的志愿民间组织,专业组织是促使职业走向专业化的关键角色。这些民间组织保护和培训专业人员,设立章程和伦理法规以规范专业人员的行为,监督和纠正非专业行为,标准化专业服务产品,最终保障客户和公众利益。

职业走向专业化的主要标志是该职业最终取得社会的专业认可,取得国家的市场保护(如拥有从业执照的准许权),取得社会中的自治地位。这个时候,该职业就拥有了自治和伴随而生的威信。自治专业的成员可以不受外行的评判和控制,他们自己可以确定进入该职业所需的教育和培训标准,并在帮助国家制定规范该职业的法律上发挥巨大的影响力。

3. 专业、专业主义和专业化

在总结了专业性职业的特质的基础上,我们需要对几个关于专业的核心概念进行区别,即专业、专业主义和专业化。在专业社会学中,专业是指一个职业所拥有的将自己与其他职业进行区分的一些特质。而专业主义则是用来描述一个职业中的从业者的特定态度,不管这个职业是否已经拥有专业的所有特质。从这个意义上说,专业主义是一个职业专业化的必要条件,而非充分条件。而专业化则是指一个职业的从业者努力获取作为一个成熟专业所必备特质的过程。

专业主义提倡利他主义,这使得其与实现"公众利益"具有一致性。但是,专业主义并非泛泛地倡导利他主义,而是将利他主义建立在确立专业领域的社会角色的基础之上,是以充分发挥与其专业对应的一系列社会功能为目标指向的,如医疗业是在医疗领域开展公共服务,以促进全社会成员的健康为专业目标。这样一来,专业主义就为社会构建了众多的相对独立的专业性职业,它们作为社会子系统发挥独特的功能,为实现"公众利益"最优化这一社会总目标而作出贡献。

二、新闻专业主义的特征

新闻业属于应用性专业,不过西方社会认为新闻业在专业化上并不完善,属于正在走向专业化的行业。

在开始谈新闻专业主义之前,我们需要确立新闻业在整个社会中的特殊身份。新闻业是整个社会的信息系统,其基本功能是通过收集信息、制作信息、发布信息对社会信息资源进行开发和利用。

新闻业首先是为社会总系统的有效运作提供信息支持。社会群体的决策工作都要建立在一定的信息资源的基础上,尤其是后工业化社会的到来,信息资源在社会中的重要性愈发明显。新闻业具备"监视环境"的功能,或告知外界的异常变动,起到预警作用,或提供对经济、公众和社会生活重要的工具性新闻,而后者是维持整个社会系统长期运作的主要支柱。在市场经济环境下,新闻业为构建"公正、公平、公开"的竞争提供信息环境,并且为公众参与民主政治提供必需的信息支持。

新闻业作为现存社会制度的一部分,倾向于维护既有的社会秩序,它通过协调整合各个社会子系统以保持整个社会有机体的平衡状态。新闻业具备"联系社会"的功能,通过强化社会规范、提供全社会共享的价值观念、促使个体的社会化过程、阻止越轨行为的蔓延、协调各个社会集团的利益冲突,从而维持整个社会体系的稳定性。

新闻业还在促进整个社会系统进步和发展上发挥着重要作用。大众媒介具备"传承社会文化"的功能,将信息、价值观和规范一代一代地在社会成员中传递下去,通过这种方式使社会在扩展共同经验的基础上更加紧密地凝聚起来。新闻业还具备"娱乐"功能,通过让个体得到休息和调整,保持社会成员的良好状态,同时也培育大众文化和大众品位。

由此可见,新闻业要强调其专业主义,必须确立这样一个目标指向,即在确立成为信息系统这一社会角色的基础上,最大限度地为公众开展利他性的公共服务。

我们以专业的几个标准来评价新闻业,考察新闻业专业化的状态。

首先,新闻业经过长期的历史发展,已经成为一项正式的全日制的职业,这一点使其具备获得专业称号的基本条件。

其次,新闻业要成为专业,同样需要以利他主义为基础。新闻业是服务于全体人民的,而不是某一利益团体的。因此,在西方国家,大众媒介要具备独立性,在信息传播中不能为党派团体、商业团体所用,不能有其私利。新闻业的独立性是新闻专业主义得以形成的前提。

再次,与专业主义的特性相适应,新闻专业主义也强调通过一系列的步骤完成专业化,如专业组织的建立,专业行为准则的公布,新闻教育的开始,专业自律机制的建立。这些步骤使新闻业得以在实践过程中持续性地提供高质量的专业服务,维护公众利益。

但是,新闻业在许多研究者看来,目前还缺乏走向专业化的另外两大要素。新闻业与其他应用性专业(如法律业、医疗业)相比,缺乏深奥的知识和复杂的技能。新闻业对从业者的知识和技能要求相对来说比较简单,采写编评的从业技能直接可以从实践中获取,因此,新闻业与其专业相关的核心知识并不深奥和复杂。同样,新闻业从属于大众传播这一学科,其知识体系也远没有法学和医学这样成熟,"新闻无学"也成为人们经常探讨的话题。

由于新闻业在知识和技能上要求的相对简单,致使新闻业并未获得国家的排他性的市场保护。在就业于传统的专业前,从业者需要专门的考试,通过后持证上岗。同行学术评议委员会对人员的能力进行鉴定,也是专业生涯中必备的程序。而新闻从业者则不需要领取从业执照。因此,新闻业也没有能够建立起严格的行业壁垒。

正因为如此,在专业社会学的意义上,新闻业还只能属于走向专业化的行业。

三、新闻专业化过程的两个层面

我们可以从两个层面来描述新闻专业化的过程,一个是作为组织的过程,另一个是作为个体的过程。

从组织的视角来看，就是要求将新闻业所属或配套的一系列机构或行为准则，都建立在新闻业的"公共服务"这一信念的基础上，围绕为新闻业建立一套"公共服务"的机制而展开。组织层面的专业化过程主要是通过专业组织自身完成的，并需要经过几个阶段。

首先，新闻专业主义反映了新闻业传播信息为主的特定的职业身份，因此，新闻作为一个职业的确立是专业化的第一步。

其次，新闻专业主义建立在利他主义的基础上，提供公共服务。这样，就必须要求建立新闻业的独立性。

再次，新闻业"公共服务"的机制要通过一系列步骤实现。在理论上，要建立一套关于新闻媒介的社会功能的信念，一系列规范新闻工作的职业伦理，一种服从政治和经济权力之外的更高权威的精神和一种服务公众的自觉态度。在现实中，要发展职业教育，建立专门组织，形成一套职业准则。

从个体的视角来看，新闻专业化表现在个体从业者或者经过正式的教育训练，或者经受工作环境的影响而"社会化"的过程。

个体的专业化过程主要通过几个方式：专业对于个体的教育与训练，该项职业对于从业者的特殊要求，该职业的自治与自我管理的各项准则内化于个体自身。在新闻业，从业者可以不需要从业执照而进入该行业，但是，新闻从业者在教育训练和对职业准则的内在认同方面表现出强烈的专业化色彩。

许多研究者曾对个体的专业化过程进行过研究。1937 年，Rosten 和 Rivers 在对华盛顿记者的调查后发现，那些有专业意识的记者们的职业行为和自我形象与其他从业者明显不同[1]。Cohen 对更为特殊的新闻从业群体——国际记者进行了研究，也发现专业主义是决定新闻记者行为的重要因素[2]。Breed 对报业的职业结构和新闻部的内在压力进行了研究，发现那些具有专业意识的记者们，在经历了来自职业环境的种种压力后，相对于缺乏专业意识的从业者来说，更具有工作的自主性[3]。Stark 也发现，专业记者更具自由精神，甚至可以对老板们保守的新闻政策进行对抗。非专业记者只是将自己看作是某个特定报纸的雇员，而专业记者将自己视作是一个专业群体的一员，他们的存在是跨越自己所处的特定报

---

[1] William L. Rivers, "The Correspondents after 25 Years", *Columbia Journalism Review 1*, 1952, pp. 4 - 10.
[2] Bernard Cohen, *The Press and the Foreign Policy*, Princeton University Press, 1963, pp. 17 - 19.
[3] Warren Breed, "Social Control in the Newsroom: A Functional Analysis", *Social Forces 33*, May 1955, pp. 326 - 335.

纸的①。

专业化程度较高的职业，其职业角色的形成是通过职业精神的内化而达到的，其中尤其强调个体在从业过程中的责任；与此相反，专业化程度较低的职业，其职业行为的形成更多地是来自外部控制而非来自内部压力。新闻业专业化的最终目的就是要通过组织的专业化而促成个体的专业化。

第二节 新闻专业主义的形成过程

一、新闻业"公共服务"性质的确立

新闻媒介经历了报纸、广播、电视、互联网四种形态，但是新闻业作为一种职业存在是在报纸出现时期就已经形成了的。

16世纪到18世纪，报纸的产生大致经历了三个阶段。16世纪，意大利的威尼斯成为资本主义商品经济最发达的地区，各地的政客、商人需要了解威尼斯的情况，促使一批个体劳动者以收集、抄写并发行新闻为生；17世纪出现了新闻书，新闻书基本上是不定期的，中间间隔时间很长；17—18世纪，周刊、日报的产生，使得采访、编辑、排版、印刷、发行，需要有一批人分工协作，报纸逐渐成为社会的一个新兴行业：新闻事业。

新闻事业从一项普通的供人们谋生的职业转化为基于"公共服务"的专业，需要经过几个层面的转变：要形成该职业在社会中的相对独立的地位，要以公众作为职业服务对象，要具备成熟职业的高收入、高威信的特征，要为从业者树立共同的职业理想。这一系列转变在19世纪80年代完成。

尽管16到17世纪资产阶级在与封建王朝的抗争中逐步建立起了一套维护新闻自由的理论体系，并促使国家以法律确立的形式保护新闻自由。但是，在美国独立战争以后至19世纪中期，新闻业经历了70多年的政党报刊时期，政党纷争使新闻业失去了"报道事实"的从业原则，报纸的

---

① Rodney W. Stark, "Policy and the Pros: An Organizational Analysis of a Metropolitan Newspaper", *Berkeley Journal of Sociology 1*, 1962, pp. 11 – 32.

大量篇幅用于政治争论,在经济上也主要依靠政党资助。可以说,这一时期的新闻业充当了政党斗争的工具,依附于政党团体,并不具备独立性,也没能发挥其信息系统的社会功能。

1833年9月3日,本杰明·戴创办了第一份成功的大众化报纸《纽约太阳报》(New York Sun)。它与贝内特的《纽约先驱报》(New York Herald)、格里利的《纽约论坛报》(New York Tribune)并称为19世纪中期美国的三大便士报。到19世纪末,大众报纸逐渐取代政党报纸在美国报业中占据了主导地位。低价格、高发行量、以广告为经济支柱成为大众化报纸的主要特征,市场模式在大众化报纸中的运用,帮助其实现了经济上的独立。大众化报纸的读者对象由精英分子转向社会大众,开始扮演"公共服务"的社会角色;在报道内容上由言论转向新闻,充分发挥信息系统的功能;报业在广告的支持下逐渐成为高收入、令人羡慕的职业。

19世纪80年代的美国新闻业,由于记者的收入和社会地位的提高,吸引了大批受过良好高等教育的人才加入记者队伍,新一代的记者逐渐取代大众化报纸兴起初期的那一批"旧式记者"。"新式记者"与"旧式记者"相比,年轻充满活力,并受过良好教育。戴维·格雷厄姆·菲利普斯(David Graham Phillips)当时曾说"宁为记者,不为总统",这位以政治报道闻名的记者的话反映了"新式记者"的思想状态①。当时的记者已并非将报道新闻作为谋生的手段,更有对理想的追求和对社会的责任意识,强调服务公众的自觉态度。新闻从业者共同的意识形态的确立,真正促使新闻事业形成了"公共服务"的性质。

二、新闻业"公共服务"机制的确立

新闻业在职业理想上确立"公共服务"的特性之后,还必须在职业实践中逐步确立与职业理想相配套的一系列现实的"公共服务"机制。在美国,新闻业是通过一系列的专业化步骤实现这些机制的。

19世纪80年代是美国新闻业的分水岭,在此期间,新闻业真正开展了"公共服务"的职业实践,并在报人和学者的努力下,开始了确立职业规范和职业准则的探索。

普利策作为美国新式新闻事业的创始者,对新闻业确立其社会角色

---

① Michael Schudson, *Discovering the News: A Social History of American Newspapers*, Basic Books, Inc., 1978, p. 69.

作出了重大贡献。普利策先后创立《邮讯报》、《纽约世界报》,并提出了与众不同的办报方针。1878年,他在《邮讯报》的社论中这样声明:《邮讯报》不为党派服务,而为人民服务;不是共和党的喉舌,而是真理的喉舌;不追随任何主张,只遵循自己的结论;不支持"行政当局",而是批评它;反对一切骗局,不管发生于何处,也不管它是何种性质的;提倡原则和思想,不提倡偏见和派性。这样的办报方针真正全面地强调了新闻业"公共服务"的特性。随着《邮讯报》的成功,一批生机勃勃的新报纸对老报纸形成了强有力的挑战。这些新报纸是廉价的、有进取精神的和便于阅读的,它们都把新闻传播功能当作报纸的首要职责,表现出可贵的独立性,并积极开展符合公众旨趣的改革运动。在以普利策为代表的报人的努力下,大众化报纸真正取代政党报纸成为美国报业的主流,由此开创了美国新式新闻事业。新式新闻事业成为培育美国新闻业一系列职业原则和职业规范的现实土壤。我们可以从以下轨迹来探寻美国新闻业专业化的实现步骤。

1. 报人的职业伦理观

最早提出职业道德问题的是一批有社会责任感的报人,他们在实践过程中觉察到新闻业引入市场模式后的一些不良倾向,感觉到新闻从业者道德自律的重要性。大众化报纸虽然定位于信息传播,但对读者的争夺导致其出现了"煽情主义"的倾向。"煽情主义"是一种绘声绘色地揭露丑闻或渲染色情或描写细节以刺激感官的新闻报道手法,它被大众化报刊广泛采用以吸引读者。与"煽情主义"相关联,性、犯罪、社会丑闻等"人情味新闻"占据了大众化报纸的主要篇幅。《纽约论坛报》的创办者格里利最先在该报的创刊广告中,提出要摒弃大众化报纸的这种不良倾向。他指出:"它(《纽约论坛报》)将努力维护人民的利益和促进他们道德的、社会的和政治的权益。它将摒弃许多著名便士报上的不道德的、下流的警察局新闻、广告和一些其他材料。我们将尽心尽力地把报纸办成赢得善良的、有教养的人们嘉许的、受欢迎的家庭常客。"①

"煽情主义"在普利策与赫斯特的报业竞争时期走向极端。普利策在1883年接手《纽约世界报》之后,巧妙地将煽情主义手法与揭露社会弊病相结合,将趣味性、刺激性和教育性融于这份报纸,使该报成为纽约发行量最大的报纸。而赫斯特的《纽约新闻报》处处模仿普利策的《纽约世界报》的政策,并且加大了煽情主义的运用。在白热化的市场竞争中,两份

---

① 转引自张隆栋等:《外国新闻事业史简编》,中国人民大学出版社1988年版,第69页。

报纸走向了煽情主义的极端:大量使用大标题、大图片等形式包装新闻,广泛报道性、犯罪、假科学方面的新闻,甚至于制造新闻推动了美西战争的进行。这些做法被学者们指责为"黄色新闻主义",成为"煽情主义"的延伸。

不过,晚年的普利策深感"煽情主义"对报业责任的背离,他捐赠二百万美元帮助建立哥伦比亚新闻学院,意在通过新闻学院的教育使报业走向职业化;他还设立了普利策新闻奖,意在帮助树立报业的社会责任感。

在1904年出版的《北美评论》上,普利策发表了论述报人应有增进公益等最崇高理想的文章。该文可以说是西方新闻伦理学的奠基之作,它在认识报业功能的基础上,提出了报业的社会责任问题:只有最高的理想,兢兢业业的正当行为,对于所涉及的问题具备正确知识及真诚的道德责任感,才能使得报刊不屈从于商业利益,不寻求自私的目的,不反对公众的福利①。

在此期间,阿道夫·奥克斯接办《纽约时报》,开创了严肃性报纸的典范。《纽约时报》报眼印有一句箴言"刊载一切适合刊载的新闻",以反对黄色报纸的不良倾向。阿道夫·奥克斯的报业实践充分体现了新闻专业主义的理念,他真正将新闻业的独立性贯穿于新闻报道之中,在办报宣言中,他强调新闻报道"应无畏无惧,不偏不倚,并不分党派、地域,或任何特殊利益"②。他使《纽约时报》引导了以硬新闻为主的传统,显示了与当时以软新闻吸引读者的拥有最大发行量的《纽约世界报》截然不同的办报理念。《纽约时报》真正将新闻专业主义的理念引入了新闻实践之中。

2. 职业准则的确立

开始出现成文的职业道德规范,是在20世纪初期。1908年,美国密苏里大学新闻学院创办人与首任院长沃尔特·威廉博士主持制定了《记者守则》,在西方首次提出了一个系统的新闻职业道德规范。《记者守则》指出,新闻事业是一种专门职业;一个大众的报纸应为大众所信赖,如果没有完全做到为大众服务,就辜负了这种信赖;最成功以及最能取得成功的新闻事业,必须敬畏上帝和尊重人类,坚持超然地位,不为成见和权力的贪欲所动摇;广告、新闻与社论,均应为读者的最大利益服务,它们应有一个真实和廉洁的标准③。这一成文的新闻职业道德准则问世之

---

① 转引自〔美〕威尔伯·施拉姆等:《报刊的四种理论》,中国人民大学新闻系译,新华出版社1980年版,第97页。
② 李子坚:《纽约时报的风格》,长春出版社1999年版,第86页。
③ 周鸿书:《新闻伦理学论纲》,新华出版社1995年版,第260页。

后,先后被译成50多种语言,产生了世界性的影响。

20世纪初期,也出现了新闻业的职业化教育以及许多涉及新闻事业的职业团体。1908年,密苏里大学建立了全美第一个新闻学院,至1920年,全美已有131所大学和学院设有新闻学院、新闻系、新闻专业或开设新闻学课程①。与新闻事业相关的职业团体也纷纷成立,并专注于不同的工作内容。美国报纸发行人协会(1887)以经营为主要工作内容,美国报纸主编协会(1922)、全国广播电视业者协会(1923)以新闻业务为主要工作内容,还有像全国社论撰稿人联合会(1947)、美联社编辑主任协会(1931)则以更为专门的社论或新闻报道为主要工作内容。

职业团体的建立推动了新闻职业道德的建设。1923年,在美国报纸主编协会召开的首届年会上,有人提交了一项被称为道德准则的《新闻规约》,其中指出:除了对公众福利的考虑以外,任何事情都不能对报纸所拥有的吸引和保有读者的权利施加限制;新闻自由应该作为人类至关重要的一项权利而受到捍卫;对任何未经法律明文禁止的事物进行讨论,其中包括任何限制性法令的明智性,是无可置疑的权利;在蓄意背离事实真相的批评中,党派偏见破坏了美国新闻事业的最佳精神,在新闻栏里,它违背了这一职业的基本原则②。这一《新闻规约》后来成为全美新闻从业人员的行为准则。

随后,全国广播电视业者协会也制定了广播电视业的行为准则,《全国广播业者协会道德准则》和《全国广播业者协会商业行为准则》在1929年3月被通过,成为广播业主自愿实施的第一批规章。后来又增添了内容更加详尽的文件,即《全国广播业主协会电台准则》、《全国广播业主协会电视准则》,在美国所有商业无线电台和电视台中,约有一半签署了这些准则。

1934年,美国记者公会通过的《记者道德律》最为著名,它强调,新闻记者的第一责任是向公众报道正确的、无偏见的事实,要求新闻记者遵守正确和公正两大原则,不为政治的、经济的、社会的、种族的以及宗教的偏见所左右,不得在新闻版上刊登宣传性材料,不能因与自己有特殊关系而扣发应该发表的新闻报道③。

3. 新闻自律机制的建立

1947年春,由哈钦斯委员会提交的报告《一个自由而负责的新闻界》

---

① 李良荣:《西方新闻事业概论》,复旦大学出版社1997年版,第49页。
② 〔美〕迈克尔·埃默里、埃德温·埃默里:《美国新闻史》,新华出版社2001年版,第601页。
③ 李良荣:《西方新闻事业概论》,复旦大学出版社1997年版,第286页。

提出了报业的"社会责任论",这一思想推动了美国新闻职业道德建设向更为成熟的方向发展。新闻业界认识到,光靠用文字表述的条文和规范无法为新闻实践提供有效的解释,而需要对新闻实践出现的误区及时给予提醒和评判,由此产生了以新闻评议会和新闻批评刊物为主要构架的新闻自律机制。

美国最早出现的报业评议会是 20 世纪 60 年代末组建的一批地方报业评议会。1971 年,明尼苏达州创建了第一个全州范围的报业评议会。1973 年,随着全国新闻评议会的建立,为创建一个全国性报业评议会所做的努力有了成果,这个理事会的工作目标是:"对涉及美国新闻报道的准确性和公正性的诉案进行考查并提出报告,对涉及新闻自由的问题进行研究并提出报告。"[1]这些新闻评议会,无论是全国性的还是地区性的,其性质均为民间性的组织,其主要活动是定期或不定期地举行会议,对新闻媒介及其活动进行评议,并将评议结果公开发表,其评议结果不具有强制力,仅在道义上对新闻界的不良现象施加影响。

新闻批评刊物的出现也为新闻自律机制的建立作出了贡献。《时代》杂志自 1923 年 3 月创办起便辟有"报界"的小专栏,发表检讨新闻事业及其活动的文章。20 世纪 40 年代,《纽约人》杂志也开辟专栏,发表批评新闻业的报道或文章。到 60 年代初,一股声势不小的新闻事业评论运动开始出现。1961 年,哥伦比亚大学新闻研究生院创办《哥伦比亚新闻评论》,其宗旨在于"评价各种形式的新闻报道工作的表现,指出其缺点和力量所在,并协助确定或重新确定新闻工作的正直无私和认真负责的准则"[2]。在《哥伦比亚新闻评论》创刊后,又有十多种旨在评价新闻媒介的刊物在六七十年代先后问世。1968 年创办的《芝加哥新闻学评论》最为著名,该刊为新闻从业人员提供了发表他们所属报社不敢发表的敏感消息的场所。但是,这些新办的以"新闻评论"为己任的刊物,大多经费不足,至 1978 年仅剩 6 家刊物还在继续出版。

专业组织的建立,专业行为准则的公布,新闻教育的开始,专业自律机制的建立,以上步骤的完成,使美国新闻业初步形成了"公共服务"的职业机制,新闻专业主义初步建立。

---

[1] 〔美〕迈克尔·埃默里、埃德温·埃默里:《美国新闻史》,新华出版社 2001 年版,第 607 页。
[2] 转引自美国驻华大使馆新闻文化处:《传播媒介之职能》,中国对外翻译出版公司 1984 年版,第 45 页。

第三节 新闻专业主义的核心思想

新闻专业主义的核心理念体现为新闻自由和客观性原则，前者指向新闻业的"自治"状态，后者指向新闻业特有的一套知识和技能。

一、新闻自由的演变与成熟

新闻自由涉及新闻业的独立性，也是新闻业树立起"公共服务"的社会角色的根本前提。关于新闻自由在美国社会的发展，主要经历了两个阶段。第一阶段是在16—18世纪逐步确立了一套新闻自由的理论体系和法律法规，新闻业将其付诸职业实践；第二阶段是在20世纪中期"社会责任论"的提出，由传者自由转向受者自由，成为构建新闻职业规范的理论依据。

关于新闻自由的提出与发展，本书第五章第二节已有阐述。新闻自由与自由主义报刊理论密不可分，经历了1644年弥尔顿发表《论出版自由》、1789年美国国会通过《人权法案》等重要事件，到18世纪末19世纪初，西方各主要资本主义国家基本上都确立了自由主义报刊制度，自由主义报刊理论对确立、维护和发展新闻自由进行了理论探索，确立了一些保护新闻自由的原则。

1947年，哈钦斯委员会出版了总报告《一个自由而负责的新闻界》，标志着西方"社会责任论"的诞生。自由主义报刊理论基于保护意见发表者的自由，认为只要媒介拥有了自由，就理所当然会有媒介良好的"公共服务"；社会责任论对其补充上了保护受众自由的部分，强调新闻自由的终极目标是维护公众利益，公民有知的权利，"一个自由社会不能允许其报刊运用自由来毁坏自由"。

那么，新闻业是否因此就不再有资格独立地担任信息传播之职责了呢？在这里，社会责任论并未否定媒介应当拥有自由发布信息的权利，也正是如此，哈钦斯委员会在指出新闻业在职业实践中的种种不良倾向后，仍然强调维持新闻业的"自治"状态，把"公共服务"的希望主要寄托于报刊自身，而不是引入政府干预。不过，社会责任论开始用怀疑的眼光来看待媒介在拥有这份权利后是否就意味着能够提供高质量的、利他的公共服务。

哈钦斯委员会认为问题的解决之道在于呼吁新闻业的专业主义定位,要求报业对全社会负责,并提出了五项具体要求。委员会提出了一系列措施旨在帮助新闻业建立起一套完整的"公共服务"的机制,如建立一些公益性机构,建立高水平的研究、出版学术中心,建立独立的社会机构以评判并报告报刊的运作和表现。正是在社会责任论的推动下,新闻业的职业规范机制才日趋成熟,形成了以新闻评议会和新闻批评刊物为主的自律机制。

由自由放任转为自我约束,关于新闻自由的理论体系的成熟过程也正反映了新闻业向专业化转变的自觉意识。"社会责任论"深化了新闻自由的内涵,为确立新闻专业主义的核心思想作出了贡献。

二、客观性原则的确立与转变

相对于医生、律师来说,记者没有从业执照,新闻业也因此没有牢固的行业壁垒。那么,在缺乏充足的市场保护的情况下,新闻从业者又是如何维持其在大众社会中作为进行解释和报道事件的专家身份的呢?在这里,新闻业依靠了一套"客观性"的原则和规范为新闻工作建立合理性的机制,防止外界的干预和妄评。可以说,客观性原则作为新闻业合法地位的保护性机制而存在,新闻业就是凭此以维护其独特的专业身份的。

客观性原则是适应了新闻工作的实际而产生的。新闻业的服务对象是广泛的异质人群,受众具有不同的社会背景、兴趣和知识体系,客观性原则坚持"报道事实"是让新闻报道为最广泛受众满意的最佳方式;客观性原则可以帮助新闻业形成一套可供效仿的工作模式,使事实的收集、加工、报道走向常规化,提高职业服务的效率;客观性原则还适应了新闻业特殊的组织需求,新闻工作是在严酷的时间压力下开展的,新闻报道一般都形成了固定的范式,从业者往往缺乏辨别多种事实真伪的经验和素质,而客观性原则适应了新闻业的以上特点。

客观性原则包括五项准则:平衡、公正、不存偏见、准确、中立。而事实上,客观性原则包含了一套比较复杂的知识和技能,包括新闻素材分类、平衡和对等原则,第三者写作角度,中性词与引语的使用等在内的一整套科学步骤与程序。正是这套原则树立起了新闻从业者的专家身份,尽管这种身份相对于一些成熟的应用性专业中的专家来说相对薄弱。

客观性原则同样经历了两个阶段。第一阶段是19世纪30年代以后,客观性原则在大众化报业的职业实践中得以确立;第二阶段是在第一次世界大战之后,客观性原则由一种外在规范演变成为一种职业理念,内化于从业人员自身。客观性原则为新闻业树立了传播信息的合法性地位,成为新闻职业准则中最为核心的部分,在巅峰时期,它被认为是新闻领域神圣不可侵犯的神谕,是新闻业赖以生存的法宝。

但是,在新的复杂的社会变动中,"客观性原则"对新闻实践的外在规范显得十分僵化,其中一个重要原因便是公关业在20世纪初的兴起。1902年到1912年,"新式记者"在社会责任意识的驱动下,运用"公开宣扬"的武器对于社会转型中美国社会的官商勾结、贫富悬殊、假货泛滥的丑恶现象进行了揭露,矛头直指政府和产业界。第二次世界大战中,政府广泛利用新闻媒介作为战时宣传的工具。产业界也纷纷设立公关部门,通过主动向新闻从业人员提供公关材料,制造"伪事件",借助新闻媒介达到宣传企业形象的目的。在"客观性原则"的支配下,新闻从业人员虽明知政府和产业界所提供的事实是其精心选择、为其所用的,但是由于观点不能介入报道之中而无法揭示事实的本来真相。这一趋势的极端化表现是在50年代初期,参议员麦卡锡掀起一股反共恶浪,他四处游说,几乎天天发表讲话,而新闻界都一一如实报道,麦卡锡身败名裂之际,新闻界的名声也一片狼藉[1]。新闻媒介逐渐发现自己事实上被自己所信奉的"客观性原则""诱奸"了,新闻从业人员开始怀疑这一神圣不可侵犯的原则在实践中的有效性。在这种背景下,解释性报道在新闻业的地位得到确立,成为新闻业对抗公关业的武器,60年代兴起的"新新闻主义"甚至公然提倡以记者的主观视角来报道新闻事件,原先事实与观点截然分离的报道模式被打破了,主观性渐渐地代替客观性渗入社会科学领域。在"客观性原则"遭受公关业的威胁的同时,人们也认识到,主观性的存在使得新闻记者要完全地表达真理是不可能的。原先新闻操作所面向的绝对的客观性便向相对的客观性让步,新闻业的"客观公正"由原先一套僵化的规范转向一种存于新闻记者心中并不断努力逼近的职业理想和职业理念[2]。从这一点看,对客观性原则的新的理解和发展也正显示出新闻专业主义走向了成熟。

---

[1] 李良荣:《西方新闻事业概论》,复旦大学出版社1997年版,第123页。
[2] Michael Schudson, *Discovering the News: A Social History of American Newspapers*, Basic Books, Inc., 1978.

三、对新闻专业主义核心思想的批评

客观性原则作为新闻业合法地位的保护性机制,其地位是不容动摇的,也正因如此,当"客观性"观念在20世纪以后普遍受到怀疑时,新闻业也从不否定客观性原则的价值,而是坚持不可为而为之,将其一套外在的具体规范转化为内在的职业理念。但是,这一转变无疑对于新闻业的传播法则构成了巨大挑战。原先,新闻业有一致认同的合理规范,而进入20世纪60年代后却又出现了与这套规范背道而驰的新新闻主义,这种新闻工作理念强调将主观性带入新闻报道中,却也在一定时期得到了社会认可,虽然新新闻主义到70年代初销声匿迹,但是客观性原则所受到的冲击是不容忽视的。

其次,客观性原则就其本身是否可以保证新闻报道的客观性也是受到怀疑。西方学者基于内容分析的研究指出,客观性的报道本身就是有偏见的,尽管这种偏见往往是隐含着的。另一种更为激进的批评指出,新闻事实根本就不可能是中立的、无价值判断的、对真实世界纯客观的反映。这样就对客观性原则从内在的合理性上进行了挑战,新闻业似乎无法在职业实践中再找到一套获得同行共同认可的操作规范了,这也是对新闻业自身的专业知识和技能的合理性的挑战。

同样,社会责任论对于受众自由的保护在新闻业的职业实践中也很难实现。新闻业的职业特性决定了它在运作中要受到来自不同方面力量的制约,各种力量交锋的结果往往会是新闻业以直接或间接地牺牲公众利益来达到自身利益的最大化。

美国新闻业目前主要处于市场经济这样的社会环境中,在经营过程中要面对四个市场:受众(audience)、消息来源(news sources)、广告商(advertisers)、投资者(investors)。新闻业的运作模式可以这样解释:新闻媒介通过新闻信息换取受众的注意力,再将这些注意力卖给广告商而获利,通过吸引大量的目标受众使媒介公司盈利程度增加,吸引更多的投资者购买其股票,从而为其提供更大的资金支持。另一方面,媒介要通过消息来源取得新闻线索和新闻素材,构建新闻产品的信息流。在这四个市场中,消息来源(主要指公关部门)、广告商、投资者都是有组织的社会团体,而受众则是分散的、缺乏组织的群体,受众相对于其他社会制约力量来说处于劣势地位。

就消息来源来说,一些处于强势的消息来源可以控制消息的发布,如军方,它们可以要求媒介通过审查才能发布消息,政府、高层官员也在消息提供上选择有声誉的媒介。新闻来源为接近受众,还会通过多种公关手段,如资助新闻的制作,甚至自己制作成形的新闻产品让媒介公司发布,这些都对媒介发布新闻的客观公正性产生了重大影响。

广告商对新闻工作的影响也是不容置疑的。由于广告商寻求的是公众注意而非公众教育,媒介公司在公众注意力市场中竞争而非在新闻产品市场中竞争,这便使新闻产品以最小的生产成本获取最大的受众注意力为目标,可能导致新闻产品的质量下降;由于广告商寻找对其信息发布的有利新闻环境,媒体就要在不损害自身声誉的前提下尽量避免发布对广告商不利的信息;由于广告商寻求自己的潜在消费者,对于缺乏消费能力的受众所需要的新闻信息就可能被较少地选择,这些都会直接或间接地影响新闻信息的广泛度和多样性。

而在受众与媒介的互动过程中,受众是分散的、随大流的,并非是以追求自身利益的理性方式选择媒介的,这使得受众对媒介的制约力量会相对较弱,从以下几点我们可以看出受众在维护自身权益上的弱势地位。

（1）信息不对称使得受众往往无从直接辨别新闻事实的真伪性。按照经济学对产品的定义,产品可分为通过检查可以辨别质量的、通过经历使用才能辨别的,以及只可以信任而无法辨别的三种。新闻产品一部分属于第一类,如受众亲眼所见的新闻;一部分属于第二类,如天气预报可以通过经历辨认;而大多数是无法辨认或受众没有时间、精力去辨别的。

（2）即便通过比较几种媒介来辨别新闻事实的质量也很不有效。一是因为受众无法确定谁对谁错;二是可能消息来源隐瞒或捏造了事实,而众多媒介又取材于同一消息来源,造成新闻事实一致却不真实;三是某些媒介表现会无意中让受众曲解新闻事实,如电视新闻中视觉的刺激力很强,往往将新闻事实或事实的某些方面夸大,本不严重的交通事故通过对伤者的特写会被受众认为是很严重的。

（3）垄断降低了受众面对多样性信息的可能性。不同媒介公司间缺乏竞争,或一个市场的几个新闻公司因定位不同而不构成竞争,降低了新闻信息的多样性。在地方新闻上虽然存在竞争,但因为竞争者往往倾向于包含对方的重要新闻,学习对方节目上的优点,这使得竞争双方彼此模仿,受众虽然面对竞争的媒介公司,但往往也面对相似的新闻内容和节目。信息多样性的降低使得受众通过对比不同媒介的信息来判断真伪的可能性也大大减少。

由此看来,受众并非是有质量的新闻的合格评判者,受众缺乏足够的能力,也没有足够的时间和精力对新闻业的服务质量进行合适的评价。由于受众制约新闻业的力量的薄弱性,导致新闻业在权衡利弊时,往往容易牺牲受众的利益而换取其他制约力量的满意。由此产生的结果是,新闻业的职业实践在达到利润最大化的同时,恰恰损害了受众的自由,而这种损害正是由于新闻业的现实运行模式自身而产生的。

社会责任论将受众自由的希望寄托于媒介自身,媒介虽然建立了一套自律机制试图达到这种期望,但是,由于媒介的现实运行模式本身与"公共服务"的不可调和性,导致了受众自由陷入危险的境地,而这也反映了新闻专业主义的现实困境。

第四节 新闻专业主义在市场模式下的困境

一、市场理念侵入新闻制作流程

新闻专业主义在现实社会中所面临的压制力量主要来自两方面:一是政治力量,二是市场力量。而在西方社会,市场力量在目前成为阻碍新闻专业主义最关键的因素。

1. 新闻业市场倾向带来的忧虑

对于美国新闻业来说,新闻业的商业化可以追溯至美国大众报纸产生时期。

大众化报纸将市场模式运用于报业,也带动了"煽情主义"的发展。"煽情主义"在普利策与赫斯特的报业竞争时期走向极端,被学者们指责为"黄色新闻主义",成为"煽情主义"的延伸。它的出现反映了早期市场化过程中的美国报业在未建立一套职业规范的情况下所受到的市场冲击。

新闻业的市场倾向带来了学者和报人的忧虑。美国新闻业发展了两种力量来约束新闻业的这种不良倾向:一是软性约束,即倡导新闻业的专业意识;二是硬性约束,即在制度安排上强调编辑权与经营权的分离。在西方社会的语境下,新闻专业主义正是商业媒体营利和服务公众利益这两个动因之间的矛盾和张力的产物。而事实上,新闻业之所以能够在引入市场模式之后仍坚持其服务公众利益的原则,很大程度上取决于一项为新闻行业所公认的制度安排：编辑权与经营权相分离。

2. 编辑权与经营权相分离

这项制度是新闻界自大众报业以来的长期作风，它犹如一堵坚实的围墙将经营部门和编辑部门截然分离，美国新闻业将围墙这一边的经营部门比喻为"国家"，另一边的编辑部门比喻为"教堂"。教堂是崇高的、精神的，而国家是世俗的。

新闻业的"国家"与"教堂"之分的原则使得发行人和经营人员不得干涉编辑事务。因此，当广告商希望发表有利于公司的文章或者要求撤掉对公司不利的消息时，编辑人员可以对其不管不问，继续自己的工作。也正是由于这样的制度安排，对编辑部门的尊崇，是弥漫于20世纪80年代之前美国新闻界的普遍作风，相当多的媒体公司的最高领导由编辑记者升任[1]。

"国家"与"教堂"这一传统得以延续得益于报业的家族控制。家族报业的继承者得到的不仅是前人的财富，更是前人的报纸编辑方针和理念，利润最大化并非家族报业的主要趋向。然而，随着大部分家族报业的消失，美国报业逐渐被连锁报团所控制。美国的日报中只有将近1/3由家族经营，并且绝大多数规模很小，超过一半的家族报纸发行量不到1万份。而相反，前10家报纸集团拥有全国1/5的日报；集团所有者（拥有不止一家报纸的公司）拥有美国每天出版的报纸中的4/5[2]。在这种背景下，原先家族报业的传统受到侵袭，"国家"与"教堂"分离的传统也在报业中岌岌可危。同样，80年代以后FCC对于广电媒介买卖的放松也导致了广电业的商业化潮流[3]。

3. 整合营销观念的冲击

进入20世纪80年代，美国新闻业逐渐向受市场利益驱动的产业方向发展。报纸发行经营管理人员的地位空前提高，大量取得MBA学位的经营者入主新闻业，这些经营管理人员普遍接受了商学院的训练，具有深刻的市场理念和丰富的公司运作管理的经验，他们开始以公司运作的方

---

[1] 许志远：《国家与教堂之争——谈编辑权与经营权》，载《经济观察报》，2002年4月16日。

[2] 〔美〕雪莉·贝尔吉：《媒介与冲击：大众媒介概论》，赵敬松主译，东北财经大学出版社2000年版，第333页。

[3] 先前FCC担负着对美国广电业的管理任务，对广电媒介买卖有很大的约束作用。1980年，FCC取消了原先公司要拥有电台三年后才能买卖的规定，增加了一个业主允许拥有广播台的数量。1996年发布的电信法案被认为是美国政府在管理大众媒介方式方面所做的最彻底的变革，法案取消了对总共拥有电视台和电台数量的限制，放宽了对一个公司所拥有的电视台的覆盖率的限制。法案体现了美国政府出于国家利益考虑对于这场媒介大汇流浪潮的支持，并大大推进了广播电视的集中化进程。两年中，已经有2 200多家电台易主。参见雪莉·贝尔吉：《媒介与冲击：大众媒介概论》，赵敬松主译，东北财经大学出版社2000年版。

式来管理新闻业。

整合营销观念对新闻业"国家"与"教堂"分离的传统构成了强大的冲击。现代营销观念将整合营销作为其思想支柱之一,强调要将顾客意识渗透到公司的各个部门,所有部门都要协同作战,为顾客利益服务。整合营销观念要求从新闻产品设计制作的那一刻起,就要牢固地树立起顾客意识。

营销学者克拉克和弗吉门托在《产品整合的威力》一文中对将整合营销观念应用于产品作了详细的分析[1]。他们认为,产品一开始是一个想法,指的是给予消费者一种感受和经历,而并不是产品本身。在这种思想支配下,产品从设计开发起就要时时考虑到它对消费者意味着什么,能够带来怎样的顾客价值,因此,顾客导向是产品开发的灵魂。产品整合(Product Integrity)包括两层含义:一是内部整合,指的是产品功能与其结构的契合性;二是外部整合,指的是产品的使用情况与顾客期望度的契合性。随着竞争的加剧,外部整合即充分考虑顾客期望度的重要性愈来愈被美国的大多数公司所重视。而要达到产品整合,显然不能仅仅依靠营销部门。美国公司为了实现产品整合的目标,加大了产品经理(Product Manager)的权力,并从公司各个部门中选出一定人员组成跨部门的团队(Cross-Divisional Team),由产品经理带领组织产品的开发、设计、制造、营销等工作。

整合营销促使新闻业原先隔断"国家"与"教堂"的围墙真正被打破了。80年代中期,一股公开将市场策略运用于新闻部门的潮流降临美国新闻业。新闻业的经营人员们发明了"整合新闻纸"(Total Newspaper)的概念,即要将编辑、广告、发行、市场研究、促销全面统一在利润最大化的目标之下,使报纸最大限度地获得利润。

《洛杉矶时报》在20世纪末的变革是美国新闻界的一大新闻。马克·威利斯(Mark Willes)于1995年担任时报—镜报公司的CEO和时报发行人之后,对时报作了向"整合新闻纸"方向发展的改革。编辑被要求与经营人员充分沟通和合作,树立起团队意识,为新闻业的成功营销而努力,那些头脑中只装着新闻理念的编辑被认为是不合时宜的。公司的副总裁兼总经理杰弗里·S·克莱(Jeffrey S. Klein)说:"我们要让那些只考虑本职工作的人们(改变观念),转而从整张报纸、整个公司的视野来看待

---

[1] Kim B. Clark, Takahiro Fujimoto, "The Power of Product Integrity", *Harvard Business Review*, 1990, November/December.

问题。"①

整合营销观念渗透了新闻产品设计的整个流程。在推出一个新的版面之前,时报从广告、制作、促销、营销等各个部门抽调人员与编辑人员一起组成跨部门团队,又可称为"营销委员会"(Marketing Committees)。团队在每星期定期开会,经过协商讨论后共同定出版面的整体规划和初样,然后在此基础上进行焦点群体(Focus Group)访谈。访谈对象为两种人,即读者和广告商,每种人分为两组访谈,读者分为订阅者和非订阅者,广告商分为时报现在的广告商和时报潜在的广告商。团队根据访谈结果反复改进版面规划思路,直到取得满意效果为止。

如果说跨部门团队的出现在事实上打破了"国家"与"教堂"的界限,那么,"目标管理"向新闻业的引入则更进一步让编辑自觉地由一个传统的坚守新闻理念的从业者转化为同时兼顾市场理念和新闻理念的"编辑经营者"(Editor-Managers)。

4. 目标管理观念的引入

目标管理的观念在 20 世纪 50 年代早期由管理学大师彼特·F·德雷克(Peter F. Drucker)最先提出,其主要意思是,通过设定目标和按完成目标的业绩进行奖赏,可以最大限度地发挥管理者的才能以及促进管理人员之间的协同合作。1980 年,学者肯尼思·爱德华兹(Kenneth Edwards)在《通过评估新闻部门的效率改进盈利计划》("Improving the Profit Plan by Evaluating Newsroom Efficiency")一文中提出将系统管理方法引入新闻部门。目标管理以其能够在促进公司整体目标完成的同时充分发挥编辑的能动性而颇受新闻业青睐。目标管理的流程是这样的:编辑(一般中层以上)通过与其他人合作向发行人递交年度编辑计划,计划涵盖了多项来年的预定目标。以甘乃特报团的一位编辑递交的 1995 年的目标计划书为例,该计划书涉及"员工聘用"、"发行/读者"、"本地、郊区新闻报道度"、"员工培训"、"新技术采用"、"利润"这 6 个方面将近 40 个目标,每个方面都设定了其所占的分值,每个目标都注明了完成的预期时间。发行人可以根据目标的完成情况打分,其分数直接与编辑的报酬挂钩,目标完成得越多,编辑的报酬也就越高②。这种管理方式促使编辑从多个层面考虑自己的新闻业务工作,营销观念逐渐得以内化于编辑自身的工作过程之中。从事媒介研究的学者道格·安德伍德(Doug

---

① Charles Rappleye, "Cracking the Church State Wall: Early Results of the Revolution at the Los Angeles Times", *Columbia Journalism Review*, 1998, January/February.
② "The Science of MBO", *American Journalism Review*, 1998, p. 12.

Underwood)说,在这种方式的影响下,新一代的编辑已成为介于传统编辑与经营者之间的"编辑经营者"①。

一项对于美国报纸现状的调查报告也证明了编辑角色正在发生演变。这项调查按报纸规模和所有权状况抽取 200 个高级编辑作为访问对象,77 个做了回答。在问及"在一个工作日有多少时间用于预算、营销事务和其他管理工作"时,14% 的编辑回答他们花费超过一半的时间处理这些原本的非新闻事务;35% 的编辑处理这些事务的时间在 1/3 到 1/2 之间。更让调查者吃惊的是,超过 90% 的编辑认为处理非新闻事务的时间在 5 年来上升了——选择"有点上升"的占 58%,选择"急剧上升"的占 30%。

这些现代管理手段和市场策略向新闻业的进入,不但导致原先牢固地隔离"国家"与"教堂"的围墙被打破,而且促使编辑向经营者的角色方向转变,所造成的结果便是,市场的力量在新闻运作流程中变得常规化了。

当编辑们开始用经营者的眼光看待新闻运作时,市场理念被内化于新闻制作了,对广告利润的追求成为版面策划的主要考虑因素之一。在跨部门团队所做的焦点群体访谈中,广告商的意见受到很大重视。《洛杉矶时报》的马克·威利斯曾对一个很受读者欢迎的"生活与时尚"版面提出质疑,原因是它没有得到广告商的青睐。他评价说,我们已经很清楚地明白为什么要做这个版面,并在吸引读者上有竞争力。但是,我们还应让潜在的广告商明白,通过这个版面他们能够达到什么样的目标消费者,以及这些人是为什么看这个版面的,这个版面对于广告商来说是否具有高价值②。

对广告商的追逐使编辑更偏向于考虑吸引具有高消费能力的人群作为目标受众,这也给他们的报纸充当负责任的公共传播者带来了危险性。

二、新闻专业主义与市场理念的本质冲突

新闻专业主义能够成为一种现实存在的事物,事实上也得益于市场化经营在新闻业的运用,因为市场化经营帮助新闻业实现了经济独立,使其得以摆脱其他利益集团的束缚。但是,在这里,市场化经营进入新闻业

---

① Doug Underwood, *When MBAs Rule the News Room*, Columbia University Press, 1993.
② Charles Rappleye, "Cracking the Church-State Wall: Early Results of the Revolution at the Los Angeles Times", *Columbia Journalism Review*, 1998, January/February.

所指的是有限市场驱动模式,其表现是新闻业内部编辑权和经营权的分离,它与将市场理念内化于新闻制作过程的本质是不同的。

美国新闻业在 20 世纪 80 年代之后出现的这种商业化倾向实质上可以称为市场驱动新闻主义。市场驱动新闻主义(market driven journalism)所指的则是完全市场驱动模式,即营销观念在新闻制作过程中的充分运用。营销观念是一种企业经营哲学,它的核心直到 20 世纪 50 年代中期才基本定型。营销观念认为,实现组织诸目标的关键在于正确确定目标市场的需要和欲望,并且比竞争对手更有效、更有利地传送目标市场所期望满足的东西①。市场驱动新闻主义实际上就是将营销观念在新闻业中充分运用的结果。

1. 两种理念的联系和冲突

在新闻制作过程中,新闻专业主义和市场驱动新闻主义分别强调两种相互联系而又相互冲突的新闻制作理念:新闻理念和市场理念。美国学者约翰·H·麦克马纳斯(John H. McManus)对于这两种理念的联系和冲突进行了分析。

新闻理念和市场理念在一些方面有重合之处:(1)从所处的社会情境而言,当社会处于动荡不安时,即便不关心时事的人们也会关心自己的处境,这时新闻理念会与市场理念趋向一致;(2)从报道对象而言,特定的新闻事件,如飞机失事、火灾、政局更替等,既具有重要性也具有吸引力,这时两种理念也有一致性;(3)从受众而言,在一些大都市中,传媒可以发掘特定的有信息鉴别力的受众,由于这些受众教育程度高、收入多,也往往可以吸引广告商。从这些角度来看,新闻理念和市场理念是具有一致性的。

但我们注意到,两种理念也存在很大的分歧。在新闻制作过程中,市场理念尤其注重三个因素:制作成本、受众广度、与利益攸关者的冲突程度。由此引发的新闻制作准则是,以尽量小的成本制作新闻,吸引最大多数的对广告商有价值的目标受众,尽量不触犯利益攸关者。而新闻理念则只是着眼于为大多数市民提供信息,以满足其"知的权利",在新闻制作过程中,只要能够达到这个目标,可以不计制作成本,不在乎所吸引的受众的广度,甚至可以不顾触犯利益攸关者。这正是两种新闻理念发生冲突的内在原因。

---

① 参见〔美〕菲利普·科特勒:《营销管理:分析、计划、执行和控制》,梅汝和、梅清豪、张桁译,上海人民出版社 1999 年版。

当我们将两种新闻理念的冲突聚焦于新闻选择上时,会发现两种新闻理念将导致不同的偏好。

2. 不同的受众导向原则

按照新闻与受众的关系进行分类,新闻可以分为硬新闻与软新闻两类。硬新闻指关系到国计民生以及人们切身利益的新闻。软新闻指富有人情味、纯知识、纯趣味的新闻,它和人们的切身利益并无直接关系①。在新闻选择过程中,在对新闻价值的定义上两种不同的理念采取了不同的"受众导向"原则。与新闻理念相对应的"受众导向"将受众定位于"公民",对新闻的选择着眼于满足作为"公民"的受众的需要;而与市场理念相对应的"受众导向"则将受众定位于"消费者",对新闻的选择着眼于满足作为"消费者"的受众的欲望和需求。不同的"受众导向"直接导致了对不同类型新闻的偏好。

在西方媒介史上把受众当作公民,在理论上集中体现为社会责任论的出现,在法律上则突出表现为现代知情权(知晓权)在观念上的提出和法律上的确认②。新闻理念下的"受众导向"强调的是受众的需要(need),这种需要可以定义为受众作为公民"知晓权的满足"③,这一需要的建立是从社会学的功能主义视角出发的,强调媒介作为社会有机体的子系统的责任和功能。在新闻选择过程中,有价值的新闻应当能够最大限度地满足受众作为"公民"应有的信息需要。在此,新闻价值的判断不仅来源于受众的喜好,更来源于具有社会责任的从业者从大众立场出发的精英意识。也就是说,新闻理念下的"受众导向"并未将新闻价值的评判权完全交付给受众,而是在相当程度上由作为传者的新闻从业者定义的。由于新闻理念将新闻报道作为一种社会责任,强调最大限度地向大多数市民提供信息,使其在条件允许的情况下尽可能地了解周围的环境④,因此,从新闻理念的视角来看,硬新闻因为更具有社会意义而相对于软新闻更具新闻价值。

市场理念将受众当作"消费者",强调满足受众消费新闻信息的欲望(want),它表现了西方价值观念中个人主义的取向。由于消费者决策的内在驱动力是对于快乐的追求(pursuit of happiness)⑤,因此,有价值的新

---

① 李良荣:《新闻学导论》,高等教育出版社 1999 年版,第 21 页。
② 同上。
③ 司景新:《对西方新闻价值理念的考察与思索》,载《新闻大学》,2001 年夏季号。
④ McManus, John H. , *Market Driven Journalism*: *Let the Citizen Beware?* Thosand Oaks, CA: SAGE, 1994.
⑤ Reid Hastie and Robyn M. Dawes, *Rational Choice in an Uncertain World*: *The Psychology of Judgment and Decision Making*, SAGE Publications, Inc. ,2001 ,p. 199.

闻应当最大限度地满足个体追求快乐的欲望。在这里，对新闻价值的评判权完全交付给了作为消费者的受众，受众的喜好决定了新闻选择。

按照市场理念的准则，新闻选择和制作必然会出现这样的局面：制作成本高的新闻处于不利地位，吸引目标受众的广度低的新闻处于不利地位，揭露利益攸关者的新闻处于不利地位。相对而言，硬新闻的制作成本往往比软新闻要高。由于硬新闻涉及人们的切身利益，并且调查性报道也是硬新闻的组成部分，硬新闻也比软新闻更容易触犯利益攸关者。从这两方面来看，硬新闻相对于软新闻是处于劣势的。而如果以受众广度准则进行衡量，市场理念对于硬新闻的取舍更具复杂性。

从西方新闻史的发展中可以找寻到这样的规律：人们对硬新闻的普遍偏好通常发生在社会动荡时期或者社会转型时期。两次揭丑运动都是在美国的社会转型期或者社会动荡时期出现的，也可以说，在那个时候，"受众导向"与新闻理念会有比较大的一致性。但是，进入了经济稳定发展、社会变动相对减弱的时期，受众对于硬新闻的注意与否主要取决于新闻事实是否与自身生活有接近性、对自身利益是否会有影响，外界的事件即便很重大也可能因为与自己缺乏接近性而不能吸引自己的注意。而类似明星追踪、体育比赛之类的软新闻为人们所喜闻乐见，在受众的广泛度上要胜于硬新闻。因此，在社会稳定时期，娱乐性的软新闻能引起更多的注意，而有意义的硬新闻只能引起一部分人的注意。在市场竞争中，硬新闻相对于吸引受众广度的软新闻似乎容易败下阵来。

在报道内容和形式上，硬新闻通常会表现一些抽象问题，如吸烟、环保等，这类新闻显得枯燥，并难以用电视画面语言表达，要求受众投入更大的精力去理解，因此让受众望而却步。解释性报道和揭丑性报道之类的硬新闻通常篇幅比较大，快节奏生活中的受众显得比较浮躁，很可能没有足够的耐心和时间进行阅读。而在这两点上，以社会新闻为主要内容、以煽情主义为报道手法的软新闻有天然的优势，它以其易读性和感官刺激性而更容易吸引受众。

因此，在一个相对稳定的社会环境里，硬新闻相对于软新闻所具有的弱势便在于，尽管拥有了相对于软新闻更高的受众忠诚度，但是缺乏了目标受众的广度，而目标受众的广度即视听率对于媒介公司的重要性是无可置疑的。

由此可以得出的结论是：在一个稳定的社会环境中，当市场理念进入新闻制作过程时，会导致软新闻相比于硬新闻更为有利地发展，其结果是新闻产品的质量普遍降低，使得新闻专业主义在市场经济环境下陷入困境。

三、市场驱动新闻业：新闻的娱乐化

正如前面所分析的那样，市场理念与新闻理念的冲突表现在，媒介对视听率的追求将可能使硬新闻在软新闻面前败下阵来。在此种背景下，20世纪80年代之后的美国新闻业在新闻制作中出现了娱乐化的倾向。

为迎合新一代在稳定社会环境成长的读者变化了的需求，娱乐新闻在新闻报道中的比重加大，甚至于严肃新闻也开始试探用娱乐的手法包装而成为"娱乐信息"。一项对三大电视网、新闻杂志、主要报纸头版的4 000个新闻报道的调查得出这样的结论：关于社会名流、丑闻、绯闻以及其他具有"人情味"的软新闻由1977年的15%上升到1997年的43%①。而在1998年1月的一项对编辑和发行人的调查中，将近一半的人认为目前的新闻报道肤浅而缺乏深度，2/3的人认为报纸注重人情味胜于重要的社会事件②。

新闻的娱乐化使得新闻产品的质量降低了。约翰·H·麦克马纳斯作此评价：新闻业的市场驱动，最终使消费者得到了他们期望得到的，但没有得到他们应当需要的信息。

---

① Neil Hickey, "Money Lust: How Pressure for Profit is Perverting Journalism", *Columbia Journalism Review*, 2000, January/February.
② Ibid.

第七章 媒介和受众

在西方大众传播媒体中，无论是理论还是实践，受众始终处于中心地位。受众是大众传播学理论研究的中心议题，是大众传媒市场运作的主要原则。

第一节 受众对于传媒的双重意义

在西方各国，受众对于大众传媒举足轻重的意义就在于，受众是传媒的财富之源，是传媒的权力之源。

追逐利润是西方各国除去公共媒体之外所有传媒的基本宗旨和终极目标。从表面上看，广告是西方各国媒体（除公共媒体外）主要的收入来源。然而，广告客户愿意付出大笔广告费并不在于媒体本身，而在于媒体所拥有的受众。所以，对于媒体来说，谁拥有受众，谁就拥有广告，谁就拥有利润。媒体获取利润的全部秘密就在于，它向广告客户出售受众——卖出受众，收入广告。对于报纸来说，它的秘密在于两次出售——向读者出售报纸，然后向广告商出售读者。如果说在早期（17—18世纪）报纸还能靠发行来营利的话，那么进入20世纪，尤其50年代以后，西方发达国家的报纸先后进入厚报时代。世界一批著名日报每天都出版60版以上，星期六、日都在120版以上，为争取读者，报纸售价都很低廉，发行价已远远低于成本价，像美国的《纽约时报》、《洛杉矶时报》，每天都在60~80个版，零售价只有25美分，而报纸成本每份在1.2~1.5美元。所以，发行越多，亏损越大。但报纸老板还是坚持要扩大发行，因为发行量就是读者数量，读者数量意味着广告价格。除了付费电视，电台、电视台都是免费向听众、观众播出各类节目，它们的收入就是依靠广告。而广告收费的依据就是收听率、收视率,收听率、收视率就是听众、观众的人数。欧美各国的电视台,广告收费都是浮动的,广告客户按预估的收视率交纳一定数量的订金,按最终的收视率来结算,多退少补。对美国三大无线电视公司 NBC、CBS、ABC 来说,每年平均收视率上升 1 个百分点,就可以多增加 1 亿美元的收入。

20 世纪 90 年代以后,媒体还出现了新动向,媒体主动为广告商的销售需要"度身定制"专门内容:报纸的专版、电台的专业频道。媒体根据大广告商在不同阶段的销售目标和产品诉求,通过市场定位和研究来明确界定其目标消费者的人口特征,然后再通过恰当的内容来聚合最感兴趣的这一群人,有的放矢地出售给广告商①。

无论是媒体通过各种节目尽可能多地聚集受众,然后去寻找相应的广告商,还是主动为广告商度身定制节目去聚集受众,有一点是共同的,那就是把受众当作商品。正如加拿大的政治经济批判学者斯密塞所指出的:在后工业条件下,受众实际上已成为一种商品,大众媒介其实就是这种商品的生产者,而广告商是买主。坐在电视机前的观众、报纸的读者在阅看的同时正在承担把自身生产成商品的角色。媒介向广告商出售的也不是物质形态的空间,而是所谓的特殊商品——受众②。

在西方各国,大众传媒号称"第四势力",无论是政界还是商界,各行各业都不能无视传媒的力量。这并非媒体自身有什么了不起的权力,而是媒体背后庞大的受众,是舆论强大的影响力。西方号称是民主社会,民众的力量是任何政府不敢小视的,无论是政府主要官员上台、议会议员的当选,还是政府的重大举措,民众手中握有的选票具有最后的发言权。而且,西方各国的社会一般都是以中产阶级为基础的市民社会,这是一个与国家政权互为依存又互相对立的社会结构。中产阶级一般占全国人数的 60%~70%,他们的舆论力量构成了社会的主流意见,足以对政府造成强大的钳制力。西方各国的媒体并不依赖政府,它们的生存依赖以中产阶级为主的民众。所以,媒体宁愿得罪政府,也不敢对抗社会的主流意见。西方的大众传媒,尤其那些主流媒体总是顺应并力图代表、反映主流意见,并以此来获得它们对政府、大企业的影响力,从而构筑它们号称的"第四势力"。

综上所述,西方媒体以受众为中心,是西方各国政治制度、社会结构

---

① 参见陆晔:《出售听众》,载《新闻与传播研究》,2000 年第 1 期。
② 〔加〕文森特·莫斯可:《传播政治经济学》,华夏出版社 2000 年版,第 144 页。

和新闻媒体的基本性质使然。

第二节 受众研究的基本理论

理论反映并结合实践,新闻媒体以受众为中心引发理论界对受众的高度关切。1932年美国的政治学家拉斯韦尔(H. Lasswell)提出传播的四要素说,后来又扩展为五要素:谁——说什么——通过什么渠道——对谁——取得什么效果。

那时,媒介和受众还处于平等地位。到20世纪50年代,随着传播学的兴起,理论研究中的受众中心得以确立。半个多世纪以来,西方各国的学者对受众研究的专著、论文、案例车载斗量,难以尽数。他们在不同时代、不同区域,以不同学科背景、不同理论定式、不同角度对受众做了方方面面的探索,有着深厚的积累,但林林总总的理论、观点可以归结为"两大传统"、"三种途径"。

一、受众研究的两大传统

对受众的研究,西方学者大致可分为经验学派和批判学派。经验学派又称管理学派,以实证为主,强调量化调查;批判学派以思辨为主,注重质化的分析。在西方,经验学派的实证研究始终占据受众研究的主导。两大学派的区别可以表示如下:

表7-1 受众研究中的经验学派和批判学派比较

项目 类别	经 验 学 派	批 判 学 派
基本特点	受众的微观层面 个体受众的反应 即时的效应	受众的宏观层面 群体的反应 延时、潜移默化的效应
主要内容	媒介效果 传播的技巧、方式与受众的行为、认知、态度的内在关联	媒介的效果 审视传媒对受众的意义、对现代化的意义、对于社会的意义
关注重点	受众市场,中心是受众对媒体的接触率、送达率	透过受众,透视资本主义的政治、经济和意识形态

续表

项目\类别	经验学派	批判学派
基本立场	媒介中心论 媒介市场营销策略	受众中心论 政治性
对受众的态度	受众即消费者	受众首先是公民
方法	定量 实地调查	定性 理论阐述和演绎
作用	为广告商服务 为媒体改进业务提供参考	批判资本主义现存制度的一部分
学科背景	数理统计、调查方法 心理学、社会心理学	西方马克思主义等

现在对表 7-1 作些简略的说明和评议。

经验学派的研究是非常功利，也非常实用的。研究者的研究目的就是如何为媒介赢得更多的受众，为广告商赢得更多受众的更多注意，从而也为自己赢得更多的科研经费和报酬。因为实证学者的科研经费几乎都是媒体或大的广告商资助的，他们就要帮助广告商获得更好的广告效应，帮助媒体更好地策划节目并占有更大的市场份额。这样的研究目的决定了研究的旨趣。他们研究媒介的效果，虽然也涉及对受众心理的影响、对社会的后果，例如暴力片、动画片对儿童成长的影响等等，但重点是受众对媒体传播的即时反应，简单地说就是喜欢还是不欢喜，接受还是拒绝，进而也研究为什么会有如此反应，从而立即可以为广告商、为媒体策划提供依据。他们研究受众，仅仅把受众当作媒体产品的消费者，研究消费者的接受心理、欣赏习惯、新趋向等。实证研究的案例数不胜数，并且越做越精细，对于改进媒体的具体业务，更好适应、迎合受众的需求具有直接的决策意义。但越做越精细不时会走向其反面：越做越烦琐，堆砌一大堆数据而不能说明任何问题；迎合受众需求，会使节目收视率不断提高，但也不时会走向其反面：媚俗。

受众研究中的批判学派内部也是学派众多，观点繁杂。其中法兰克福学派 20 世纪 30 年代崛起于德国，40 年代大多数研究者移居美国，60 年代达到鼎盛时期。七八十年代政治经济学派享誉一时。文化研究学派形成于 60 年代，90 年代异军突起，成为批判学派中的"显学"。这些学派尽管研究旨趣有所不同,但其共同点是把媒介的受众首先看作是人,是国家公民,而非仅仅是消费者。批判学派不仅仅抨击私人占有媒体、资本控制媒体、大财团垄断媒体,获取大量垄断利润,更着重于揭露以大众传媒为核心的文化工业以其精心包装的资本主义意识形态渗透到每个人,剥夺公民的权利,扭曲人的本性,从而维护了资本主义的现有秩序。所以,这是与经验学派不同的宏观层面,他们在更宽泛的政治、经济、社会的视野下审视大众传媒,审视大众传播对人的意识的影响。其中,美国的马尔库塞在 1964 年出版的《单向度的人——发达工业社会的意识形态研究》①中指出,在资本主义发达国家,铺天盖地的文化产品使得灌输成为生活方式,批判意识消失,统治的思想已成为无所不在的力量,人已丧失了合理批判社会现实的能力,沉沦为"单向度的人"。德国的哈贝马斯在其《公共领域的结构转型》(1961 年初版,1990 年再版)②中指出,资本主义制度在其早期曾催生出一个公共空间——介于国家与社会之间的自由讨论领域,最初是各种沙龙,后来是报刊,公民可以自由讨论,发表不同见解,形成公共舆论。但国家和私人对传媒的控制导致公共领域的"再封建化",传媒的民主功能不断被削弱,社会的对话被管理起来,公众文化批判的大众变成文化消费的大众,于是导致公共领域的结构转型:从公共舆论转为传媒操纵。

进入 20 世纪 90 年代,西方学者对受众的研究出现了经验学派和批判学派相互融合、多元并列的呼声,代表作是 1996 年出版的《阅听人和它的图景》③,此书汇集 1990 年"走向综合、全面的阅听人理论"学会上的重要论文,在尊重受众、尊重文化的共同理念下,不同的受众研究学派携手登场,提出要跨学科、多视角、全面地研究受众。

二、受众研究的三种途径

受众研究的三种途径,也可以称为三个层次,是由英国学者丹尼斯·麦奎尔在《受众分析》④一书中综合前人对受众研究的各种方法提出来的。三种途径指的是结构途径、行为途径、文化途径(见表 7-2)。

---

① 〔美〕马尔库塞:《单向度的人》,重庆出版社 1993 年版。
② 〔德〕哈贝马斯:《公共领域的结构转型》,上海学林出版社 1999 年版。
③ Tames Hay and Lawrence Grossherg, Ellen Wartella Edited, *The Audience and It's Landscape*, Westview Press, 1996.
④ Denis McQuail, *Audience Analysis*, SAGE Publications, Inc., 1997.

表 7-2 受众研究的三种途径比较①

类别 项目	结构的	行为的	文化的
主要目标	描述构成 列举 与社会相关	解释和预测选择、反应、效果	理解所受内容的意义和文本使用的意义
主要数据	社会人口统计 媒介使用、时间使用情况	动机、选择行为、反应	对意义的领会,社会文化文本的解读
主要方法	调查和数理统计分析	调查 实验 心理测试	民族志学(人种论)定性分析

现在对表 7-2 作简略的说明和评议。

受众的结构研究多以社会学理论和统计方法为背景,根据受众的构成(年龄、文化程度、职业、收入、区域等等)和总人口的社会结构关系来分析受众,为媒介管理和经营提供可靠数据和预测。同时,结构研究也及时提供各种受众对节目、内容的反馈资料,了解媒介使用和社会条件之间的关系。

受众的行为研究以社会心理学为背景,研究受众使用媒体的动机、对媒体的态度和反应,尤其研究媒体的传播效果即媒体传播对个人的行为、意见、态度和价值观的影响。麦奎尔尖锐地指出②,典型的效果研究是单向渠道传播,受众是媒介的标的和靶子。

受众的文化研究以社会科学和人文科学为背景,强调媒介的使用是社会文化背景的反映。麦奎尔把文化研究的特征概括为六条。

(1) 对传媒文本的解读必须通过受众的感知,受众是通过所提供的传媒文本构建意义和寻求满足的。

(2) 传媒使用过程和它在特殊文本中展开这一过程的途径,是所关注的对象。

(3) 传媒使用是在特定情境下发生的,并且通过"阐释团体"的参与指向社会任务的完成。

(4) 各种类型的受众常常组成"阐释团体",通过它们分享共同的话语形式和构建传媒意义的框架。

(5) 受众从来都不是被动的,其成员也并不都一样,其中一些人比另

---

① Denis McQuail, *Audience Analysis*, SAGE Publications, Inc., 1997.
② Ibid.

一些人更有经验和更主动。

(6)方法必须是定性和深入的,常常是民族志学(人种论)的,统观考虑到内容、接受行为和文本情境。

以上特点中,除了(4)、(5)两点与"结构的"、"行为的"受众研究的某些理论有相通之处,其余都是"文化的"受众研究所独有的特点。

在文化研究中,最值得重视的是英国学者斯图亚特·霍尔1973年写成的《电视话语中的编码》一文提出的"编码/解码"模式。这个模式的基本内容是:电视作品制作者按其特定的立场、观念以及对作品的特定理解,运用各种符码完成作品(比如对题材的选择、对镜头的使用和画面的切割等等),即"编码",在此过程中,"意义"被注入电视作品的话语。但电视作品一旦完成,作品的符码变成一个开放的、多义的话语系统。观众接收到电视作品以后,就开始对作品的符码进行解码。观众不可能完全依照作者的意图来解读电视作品,不同的观众对同一作品(文本)有不同的理解。霍尔归纳为三种解码立场:第一种是"支配—霸权立场",即观众完全或基本按照支配的符码意义来解读;第二种是"协商立场",即编码者(作者)和解码者(观众)既有重合又有冲突;第三种是"对抗",观众根据自己的认知结构,对作品作出自己的判断和理解。观众的不同立场是基于他们不同的文化背景和认知结构,从这个意义上说,媒介仅仅生产节目,受众才生产意义;没有受众的参与,一切节目毫无"意义"可言。这就把受众的地位提到前所未有的高度,从过去的被动接受转变到主动参与。同时,受众的文化背景和认知结构对传播的重要意义也凸显出来。"编码/解码"被传播学界公认为受众研究的里程碑,"如果我们要寻找一个文化研究从利维斯左派、'悲观的'马克思主义、美国传媒模式及文化主义与结构主义脱颖而出的奠基时刻,那恐怕就是霍尔'电视话题的编码/解码'"①。

第三节 知晓权 接近权

知晓权,又称知情权、知的权利,是指公民拥有了解世界变动,尤其是

---

① 英国当代文化中心主任约翰·斯多雷语,转引自陆扬、王毅:《大众文化与传媒》,上海三联书店2000年版,第67页。

政府所作所为的权利。

接近权是指公民拥有在各种媒介上自由传播消息和发表意见的权利。

免知权是指公民拥有保护自己的隐私、拒绝公开的权利。

尽管西方各国的宪法没有明言,但知晓权、接近权、免知权是公民三项基本人权,是新闻自由的题中之义。新闻自由决非新闻媒体的特权,而是公民的权利。在民主社会中,公民必须有权获知公共事务,才能有效参与国家治理;只有公开表达自己的意见,才算真正参与国家治理。

然而,知晓权、接近权、免知权在西方各国资本主义制度建立之初,很少有人提起,只是近半个世纪以来,才日益引发人们的关注。这是因为一方面,世界越来越复杂、多元,公民所需要关注的公共事务也越来越多;另一方面,媒体越来越集中于少数大公司手中,早先的"意见自由市场"变成了"意见垄断市场"。媒体的多样化、内容的多样化并不必然带来思想、意见的多元化,有时恰恰相反,带来的是新闻的单一和意见的单一。同时,采访手段的日益先进,使公民的隐私权受到威胁。在1976年的国际人权会议通过的《德黑兰宣言》中就开宗明义地指出:"当近来的科学发现与技术进展为经济、社会和文化进步打开广阔前景时,这些发展却也可能危及个人权利和自由,并需要其持续不断地予以关注。"①

一、知晓权

知晓权的概念最早出现在1766年瑞典新闻法中,但首先使用知晓权(Right to Know)这一词的是20世纪40年代中期美国的库珀。

尽管19世纪以降,西方各国政府、国会、法院都逐步开放,允许记者采访报道和公民旁听,并逐渐形成传统,但也仅仅是传统或惯例,并没有法律保障。相反,各国议会制定了严格的保密法,例如美国议会通过《档案管理条例》,政府、国会官员、议员随时可以保密为由对重大消息说一句"无可奉告"而拒绝透露。1958年,美国国会通过了一个《消息自由法案》,对《档案管理条例》的使用作了限制,认为该条例"并未授权政府机构拒绝对公众提供消息或限制公众利用档案",尽管"消息自由"法案并未规定具体使用档案的方法,形同一纸空文,但毕竟是西方各国制定的第一个消息自由法案。1966年,国会又通过了《消息自由(或称情报公开)

---

① 转引自〔斯里兰卡〕C·G·威拉蔓特编:《人权与科学技术发展》,知识出版社1997年版,第3页。

法案》，规定公民有权申请使用政府的文件、记录、政策声明等档案材料。如申请遭到拒绝，可向法院起诉。但该法案还规定了九项例外，例如有特别命令保密的国防、外交材料等。于是，政府又钻了这个空子，将许多材料划入"例外"而拒绝公开。

真正在争取知晓权进程中具有里程碑意义的是美国"五角大楼案"。1971年6月13日，《纽约时报》公开发表五角大楼绝密级文件《美国的越南政策制定过程史》。当时，美国的越南战争正处于关键时刻，尼克松当即批示司法部长，要求《纽约时报》主动停止刊登。在遭拒绝以后，政府律师诉请纽约南区联邦地区法院颁发暂时禁令，该法院于6月15日发出了暂时禁止《纽约时报》继续刊登的命令。在双方相持不下的情况下，《纽约时报》和政府司法部双双上诉最高法院。最高法院于1971年6月30日以6票对3票作出判决，《纽约时报》胜诉，该文件可以继续刊登。最高法院判决的全部依据是美国宪法第一修正案，禁止政府对言论自由作事先限制，除非证明这种限制有充分正当理由。这个案例的判决为公民知晓权建立了直接的法律依据。

此后，美国国会又通过了1974年的《消息自由法案补充法案》和1976年的《阳光普照法案》(Government in the Sunshine Law)。这两个法案大大削减了一些例外规定，加快申请使用政府材料的进程，减低申请费用；还规定各级联邦政府拥有两名以上工作人员的部门会议应公开进行，允许公民旁听等等，这使公民的知晓权得以具体实施。当然，政府部门还是有许多空子可钻。但无论如何，《消息自由法案补充法案》和《阳光普照法案》是争取公民知晓权的重大胜利。

美国两大法案的实施，引发西方各国仿效，英、法、德、日等国都先后通过了类似的法案。

二、接近权

接近权的要领是1967年由美国学者T·A·巴隆在《哈佛大学法学评论》上发表的《接近媒介——一项新的第一修正案权利》一文中首先倡导的。1973年，巴隆在《为了谁的出版自由——论媒介接近权》一书中系统地阐述了媒介接近权这一概念。巴隆的基本观点是："美国宪法所规定的出版自由应当保护作为一般社会成员的受众的权利，而不是传媒企业的私有财产权；在传媒越来越集中于少数私人资本的现代，广大受众已经越来越被排斥在传媒之外，因而必须把第一修正案的权利归还给它的真正拥有者——读者、视听众。"巴隆的观点引起西方各国学者的关注和讨论。20世纪70年代,日本的新闻传播界以"大众传播媒介的自由不一定等于言论自由这一现代新闻事业和言论自由之间俨然存在的矛盾"展开讨论,其中,掘部政男的《接近权论》结合日本现实,对受众接近权作了全面论述,是当时具代表性的学术论文。

尽管在理论的探讨中,人人都承认公民拥有言论自由,即可以使用新闻媒介,可以自由地发表意见,但接近权的实行却远比知晓权的实施艰难得多。因为在西方各国,电台、电视台、报纸多属于私营,不可能作为公民自由交换意见的平台,况且,电台的时段有限,电视台的频道有限,报纸的版面有限。目前,西方国家一般流行的方法有两种:花钱刊登意见广告,允许有不同意见的人公开表达;有权反驳批评,即当媒体对个人、企业作公开批评报道时,被批评者一旦认为该批评失实或不公正,有权要求媒介给予同样时间或版面进行更正、反批评,一旦媒体拒绝,可以上诉法院予以支持。但这两项举措在实行时也不那么容易。花钱刊登意见广告,必须有足够的财力;而与媒体打官司,更没完没了,结果也难以预料。例如,1964年,传教士哈基斯通过宾夕法尼亚州"红狮"电台指责一位名叫库库的人,库库立即要求电台给予反驳时间。当电台拒绝以后,库库上告FCC,FCC支持库库的要求。电台为此上诉法院,哥伦比亚地方高等法院和联邦最高法院均作出支持FCC的判决。而1972年9月,佛罗里达州大报《迈阿密先驱报》公开指责州议员候选人托尼奥,托尼奥要求刊登反驳文章被拒绝。在联邦最高法院的最后判决中,托尼奥的要求被否决。

第四节 受众调查

受众调查是和媒体的商业化、竞争的不断加剧紧密相关的,尤其对于广播电视产业而言。

受众调查包含许多内容,主要有受众构成——这是人口统计意义上的调查,弄清在一定区域内受众的年龄、性别、职业、文化程度和收入情况,从而为媒体的受众定位、内容设计提供依据;受众的文化特征——弄清媒体和受众关系,包括受众接触媒体的频率、时间、习惯;效果调查——受众对媒体的反应。受众调查中最常见、最实用的是收听率、收视率、阅读率的调查,尤其是电视收视率的调查最受媒体、社会的重视。收视率所以受重视,因为它具有双重意义:电视台制定广告收费的标准和制定节目的依据。

"观众(听众、读者)是上帝"、"受众永远是第一位的",这些在媒体流传上百年的老话,在媒体商业化的今天,已经变味。在过去,媒体把受众放在第一位,多多少少在于社会责任。而现在,受众在媒体经营者的眼中基本上成了待价而沽的商品。商品的价值以数量和质量来衡量,收视率就是观众数量和质量的显示。在西方各国,电视广告的收费是按收视率的变动计算的。电视广告部先按预计的收视率收取一定数额的广告播放保证金,等到节目正式播出以后,按最终的收视率收取广告费,预付的保证金多退少补。比起固定收费制来,浮动收费制对电视收视率更敏感,对电视台收益更重要。

收视率和受众调查对于电视台的第二重意义在于它是改进业务、制定节目的依据。在这一点上,英国的 BBC 堪称西方广播电视界的楷模。从 1936 年开始,BBC 就开始了对国内听众的调查研究工作,除第二次世界大战的一枚炸弹曾使这项工作中断 10 天外,再没有间断过。从 1952 年开始,BBC 又增加了对电视观众收看电视情况的调查。负责受众调查的广播研究部,每天访问 1 000 人,搜集他们对节目的意见。BBC 还开办了一个专门让受众对节目表达意见的栏目《开放天地》,每天定时播出。还有一个《观众》栏目,综述一周听众、观众来信。1988 年开始,BBC 又创办《亲自看一看》栏目,邀请大量观众走上电视屏幕,由公司高级管理人员回答观众提出的各种问题。通过各种调查,BBC 不断改进节目。正如该公司总经理约翰·伯特斯指出的:"我们要认真听取受众意见,考虑受众的喜好。在制定自己的发展计划的同时也在改革之前进行受众调查是十分必要的。"① 前几年,BBC 拿出 20 万英镑做了一次"你在什么时间看新闻"的调查,并以此对电视新闻作了大幅改进。该公司在下午 5 点至 6 点创办了一个面向青少年的新闻专栏,以报道青少年感兴趣的新闻事件为主;下午 6 点的新闻节目增加国内新闻、地区新闻和社会新闻的报道量,使之更加贴近妇女观众;9 点新闻重在国际新闻,旨在吸引比较传统的男性观众;晚间 10:30 新闻重在新闻分析,面向受教育程度较高的男性观众。经过调整,BBC 各档新闻的收视率提高了 9%②。

收视率既然作为电视台向广告客户收取广告费的依据,那么,收视率

---

① 转引自郭蒙哲:《英国广播公司的受众意识》,载《世界广播电视参考》,2002 年第 7 期。
② 〔英〕高登·金:《英国电视新闻节目的探索和调整》,载《中国记者》,2002 年第 4 期。

的数据就必须公正,既不能由电视台说了算,也不能由广告客户说了算,而必须有一家双方都能接受的独立的调查机构,这样的调查机构必须声誉卓著、有权威性。在美国,名声最显赫的是阿比伦调查公司和尼尔森公司,两家公司均将其收视率调查统计出的数据卖给电视网、节目制作人、广告机构和广告商。其中尼尔森公司在全球最具影响,尼尔森公司几乎等同于收视率调查公司。尼尔森公司以5 000个家庭作为样本,将一个16毫米的小型记录仪附在每一样本家庭的电视机上,可以显示出电视机开关时间和所收频道,然后将信息传入中央电脑,可以保证迅速准确地统计到每天不断变化的数据。除记录仪外,尼尔森公司还采用日记法,公司拥有2 200家作为样本户的视听日记,每周有550户递交一份关于一周收视情况的详细报告,包括开机关机时间、收看的频道和节目。记录仪所测出的收视率数据称为"家庭数据",日记法测出的数据称为"个人数据"。目前,西方各国的电视台和广告商越来越看重"个人数据"。"家庭数据"基本上显示观众的数量,"个人数据"显示观众的质量。所以,广告商不仅仅想要知道有多少人在观看此档节目,还想知道谁在观看,这些人有没有购买力,是不是合适的消费群。例如,CBS有一档节目《明星旅行》,从未有过高收视率,但观众却是一批年轻而富有的白领,因此,这档节目靠广告一直可以播下去;相反,有几档收视率很高的节目,但只能吸引老年人和乡下人,没有广告商愿意做贴片广告,电视台只好忍痛割爱。

在西方各国都有一两家获得社会共同认可的权威性收视率调查机构,像英国的"电子仪器收视调查公司"、法国的最高视听委员会下设的收视调查公司等等,它们每周发布收视率调查报告,向订购者发送有关数据。

第八章　西方媒体的体制和运行模式

第一节　西方传媒业的政策演进与政府规制

除了立法机构所颁布的法律条文外,西方各国政府还通过立法机构所授予的权力颁布一系列的行政规定,对传媒业实施管制。

近一百年来,西方各国对传媒业的政府规制,一直围绕着自称代表国家利益的政府、大众、传媒业三者利益之间的博弈而展开。在不同时期,西方国家的传媒政策经历许多重大变革,但兼顾国家、公众、传媒三者利益的指导思想没有改变。政策的改变,是因为制定政策的动因改变;政策动因的改变是因为传媒业的生态环境(政治、社会、技术等环境)改变,考虑政策的侧重点改变了。

对传媒业的政府规制是基于这样的认识:19世纪是报业逐步走向辉煌的时期,20世纪30年代世界进入广播年代,60年代进入电视年代,90年代逐步进入互联网年代。大众传媒在整个社会进程中扮演越来越重要的角色,大众传媒对于社会的影响是其他任何机构都无法匹敌的,所以,大众传媒必须置于国家安全的控制之下,这是西方国家对传媒业的政府规制首先必须考虑的问题。其次,西方各国也考虑到传媒业具有双重属性。"媒体组织既是政治实体又是经济实体。它们能够——人们甚至希望它们——影响舆论、政府决策以及公民投票行为……与此同时,传媒组织能够在资本主义制度中长期存在,有赖于它们利润最大化以及成本最小化的能力。"[①]所以,传媒既是一个经济组织,也是一个社会组织,传媒

[①] 〔美〕菲利浦·纳波里:《基础原则和传播政策》,载《国际传媒政策新视野》,上海三联书店2005年版,第43页。

管理既与经济管理也与社会管理相关。鉴于这样的认识,西方各国政府在制定传媒政策时,在名义上有六个基本原则①。

(1) 新闻自由:这是西方各国宪法所规定的。

(2) 公共利益:传媒具有公共性,"公共利益至上"是西方各国政府在制定传媒政策时都必须强调的,即使传媒政策偏袒大的传媒集团,也必须以有利于"公共利益"为口号。

(3) 多样性:包括观点多样性(意见的自由市场)、表达方式多样性以及信息来源多样性。

(4) 竞争:竞争是多样性的前提,为确保竞争,反垄断是必须的。

(5) 普遍服务:普遍服务特别关注公平,公道地为所有公民提供信息、知识、娱乐等服务。同时,所有公民都有进入传媒市场的平等权利。

(6) 地方主义:传媒服务必须考虑到地方团体、社区的需要和利益,这包括地方广播电视许可证的发放。

无论是国家、社会、经济三者利益还是上述六大原则,不同时期在政策的制定或修正过程中,政府考虑的重心在不断转移。从历史发展过程看,西方各国的传媒政策经历了三个阶段②。

第一阶段:20世纪30年代前后,传播政策的萌生。

在整个19世纪,报业发展虽然蓬蓬勃勃,但西方各国政府几乎没有任何传媒政策可言。"有关报纸的政策除了不受审查制度干预,但受到本国法律制约外,就没有其他政策了。"③但到20世纪20年代,广播的兴起却迫使政府不得不进行干涉。

当时广播最发达的英美两国,尽管后来走上不同的广播体制,政府管制却基于对广播的共同认识:广播是稀缺资源。这里所谓的"稀缺",有两方面含义:一是指资源宝贵,广播所依赖的无线电技术是当时科技的巨大飞跃,对经济、军事的潜在意义难以估量;二是指资源有限,广播频率不像报纸那样可以任意使用。在20年代,广播业主(无论是正规的还是业余爱好者)可以任意设置频率,相互干扰,一片混乱,所以政府必须管起来,这就迫使政府制定传播政策。

20世纪30年代初,西方国家诞生了两种不同的广播体制:以英国

---

① 〔美〕菲利浦·纳波里:《基础原则和传播政策》,载《国际传媒政策新视野》,上海三联书店2005年版,第43页。

② 参见金冠军等主编:《国际传媒政策新视野》,上海三联书店2005年版。

③ 简·冯·唐伦伯格、丹尼斯·麦奎尔:《媒体政策范式:论一个新的传播政策范式》,载《国际传媒政策新视野》,上海三联书店2005年版,第15页。

BBC 为代表的公共广播制度和以美国为代表的私营广播制度。两种制度的所有制形式和运营模式不同,但政府的传播政策却有一个共同点,即广播是国家的战略性资源。传播要服从国家利益需要,必须置于政府的严格管制之下,在此前提下,要实现"普济原则",即为所有公众提供公正、平等的服务。

第二阶段:1934—1980 年,托管模式。

托管模式的出现以 1934 年美国国会通过的《1934 年通信法》为标志。此法保证了广播业将不会由政府运作,但也确认了广播为公共资源,必须以公共利益为最高原则,为此,需要受到政府监管。所谓"托管模式",就是政府以许可证发放为手段,委托广播机构以公共利益为准绳代理使用无线电频道资源。广播运营商只有保持良好的服务并不断改进,才能给该机构颁发执照。

与上个阶段不同,在托管模式下,FCC 有权干预广播内容,"使政府在传播市场上以社会目的为由的干预合法化"①。这种管制主要有两方面:一是结构管制,严格限制每个个体所拥有的电台以及后来电视台的数量,以此来确保信息来源的多样性和节目多样性。1953 年,FCC 制定了一个"7-7-7"规章,任何所有者最高只可拥有 7 个调幅(AM)、7 个调频(FM)以及 7 个全国范围的电视台(后来扩张到 12 个电视台)。还有一个"双头垄断法",在一个城市内,任何运营商不得同时拥有电台、电视台;电台运营商不得同时拥有调频、调幅。这俗称"一市一台"法。二是内容管制。FCC 制定了一个"公正原则",规定电台、电视台每次提供一定时间播放严肃的时政新闻;要求在有争议的时政问题上,给争论各方以平等表达的机会;要求每天给不同年龄段的少年儿童提供健康的少儿节目等等,其目的就是确保公众的知情权和自由表达权。

第三阶段:20 世纪 80 年代以后,市场模式。

"市场模式"的正式形成是 1996 年美国国会通过的《1996 年电信法》,但在 80 年代以后,市场模式就开始兴起,这就是西方 80 年代兴起的传媒业私有化、商业化浪潮。而 80 年代,美国的 FCC 逐步放松管制,并于 1987 年正式放弃"公正原则"。到《1996 年电信法》正式颁布,正式宣告西方国家从过去的托管模式转向市场模式。正如《1996 年电信法》序言中指出的:"推动竞争、放松管制,以保证为美国电信消费者提供更低的价

---

① 简·冯·唐伦伯格、丹尼斯·麦奎尔:《媒体政策范式:论一个新的传播政策范式》,载《国际传媒政策新视野》,上海三联书店 2005 年版,第 25 页。

格和更高品质的服务,同时也鼓励新兴电信技术的加速运用。"显然,在市场模式中,运营商成为市场参与者,而不是公众托管的对象,是市场力量而不是联邦通信委员会对节目服务的评价来决定广播中公众的利益所在①。

伴随市场模式而出现的集中化、私有化、商业化、全球化浪潮,西方传媒业无论业界还是学界评价不一。相对来说,那些大公司普遍叫好,因为它们多年来的美梦终于成真。而学者持反对意见较多,因为媒体高度集中,危及新闻来源、内容和意见的多样性,动摇了西方民主制度。

第二节 媒体的三种所有制

从单一媒体来说,西方各国的媒体有三种所有制形式:私营的、公营的、国营的。就报纸、杂志来说,除极少数政党办的报刊外,西方所有报刊都是私营的;而广播电视则比较复杂,私营的、公营的、国营的都有。

一、私营媒体的基本特点

1. 独立

私营媒体都是个人投资的,所以,它们在经济上是独立的,在政治上也是独立的。不管私营媒体在暗中和政府、财团有什么默契、交易,至少它们在名义上不依附于政府、政党,也不依附于财团。尤其是西方一些大报,像美国的《纽约时报》、《华盛顿邮报》,德国著名的施普林格集团旗下的《图片报》、《世界报》等都是世代相传的家族报业,都有其独立的办报立场。这批私营媒体对政府的一些重大政策、决策采取独立的立场,往往能发表深刻、精辟的独到见解,从而对社会、对政府决策产生影响。

2. 以营利为目的

所有私营者都追求利润,不盈利就不必办媒体,也无法办下去。尤其是那些上市媒体公司,每季度、每年都必须交出财务报表向社会公布,对股东交代。一旦媒体不能盈利,股票价格就会下降,媒体的财产就会大幅

---

① 〔美〕贝德纳斯基:《从多样到同一》,载《国际传媒政策新视野》,上海三联书店2005年版,第313页。

缩水,其社会影响力也随之下降。所以,私营媒体都承受着巨大的盈利压力。

广告收入是所有私营媒体的主要财源。要盈利就要争取广告客户,那些大的广告客户即大企业、大银行在相当程度上制约着传媒的成败命运,因此,传媒必须倾向、迎合甚至自觉地代表那些大企业、大银行的利益。

当然,私营媒体和广告客户的关系也要作具体分析。有些大媒体,因为广告来源多样,能够顶得住一些广告客户的无理干预和无理要求,而中、小媒体抗击广告客户尤其大公司压力的能力相对较弱。

在私营媒体中,有一大批是商业化的媒体,它们的全部目的和终极目的是盈利,它们会不择手段地追求利润,自觉地去迎合、满足广告客户的要求,只要不违法。然而,在私营媒体中也有一批政企合一型媒体——既追求利润又追求社会影响,这批媒体往往有良好的信誉,有一定的社会影响力,所以,它们会在追求利润和保持良好的社会形象之间寻求平衡。

3. 把发行量、收听率、收视率作为媒体的生命线

要争取广告客户,媒体必须有相当的收视率、发行量、收听率;收视率越高,广告客户越多,广告收费也越高。所以,收视率是商业电视台所有节目的第一生命。比如美国一年一度的超级杯橄榄球比赛,到2000年每30秒的广告费高达190万美元,且条件苛刻,但仍旧应者如云。原因就在于该节目收视率高,全美估计有50%左右的家庭收看,全球有15亿人收看,奇货可居。

报纸、电台同样如此。像美国《洛杉矶时报》从20世纪90年代中期开始,把市场营销原则贯彻到每一个版面,编辑、记者、广告部三方组成每个版面的"战斗小组",一起策划版面内容。不管品位高低,凡读者叫好的版面才有生存权,从而使《洛杉矶时报》从一张严肃高雅大报沦为通俗小报。

4. 市场竞争激烈,使节目既丰富多彩又有媚俗倾向

私营媒体为追逐受众进行激烈的竞争,内容得不断创新,设备需不断更新,从而使节目丰富多彩,争奇斗艳,其中也不乏经典之作。在新千年到来之时,美国六家大的电视台都派遣记者奔赴世界各地,从报道千禧岛吉里巴斯全球新千年第一缕曙光开始,连续25小时,逐一现场播出全世界各个国家和主要大都市进入新千年时的欢庆活动,场面壮阔,异彩纷呈,没有雄厚的财力和高技术难以做到这些。但激烈的竞争也会导致媒体品位下降,出现传媒媚俗倾向、娱乐化泛滥就是市场竞争的结果。

二、公营媒体的基本特点

公营媒体分布在电台、电视台,在 80 年代以前,西欧 20 多个国家除卢森堡、英国外,在电视业占主导地位的是单一的公营电视台,英国的 BBC 是其典型代表。公营媒体具有以下特点。

1. 相对独立的管理机构

公营媒体既不属于私人,也不属于政府,而属于全体公民,公营台的管理机构或由政府首脑提名、议会批准,或由原先的管理机构提名经议会批准。但公营台的管理机构一经成立,就独立运转,不受政府的领导或控制,从电视台的办台方针到财政预决算、节目制作和播出,都由管理机构最终决定。

2. 以视听费作为主要收入

以每台电视机为收费基准,一般每季度或每半年收费一次。费率各国不同,公共台视听费全年收入占全台收入的比例各国也不尽相同,其中英国、日本为 90% 以上,法国、德国占 70% 左右,新西兰作为全部收入来源。

收费一般由政府的邮政部门代理,然后全额交付给电视管理部门。正因为公营台依靠视听费,所以电视节目基本上不播放广告。这样一来,公众真正成了电视台的衣食父母,电视台直接对公众负责,不受广告商的干涉,也不受政府的控制。

3. 公营台是半官方的

虽然公营台名义上不受政府的控制、领导,但它和政府有着剪不断、理还乱的紧密关系。从传统上看,公营台都天然倾向于政府,宣传政府的施政纲领,维护政府的形象,虽然在某些问题上会抨击政府,但也是"小骂大帮忙"。所以,民间多把公营台当做半官方的机构,只是程度不同而已。比如日本 NHK 的电视网始终紧跟政府,而英国 BBC 对政府的独立性要鲜明一些。

4. 公营台把观众当做"公民"而非"消费者"

从这点出发,电视业对社会政治文化发展的追求高于商业利益,维护西方民主制度、保障公众利益高于对收视率的追求。所谓公众利益包含以下原则:独立、平等、全面、多元、不迎合等[1]。在电视台的节目安排方

---

[1] 参见〔加〕赵月枝:《公众利益、民主与欧美广播电视的市场化》,载《新闻与传播研究》,1998 年第 2 期。

面,公营台都侧重于时政和社会教育节目,尤其重视新闻;娱乐节目也比较健康,寓教于乐。

5. 缺乏活力

相对于商业运作的电视台,公营台的节目一般都比较严肃、凝重,由于缺乏竞争,节目更新慢,缺乏活力,且众口难调,各种不同的甚至冲突的意见、要求令电视台不知所措。

三、国营媒体的基本特点

在当代西方各国,所有对外广播都是国营的,由政府直接管理,如"美国之音"(VOA)。除此之外,美国的公共电视网(PBS)也是属于国营的。国营台的基本特点是:

(1) 电视台的所有权完全属于国有。除了政府投资以外,其他任何部门,无论是国营企业还是私营企业,都不得在电视台投资或参股。

(2) 电视台是政府的宣传机构,电视台的主要领导人是由政府任命的;电视台的宣传报道方针必须和政府的施政纲领保持一致并经政府批准。

(3) 电视台义不容辞地承担着宣传政府的重大理论、方针、政策的职责。在此前提下,要尽量满足观众对信息和娱乐等的需求。

(4) 电视台的经费多由政府直接拨款,保证电视台的正常运作,同时也接受团体、个人的赞助,很少或基本上不播放广告。

第三节 媒体的三种运行模式

一、以美国为代表的私营媒介为主体的完全商业化运作模式

美国的媒体基本上都是私营的,除公共电视网(PBS)和公共广播电台网(NPR)外。PBS 成立于 1967 年,由国会立案批准成立,其目的是和美国三大电视网展开竞争,不是为了广告,而是让观众听到另一种声音。PBS 目前拥有 348 家成员台,在文化领域确立了自己地位,它的新闻节目《麦克尼尔/莱勒新闻节目》、教育节目《芝麻街》曾广受好评。但无论 PBS

怎么努力,都无法撼动私营媒体在全国受众市场上的主体、主导地位。

美国媒体的商业化运作,广告是主要收入,但并非是全部收入来源。报纸的收入是发行和广告两大块,其中发行占40%左右,广告占60%左右。而电视的收入可分为四大块:广告收入、有线电视付费收入、出售节目收入、电视购物收入。收入来源的多样化,大大减轻了电视的市场竞争压力,从而使一批优秀频道能脱颖而出。

二、以西欧、日本为代表的公私兼顾的双轨制运作模式

经过近20年的变革,西欧和日本正式确立了公私兼顾的双轨制体制。公营台按原先的模式继续运作,私营台则以美国私营模式进行商业化运作。从目前情况看,公营台和私营台的实力不相上下,而且都是大的电视公司之间的垄断竞争。

欧洲各国和日本允许甚至鼓励私营电视台的创办,但又同时继续保留、保护公营台,有其深刻的政治、经济、文化上的考虑。

(1)在政治上,旨在防止极少数人或少数集团垄断、控制全国舆论。公私并存的双轨制有助于保持政治上的多元化,保护西方的民主制度。

(2)在经济上,公私并存,相互竞争,但"分灶吃饭",从不同渠道获得收益,避免在有限的广告市场上恶性竞争,自相残杀。

(3)在文化上,旨在保护传承本民族文化传统,尤其是公营台的存在,对保护本民族文化,避免外来文化、低俗的商业文化冲击具有重要作用。

实施双轨制,其初衷是把竞争机制引入电视业:一方面大大丰富电视节目,满足各层次观众的不同需求,比如公营台多以严肃的时政节目为主,格调高雅,私营台多以娱乐节目为主,内容通俗;另一方面,又对政治、本国文化以及电视业不造成伤害。从十余年的实践看,这个目的基本上达到了,可以说西欧的电视业体制改革是成功的。依照麦奎尔的观点,这个体制在欧洲将长期保持[1]。

但不能忽视的是,双轨制导致新的问题不断出现,麻烦也不少。其中最突出的有两个:一是私营台的商业化操作促使电视台出现娱乐化倾向,这种娱乐化倾向又"引狼入室",让美国的电视片尤其是好莱坞的电视连续剧充塞西欧电视台。因为私营台必须寻找价廉物美的电视片填充它

---

[1] Denis McQuail, *Media Policy*, SAGE Publications,1998, p.218, 108, 109, 110.

们的播出时间,相比而言,美国的电视剧更适合这种需求。二是公营台在与私营台的竞争中渐处下风。虽然各国政府、议会采取了不少措施扶持公营台,但公营台的观众流失、收入下降已是不争的事实。目前虽然还没有达到危险的地步,但欧洲的不少新闻学者都担心,长此以往,公营台的处境不妙。

三、以中国为代表的完全国有的有限商业化运作模式

为了以全球的视角观察、了解、比较当今世界的媒体运行模式,我们把中国的模式列于此分析。

从20世纪90年代开始,中国新闻界重新界定传媒具有双重属性,即既属于上层建筑又属于信息产业,从而确定传媒"事业性质、企业化管理"的运作模式,开始了传媒在经营上的商业化运作。

完全国有的有限商业化运作是在一定的控制范围内进行的。

(1) 节目的制作和播出只能部分而不能完全按市场需求来执行。传媒首先必须完成党和政府所赋予的宣传任务,而且所有节目都在不能违背党和政府的方针政策的前提下才能考虑满足观众的信息、娱乐等方面的需要。

(2) 各家传媒之间有着激烈的竞争,也有"优胜劣败"的现象,但迄今还未出现"优胜劣汰"的现象。所谓"优胜劣败"仅指传媒收益,经营得好的传媒收益较好,那么职工收入和福利较好,设备更新较快;那些比较差的传媒收益就较差,但无需担心传媒会关闭或被其他台兼并。传媒作为一级党和政府的宣传机构,在经费上实在入不敷出时,地方政府会以财政拨款来扶持。

(3) 由于上述两方面的条件,各传媒非常看重节目的收视率,因为这和广告收入紧紧相连,但并非像美国电视台那样以收视率为评判节目的唯一标准。中国传媒强调"社会效益第一,经济效益第二",所以,中国的电视节目必须在保证具有良好的社会效益的前提下,才能考虑节目的收视率。当然,这个"社会效益"是个相当模糊的指标,不同节目有不同的要求。

倡导有限商业化运作模式的初衷就是把市场的竞争机制引入传媒,在确保传媒国有制、确保传媒宣传好党和政府方针政策的前提下,增加传媒的活力,丰富节目内容,满足观众的需求,减轻国家的财政支出,增加传媒的收入,快速壮大传媒。从10年的实践看,基本上达到了

原先的构想。中国传媒的年广告收入从 1992 年的 21 亿元增加到 2001 年的 313 亿元。

但新的运作模式也带来新的问题。以电视业为例,电视业"散、乱"现象突出。由于电视台可以成为营利的机构,全国出现争办电视台的热潮,且只生不灭,越办越多,目前全国共有广播电台 257 个,电视台 277 个①,而且很多是重复建设,盲目上马,造成巨大的资源浪费,80% 以上的小型台节目粗制滥造;人员鱼龙混杂;为了增加收入,硬拉赞助,强登广告,对社会、对经济发展都造成负面效果;电视节目的制作、播出也出现程度不同的媚俗、庸俗化倾向。这些都是亟待改进的。

第四节 媒体的管理和业务运行机构

一、新闻媒介的决策、领导和监督机构

世界各国的新闻媒介分属三种所有制,由于所有制形式不同,内部管理模式也不同。一般地说,私营的新闻媒介属于董事会领导制;公营的新闻媒介属于社会化领导制;国有的新闻媒介属于政府领导制。

1. 董事会领导制

其决策、领导、监督结构如图 8-1 所示。

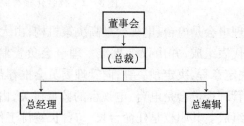

图 8-1 董事会领导制

比较大的私营新闻媒介多采取股份制。名义上,股东大会是最高决策机构,但实际上分散的小股民对新闻媒介并无实际影响力,真正的决策机构是董事会。

---

① 《发展繁荣超越创新——30 年中国传媒嬗变之路》,央视网,2009 年 10 月 9 日。

董事会任命媒介的实际主持人(在大多数情况下就是董事长),决定总经理、总编辑人选;决定新闻媒介的办报(台)方针;决定新闻媒介的预决算和财务分配。同时,董事会也是监督机构,监督媒介的运行,并根据实际情况,不断调整人选和经营方针。

主持人,在报界又称发行人,实际领导媒介的日常运作,对外代表新闻媒介,向董事会提名总经理、总编辑人选;直接任命经理部、编辑部的主要业务干部;决定经营和编务上的重大问题。

总经理:主管媒介的经营。

总编辑:主管媒介的编辑业务。

在西方各国,由于私营新闻媒介以营利为主要目的,广告和其他经营活动是其收入的全部来源,所以,总经理的地位比总编辑更重要。

在这种模式中,董事会作为最高决策机关,虽然也投票表决各种议案,但董事会成员是以股份数量来推举的,所以,实际上就是谁最有钱谁就拥有最大的权力。

2. 社会化领导制

其决策、领导、监督结构以德国广播联盟为代表,如图8-2所示。

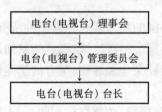

图8-2 社会化领导制

理事会是电台、电视台最高决策机构,由大的民间团体和议会中各政党的代表组成,并由议会批准。理事会负责制定电台、电视台的基本原则,决定章程,决定预决算,向管理委员会推荐台长人选。

管理委员会是电台、电视台的监督机关,由社会知名人士、专家、技术人员组成。其职权是任命台长、与台长签订工作合同;审查年度预决算和年度工作报告并送理事会审查;监督电台、电视台的节目内容。

台长是整个电台、电视台业务工作的责任领导,对外则全权代表电台、电视台。

社会化领导制的最大特点是,作为最高决策机关的理事会要吸纳各党、各派、各利益集团的代表参加,使其具有广泛的代表性;同时,尽可能不让政府涉足电台、电视台的日常运作。

3. 政府领导制

这种模式的结构如图8-3所示。

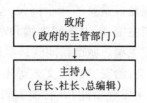

图8-3 政府领导制

政府通过其主管部门,任命报纸、电台、电视台的主要领导;决定新闻媒介的方针,负责财政拨款。而台长、社长或总编辑负责媒介的日常运作。

二、新闻媒介的业务运行机构

不同所有制的媒介在决策、领导机构的设置上有不同的模式,但在新闻媒介内部的业务机构设置却是大同小异。业务机构设置的基本要求是:机构精简,人员精干;分层授权,权责合一;分工明确,反应神速。

1. 报纸的业务机构

图8-4是美国报纸具有代表性的内部机构设置。

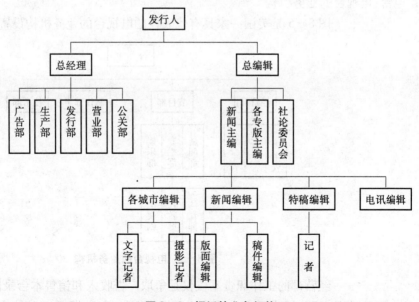

图8-4 报纸的业务机构

在这张图里,总经理下面的各个部比较清楚,无需解释,而总编辑下面的各部较复杂。

新闻主编是最紧要的一个岗位,全面负责各种类型的新闻。大报还分为国际新闻主编、国内新闻主编和本地(城市)新闻主编;小报则不分,改为各个版面主编。城市新闻就是本地新闻,城市编辑分为若干个小组,负责体育、社会、治安、教育、文艺等不同领域的新闻,城市编辑基本上负责动态新闻(突发性新闻)。特稿编辑则专门负责解释性新闻、调查性新闻和特稿,这些稿件一般篇幅较长。电讯编辑则负责通讯社、特稿社(辛迪加)以及本报驻各地记者发来的电讯稿。所有这些稿件最后交新闻编辑,改写、加标题、配照片,编入版面。

专版主编。美国报纸一般日出 40 版以上,除了广告、新闻、社论外,就依靠各专版来填满版面。专版五花八门,以家庭生活、时尚、娱乐为主。中等报纸一般都有 50 个左右专版,每周轮流出一次至三次。

社论委员会。负责编写读者来信和本报社论。大报一般每天两大版,一版为本报社论,每版 5 篇至 7 篇,就国际、国内、本地事件发表言论;另一版为读者来信,一般有 20 篇左右。小报则每天出一整版。

美国报社这一机构的基本特点是:总编领导各版主编,主编领导各编辑,编辑领导记者。报社内纪律严明,记者必须听从编辑的工作分配和指示,下级必须听从上级,否则就可能被解雇。

2. 电台、电视台的业务机构

图 8-5 是美国一家具有代表性的电视台的业务机构设置。

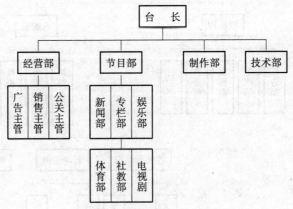

图 8-5 电视台的业务机构

经营部的工作职责不仅仅是争取广告收入和销售本台录制的电视剧产品,还包括购买一些活动的现场实况转播权,像重要的体育比赛、精彩的文艺演出、盛大的庆祝纪念活动等。

节目部负责所有节目的制作和购买,保证每天的新闻和名牌专栏节目的播出。电视剧基本上是向制作公司购买的。

制作部不仅仅负责每天播出节目的最后合成,还制定每周的播出计划。由于各电视台彼此竞争,节目的播出安排非常重要。制作部必须知己知彼、独具匠心、扬长避短,才能争取更多的观众。

技术部负责整个节目准时、清晰的播出。

第九章 新闻自由和新闻控制

第一节 新闻自由——现代化国家的基本标志

列宁在综览近代世界史时曾精辟地指出:"'出版自由'这个口号,从中世纪末直到19世纪,在全世界成了伟大的口号。为什么呢?因为它反映了资产阶级的进步性,即反映了资产阶级反对僧侣、国王、封建主和地主的斗争。"[①]争取新闻自由的斗争不但代表了资产阶级的利益,也反映了全人类的利益,是人类争取社会进步的一个里程碑。在18、19世纪,一切新生的资产阶级政权都以不同的方式宣布公民拥有新闻自由。而在20世纪挣脱殖民统治而独立的新兴国家,也都不约而同地在其宪法中规定公民拥有新闻自由。到1948年,联合国宪章明确规定出版自由、言论自由是各国公民的基本权利。新闻自由成为世界各国现代化的一个基本标志。

为什么新闻自由成为当代世界现代化的一个基本标志呢?

新闻自由是公民的基本权利,从这个意义上说新闻自由是目的。弥尔顿在《论出版自由》中提出:言论出版自由"是一切自由中最重要的自由","这自由则是一切伟大智慧的乳母"[②]。这一思想不但在西方各国被视为新闻自由的圭臬,也得到世界其他国家的尊重。近现代许多思想家、政治家都以近似的语言重申这一见解。无产阶级的革命导师马克思、恩格斯从每个人的自由发展是一切自由发展的前提这个原理出发,把发表意见的自由视为人类解放的重要标志,没有出版自由,其他一切自由都成

[①] 《列宁全集》第32卷,人民出版社1990年版,第492页。
[②] 〔英〕约翰·弥尔顿:《论出版自由》,商务印书馆1958年版,第44—45页。

为泡影,"认为自由就是为所欲为因而完全沉浸在中世纪野蛮境地的国家,要是不和当时已经走在前面的精神发生冲突,那是不可能的"①。新闻自由是确保公民的知晓权,进而参与国家、地区公共事务的前提,是任何国家民主政治建设的前提。公众参与国家、地区公共事务的程度是民主政治的象征,在法律的框架范围内,如果公众不能从公开的渠道公平地获得充分的信息,如果公众不能无所顾忌地公开表达自己的意愿,那么参与国家、地区的公共事务就成为一句空话,民主政治建设也失去了公众的基础。

第二节 新闻自由与其他社会权利的平衡

任何自由都是相对的、有条件的,世界上没有绝对的新闻自由,那些资产阶级革命的启蒙思想家在猛烈抨击封建专制制度、竭力鼓吹新闻自由的时候,就明确地指出:"自由是做法律许可的一切事情的权利,如果一个公民能够做法律所禁止的事情,他就不再有自由了,因为其他的人也同样会有这个权利。"②孟德斯鸠这席话两百年来被无数人、无数次地引用。这席话明确地指出自由是法律赋予公民的一项权利,但法律还赋予公民其他权利;当公民超越法律而滥用自由、侵犯公民其他权利的时候,自由也被取消了。所以,自由也是有限度的,是必须被管制的。新闻自由同样如此,西方各国的法律都强调公民新闻自由权和其他权利的平衡。在这项平衡中,以下三项原则是西方许多国家都高度重视的。

一、新闻自由与司法独立的原则

新闻自由与司法独立是西方政权中的两项不可或缺的基本价值,是识别真正的自由民主社会和其他社会的标准③。它们共同维护着社会公正、社会秩序,但在具体的实践中,两者又往往处于一种博弈甚至公开的对立之中。不管出于什么样的目的或动机,媒体总力图将司法纳入新闻报道之内,置于舆论监督的范围之内,力图清除司法腐败。而为确保公正

---

① 《马克思恩格斯全集》第 1 卷,人民出版社 1956 年版,第 35、37 页。
② 〔法〕孟德斯鸠:《论法的精神》(上册),张雁深译,商务印书馆 1961 年版,第 154 页。
③ 卡特等:《大众传播法概要》,黄列译,中国社会科学出版社 1997 年版,第 4 页。

审判,司法必须保持其独立性,不管外界的压力和影响。"法官在做出裁判(如决定被告有罪或无罪)时,应该处于公正无偏的立场,不得受到法庭外的力量或信息或审判中未予承认的证据的影响。"①

二、"明显和即刻危险"的标准

这一标准是由美国大法官霍尔斯在1919年提出的。"在通常时期的许多场合,被告具有宪法权利……但每一项行为的特征,取决于它在做出的情形。即使对自由言论最严格的保护,也不会保护一个人在剧院谎报火灾而造成一场恐怖。"据此,当公民"所使用的言词在特定的情形下,其性质足以产生明显而即刻的危险,将带来国会有权阻止的极大恶果时,可以允许惩罚言论表达"②。

明显且即刻危险原则主要解决新闻自由和公共利益之间的矛盾,即新闻自由不得危及公共利益。当然,明显且即刻危险原则没有量化标准,有其模糊不清之处,实际运用仍取决于法官个人的主观判断。

三、逐案权衡原则

这是处理在诸种利益发生冲突时法院应遵守的原则,亦称"利益衡量法"。当新闻自由和公民其他权利发生冲突,法官应比较新闻自由与其他利益之轻重缓急,判断保护或压抑所造成的不同后果。这一原则主要解决新闻自由与公民其他私人利益之间的矛盾,其目的是保护多数人利益,保护除新闻自由之外公民的其他权利(比如隐私权、名誉权等)。

这一切都说明,"新闻自由在社会权利配置系统中应与其他一系列权利形成一种相互制衡、均衡发展的形态"③。

新闻自由是任何市场经济的必需条件。新闻自由就其本质来讲,就是信息的自由流动,是信息公开、公平、公正的传播,从而为一个国家、一个地区资源的优化配置提供信息保证。信息的公开、公平、公正传播是市场经济的基本法则——公开、公平、公正竞争——的前提。

新闻自由是一种权利。谁拥有新闻自由权?有一种误解,以为新闻媒介才拥有新闻自由权。实质上,新闻自由权属于人民所有。世界上任

---

① 张克铭:《传媒与司法的关系——从制度原理分析》,载《中外法学》,2000年第1期。
② Wayne Overbeck, *Major Principles of Media Law*, Harcourt Brace Cooege Publicshers, 1997, pp. 46-47.
③ 刘莘、金石:《政府对新闻自由管制标准性管窥》,载《行政法学研究》,2004年第3期。

何宪法或具有宪法效力的宣言(例如法国的《人权宣言》)都明白无误地载明,唯有公民才拥有新闻自由(出版自由、言论自由)的权利。

那么新闻媒介和公民的新闻自由权是什么关系?有些人以为新闻媒介是代表人民行使新闻自由权,这也是一种误解。各国宪法所规定的公民的新闻自由权是不可转让的,人民从来没有也不可能委托任何机构来行使新闻自由权。当然,无论从历史上看还是从现实看,争取新闻自由最努力的却是新闻媒介,而且,在现实生活中努力实践新闻自由权的也是新闻媒介。原因何在?如果用一句话来概括,那就是新闻媒介为了生存、发展。新闻媒介是向公众提供他们所需要的信息和意见的专业机构,并以此作为新闻媒介的生存条件,一旦新闻媒介不能满足公众的信息需求,那么它们就无法存在。西方经济学的鼻祖亚当·斯密曾经说过,保证我们的营养不是面包师的仁爱,而是他个人对利润的追求。为了满足公众对各种信息的需求,新闻媒介就必须拥有一定的新闻自由即出版权、采访权、发表权,对于新闻媒介来说,新闻自由就像空气、水、阳光对人一样的重要。在这个意义上,新闻媒介争取新闻自由的努力代表了人民的欲望和要求。

当然,新闻媒介一旦获得新闻自由权,能否满足公众对信息的需求,那就另当别论了。事实上,有不少新闻媒介阻碍了大众行使新闻自由的权利。在当今西方各国,新闻媒介已形成一种垄断局面,一批巨型媒介集团垄断了各国新闻市场,旁人难以插足。尽管西方各国宪法都明确规定每个公民有出版自由,不论穷人富人、小公司大公司都可以平等地出版报刊,可以申请创办广播、电视。但是,面对那些拥有几百亿美元甚至几千亿美元资产的媒介巨人,那些只有几千美元、几万美元小资本的个人或小公司怎么可能与之竞争呢?所以,出版自由对于绝大多数人来说,只不过是纸面上的权利。

在现代社会,公众深深地依赖着新闻媒体,而新闻媒体却常常有意或无意地掩盖、歪曲事实真相,误导受众,侵犯受众的知晓权,侵犯公众的名誉和隐私权等。为了保护公众的各种权利,也为了保护国家利益,就必须对新闻媒介实行有效的社会控制。

第三节 新闻法规

对新闻媒介的社会控制有四种正规的途径。第一种是司法控制的途径,即国家以法律来监控新闻媒介;第二种是行政控制,行政部门以各种规定、税收来控制新闻媒介;第三种是资本控制,即大公司垄断媒介市场,使新来者难以进入;第四种是媒介的自律。

世界上大多数国家对本国新闻媒介的管理采取法律形式,新闻法规(以立法形式通过的法律条文和行政颁布的规定、规则)是国家实施管理的主要依据。世界各国的新闻法规有三种形式:一是以立法形式正式颁布的《新闻法》,欧洲大多数国家都采取此种方式。其特点是法院审理案件只能依据和服从《新闻法》。二是以最高法院和上级法院的判例标准审理新闻案件,即判例法,而没有成文的《新闻法》,这在英国、美国、加拿大、澳大利亚、新西兰等国家通用。三是有些国家并没有单独成文的《新闻法》,而把新闻法规的有关条款写入《宪法》、《民法》、《刑法》以及其他的专用法律条款中,例如《少年法》、《保密法》等等,在日本、新加坡、印度等国采用,中国目前也是如此。

无论采取哪种形式,新闻法规所要处理的一个核心问题是保护新闻自由,同时必须防止滥用新闻自由,从而在确保国家利益、公众利益不受侵害的前提下,鼓励新闻媒介满足公众需要,促进国家发展。

国家以立法的形式保护新闻自由,这是资产阶级在和封建专制作斗争并取得胜利以后的一个伟大成果。尽管不同社会制度、不同民族对新闻自由赋予了不同的具体含义,但新闻自由总是任何现代国家的一个基本标志,保护新闻自由总是现代国家宪法的一个基本条文。在世界各国,新闻法规包括以下一些基本内容。

一、知晓权和消息自由法案

关于这一部分内容,本书第七章第三节中已有所涉及,这里再作一提及。

知晓权即公民拥有知的权利,本来是新闻自由应有的题中之义,但真正提出"知"的权利不过是近40年的事,因为政府的保密制度在很大程度上妨碍了新闻采访。号称新闻自由程度最高的美国就有两条法律实施保密。一是1789年的档案管理条例,规定政府机构的负责人有权决定本部门文件的管理、使用和典藏办法;二是1946年的行政制度法规,规定政府由于正当理由即为了公共利益可以对有关文件保密。

在近30年中,有两件大事使公民的知晓权有了实质性的突破。一是在1958年、1966年美国国会两次通过《消息自由法案》,规定公民有权使用政府的文件、记录、政策声明等档案材料,如申请遭拒绝,可向法院起诉。二是1971年的"五角大楼文件案"(见第七章第三节有关内容)。这一案件轰动一时,在美国立法史上具有重大意义。此外,美国国会又在1974年通过《消息自由法案补充法案》和1976年的《阳光普照法案》,之后,西方不少国家都仿照美国制定了消息自由法案。

二、国家安全法

新闻媒介不得以任何形式危害国家安全,这是各国新闻法规不可或缺的条文,尽管表达上有所不同。这包括不得煽动以武力及其他手段推翻合法政府,破坏国家制度和社会秩序;不得泄露国家机密;不得煽动宗教、民族对立等等。例如,英国制定有《公务机密条例》,严禁新闻媒介泄露有关国家安全的机密。在法国,如果新闻媒介刊载政府认为危害国家内外安全的消息,政府有权没收报纸,取消广播电视节目,甚至逮捕有关记者、编辑。澳大利亚、新西兰等国几乎所有有关国家安全的新闻,都须经有关部的部长亲自签字同意才能发表。而美国自1884年国会通过《煽动法》、《叛国罪》两个法案以来,从未明确宣布取消过。可见,一切危害国家安全或者说危及资产阶级统治、危及资本主义制度的"自由"在西方都是不容许的。

三、诽谤法

新闻诽谤是各国涉及面最广、案情最为复杂,也是令新闻界、司法界最烦扰的案件。"不准使用新闻媒介诽谤他人"是任何国家新闻法规必备的条文,但一涉及具体案件,是否构成诽谤罪,是轻微伤害还是严重伤害,那就变得非常复杂,有时官司一打几个月甚至拖上一年半载。

什么是诽谤?各国法律的解释各有不同。美国法律研究会编辑的《法律的重述》所下的定义为:"无确凿的证据而散布对他人不真实的事实并损害他人的名誉。""传播足以损害他人名誉的事实使其在社会上处于不利地位或有碍其与第三人的往来。"

诽谤的对象一般有三种:一是个人(无论普通公民还是政府官员);二是某个特定团体(企业、事业单位及政府部门);三是企事业单位所生产的产品(包括服务)。

诽谤罪的确认一般有四个条件:一是特定的对象,可以让他人确认的对象,不是泛指。例如"无官不贪"、"无商不奸",虽然指责了所有政府官员、所有商人,但不是指向特定对象,不构成诽谤罪;二是歪曲、夸大、捏造事实;三是必须含有恶意;四是公开传播,造成对象的名誉损害。

在新闻媒介,批评政府以及政府官员时,西方国家有一个传统原则:公正评论。这里包括两个条件:一是真实,只要材料是真实的,任何批评都将是合法的;二是公正,不是出于恶意。否则,很可能犯诽谤罪。美国1960年的"沙里文案"和1983年的"沙龙案"对确认新闻媒介对政府的批评权利具有重大意义。

1960年《纽约时报》刊登一则广告,一黑人组织揭露亚拉巴马州蒙哥马利市警察局长沙里文镇压黑人运动。沙里文提起诉讼,指出广告中有几项事实不实,并控告《纽约时报》诽谤其名誉。州地方法院判决《纽约时报》赔偿沙里文名誉损失费50万美元。《纽约时报》上诉,美最高法院否定原判,并在全体一致的判决书中写道:"宪法第一号修正案的规定,旨在提倡大胆的揭露。辩论中不可避免地会有一些不准确的说法,如果抓住这些错误说法,特别是对议论政府部门工作时出现的错误说法加以惩罚,今后就会窒息这种讨论。……对于公开问题的讨论,应当是不受约束的,大胆地开放绿灯。"

"沙里文案"涉及的是部分事实的失实,而"沙龙案"涉及一个事件关键性问题上的失实。1983年2月,美国《时代》周刊报道1982年9月发生在巴勒斯坦两个难民营内的大屠杀经过。报道中提到,当黎巴嫩总统杰马耶遭暗杀后,当时的以色列国防部长沙龙曾和杰马耶家属讨论过复仇一事。1983年6月,沙龙专程赴纽约,向联邦法院起诉,认为《时代》的报道暗示他曾鼓励乃至教唆了这场大屠杀,对他构成诽谤。虽然法院的调查确认《时代》对上述细节的报道失实,但《时代》杂志并不是故意的、恶意的,沙龙败诉。

无论是"沙里文案"还是"沙龙案",我们都可以看出,西方一些国家对新闻媒介的诽谤罪的确认主要针对公民个人(包括法人组织),而对政府及政府官员的公务活动的批评、指责,只要不涉及个人私人生活,一般都从严控制,作出有利于新闻媒介的判决。

四、隐私权

美国的《法律大辞典》对隐私权下了这样的定义,隐私权是"不被干涉的权利;免于被不正当地公开的权利……个人(或组织)如果愿意,可使他本人和他的财产不受公众监视的权利"。

隐私权虽然是个人神圣不可侵犯的生存权,但在世界大多数国家的宪法中都没有提到这个概念。在法律词汇中出现隐私权的条文还是近百年的事,但也只有近几十年才逐渐被社会所重视。因为随着各种电子监视器无孔不入地侵入人们的私生活,人们越来越感到正常生活受到威胁,需要运用法律来保护自己。

美国著名的法学家威廉·L·布鲁塞在《现代民主国家的新闻法规》一书中将侵犯隐私权的情况分为四类:(1)闯入原告的私人禁地。例如记者用远摄镜头、监听器或装扮成其他身份的人混入他人家庭、病房或私人聚会获取材料,并在媒介上公开传播。但在公共场合所获取的任何个人资料均不在此列。(2)公开私人物件,使原告的正常社会生活被破坏。例如未经本人同意,公开私人信件、日记、病例、档案。(3)在公众面前将原告置于错误位置。例如,某家地方报纸在报道警察抓获一名盗窃犯时,不小心将协助警察抓盗窃犯的居民名字错写成盗窃犯,该居民上诉当地法院,获得50万美元名誉赔偿费。(4)未得本人同意,利用原告的姓名、肖像等进行商业活动,例如刊登商业广告、拍摄广告片等等。

在确认诽谤罪时,真实性是防止触犯诽谤罪的最强大武器;但在确认犯隐私罪时,真实不起作用,唯一能起作用的是"新闻价值"。法院在判决时,常以传播内容是否有新闻价值作为决定性依据。例如,英国伊丽莎白女王的女儿安娜公主在度假时,和其男友在游泳池裸体游泳,被人偷拍照片,登在报纸上,引起全英轰动。安娜公主上诉法院,法院以此照片有新闻价值为由,判安娜公主败诉。

五、新闻自由与公正审判

新闻界与司法界最大的摩擦是关于记者对消息来源的保密问题。一般说,新闻媒介都不愿公开消息来源,而法院为调查需要,常常会强迫记者公布消息来源。英、法等国有个法令,规定只有当记者的消息来源与国家安全或司法机关无关时,他们才有权拒绝透露。美国有"考德威尔案"作为判例。1972年,《纽约时报》记者考德威尔采访黑人左翼组织黑豹党,写了一篇调查报道。联邦大陪审团在调查左翼黑人活动时,传讯记者作证,考德威尔拒绝,而政府则认为每个公民都有义务向调查犯罪活动的法院审判团作证。最高法院判决:宪法第一修正案以及其他宪法条款,均未给予记者拒绝对大陪审团提供有关公益的消息之权。再如1978年,法院命令《纽约时报》记者迈伦·法伯交出一个案件的采访笔记,法伯拒绝,法院以藐视法庭罪逮捕法伯,并对《纽约时报》处以罚金。

上述法令和判例都清楚地显示出世界许多国家新闻法规的倾向:新闻自由必须在确保国家利益的前提下行使,并努力为国家利益服务,否则就将被剥夺。

第四节 广播电视专项法规

对广播电视领域来说,电波频率是一种独特的自然资源,是十分有限的,在同一时间内相同频率的电波相互干扰会损害它所承载的信息,从而影响传播和接收效果。因此,广播所需的频率资源必须是公共性的,不能私有。虽然广播电视媒介也可能是私人所有和经营的,但它不可能完全等同于印刷媒介,它承担着公共事业的任务,必须接受严格的管理。不仅如此,广播电视在传播和接收过程中较一般媒介有其独特之处:(1)它普遍存在,遍及公共场所,深入家庭;(2)较书刊、电影等大众传媒而言,其传播具有强烈的侵入性;(3)由于广播和电视的声像效果,对不具分辨判断力的儿童有较大吸引力。正因为广播电视的巨大影响力,各国制定了专门的管理法规,使其受到了远较其他传媒严格得多的管制。一般说来,大约可分为以下几项内容。

一、许可证制

许可证制度的产生是由于频率作为公共的稀缺资源,任何电台、电视台都只能是拥有暂时的使用权,而非所有权。政府代表公众对频道进行管理并以发放许可证的方式进行控制,定期对传播内容进行审查,以保障公众利益不受侵害。虽然极少发生收回执照的事件,但这一形式所产生的威慑作用迫使广播电视的经营者谨慎行事。

现在采用许可证制度的国家很多,在广播电视私人经营的商业化模式的国家,尤其在美国,许可证制度是美国管制广播电视业的核心内容。任何电台、电视台在营业前必须申请并取得FCC颁发的营业许可证,电视台每5年、电台每7年更换一次,届时FCC根据所规定的"公众利益、方便和必要原则"审核该台节目,核准之后判断是否重新发放执照。

目前西方绝大多数国家和部分发展中国家都采取了大同小异的许可证制度。这一制度表明,电台、电视台的执照人仅仅是无线电频率的受托人,无线电频率属于公众所有,执照人必须使用受托的频率为公益事业服务。

二、防止垄断

从公众利益出发,为防止广播电视集中在个别公司手里,美、英、德、意等国都先后出台《反垄断法》,明确规定一家广播公司只能在一地拥有相对有限的广播台、电视台。但近年来由于电子传播技术的飞速发展,为促进媒介融合、增强国际竞争力,各国对经营权的限制都朝宽松的趋势作了调整。

美国在《1996年电信法》中,就全国范围而言,取消了对一家公司在全美所能拥有的广播电台数量的上限,只规定一家广播公司的覆盖率不得超过35%(过去为25%)。而且还明确规定,在一个城市范围内,如果广播电台的总数超过45个,那么其中一家广播公司最多可拥有8个广播电台;台数为30~40个的城市,一家公司最多可拥有7个;15~29个电台的城市,一家公司最多可拥有6个;14个台以下的城市,一家最多可拥有5个;原则上禁止一家公司在同一城市同时拥有电台和电视台。当然,在FCC判断符合"公众利益"的情况下可例外。

英国政府于1995年12月出台的新广播法案也取消了"一家公司最多只能经营两个电视台"的限制,并在一定条件下允许报社兼营电视台。

德国从1997年1月开始,允许一个机构可拥有全国性电视台的全部股份,不设台数限制。但是一家商业电视台持有的股份数以观众市场份额的25%为限,超过30%将予以惩罚。

意大利1996年提交议会的《广播—通信法案》于1997年通过后生效。其中一项为电视台所能拥有全国性频道数占总数的20%为上限,并实行新的频道计划。

以上各国在广播电视台经营范围和数量方面的政策调整,实际上导致更为剧烈的垄断和兼并浪潮。

三、限制暴力、淫秽内容,保护未成年人

广播电视的巨大影响和儿童对它的易接触性,加上20世纪80年代

以来一些西方国家,如英、法、德等在公共广播电视事业基础上的商业化改革,使娱乐和消闲节目比重上升,色情、暴力节目对社会安定、对未成年人健康人格的形成和正常的社会化过程都造成了负面影响,保护未成年人就显得尤为重要。

各国法律都强调电子传媒对未成年人健康人格的形成负有一定责任,因此,纷纷对传播内容作出全面的或有条件的限制性规定。德国的《统一德国广播电视州际协定》中规定:"广播电视不得向未成年人播放描写刺激种族仇恨,或对人类残忍的非人性的暴力行为。"《美国全国广播协会电视规定》中申明,"暴力,不论是肉体上还是心理上的都不能恣意利用",并要求"避免过分渲染无故的行凶和教唆性的行为"等。

此外,美国率先决定对电视和有线电视网络节目加强管理,进行等级分别,并在电视机内装上"V芯片",自动删除有害内容;加拿大、法国也开始实行电视节目的等级制。

然而,现行的限制措施都不是十分得力。节目等级的划分在客观上是一个十分复杂和困难的工作,"V芯片"还可能使广播电视业因不必担心传播不良节目受公众指责而无所顾忌,因此,如何能有效地在商业化的广播电视领域消除暴力、淫秽内容对社会尤其是未成年人的侵害,仍然任重而道远。

四、对广告的限制和约束

各个国家对广播电视广告的时间、内容、播出的方式都进行了明文规定,尤其对公共台和有线电视的广告播放限制更加严格。

五、新法规

近年来,电子传播技术的发展日新月异,网络技术、数字技术等更是使传媒领域的前景不可估量。针对这些新事物、新现象和新趋势,各国立法紧紧跟上,一些新法规由此纷纷出台。

1. 有线电视法

有线电视从诞生至今,不断地发展和完善,经历了从解决边远地区视听困难、自办节目提供地区性信息到多频道时代的发展历程。现在,有线电视以其宽频率、高性能、适合双向传输等优势,以及适合开发和扩充出许多媒体服务功能,而大有赶超无线电视,后来者居上的趋势。随着有线电视业的飞速发展,各国也加强了对应的管理。英国的独立电视委员会负责管理有线电视并发放执照,规定有线电视的"独特职能是提供具有本地区特点的节目",于1984年颁布《有线广播法》等[1],并于1992年修订,允许其同时经营电话服务业务。日本还专门订立了《日本有线电视广播法》,对有线电视机构的申办和业务营运各方面都作了详尽规定。美国则有1992年的《美国有线电视条例》,规定无线电视必须允许有线电视转播其节目,并且不允许无线电视收取费用,相反,有线电视还可以向无线电视收取转播费。

有线电视在卫星节目的支持下已获得了长足的发展,今后各国有线电视将朝多频道和专业化方向继续发展,成为多媒体时代的核心。

2. 卫星电视法

卫星电视的发展最明显的是促进了各国有线电视业的进步。在欧洲,它还是促成欧洲统一电视市场形成的巨大推动力。"仅从1995年到1996年,欧洲就增加了69个卫星电视频道,使覆盖欧洲的卫星电视频道总数达到170个。"[2]卫星电视这一技术,事实上已打破了欧洲各国国界。欧洲广播联盟不仅开办了三个电视频道,欧共体理事会还于1989年颁布了《欧洲电视指导原则》,统一了欧洲卫星电视技术标准,奠定了统一的欧洲电视市场。1992年和1995年,在该《原则》基础上,分别出台了两个新原则:《关于跨国卫星广播中著作权及邻接权诸问题的欧洲协约》(又简称"卫星协约")和《部长理事会关于调整卫星广播及有线系统转播中著作权及与之相关的诸权利的处置规则的指导原则》(简称"卫星指导原则"),都是具有规范性的法律原则,在欧盟成员国范围内生效。它们所包含的法律原则,解决了卫星广播以及成员国进行相互的节目转播过程中的著作权、邻接权等问题,旨在尊重权利人的权利,加强对权利的保护,以法律原则解决卫星传播中的问题,并进行有效规范。

日本也是卫星电视业发达的国家。日本的卫星电视业依据《电波法》和《广播法》,并在此指导下有序发展。

应该一提的是,过去通信卫星作为指定用户之间进行个别通讯的手段,与著作权毫无关系,但今天随着技术的发展世界各国已达成共识,无论是广播卫星还是通信卫星传播的内容都应包括在《伯尔尼公约》和《罗马公约》所规定的"广播权益"范围之内,都受到版权法的保护,但关于

---

[1] 参见《世界广播电视参考》,1998年第7期。
[2] 参见《第二届国际卫星广播研讨会论文集》,1998年。

"非自愿收看"和认为"文化侵略"的周边覆盖问题都涉及棘手的版权问题,尚待解决。

3. 多媒体法

世界上第一部多媒体法为德国1997年8月1日开始实施的《信息和传播服务法》,简称"多媒体法",旨在"限制通过因特网来美化色情和暴力的文章和影像的流传",以及防止种族主义分子利用因特网传播纳粹主义。

美国曾于1996年提出《传播净化法案》(Communication Decency Act),其中一项主要内容为,如果通过Internet向未成年人传播不道德或有伤风化的文字或图像,一经查出,将处以罚金25万美元或最高可达2年的有期徒刑。

总之,各国对广播电视业所采取的保护和限制措施,同新闻业整体一样,总是试图在尽可能的范围内解决政府、公众和媒介之间的矛盾关系,在冲突中寻求最佳的平衡方式,要求广播电视业能在以公众利益为最高目标的前提下自由表达和发展,由此而有了今天一系列的相关法令、法规和媒体自律的规范。然而在广播电视业日益商业化的情况下,经济利益成为最大的内在驱动力,必然要打破原先的观念和体系,暂时的平衡也不复存在了。新技术又在推波助澜,新现象、新问题层出不穷,形成新的矛盾冲突,政府不得不修改原有规定并制定新的章程,新一轮的和解成为下一个追求目标。

第五节 新闻自律与国际新闻职业道德建设

随着新闻传播活动国际化程度的加深,国际新闻职业道德建设问题被提上了议事日程。为了改善与加强各国间新闻传播活动的合作与交流,建立世界新闻传播的良好秩序,国际新闻职业道德建设在20世纪后开始起步。国际性新闻职业道德规约的制定,是这一建设的重要内容。

一、国际性新闻职业道德规约的制定

1908年沃尔特·威廉主持制定的《记者守则》,成为第一个具有国际影响的新闻职业道德规范。1910年,国际期刊业联合会在布鲁塞尔宣告成立。保护国际期刊业的道德利益,确保公众与官方的信任,是该国际组织的宗旨之一。1926年,第一届泛美报业会议通过了一项旨在协调美洲国家之间新闻传播活动的职业道德规则,提出了正确而真实地报道新闻、不在报道中掺杂个人意见、不得借报纸之名在其他方面享有特权等要求。

第二次世界大战结束后,国际秩序的恢复,使国际性新闻职业道德规约日趋完善。1948年4月,联合国新闻自由会议通过了《国际新闻自由公约草案》,其中不乏有关新闻职业道德的条款。这一文件的第二公约草案《国际新闻错误更正权公约》,提出了限制新闻自由的滥用、防止虚构的与歪曲的新闻的传播等问题,实际上就是一个新闻职业道德的国际性规约。

1954年,《联合国国际新闻道德信条》正式颁行。这一全球性的新闻职业道德规约,由联合国经济及社会理事会草拟,并由联合国大会颁发给各会员国新闻工作者协会参照执行。这一规约将新闻自由与新闻职业道德联系起来进行考察,认为新闻职业道德建设并不妨碍新闻自由权利的行使,恰恰相反,它是新闻自由权利行使的有效保障。其"序言"宣称:"新闻及出版自由是一项基本人权,是《联合国宪章》及《世界人权宣言》中所尊崇与宣示的所有自由权利的试金石;因此,和平的增进与维护,必须靠新闻及出版自由。"新闻自由与新闻职业道德并无矛盾,"当报业及所有其他新闻媒介的工作人员,经常自动努力保持最高度的责任感,切实履行道德义务,忠于事实,以及在报道、说明和解释事实中追求真理时,这项自由将获得更好的保障"。因此,《联合国国际新闻道德信条》"对所有从事新闻及消息采访、传递、发行和评论的人,以及对从事文字、语言,或任何其他表达方法,描述当前事件的人而言,可作为职业行为的标准"。这一《信条》要求新闻从业人员做到以下五条准则:(1)"尽一切努力,确保公众所接受的消息绝对正确";(2)"献身于公共利益",不得"谋求个人便利及争取任何有违大众福利的私利",视任意中伤、污蔑、诽谤、缺乏根据的指控以及抄袭剽窃等行径为"严重的职业罪恶","发现严重错误,应立刻自动更正";(3)"发表任何消息或评论的人,应对其所发表的内容负完全责任",尊重个人的名誉与隐私,保护消息来源,保守职业秘密;(4)"描述及评论另外一个国家事件的人,有责任获得有关这个国家的必需知识,确保自己作出正确而公正的报道和评论";(5)"确保对职业道德忠实遵守的责任,落在从事新闻事业者身上,而不是由任何政府承担",任何政府均不得"以任何方式加以干涉,并强制新闻界遵守其中所列举道德义务"。

国际新闻记者联合会于同年通过了《记者行为原则宣言》,以作为"从事新闻采访、传递、发行与评论者,以及从事事件之描绘者的职业行为标准",强调"尊重真理及尊重公众获得真实的权利,是新闻记者首要责任","为履行这一责任,新闻记者要维护两项原则:忠实收集和发表新闻的自由,及公正评论与批评的权利"。具体而言,"新闻记者仅报道知道来源的事实","用公平的方法获得新闻、照片和资料",勇于更正错误,"保守职业秘密"①。

二、国际性新闻职业道德规约的不断完善

此后,随着国际形势的变化,联合国以及其他国际性组织根据国际新闻职业道德的新问题、新情况,不断修正原有的道德规范,制定新的道德规范。《联合国国际新闻道德信条》颁行后,至今已作过五次讨论修订,以适应新的情况。新制定的国际新闻职业道德规约主要有以下几个:《国际文化合作原则宣言》,1966年11月由联合国教科文组织大会第14届会议通过并颁行,强调各国之间的文化交流"应着重于足以创造一种友好与和平气氛的思想和价值","应避免任何敌意的痕迹","在提供资料和传播资料时,应力求保证资料的真实性"。《关于宣传工具为加强和平与国际了解,为促进人权以及为反对种族主义、种族隔离和反对煽动战争作出贡献的基本原则宣言》,1978年由联合国教科文组织通过并颁行,强调"宣传工具在世界各地以其作用为促进人权作出有效的贡献,尤其是让人听到正在与殖民主义、新殖民主义、外国占领及一切形式的种族歧视与压迫作斗争的、并在本国领土上无法发表意见的被压迫人民的呼声",提倡与发展"在权利平等、互利和尊重各种不同文化——人类共同遗产的组成因素——的基础上","所有国家之间,特别是不同经济和社会制度的国家之间的双边或多边的新闻交流"②。

当然,上述国际性的新闻职业道德规定在实际施行中并不理想,但不同文化传统、不同社会意识形态的国家,能够在某些现实问题上达成共识,并制定出原则性的公约与宣言,毕竟是人类建设新闻职业道德的过程中迈出的可喜一步,具有十分重要的现实意义。

---

① 周鸿书:《新闻伦理学论纲》,新华出版社1995年版,第256页。
② 甘惜分主编:《新闻学大辞典》,河南人民出版社1993年版,第938页。

三、新闻评议制度

新闻评议制度,是运用自律方式让新闻界履行社会责任的一种有效方法,包括建立民间自愿性的新闻行业道德评议组织,出版新闻职业道德评议刊物,制定新闻职业道德规范和开展日常性的新闻职业道德评议活动。

1. 新闻评议组织的职能

新闻评议组织的基本职能是对报业与其他传媒的表现进行评议,并对一些违反新闻道德的案件作出不具有法律效力的裁决,一般不受理违法案件。但是,悖德与违法之间的界限是很难划分的,有些国家因而对此另作特殊规定。例如,土耳其报业荣誉法庭规定,凡法院审理过的案件,荣誉法庭不再审理;挪威报业评议会规定,在受理案件时,如果认为被告已触犯法律,则应请求法院或律师公会派员参加审理;瑞典、菲律宾等国的报业评议会要求原告在投诉的同时须发表一项保证不将该案件向法院控告的书面声明。大多数国家的新闻评议组织仅有裁决权,但也有少数国家如日本等的新闻评议组织则既有裁决权,又有处罚权,处罚的项目有警告、记过、罚款、开除会籍等。其中个别的国家由于新闻评议组织与政府机构紧密结合,使这些组织带有半官方色彩,因而还拥有核发与取消记者证、向报社征税等权力。就人员构成而言,大多数国家的新闻评议组织是由新闻界与其他各界代表共同组成的,也有的仅有新闻界代表而无其他社会各界代表,或仅有社会各界代表而无新闻界代表。

2. 英国报业总评议会的诞生和影响

1953年建立的英国报业总评议会,因其体制之完善、成效之显著而著称于世,成为许多西方国家仿效的典范。第二次世界大战结束后,英国议会有鉴于新闻业垄断已导致新闻职业道德水准下滑的现实状况,于1946年建立了皇家报业委员会,对新闻业现状做彻底调查。1949年,皇家报业委员会的调查报告发表,其中提出了建立报业评议组织以维护新闻自由、提高新闻道德的建议。1953年7月1日,在英国政府的支持下,英国报业总评议会宣告成立。该组织共有25名委员,均为来自英国7个报业团体的编辑或经理代表,其主要职责是受理外界对报界的控告与申诉,作出裁决与结论,但这些裁决只有道义上的权威,并无实际约束力。据统计,英国报业总评议会每年收到的申诉信为100多件,其中60多件被立案处理。1963年7月,英国报业总评议会根据第二届皇家报业委员会的建议,改组为由报界、司法界以及其他社会各界人士共同组成的报业评议会,以增强其权威性与社会性。

在此先后,日本、比利时、荷兰、德国、意大利、土耳其、奥地利、韩国、南非、智利、巴基斯坦、以色列、加拿大、丹麦、印度、菲律宾等国家的新闻评议组织也纷纷建立,其名称除了报业评议会外,还有新闻纪律评议会(比利时)、新闻荣誉法庭(荷兰)、报业荣誉法庭(意大利、巴基斯坦、土耳其)、报业伦理委员会(韩国)等,其地区也由欧洲扩展到亚洲、非洲以及南北美洲。

3. 美国的新闻自律

在美国,新闻评议制度迟至20世纪60年代后才开始出现。1967年,在麦莱特基金会的支持下,加利福尼亚、俄勒冈、伊利诺伊、圣路易斯、西雅图等地方新闻评议会率先成立。紧接着,密苏里、马萨诸塞、夏威夷、肯塔基、明尼苏达等州也先后建立了当地的新闻评议会。1971年夏,美国20世纪基金会建立了全国新闻评议会专案研究小组。1973年,美国全国新闻评议会在8个基金会的资助下宣告成立,其成员包括各地新闻界与其他各界代表。美国新闻评议制度建立后,新闻界人士对此褒贬不一,不少新闻媒介公开声言反对。《纽约时报》认为,全国新闻评议会等类似组织妨碍了报社的编辑自主权,对有关报道不公允的指控可由报社自己处理,无需评议会插手,因而公开表示拒绝同全国新闻评议会合作。在这种情势下,美国全国新闻评议会以及各地的社区新闻评议会都处境艰难,因内部缺乏资金与人员、外部得不到新闻媒介的支持与合作而难展宏图。全国新闻评议会于1984年被迫宣告解散,地方性的新闻评议会也陆续偃旗息鼓,目前仅剩夏威夷、明尼苏达两地的组织尚在逆境中求生与发展。

但是,美国新闻媒介内部的督察制度却前景见好。不少新闻媒介为了加强新闻自律,设置了专职的督察员(有的称道德顾问),作为媒介与受众的桥梁。督察人员的职责是搜集、调查受众对媒介及其活动的反应与指控,并将调查结果撰写成书面报告,呈送媒介负责人,其中有些调查报告还公开发表,以昭示于世。在调查过程中,督察人员也有时兼做调解工作。自《路易斯维尔信使报》首先设置督察员至今,设有这类督察人员的新闻媒介已达50多家,其中包括著名大报《华盛顿邮报》。

四、各国新闻职业道德规范的制定与完善

在制定新闻职业道德规范方面,日本与其他国家相比最为完备。

1946年7月23日,刚成立的日本新闻协会就制定了《新闻伦理纲领》,要求新闻从业人员努力提高职业道德水平,造就高尚的新闻工作风格。1954年12月,日本新闻协会又制定了《日本报纸贩卖纲领》,旨在制止报纸发行的不正当竞争。1958年10月7日,日本新闻协会推出《日本广告伦理纲领》,强调广告不得损害社会公德。比利时在这方面也较他国先进。1947年9月7日,第25届比利时报业会议在卢森堡举行,拟定出八条报业道德的基本原则。嗣后,比利时报业道德委员会建立,并于1951年发表了《新闻记者的权利与义务》一文。该文长达200多页,包括202节,是世界上最为详尽的报业道德规范文件。目前,西方国家大众传播的各个领域,如报刊、广播、电视、公共关系、广告、摄影等,都已制定出适合自身特点的、成熟的职业道德规范与准则,其中比较著名的有1923年制定、1975年修订的美国报纸编辑人协会的《新闻界信条》;英国全国记者公会制定的《记者公约》;1964年2月加拿大法文报人协会制定的《报业廉政章程》等。

  各国新闻职业道德规范的内容,其共同处有以下七条:(1)新闻要真实、客观、公正,发现错误尽快更正;(2)维护国家安全;(3)维护司法公正;(4)保守职业秘密;(5)尊重他人名誉与隐私,不诽谤中伤他人;(6)以正当方式从事本职工作,不受贿,不剽窃;(7)不伤风败俗,注意保护青少年。仅为某些国家所有的特殊规定有:新闻从业人员不得参加商业或广告活动(如法国、加拿大);一般不报道自杀或企图自杀的新闻(如瑞典、挪威);不得破坏种族关系与宗教关系(如英国);不得鼓吹动乱或暴乱(如印度)等等。至于这些新闻职业道德规范的实际效果,则因各国国情的不同而有强弱、大小之别。

第十章 媒介经济与经营

第一节 核心竞争力、公信力是传媒管理经营的基本目标

传媒业的竞争日趋加剧,在竞争如此激烈的市场上,每一家传媒靠什么来争取受众、赢得市场份额呢?从长远发展战略看,一靠传媒打造自己的核心竞争力,二靠传媒在受众心目中的公信力。

什么是核心竞争力?核心竞争力就是一家传媒超越其竞争对手的强项,这个强项能使一家传媒占得市场先机,或稳固地占据市场相当的份额,以通俗的话来说,就是一家媒体的绝活,是他人难以超越的独家武器。号称世界传媒业龙头老大的时代华纳公司之所以能牢牢地长久地独占鳌头,就在于它拥有许多其他媒体难望其项背的独门绝活,如全球发行量最大的新闻周刊《时代》杂志、全球储量最大的影视片库、全球最大的 CD 和 DVD 制作商等。默多克的新闻集团在全球同样具有强大的竞争力,其竞争优势主要集中在两大块:在全球建立的卫星电视网,在世界各国制作的娱乐、体育节目。新闻集团的卫星电视网覆盖大半个地球,是真正意义上的全球传媒帝国。而在内容制作上,体育、娱乐节目是新闻集团两大强项,其收入占整个集团收入的 60% 以上。新闻集团的战略构想是:全球化传播、本土化内容,卫星电视网是实现其全球传播最有效、最便捷的途径,而体育节目、娱乐节目则是本土化的必然选择。体育是现代人的"宗教",娱乐是每个人的天性,具有广泛的市场,并且可以远离政治,避开在本土化内容生产中的敏感话题,避免和各国政权发生冲突。

在当今传媒市场上,凡是能长久不衰的媒体,都因其具有核心竞争力。日本的《读卖新闻》、《朝日新闻》长期霸占全球报纸发行量第一、第二的位置,除去其内容外,就是它独具特色、行之有效的发行工作。前者

在全球拥有8 500家《读卖新闻》专卖店和近10万名报纸专职销售人员；后者拥有3 600家《朝日新闻》专卖店和88 000名专职销售人员,深入到全日本每家每户,而且真正服务到家。

没有核心竞争力,再大的公司也可能一夜之间轰然倒下,法国威望迪公司就是典型。威望迪公司的业务范围涉及广泛,但却无法有效实行资源整合,难以打造具有竞争力的媒体,几乎做什么亏什么。

同样,原先的核心竞争力一旦丧失,媒体也会失去前进的动力。众所周知,迪斯尼公司除了主题公园,就以动漫称雄世界,但1997年以后,迪斯尼遭到新兴的动漫制作公司的挑战,景况一年不如一年。再加上内部纷争,搞得内乱外患。直到2005年,迪斯尼新总裁罗伯特·伊格尔上任,重整动漫王国,其推出的新作在全球十大动漫DVD中占有三个,迪斯尼才重新稳住阵脚。从这个意义上说,核心竞争力关系一家媒体的生死兴衰。

媒体的公信力有各种评判指标,能让受众信任的新闻媒体最关键的就是做到以下几条。

（1）新闻真实、及时。

（2）新闻有吸引力,满足受众的需要。

（3）说真话,反映公众的要求、愿望。

（4）敢担当,勇于揭露损害国家、公众利益的不良行为和不法之徒。

（5）有责任心,对受众服务到位。

公信力的建设是长年累月不懈追求和努力的结果,是与时俱进不断创新的结果。然而,几条不良新闻、几个不当举措却可以让信誉卓著的媒体毁于一旦。《纽约时报》在美国号称美国历史的"档案记录报",可见读者对其新闻真实性的信赖。但2003年5月,该报记者杰森·布莱尔被揭露制造了十几篇假新闻登在报上。此事一经公开,《纽约时报》的声望一落千丈。这一造假事件影响所及,不但损害《纽约时报》,也累及美国整个报业,报业公信力降到历史最低[①]。

第二节 集约化——媒体经营的基本路径

以最小的投入获得最大的产出,这是任何经营的基本原则。这一原

---

① 《美国新闻正失信于民》,载《环球时报》,2004年5月28日。

则在市场经济的条件下必然促使企业走向集约化经营之路,传媒业的经营也不例外。

集约化经营就是走内涵发展之路,即合理化整合内部人、财、物和产、供、销的资源,不断开拓资源的利用价值,提高生产率。对于传媒业来说,集约化经营必然走向集团化经营。

最早形成的报业集团是1892年成立的美国斯克里普斯家族拥有的报团,当时有5家报纸在其麾下,到1917年该报团已在15个州拥有23家报纸,但战后该报团逐渐衰落。在早期的报团中,最有影响的是美国报业大王赫斯特集团。1904年赫斯特拥有6家报纸,在其去世的1951年已拥有18家报纸、520万订户,是美国第一大报团。英国早期的报业集团是哈斯沃斯(因受封为北岩勋爵,也称北岩集团),拥有《每日邮报》、《泰晤士报》等著名报纸,长期垄断英国报业市场。当广播电视兴起的时候,各国又纷纷成立广播电视网(集团)。在美国长期处于垄断地位的是ABC、NBC、CBS三大广播公司,英国的BBC、日本的NHK等都是集团化运营。

进入20世纪90年代,传媒业跨媒体、跨区域、跨行业、跨国家的经营成为一股全球化浪潮。跨媒体即广播、电视、报纸、杂志不同媒体组建成一个集团公司;跨区域即跨越同一个国家不同行政区划,在异地开展经营;跨行业即传媒业外的资金、人才大批进入传媒业,尤其是电讯、金融业进入传媒最为普遍;跨国家即在全世界范围内开展传媒的全球业务。经过"四跨",产生出像时代华纳公司、维亚康姆公司、新闻集团、迪斯尼集团这样的超级巨型传媒集团。

无论是哪种类型,集团作为一个整合平台,可以对集团内的人、财、物、产、供、销进行全面整合,把恰当的人才放在恰当的岗位上,人尽其才,物尽其用,从而实现最小的投入、最大的产出。同样,无论是哪种类型的集团化,都需要打造一个完整的产值链。产值链是在一个总部(总公司)领导下由多个部门(或分公司)组成的产品不断增值的过程。在这样一条产值链上,每一个部门都生产自己的产品供应市场,同时也为下一个部门生产新产品提供准备。例如,迪斯尼公司出品的动漫片《狮子王》,还未公演,就由集团的广告公关公司在全美继而在全球造势,并在迪斯尼拥有的ABC广播网上播出。《狮子王》热播之时,迪斯尼的主题公园里《狮子王》中所有动物粉墨登场,吸引了大批观众。然后,制作成动漫连环画上书店销售,出DVD、出CD供应市场,再把《狮子王》中所有造型动物制作成各色儿童玩具,与麦当劳快餐店联手推出。再后,《狮子王》改编成音乐剧,在全球巡回演出。2006年8月该剧组在上海大剧院公演,造成不小轰动。

最后还有一笔收入,就是把《狮子王》的动物造型专利权拍卖给相关公司,成为 T 恤衫上的图案。《狮子王》一路走下来,路越走越长,路越长身价越高,在产值链的每一个环节上都赚到大把的钱,这就是集约化经营带来的利益。

第三节 从传者中心转向受者中心

在 20 世纪 70 年代以前,全球的媒体是以传者为中心而设立的,就是"我写你看,我播你听(看)"这样一种模式。一名普通群众能看到报纸、能听到广播、能看到电视已是相当奢侈的了,没有任何选择,也不可能有什么挑选。在西方,受众调查也会做,但也仅仅作为改进工作的参考。当时在西方各国,商界包括传媒业的经销盛行的是"4P"理论,它是由美国营销专家 J·麦卡锡(McCarthy)于 1960 年提出的。这个理论构造了传统市场营销策略的基本框架,包括产品(Product)、价格(Price)、渠道(Place)和促销(Promotion)四个要素。产品——注重开发产品功能;价格——根据不同的市场定位制定不同的价格策略;渠道——企业不直接面对消费者,而是注重培育经销商和建立销售网络,企业和消费者的联系通过分销商进行;促销——企业注重销售行为的改变来刺激消费者,以短期行为(如让利、买一送一等)促使消费增长。这个理论的基本点就是制造商控制整个流程。

从 20 世纪 80 年代开始,新创办的媒体不断出现。新办媒体为避开老牌媒体的锋芒,开始寻找特定受众,即媒体不是面向社会全体,而是面向其中特定一部分,这就是分众。分众有明确的传播对象(年龄、职业、性别、收入、区域等等),而这恰恰迎合了某些商品销售商的需要,这种分众广告更有针对性,而且价格便宜。随着新办媒体大量涌现,媒体竞争越发激烈,分众化成为一种趋势,这种趋势意味着传播开始从传者为中心向受众为中心转移。

1990 年,美国的另一位营销专家劳特鹏(Lauterborn)提出营销的 4C 理论,包含需求(Consumer Wants and Need)、成本(Cost)、方便(Convenience)、沟通(Communication)四个要素。消费者需求——企业应生产消费者所需要的而自己能制造的产品;消费者愿意付出的成本——企业定价要研究消费者的收入状况、消费习惯和同类产品的市场价,而非品牌策略;为消费者所提供的方便——销售的过程在于如何使消费者快速便捷地买到该产品,由此产生送货上门、电话订货、电视购物等新的销售行为;与消费者的沟通——消费者不只是单纯的受众,其本身也是新的传播者,必须实现企业与消费者的双向沟通,以谋求与消费者建立长久的关系。

通过4C理论可以看到,企业整个营销是以消费者为核心的,消费者的需求决定企业的经营方向和营销策略,当然也决定广告的内容和形式。以消费者为核心的营销理论就是整合营销,整合营销主张依据消费者的实际情况确立统一的传播目标,并综合运用各种传播手段,发挥不同传播工具的作用,以达到整体传播效果。正是在这种理念的推动下,媒体高度重视自身品牌的建立,高度重视媒体自身的定位,高度重视受众调查以及与受众的互动,追随受众的变化而不断创新。

进入新世纪,有学者称作为"碎片化"时代来临。受众的需求越来越个性化、多样化,受众不再关注哪家媒体,只关心自身需求的信息。随着互联网的普及以及互联网数据库的建立,每个人的需求都在一定程度上相应地得到满足,人的需求本来就千差万别,一旦每个人都选择自己想要的信息,那接收信息的图景就支离破碎,这种"碎片化"时代正改变着媒体传统的经营方式。

第四节 广播电视的经营策略

与其他任何企业一样,节约成本、增加收益是广播电视经营的基本原则。但广播电视和其他企业的不同之处在于它的公益性,因此西方的广播电视经营有许多独特做法。

1. 制播分离

广播电视台的节目除新闻外,基本上都从其他公司购买或招标定制。当然,"其他公司"可能是一个集团内的公司,也可能是集团外的公司。所以,一般的电视台只保留新闻部,节目部一般不自己制作节目而负责外购,包括影视剧、谈话节目、体育节目或其他社教节目等。外购节目当然要花钱,但相比自己制作,可以大大节省支出。而且,外面的制作公司也逐步实行专业化生产,有些专门制作电影,有些专门制作卡通节目、谈话类节目、音乐节目等等,从而保证制作的高水准。美国的各大电视台在20

第十章　媒介经济与经营　199

世纪70年代末基本上实现制播分离,而英国的BBC直到90年代中期才痛下决心实行制播分离。1997年4月,BBC推出重大改革措施,成立BBC制作公司,成为独立核算单位,原有制作中心的4 000人被分离出去,导致许多人失业,一批有才华的制作人离开BBC,成为独立制片人。有些人为此担心,BBC的名牌节目将不保。但数年运营结果显示,BBC的财务管理水平和市场地位、节目质量,均比几年前大为提高。

2. "分灶吃饭"

公营台和私营台分开,这是欧日电视台的做法。公营台以收取视听费为主,广告收入为辅;私营台则以广告收入为主。

无线电视和有线电视、卫星电视分开。无线电视多为综合频道,以广告收入为主;有线电视多为专业频道,以付费收入为主,广告收入为辅。卫星电视同样是付费电视,以购买解码器(俗称小耳朵)的方法让用户入网。

"分灶吃饭"避免了所有电视台都到广告市场争夺广告的恶性竞争,更重要的是保证了电视频道专业化的正常运作。对于有线电视来说,基本的服务收费可以保证各个专业频道正常生存,而广告收入、节目销售收入可以作为利润。

3. 分级收费

有线电视都采取分级收费的办法。例如美国的有线电视分成四级:第一级是常规的或称基本服务费,目前每月收28.92美元,有80个电视频道,但没有比较著名的电影频道;第二级每月56美元,比第一级增加40个以电影为主的频道;第三级是成人节目频道;第四级是点播节目,看一次付一次费,这里放映最新的电影或转播重大体育赛事,从5美元到30美元不等。当然,免费的无线电视节目照样保留,在美国有20个左右频道,让那些贫穷家庭或不愿意入有线网的家庭可以看电视。到2000年,美国的有线电视家庭只占总数的68%,就是说,还有1/3左右家庭只看免费电视。

这样分级收费的好处是,可以保证所有人都有电视看,以此体现电视的公益性;同时,受众可以根据不同收入和不同兴趣支付不同的费用来获得不同的享受。

4. 交叉促销

所谓交叉促销,就是媒体巨头同其他营销和零售组织结成独家战略联盟。1996年,迪斯尼与麦当劳签订长达10年的一份协议,允许麦当劳连锁店在全球独家销售迪斯尼的产品,主要是迪斯尼公司历年出品的卡通形象。这样,迪斯尼可以利用麦当劳 18 700 个分店提高其全球销售量,而麦当劳则利用迪斯尼的产品吸引更多的顾客,尤其是少年儿童,从而使其销量大增。这就是西方传媒业盛行的交叉促销。

5. 为节目寻找广告商,为广告商寻找节目

为节目寻找广告商,几乎所有媒体都在做,但为广告商寻找节目却是近几年西方传媒的新招法。在媒体做市场调研时,发现某一类商品很适合一个特定群体,但又没有适合这一特定群体的电视节目,媒体的市场部就会千方百计去寻找这样的节目,或是电视连续剧,或是谈话节目,甚至会招标制作一档特定的节目,从而使广告商心甘情愿地投放广告。

第五节 报刊销售

西方的报纸发行一般都采用以固定订户为主、零售为辅的方式,固定订户一般均在 70%~80%。在西方报纸的发行中,日本的报纸发行无疑是最具特色,也是最成功的。日本报纸的收入中,60% 依靠发行,而西方其他国家,一般 60% 依靠广告。所以,日本报纸比西方其他各国更重视发行。据"2008 世界日报发行百强"排行榜显示,《朝日新闻》每天发行 805.4 万份,《读卖新闻》每天发行 1 002.1 万份,其中 95% 左右为固定订户。这么多份报纸每天准时准点地投送到户,实非易事。为此,两家报纸在全国各地建立了报纸专营店(或称报纸代销商)。《朝日新闻》在全国的专营店只投送、零售《朝日新闻》一种报纸,同时兼营日用杂品,实际上是居民小区内的便民店。它们负责把《朝日新闻》送到各家各户,同时收取报费。在一个居民小区,可能只有一家这样的报纸专营店,但大多数情况下,还有《读卖新闻》等其他报纸专营店。在激烈的竞争中,专营店只有服务到家,才能稳定老订户,吸引新订户,否则订户就会转向别的报纸。

日本报纸的销售还有许多小技巧,但小技巧却发挥了大作用。1978 年,务台光雄接任《读卖新闻》董事长时,《读卖新闻》销量居日本三大报之末,务台光雄立誓在销量上赶超当时发行量最高的《朝日新闻》,采取了以下措施,将其在日本保持 50 年之久的日发行量最高的"宝座"抢了过来。

(1) 向订户赠礼物,从饭锅、洗衣粉、啤酒到毛毯、小型电子计算器。据说,为保持其 800 万份销售纪录,每月用于扩大订户的费用即达 10 亿

日元。

（2）改进服务质量。几乎全部采用送报上门的办法，每逢下雨，《读卖新闻》的贩卖店就将报纸装进印有"读卖"字样的塑料袋投入订户信箱，从而给订户留下了"服务周到"的良好印象，有的家庭从祖父辈起一直订阅此报。

（3）压低报价。日本报纸的订费随物价上涨，经常提价。《读卖新闻》在《朝日新闻》涨价之后却一拖再拖，这种"迟缓"战术，不仅保持了老订户，还增加了不少新订户。

（4）打折扣。为鼓励老订户，一年少收几个月报费。

（5）利用报社主办的"巨人"棒球队扩大报纸影响，还采取组织交响乐团、旅行社等方法来吸引读者。

美国则在杂志的发行上独树一帜，那就是在不同地区发行的杂志针对当地读者的兴趣推出不同的版本。比如《时代》周刊，每期在全球发行550万份，却有60个版本。因为对读者进行的调查表明，《时代》周刊的海外读者大多数较为富有，能操多种语言，而且关心世界大事，他们十分关心当地的政治、经济发展问题，而且通常比其他人更容易从国际的角度去思考问题。所以，《时代》在保持母版主要稿件的同时，为当地读者度身定制当地重大事件报道和分析①。

第六节 广告新招法

在西方各国，广告无处不在，成年人每天起码接触120条以上的广告。一位专家评论说："这是一个全球商战的时代，在这个时代，最有力的战术武器就是广告。"②

在形形色色的广告中，广告表现手法越来越追求出奇制胜、引人入胜。在目前西方广告界，最引人注目的招法是使广告娱乐化，避开消费者对广告根深蒂固的怀疑，让消费者乐意看广告。有的把广告片拍得很幽默、夸张，让人可以哈哈一笑；有的把广告片拍得曲折、有情节，甚至有悬念……然而，近几年来，欧美流行的广告娱乐化方式是把经销商的产品放

---

① 〔美〕威廉·哈森：《世界新闻多棱镜》，新华出版社2000年版，第150—153页。
② 〔美〕爱德华·赫尔曼：《全球媒体》，天津人民出版社2001年版，第63页。

进电影、电视剧的剧情中去。1997年7月4日,美国电影界推出巨片《独立日》,剧中的"美国总统"利用他的"苹果笔记本电脑"从入侵的外星人手中拯救了世界。获奥斯卡大奖的《阿甘正传》中,剧中人物有一句赤裸裸的台词:"见美国总统最美的几件事之一就是可以足喝'彭泉'牌饮料。"这已不像是影片中的台词,而是十十足足的广告用语。风靡全球的"007"电影,"宝马"等名车在里面大出风头;《玩具总动员》中,干脆让"弹簧狗"之类的名牌产品玩一把"主演"瘾。这样的事例可以说不胜枚举。

在电影、电视剧里藏广告,对制片商、营销商可以说是双赢。电影中那些十几万美元一部的名车被撞得七零八落,制片商分文不掏,自有汽车厂家捐赠,像《007之黄金眼》一剧中,宝马公司不但送车,还送了300万美元。在《傻瓜:电影版》中,米勒公司就为了让剧中人喝一口米勒啤酒,送上40箱啤酒。然而,比起商家的利润,这只算是区区的一点投资。《外星人》一剧中,主人公用一种叫"里斯"的巧克力豆把外星人吸引到屋里来,不久,"里斯"巧克力豆热销全美,一年中销售量上升65%;而《007之黄金眼》一放,宝马公司多卖出2.4亿美元的汽车,区区300万美元的投入算得了什么?对商家来说,获得更多的还是它们的品牌效应,影迷们会对电影中的各种产品议论不休,留下长久记忆,这比在媒介上做广告的影响大得多。在美国电影《荒岛余生》中,一只小小的排球成了落难的汤姆·汉克斯唯一的陪伴。汉克斯常常对它倾诉,一直呼叫"威尔森",这个排球品牌几乎一夜之间家喻户晓。有什么广告能够达到这样的效果呢?

第十一章 西方媒体与政治

新闻媒体诞生不久,媒体就和政治结下不解之缘。随着媒体"第四势力"地位的确立,媒体对政治的影响逐步增大。在现代西方社会,媒体对政治的影响已渗透到方方面面。

第一节 政府与媒体:剪不断理还乱

西方媒体对西方各国政府的决策究竟有多大的影响力,可以以前南联盟的科索沃战争为例一窥究竟。在开战之前,西方各主要国家的媒体开足马力,大肆宣传南联盟政府和米洛舍维奇总统在科索沃实行"种族清洗"、"种族灭绝",除了新闻报道,还有图像、照片、电视播出现场暴行控诉会等。但这些报道,许多查无实据,而不少有据可查的却发现是假的。例如,1998年3月30日,西方各大报头版头条刊出新闻:南联盟军队处决了科索沃阿族温和派领导的主要顾问阿贾尼和5名阿族著名知识分子,其中一人是普里什蒂纳一家日报的主编哈休。这激起西方媒体业界的愤怒,但事后一查,是典型的假新闻。4月7日,被"处决"的哈休到达巴黎,向新闻界证实他的所谓被处决的同事都很好。同年4月,美国电视现场直播一位来自科索沃的少女声泪俱下,控诉南联盟军队杀害其双亲,枪杀村民,抢劫财产,无恶不作。该少女的眼泪引发了全美民众对南联盟政府的仇视,但事后一查,这名少女是阿尔巴尼亚驻美大使的女儿,压根儿没到过科索沃,是有人让她当了一回演员。但这一系列报道造成了西方民众同仇敌忾讨伐南联盟政府尤其是米洛舍维奇的气氛,使美国和北约军队虽未经联合国授权,却可以高举"救民于水火"的义旗,大举出兵,对南斯拉夫狂轰滥炸——"赢得了舆论,就赢得了战争"①——前美国总统、第二次世界大战著名统帅艾森豪威尔的名言再次得到印证。

  与此形成鲜明对照的是在20世纪60年代越南战争后期,许多媒体开始质疑这场战争的正义性,尤其是美军在越南的暴行开始在电视上曝光,激起全美反越战的浪潮。当时,电视业最有影响力的节目主持人沃尔特·克朗凯特也改变态度,抨击政府,给反越战运动强大的助推力。

  当然,稍有常识的人都会知道,媒介不可能决定战争,但媒介可以动员民众、鼓舞士气,从而对战争具有重大影响力,这也是不可否认的。西方的政治家们有一点是明白的:当媒介没有为公众准备好舆论,政府的决策是软弱的。正如美国著名的政治学家怀特所说:"在美国,如果新闻界还没有准备好公众的思想,那么任何国会的重大立法、任何国外冒险、任何外交活动、任何重大的社会改革都不可能成功。"②

  媒体为什么对政府有如此巨大的影响力?这是西方国家的政体所决定的。西方各国都号称是民主国家,其主要标志是民众对国家领导人、国家决策具有最后的决定权,即所谓主权在民。而媒介通过源源不断地提供信息、提供意见,为民众安排议程,影响他们的思考。这就是媒介的力量所在,是政府不敢小视媒体的原因所在。所以,报纸的发行量,电台电视台的收听率、收视率不仅仅是媒体的财源,也是媒体影响力的根源。政府从来只看重那些有很大发行量的报纸,很高收听、收视率的电台电视台。《光明日报》曾驻华盛顿的首席记者薛福康经他多年观察,得出这样的结论:

  "虽然有数以百计新闻单位的记者领有白宫记者证,但他们在白宫享受的待遇是不一样的。像《华盛顿邮报》、《纽约时报》、《华尔街日报》,还有《洛杉矶时报》等几家大报在华盛顿政治圈内有广泛深入的影响力。白宫就经常把一些重大新闻、对政策的解释,以及总统的行动先捅给这些报社的记者。"③

  "白宫在运用媒体时同广告公司一样,首要的标准还是按记者的影响、报刊的发行量和节目收视率来分配资源。如在里根执政时期,ABC的'美国您早'是收视率最高的晨间新闻节目,白宫总是派出某方面问题的主要负责人接受访谈,谈外交政策就安排国务卿去,谈国防政策就安排国防部长去。"

---

① 顾耀铭:《我看美国媒体》,新华出版社2000年版,第97、98、29页。
② 〔美〕西奥多·怀特:《美国的自我探索》,中国对外翻译出版公司1984年版,第192页。
③ 顾耀铭:《我看美国新闻媒体》,新华出版社2000年版,第72、9页。

这些著名的媒介就是人们所称的主流媒体,它们的受众主体是各国的中产阶级,代表着一批大公司、大财团的利益。西方各国政府对这批媒体的重视,在本质上就是对这些阶级、阶层和群体利益的重视,这也是统治阶级的利益所在。

从总体上看,媒介对政府的作用主要表现在以下几个方面。

(1) 发布政治信息,追踪政府动态。除了常规新闻,特别引人注目的是所谓机密的、绝密的消息"泄露"。实际上,这往往是政府通过媒体施放的"政治气球",听听方方面面的反映,一旦有问题,政府可以推卸责任。美国前总统卡特的国家安全事务顾问布热津斯基承认,在白宫,消息会未经授权就泄露出去,就连自己"泄露"的消息也都是故意的。

(2) 解释政府纲领和决策,以利其顺利推行。这方面最著名的案例就是20世纪30年代罗斯福总统的炉边谈话。1933年3月,罗斯福当上总统以后,为推行他的施政纲领即"罗斯福新政",通过电台发表谈话,回答记者提问,和民众第一次"面对面接触",让民众充分了解"罗斯福新政"。由于谈话在白宫会议室火炉旁进行,史称"炉边谈话",一共进行了27次,让"罗斯福新政"深入民心,让美国顺利渡过1929年金融大危机,走上复苏之路。

(3) 提供方方面面的意见,供决策者参考。所谓意见,都是不同利益的公开表达。政府的决策,涉及利益的调整,媒体所提供的方方面面的意见便于决策者进行协商,能照顾到各方利益。

(4) 塑造政界人物形象,提高各种政界人物的知名度。这也是各种政界人物亲近媒体的主要目的之一,尤其在竞选期间。

正因为媒体已成为西方各国政治运作的关键之一,各国政府无不重视媒体。以美国为例,政府与媒介的关系一直是政治生活中的一个焦点,在非常情况下甚至能左右政局的发展。美国政府多年来已经建立了一个包括美国新闻署在内的庞大新闻传播体系[①]。这个传播体系的核心是白宫的新闻局和总统新闻发言人办公室,主导行政当局日常新闻工作。新闻局的主要职责是制定政府的中长期新闻宣传政策,协调白宫与其他部门以及国会的关系,配合完成政府在各个阶段的中心任务。在白宫400名官员中,处于公关宣传第一线的人员占了约四分之一。总统新闻发言人则直接向新闻媒介传达政府的态度。总统新闻发言人必须提供准确的信息,包括总统当天的活动日程以及政府在国内外重大事件上的原则立

---

① 绍文光:《美国政府与新闻媒介的关系》,载《国际新闻界》,1998年第5—6期。

场。他还必须体察媒介的需要,懂得新闻媒介的内部运作程序,善于同记者打交道。除了总统新闻发言人之外,美国政府其他部门都有自己的发言人,并定期对媒介发布消息,其中最重要的是国务院和国防部的新闻发布会。媒介新闻的另一重要来源是国会。美国国会有100名参议员和435名众议员,每个议员都有自己的新闻办公室,主要任务就是同新闻媒介打交道,从事这类工作的总共有几千人。这些新闻办公室安排议员接受记者采访,印发大量的新闻稿提供给媒介,邀请记者旁听国会讨论某项议题并予报道,以利用媒介宣传议员在重大国内外问题上的观点,提高议员在全国的政治地位和知名度。

政府离不开媒体,反过来,媒体同样需要政府,因为政府是政治新闻最主要的消息来源。媒体如果和政府主要领导关系搞得很僵,得不到重要的"独家新闻"或"内部新闻",那么就难以吸引受众,发行量、收听收视率下降,那是媒体难以承受的。同时,媒体自身的利益需要政府关照。日本的记者俱乐部制是西方各国政府和媒体密切互动的典型。日本各政府部门都设有记者俱乐部,例如首相官邸记者俱乐部、防卫厅长官记者俱乐部等,每家大媒体都由政治部派出记者长驻俱乐部,这批政治记者都和政府有相当亲密的关系并得到俱乐部认可,首相和各部门首脑在记者俱乐部或密谈或吹风,让记者公开发表,传达政府意图。只要有任何出格行为,记者俱乐部就会拒绝再接受这样的记者采访。

媒体被西方学者称作政府的"看门狗",它们确实为维护资本主义制度,为各届政府实施其纲领、决策立下汗马功劳。但这决非说双方没有矛盾,由于政见不同,代表的利益群体不同,各种媒体与政府始终有各种矛盾,关系时好时坏、时缓时紧,双方既相互需要,又时常对立冲突,这种状况将长久持续下去。

第二节 媒体与政治民主

在西方,大众传媒被称作"民主发展的土壤和载体"。这里所称的"民主"主要是指选举。当然,民主不仅仅包含选举,还包含对各种公共事务的公开表达和具体参与,然而,选举无疑在西方的政治民主议程表上是最优先的。"在现代社会的政治活动中,选举不仅是选举公职人员包括重要官员的主要办法,而且是公民参与政治决策的可行途径和具体体现。"①而大众传媒能成为民主发展的土壤和载体,就因为大众传媒能把有关信息和意见源源不断地提供给民众,"大众传媒通过信息和观点支撑民主"。

在西方的政治运作中,传媒和选举是结合得最早、最紧密的,尤其是电视的产生,对选举产生了巨大影响。"电视改变一切","电视改变政治",美国著名政治学者怀特如是说。电视的产生对选举到底产生何种影响呢?

(1)电视成为最主要的竞选工具,因为电视比报纸具有更广泛的受众(读报要有一定文化程度,电视没有语言障碍),比广播更具直观性。比如2000年美国大选,全美有六七千万观众观看共和党候选人小布什和民主党候选人戈尔之间的第一场总统辩论②。两位总统候选人巧舌如簧,时而自我吹捧,时而讥讽对手,热闹非凡。内行看门道,外行看热闹,内行外行都看,其影响之大,可想而知。从1960年起将近90%的美国人一直通过电视来关注总统竞选活动③。所以,西方一些学者把现代选举称为"电视竞选"、"显像管民主"。

(2)形象比纲领更重要。报纸是纸质媒体,所以,在西方各国早期的竞选中,竞选各方都非常重视自己的竞选纲领,以便让选民字斟句酌。电台以声音作媒体,所以,竞选主导者往往推出字正腔圆、能说会道、声音洪亮的人作为候选人。电视作为视觉媒体,它让竞选人的形象直接出现在千千万万选民的面前,一举手一投足都会给选民留下印象,决定选票投向。1960年,美国共和党候选人尼克松和民主党候选人肯尼迪首次开创电视辩论。当时,尼克松已有8年参议员、5年副总统的资历,比肯尼迪更沉稳、老成,富有治国经验,但肯尼迪以风度翩翩、充满活力的电视形象赢得年轻人喜爱而险胜尼克松。毫无疑问,那些适合电视特点的人,相貌端庄、善于表演的政治家往往捷足先登。当然,并不是竞选者的纲领不重要,竞选纲领、出奇制胜的绝招,在竞选中仍然是必不可少的。比如1980年、1992年、2000年美国总统大选,里根以"重振美国国威、军威"为纲领,克林顿高举"改革"旗帜,小布什以"减税"相号召,都赢得选民的欢心。但从一般情况看,除新崛起的新贵派有些哗众取宠的东西外,各传统大党的竞选纲领已大同小异,了无新意,而且,无论竞选者还是选民都明白,这仅仅是"纲领",嘴上说说而已,一旦执政,竞选纲领和执行纲领往往相差甚大。在这种情况下,竞选者的形象更显重要,尤其对那些文化程度低的

---

① 〔法〕让·马里·科特雷:《选举制度》,商务印书馆1996年版,第95页。
② 《大众传媒塑造美国大选》,载《中国青年报》,2000年11月8日。
③ 王沪宁:《比较政治学》,上海人民出版社1987年版,第173页。

选民、那些懒得读报的年轻选民来说。西方各大党的候选人都聘请公关公司为他们设计"公众形象",从面部表情到举手投足的"专门动作"。克林顿的两次当选都与他深谙媒体运作为自己塑造形象有关。在 1992 年竞选时,克林顿曾到电视著名谈话节目上和青少年亲切交谈,并戴起墨镜"亲自"吹奏萨克斯管。第二天全美各报、各电视台都发表、播放这条新闻。"酷",这是对当年克林顿的专业用语,这一形象与老布什古板、守旧的形象形成鲜明对照,加上克林顿的"改革"观念,取胜便在情理之中。1996 年,克林顿和共和党候选人多尔对决,电视辩论会上,克林顿伶牙俐齿、妙语连珠,再次以其风流倜傥的形象压倒多尔。然而,在这场竞选中,共和党却发现一名新人——多尔夫人,她端庄稳重的仪表、富有激情的演讲,风头盖过克林顿夫人希拉里。在 2000 年总统大选中,共和党人推选多尔夫人来竞选,位列小布什之后,后因经费不足退出。

(3) 竞选费用越来越高。西方学者讥讽"竞选是由电视包装起来的特殊商品的销售"①,而这个"包装"费用却是巨大的。总统竞选,市长、州长竞选,议员竞选,每一位竞选者都得组成一个竞选班子,尤其有些国家的总统选举,有一个庞大的班子,工资、房租、旅行、会场费、资料等等都要开支,其中最大的开支就是用于大众媒体的宣传费。在美国,一些大报的整版广告要 6 万~10 万美元,插播一些著名节目的广告每秒 5 万~8 万美元。每位竞选者若想让更多的人熟悉、了解,必须在报纸、电台、电视台频频曝光、亮相,一连几个月,就得不断打广告。美国 1992 年 11 月的国会选举报告表明,在 85%的情况下,竞选的胜利只对花钱最多的候选人微笑。所以,竞选费用一年比一年高,美国国会为此不得不制定《竞选法》,对参选费用上限作出规定。1996 年总统竞选,克林顿和他的对手都用完竞选费用上限——6 180 万美元。

高额的竞选费用全靠竞选者自己去募集。谁来捐钱? 选民中一些铁杆拥戴者会捐,但这只是小数,大钱得靠那些大企业、大财团来捐。比如小布什在 2000 年总统竞选中,经费就主要依靠军火商、石油商那些大亨。1999 年初,小布什一表示有意参加竞选,几个月内就筹得 5 000 万美元,到 2000 年 3 月,离两党总统候选人正式对决还有 8 个月,小布什就花去了 6 320 万美元,手头还有 1 060 万美元;与此同时,民主党候选人戈尔在党内预选的角逐结束后,只剩下 400 万美元。这表明两位总统候选人从激烈的初选到最后当选,根本就是一场金钱消耗战。投桃报李,候选人入

---

① 刘华蓉:《大众传媒与政治》,北京大学出版社 2001 年版,第 105 页。

主白宫以后,当然就得维护这些公司的利益。靠军火集团、石油集团上台的小布什总统,入主白宫以后的举措就处处在维护这些公司的利益。竞选费用越高,候选人对大公司的依赖越深,政党、政府和大公司的利益联系就越发紧密。

第三节 媒体与公共事务

公共事务涉及公共政策的制定和执行,它是现代社会中国家政治决策和执行体系最重要的部分之一,与人们的生活状况和社会发展息息相关,与各群体利益密切相关,包括犯罪与社会安全,公平与经济发展,种族与社会和谐,战争与外交政策,污染与环境保护,以及住房、卫生、社会保障、教育、公共交通等一系列实际问题①。

按照西方一批学者设计的理想模式,大众传媒在公共政策方面能够发挥巨大的作用。

(1) 不断提供信息,保证政府公共政策决策和执行的透明度,为公众参与和监督提供足够的信息保证;避免政府公共政策制定、执行过程中的暗箱操作。

(2) 设置议程,影响政府的决策议题的轻重缓急。媒体通过持续的报道,把公众呼声最高、要求最迫切的社会焦点、热点、难点不断地反映出来,从而推动政府把这些焦点、热点、难点作为优先考虑、优先予以解决的问题。

(3) 聚焦众议,博采众长,完善公共政策。一个国家的民主程度,其重要表现就在于政府的公共政策是否均衡合理地体现有关阶层和群体的利益②。大众传媒通过报道、评论可以使分散的、潜在的社会意愿和要求转化为明确的、集中的政策要求,让政府明确地意识到不同的意见和要求,避免主观臆断,从而使公共政策的制定能平衡方方面面的利益。

上述三个方面是理论家们的理想境界或者说是理论家们为大众传媒在公共政策制定方面所设计的功能,但实际实行过程却是另一番景象。

不可否认,西方的大众传媒在推动政府按公众意愿制定公共政策方面起着积极的作用,尤其在提高公共政策制定的透明度上,作用十分明

---

① 参见张国庆:《现代公共政策》,北京大学出版社1997年版,第4页。
② 参见刘华蓉:《大众传媒与政治》,北京大学出版社2001年版,第112页。

显。像美国的公共电视网 C - SPAN,每当国会开会,它就全程追踪报道,把每个议员的发言、表态都原封不动地呈现在公众面前。西方各国制定的阳光法案,及时公开政府的各种文档以便公众查阅,使政府在制定公共政策过程中暗箱操作存在相当难度。但是,从总体情况来看,理论家们所设计的理想境界难以达到。媒体的议题设置功能究竟是为政府还是为公众是大可怀疑的。日本传播学者铃木健二把日本大报看作是"国家主义的囚徒"。他严厉地批评:"日本的大众媒介往往一面强调公共性,一面代表国家政府='公共机关'='官'而发言。而且往往连对这事的自觉也没有。还有,也许和'公'='官'的认识有密切的关系,日本的大众媒介和官方的交往太广、太深。而且他们对这情况不但一点儿也不怀疑,反而以和官方的交往自豪。第一,采访本身是以政府机关为中心。大众媒介发表的消息当中绝大多数是政府机关提供的,往往受批评的记者俱乐部制度对政府机关消息的扩大生产作出不少的贡献。第二,大众媒介本身想进入'官'的内部。看上去,大众媒介的干部们对作为'有识之士'就职政府主办的审议会、研讨会等的委员,一点儿也不觉得不自然。大众媒介喜欢批评这些审议会是一种政府的隐身草,然而大众媒介的干部往往是这些审议会的成员,这就是很大的矛盾。第三,这就是挺严重的问题:大众媒介常常热心地邀请皇室有关人员来参加本社主办的活动,请求他们为了本社有关人员能得到勋章提供帮助等等,大众媒介向政府、地方自治体的请求太多。"①

把官方新闻当作最重大的新闻,把官方意志当作公众意志,这在美国同样存在。1990 年全国报业协会对刊登在《纽约时报》和《华盛顿邮报》②上的 2 800 多篇新闻所做的调查发现,78% 的新闻主要基于一些政府官员的话语。这两大报的新闻又被其他各报转载,各大电视网的新闻走向基本上也跟着这两家大报走,影响逐级放大③。媒体跟着政府的议程转,然后公众随着媒体的议程走,媒体并非按照公众的意愿给政府设置议程,而是按照政府的意愿为公众设置议程,以争取公众对政府的支持。因为,"在当今世界上,什么都无法逃脱公众意见的砂轮……这是一个'取悦公众的时代'。离开了公众支持,没有任何个人或机构能够长期兴旺发达"④。

媒体对政府公共政策的作用还深受利益集团及其公共关系部门的影

---

① 〔日〕铃木健二:《国家主义与媒介》,日本岩波书店 1997 年版,第 29 页。
② H. T. Gans, "The Messages Behind the News", *Columbia Journalism Review*, 1979(1).
③ 顾耀铭:《我看美国媒体》,新华出版社 2000 年版,第 90 页。
④ Cuelip, Scott, *Effective Public Relation*, Prentice Hall, New Jersey, 1971, p. 10.

响。媒体上许多的所谓"意见"、"不同考虑"均出自这些利益集团,尤其是大公司的要求。1992年,克林顿入主白宫不久,由其夫人希拉里主持,提出一项全民医疗保险议案,送请国会审议。该议案旨在减少国家对医疗费用的补贴,以减轻国家财政赤字。但这样一来,医疗保险收入将大为减少。美国医疗保险协会花1 700万美元请了一家著名的公关公司展开大规模电视宣传活动。该公司总裁也承认:这是一场大赌博,因为这是组织对抗美国政府的行动。在强大的宣传攻势下,许多不明就里的公众也跟着媒体唱反调,多次民调都显示,反对政府医疗政策的人比支持的多,众议院最终投票否决了这项议案。禁枪案同样如此。全美一次又一次校园枪杀案、家庭枪杀案震惊美国乃至世界,但国会每次都否决禁枪议案。这当中确有相当部分公众反对禁枪,但美国枪支协会花重金大肆宣传"拥有枪支是人权"的观念,把枪支与人权相联系,这是非常高明的宣传手段,以致到了"一个议员如果要取消自由买卖枪支的立法,就一定要落选"的地步①。在这些利益团体铺天盖地的宣传攻势下,媒体上真正的公众意见已难觅其踪影。

近些年来随着媒体集中化程度越来越高,竞争日趋激烈,媒体本身也成为一个利益集团,媒体还和其他大公司有着千丝万缕的联系。一旦政府所制定的公共政策与媒体本身的利益有关,媒体的报道就难以做到客观、全面、公正,而是带有许多偏见和倾向。"媒介已不再是政治的旁观者,它已不再满足于仅仅去报道现有的存在的政治,而是日益成为政治机体中异常活跃的一分子,并对政治产生越来越重要的影响。"②媒体甚至可以牺牲公众利益,与政府、议会进行交易,以制定一个有利它们利益的公共政策。比如,20世纪80年代中期,美国ABC公司的老板们积极游说政府官员,争取每家广播网能拥有的电台、电视台数量从7家扩大到每类12家,但FCC一直不作答复。当时,ABC记者采集到对里根政府的许多不利材料——里根的一位密友开办的养老院有严重的危害健康和安全的记录;里根的另一位密友试图阻止法院调查他的竞选赞助者;联邦调查局掩盖了当时的劳工部长与黑社会组织有染的情况。如果此三条新闻公开报道,那是各媒体可以炒作的猛料,对里根政府极其不利。但ABC高层决定,砍掉这三条爆炸新闻。1985年初,共和党人控制的FCC果然把"7-7-7法规"改为"12-12-12法规",ABC实力由此大增。

---

① 〔美〕赵浩生:《政治游说、国际公关与中国形象》,载《国际新闻界》,2001年第4期。
② Tay G. Blumler & Michael Gurevitch, *The Crisis of Public Communication*, SAGA, 1995, p.18.

第十二章　西方媒体与文化

文化是任何国家的民族之根,从一个国家的制度、权力机构的运作到平民百姓的日常生活,无不透视出一个国家特殊的文化底蕴。在当今西方世界,高度发达的传媒已成为最大、最强有力的文化产业,无孔不入地、每日每时地影响着整个西方社会。

第一节　主流媒体维护主流价值观

价值观是文化的核心。主流价值观反映一个国家意识形态和社会道德的基本取向,反映出一个国家主流社会的基本意愿。一个国家主流价值观的彰显,表示一个国家的社会稳定和有序;反之,一个国家主流价值观的混乱,必然导致一个国家人心涣散、社会秩序混乱。在当今的西方,主流媒体是主流价值观的支柱并精心地维护着主流价值观。

美国的社会学家赫伯特·甘斯从分析社会稳定和新闻媒介的关系来认识新闻传播的意义。他认为:"新闻本身不局限于对真实的判断,它也包含着价值观,或者说,关于倾向性的声明。"他还认为,在美国,在西方各国,新闻报道的基础是媒介认为国家和社会应该如何的图景。也说明媒介不仅仅是在报道正在或已经发生的事实,还在或明或暗地提倡什么、反对什么,以其理想的图景力挺主流价值观,塑造社会。甘斯把它称作永恒的新闻价值观,并确定永恒新闻价值观的八种具体表现(见表12-1)[1]。

---

[1] Adapted from Herbert J. Gans, "The Messages Behind the News", *Columbia Journalism Review*, Jan. Feb. 1979, pp.40-45.

表 12-1 西方媒介永恒的新闻价值观

民族优越感	认为自己的民族优于其他民族(在国际新闻中最明显)
利他的民主	新闻暗含政治应以公众利益为基础,并为公众服务
负责任的资本主义	新闻暗含生意人应避免大量剥削工人和消费者,赚取不合理的利润
小镇田园主义	喜欢定居于小镇而不是其他地方(崇尚自然及小型)
个人主义	保护个人自由,不受国家和社会的侵犯
中庸主义	反对超载限制或极端主义(违反法律、违反主流道德准则和恒久价值观)
秩序	尊重权威和相应的恒久价值观,关注社会凝聚力
领导素质	有道德或有能力的领导,公正直率有远见,精力充沛,勇气十足

在甘斯看来,在所有国家中,民族优越感最明显地体现在战时新闻中。自己国家的军队在战场微小的获胜都大肆渲染,而他们的种种暴行、劣迹却竭力掩盖。甘斯的看法有很多实例可佐证。1999 年,南联盟科索沃战争期间,美国数枚巡航导弹炸毁了中国驻南联盟大使馆。对这种故意侵犯中国主权的行为,美国媒体噤若寒蝉,或者不报道,或者在不显眼的国际版上登一小角落,使美国民众基本不知道有这件事情。形成鲜明对比的是 2000 年,美国侦察机因在我国海岸附近侦察飞行,与我前来阻拦、驱赶的战斗机相撞,最后未经我国同意,迫降在我国海南岛机场。美国所有媒体都一拥而上,新闻、图片、评论、访谈、追踪报道,花样百出,炒得沸沸扬扬,强使中国尽快还机放人。

甘斯还解释,美国以及西方媒体的国内新闻强调利他的民主,强调美国式的民主应如何运作。对腐败、冲突、抗议和官僚弊政的新闻报道,都是以美国的制度和官方行事规范为标准来取舍的,"大众传媒通过将偏离社会规范的情况公开暴露的方法重新确立社会规范"[1]。

主流媒体维护主流价值观,还具体地表现在媒体维护一些机构和维护中产阶级尤其是中上层中产阶级的利益及其社会形象上[2]。澳大利亚学者约翰·费克斯对美国电视剧《Hart to Hart》中的两个片断进行了剖析,他发现,在这两个片断中用了 18 个大特写镜头来表现反面人物,而用在正面人物身上的大特写只有 3 处。正常的电视镜头距离是中景特写,

---

[1] 〔美〕沃纳·赛佛林、小詹姆斯·坦卡德:《传播理论》,华夏出版社 2000 年版,第 351 页。
[2] 在美国,中产阶级一般指有固定职业、年收入在 3.5 万~12 万美元的阶层,中上层是指一般在 5 万美元年薪以上者。

这使观众与屏幕上的角色处于亲密、舒服的关系。大特写让人产生不适,他认为产生这样的意义原因在于人际距离这个社会符码。在西方社会中,身体周围 24 英寸的空间为私人空间,有人进入这个空间,要么是敌对,要么是亲密无间。同时他发现,该剧在剪辑上正面人物有 72 秒,反面人物只有 49 秒;当镜头转向反面人物时,音乐变得低沉忧郁。正面人物的房间宽敞,灯光是柔和的淡黄色;反面人物的房间小,灯光是刺眼的白光。正面的一对儿亲密合作,反面的一对儿吵吵闹闹;正、反面的女主角都在打扮自己,正、反面的男主角都在计划。反面人物有不是美国人的迹象,有些观众认为其口音、举止像英国人,有人认为像西班牙后裔;正面人物毫无疑问是美国白人。通过这些技术处理,电视体现了主流意识:白人是高雅的、体面的、有钱的、机智的,他们在抓罪犯;非美国人/下层社会粗俗、肮脏,他们是罪犯。男人是决策者,女人是男人注视的对象;夫妻应当和睦……"如果我们在解码时采用与制码一样的意识形态,我们就被拖进白人、男性、中产阶级、美国人(西方人)的传统道德观的位置。"[1]在这个位置上理解节目,我们就沉溺在主流意识形态之中,主流意识得到了维护和巩固。

这是电视剧调动各种艺术手段来塑造中产阶级的正面形象。新闻报道当然不可能这样做,但可以通过选择——选择内容、选择角度——来达到编者目的。按一些学者的研究,银行、宗教、法律、医疗、教育机构往往是不可轻易冒犯的。媒介宁可揭露政府机构和大企业老板的种种劣迹,也不愿公开揭露上述机构及其人员的丑闻,因为这些机构及其从业人员是主流社会的象征。"偶尔也会出现一些批评性的文章和节目,但这样的东西太少了,以至于被大量顺从的材料淹没了。"[2]媒介为什么不轻易冒犯这些机构呢?

银行。曾任美国国家经济研究院院长的马丁·菲尔斯坦因经长期研究,得出这样的结论:"地方报纸对地方储蓄和贷款的危险不予报道。""在一家金融机构发生危机时,如果没有全部存款人的保险,个人的存款就会受到威胁,因而人们对地方存贷公司的管理更感兴趣。"[3]

宗教。美国社会学家布里德曾说:"值得注意的是,宗教对于社会整合具有双重的重要性。宗教的价值不仅在于自身,而且在于它捍卫和维

---

[1] John Fiske, *Television Culture*, Methuen and Co. Ltd. London,1987, p.11.
[2] 〔美〕沃纳·赛佛林、小詹姆斯·坦卡德:《传播理论》,华夏出版社 2000 年版,第 356 页。
[3] 《每晚商报》(美),1989 年 3 月 20 日。

护了使社会稳定有序的感情。"①所以,教会、牧师的种种劣迹,难得被媒体公开曝光。前个时期,美国一些牧师的性犯罪案已一拖几年,直到警察侦破此案,闹得沸沸扬扬才上媒体报道。

法律。法律神圣不可侵犯。体现法律尊严的法官,在西方的媒体中,不管在电视剧还是新闻报道中,总是高高在上,威严异常。律师也是如此。为什么在电视中律师出现的频率比普通人要高?而现实生活中工人的人数比律师多。电视符号学认为这反映了主流意识,即资本主义社会的价值观。在资本主义社会里人们崇尚权力和财富,鄙视无权、贫穷,是价值观使电视中反映的事物与现实生活发生了偏差②。

医疗。"在报纸中医生几乎从来不以反面形象出现,在其他的媒介中,如日间电视连续剧中的医生形象,也都是令人崇敬的。"③教育部门也如此。

毫无疑问,法律机构、医疗机构、教育机构等是中产阶级的精英集中之处,最能体现西方社会的主流价值观,媒介对这些人形象的精心呵护,正是对主流价值观的维护。当然,媒介对这些机构和人员的丑闻也有公开的揭露,但比起其他社会群体来,对这些人的揭露数量少得多,程度轻得多,并且通过揭露那些偏离社会公德的情况来强化社会规范。

媒介上述的新闻和评论政策是隐蔽的,不会公开写在任何文件或媒介规定上,而是需要新闻从业人员自己去体验、感受。媒介高层通过奖罚、升降来引导媒介的这种政策,同时,各家媒体"更多地采用高层次内容,记者、编辑、摄影人员和新闻节目主持人也更多地从中上层阶级或者是那些盼望进入中上层阶级的人才中擢选,他们则认同于接受采访的官方立场"④。

第二节　大众传媒塑造大众文化

如果谁不明白大众文化,那么不妨上街去看看。在世界所有繁华的都市、繁华的街头,年轻人几乎都是一式的着装:一件T恤上装,一条牛

---

① Breed W., "Social Control in the Newsroom", *Social Forces*, 1995(3).
② John Fiske, *Television Culture*, Methuen and Co. Ltd. London, 1987, p.21.
③ Breed W., *Mass Communication*, University of Illinois Press, 1958, p.113.
④ 〔美〕沃纳·赛佛林、小詹姆斯·坦卡德:《传播理论》,华夏出版社2000年版,第351页。

仔裤(长或短),一双牛皮球鞋,头戴 walkman,背一只小包,行色匆匆,街头正播放着当红歌手的最新歌曲。回到家里,打开电视,人们看到的总是轻松的搞笑片,博你放声一笑。现代社会的民众被笼罩在大众文化的氛围之中,只不过青年人总是大众文化的先锋。

大众文化是社会流行的生活方式。按日本学者的分类,大众文化的内容分为两大类:"同生活行为有关"的文化和"同精神行为相关"的文化①。前一类是人们的生理需求,包括衣、食、住、休闲等;后一类是人们的心理需求,包括娱乐、宗教、言语、思想等,比如畅销书、流行音乐等。

构成大众文化有三个必备的要素:一是流行。流行几乎成了大众文化的标志或同义词,它是一种事物、行为或观念,在短时期内在社会大众中传播开来,并为人们接受、认同和仿效。它能使千千万万人冲动一时,趋之若鹜。二是符号化。西方许多研究者指出,在现代消费社会,商品在原有的交换价值和使用价值之外,还有另一种价值,法国后现代理论家鲍德里亚称之为"符号价值","商品作为符号,能够表现消费者的个性、特征、地位和修养"②,这包括商品的品牌、产地、特有的样式、颜色、气味等等。这使某种商品既满足人们的生理需求,又满足心理需求。三是偶像崇拜即当今社会的"明星制",大众顶礼膜拜明星,追逐模仿他们的服饰、举止、言谈。

大众文化的上述三个要素造就了大众文化的基本特征——

时髦:它们往往是新鲜的而且奇特的,否则难以引发人们的兴趣。

肤浅:它们通常是表现在外在的、表面的,可以刺激人们的感官。

便利:人们可以很容易得到它们。

批量:可以让千千万万人同时使用、同时消费。

快餐式:可以供人们及时享受,获得一时满足、一时快感。所以,大众文化又被称作"快餐文化"。

大众文化的这种种特点使大众传媒成为大众文化最好的载体。在现代社会,大众传媒是大众文化的倡导者、促进者。事实上,与其说大众传媒为大众文化度身打造,不如说大众传媒是大众文化的生产者。

(1) 大众传媒和大众文化的对象完全一致。大众文化作为一种文化形式,它的对象也不是局限在某一狭窄的社会阶层中,而是基本失去阶层差别的社会大众。大众传媒比起以往传播工具,就其广泛性,完全可能成

---

① 转引自〔日〕竹内郁郎:《大众传播社会学》,复旦大学出版社1989年版,第147页。
② 赵一凡:《欧美新学赏析》,中央编译出版社1996年版,第174页。

为一个地区、一个国家乃至全球的通用媒介,使得大众能在毫无外在限制的条件下自由地享用。

(2)大众传媒的特点符合大众文化的内容要求。大众文化的生命力表现在不断变换花样,快速更迭,决不会像经典作品那样"各领风骚数百年",而是一年一变,一年数变。大众传媒的特点恰恰就在于以最快的速度传播最新的变化,并且以通俗易懂的方式被最大多数人所接受。

(3)大众文化的形式多追求感官刺激,这正是大众传媒的强项之一。以视像为主要手段,辅之以声音、文字、色彩等诸多手段的现代大众传媒,对人类感官形成的刺激相对于历史上任何一种传媒来说,都是无与伦比的。

在现代西方社会,大众传媒和大众文化相辅相成、互为依赖。大众传媒成为大众文化的动力源:大众传媒不断提供新的内容,从而使流行永不休止地潮涨潮落;大众传媒大范围的持续传播,使大众认可了某种商品与符号之间的关系,完成商品的符号化;而任何偶像,无论歌星、影星、球星、模特还是其他的明星,都是大众传媒的产品,他们在公众心目中的形象与真实形象相差甚远,只不过是大众传媒制造的虚拟光环。没有大众传媒,一大批价格惊人的名牌与普通商品没有区别,一大批明星与普通人也毫无二致。对于大众传媒来说,大众文化是它的生命之源,因为大众传媒必须以不断变幻的流行充作自己的传播内容,并在一次一次的流行潮中赢得大众的瞩目,赢得越来越多的受众。近年来,西方媒体推出一浪高过一浪的娱乐化浪潮,不断炒作各种时髦题材,把形形色色的大众文化推向社会大众。在第16届世界杯足球赛上,连英国球星贝克汉姆那么怪异的鸡冠发型也成为西方媒体,尤其欧洲、日本媒体狂炒的对象,几乎一夜之间千千万万的青年都头顶"鸡冠发型"在街上招摇过市。而这样的炒作正是广告商的愿望,广告商大把大把花钱做广告,就是要取得商品的"符号价值",成为"流行"。任何商品一旦在社会上流行,必然带来滚滚财源。从这一点上可以说,大众传媒倡导、促进大众文化,决非无心插柳,而是有心栽花。

对于大众传媒有意促进大众文化,在西方社会有两种截然不同的认识:一种是要犁庭扫穴,对大众文化必欲斩草除根;另一种是要精心扶植。

在否定派中,美国的政治学者、前美国总统安全顾问布热津斯基是批判最强烈的一位。在《大失控与大混乱》一书中,布热津斯基把大众传媒所倡导的大众文化看成是美国社会混乱之源,指责大众文化破坏了西方社会的文化传统和价值观。他痛心疾首地写道①——

电视对美国价值观念的形成起特别消极的作用。已如前述,在缔造全国文化及其基本信念中已占主导地位的正是这个媒体。像詹姆斯·特威切尔在他的讽刺作品《狂欢作乐的文化——美国风格的沦丧》中所说,美国电视已成为"一种媒介,其内容既深远而又庸俗不堪,以致几乎一味地从现代文化中搬出不登大雅之堂的东西使之成为行为的准则"。结果是出现了一种被牟取暴利者所驱动的大众文化,他们正是利用了大众对庸俗、色情以至野蛮行为的渴求心理。伤风败俗和享乐主义在文化中占了这么大的优势,就必然对社会价值观念起涣散的作用,并损伤和破坏曾经被人们笃信的信念。

电视在破坏代代继承的传统和价值观念方面起了特别大的作用。电视的娱乐节目——甚至新闻节目——都拼命渲染现实使之产生脱离道德支柱的有新奇感的刺激,同时把物质的或性欲的自我满足描绘成正当的,甚至是值得赞扬的行为。看到提供给年轻观众看的最通俗的节目——和观看最多的"访谈"节目——一个劲儿地宣扬堕落颓废和放荡淫逸,同时为摈弃传统的权威而高声喝彩,真是令人震惊。下面的这番话,有人可能认定是一个原教旨主义鼓吹者讲的,而实际上是赫然登在《经济学家》周刊(1992年3月28日)的调查报告上。该刊说,青少年看得最多的美国电视节目,通常把他们的双亲都描绘成"沉湎于饮酒、吸可卡因或新时代牌的迷幻剂的情绪起落无常的、离了婚的白领罪犯"。这样就难以提高双亲将价值观念传授给子女的能力。

作为社会的基本单元的核心家庭的明显衰落,是大众媒介所反映和传播的变革中的社会价值观念的直接结果。家庭意味着结构、责任和克制。好的家庭生活的必要条件是与无节制的享乐主义格格不入的,因为它们有义务要做出牺牲,做到忠贞不渝和相互信任,来影响后代。相反,削弱了家庭的纽带会使个人更沉溺于新奇时尚,因而还会使内在信仰越来越动摇不定,不用多久,这种信仰就转变为谋取私利的自我主义的论据。所有这一切都有损于持久原则的形成,更不用说某些社会共同遵守的自我克制的准则的制定了。

另一位否定大众文化的代表人物是当代美国理论思想界的泰斗丹尼

---

① 〔美〕兹·布热津斯基:《大失控与大混乱》,中国社会科学出版社1994年版,第123—125页。

尔·贝尔。贝尔没有像布热津斯基那样感情外露,但他理性的笔端对大众文化更具杀伤力。贝尔批判西方大众文化的核心见解是:"揭示资本主义文化从新伦理到享乐主义,从清教精神到自恋主义的蜕变过程。"①贝尔认为,视觉文化在当代文化比重中的增加,实际上瓦解着文化的聚合力,"它不可避免地要在人类经验的整个范围内制造一种对常识知识的歪曲"②。这些评论从根本上否定了大众文化。

但西方大多数学者对大众文化还是宽容的,虽然他们也不时指责大众传媒过分醉心于流行、娱乐,但他们认为,大众文化对于当今的大众社会是一种历史必然。西方国家从20世纪50年代起,先后进入大众消费时代。大众传媒对享乐主义生活方式的提倡,实际上是对社会结构变迁的反映和维护。大众传媒对大众文化的倡导,虽然消解了西方传统文化和主流价值观,但同时也消除了社会异己力量对现状的不满和反抗,让他们沉浸在花哨浅薄的生活时尚中,真正发挥了社会"排气阀"的作用。

第三节 媒体与多元文化

在任何一个国家,除了主流文化,还有亚文化;有主流思想、主流意见,还有另类思想、另类意见。这不但因为有不同民族、不同宗教、不同区域,更因为有不同的社会阶层、不同的群体利益。所以,在任何国家里,多元文化(包括文化思想、多元意见)是不可避免的客观存在。

对任何国家来说,多元文化是福祸相依、利弊各半。它可能是社会动乱甚至造成国家分裂的一个根源,布热津斯基在分析美国社会乱源的原因时指出:"潜在的制造分裂的多元文化主义抬头——它一方面集中体现了一种不可避免的认识,承认美国社会的多样式的现实;但另一方面,通过蓄意贬低共同语言、共同的历史传统和政治观念的民族统一和社会平等的作用,它可能使多民族的美国巴尔干化。"③但另一方面,只有多元文化、多元思想的存在,才能真正形成百花齐放、百家争鸣的生动局面,才能使新的文化、新的思想源源不断涌现,才能使一个国家有生气、与时俱进。如果只允许一种文化、一种思想,那么,任何国家都将变得僵化。西方学

---

① 傅铿:《文化:人类的镜子》,上海人民出版社1990年版,第292页。
② 〔美〕丹尼尔·贝尔:《后工业社会的来临》,商务印书馆1984年版,第290页。
③ 〔美〕兹·布热津斯基:《大失控与大混乱》,中国社会科学出版社1994年版,第118页。

者把多元文化的好处归纳为五点:(1)为社会文化变革开辟道路;(2)制止滥用自由;(3)为少数民族开辟在更大社会里维持独立存在的机会;(4)增进相互了解,减少社会冲突;(5)使文化更加丰富多彩。

西方各国所提倡并全力维持的以个人主义为核心的价值观以及自由、宽松的社会环境,不断地催生出多元文化(多元思想)。林林总总的文化潮起潮落、光怪陆离,既绚丽多彩,又复杂多变。

按照社会责任论的观点,媒体应该成为社会的平台,让多元文化、多元思想、多元意见有平等的公开表达的机会,这是媒体应该承担的社会责任。弥尔顿在1644年的《论出版自由》小册子中,大声疾呼要让不同意见公开表达出来,即"意见自由市场"理论,这主要是出于"理性原则",即让真理在与谬误的斗争中得以传播。在现代社会,多元文化的公开表达和传播已成为公开的一项基本权利,体现了公众利益。"一般认为,公众利益包含了以下原则:独立——在政治上不为政府或其他利益集团所左右;平等——实现不分等级享受同样的服务;全面——满足不同层次、不同口味的现实需要;多元——反映不同的观点,照顾少数人的兴趣;不迎合——不追求最大的观众数,不一味迎合观众。而是通过节目来培育民主精神,提高公众的文化品位。"①在现代社会,没有大众传媒的公开传播,多元文化很少有广泛传播的可能性,不同意见也不可能被公众所了解。

在20世纪80年代以前,美国FCC所制定的"公正法则",多多少少为多元文化提供了一定空间。这一法则要求广播电视在报道有争议的时政问题时,给争论各方以均等的机会。同样在80年代以前,西欧各国的广播电视以公共台为主,"广播电视服务于'公共服务'的目标,特别是在文化和信息领域肩负公共责任,同时对少数的意见和利益给予特殊的照顾"②。

经过20年的变革,美国的"公正法则"已被废弃,欧洲以公共台为主的格局变成公私并举的双轨制,电视台、电视频道极大增长,电视节目丰富多彩。然而,多元文化却受到前所未有的威胁。从整体趋势看,西方各国的传媒正以媒体的多种化、节目内容的多样化取代文化的多元化。英国著名新闻传播学家丹尼斯·麦奎尔对多元(Pluralism)、多种(Variety)、多样(Diversity)作了明确的区分③。多元是指不同的思想观点;多种是指

---

① 〔加〕赵月枝:《公众利益、民主与欧美广播电视的市场化》,载《新闻与传播研究》,1998年第2期。
② 〔英〕丹尼斯·麦奎尔:《90年代欧洲媒介变革分析框架》,载《新闻与传播研究》,1994年第4期。
③ Denis McQuail, *Media Policy*, SAGE Publications, 1998, p.42.

不同样式的媒体(例如频道化的电台、电视台);多样是指媒体不同的节目内容、不同风格。

西方各国对媒体放松管制以后,媒体数量大大增加,例如西欧各国的电视台从1990年初的120个频道增加到1998年的400个频道;过去比较枯燥的节目现在显得生动活泼,节目播放的时间增加,栏目增多,不同类型的专业频道增多,无线电视、有线电视、卫星电视、付费节目,确确实实变得多样化、多种化了。但在媒体上,不同的观点、意见却大大减少了,多元文化的生存空间被大大压缩。在媒体增加、节目增多的情况下,为什么多元文化的生存空间反而被压缩了呢?

(1)多元化被娱乐化淹没。娱乐化浪潮席卷西方媒体,这已在前面论述过。过去供公众讨论的许多节目撤的撤、改的改,留下供公众发表其意见的节目已经极少。而且,受众的注意力已被娱乐节目所吸引,严肃的时政节目已不再受公众关注。

(2)多元化被主流文化排挤。这是媒体商业化、集中化的必然结果。商业化使得媒体必然按市场的"大数"原则运作,抓住最大多数的受众群体,那就是西方各国的主流社会,为了迎合主流社会,一切不能被主流社会所接受的观点、意见必须被排挤。集中化使得中小媒体被大媒体所兼并,它们在媒体的理念上和主流媒体保持一致;在一些重大题材的报道、评论上,中、小媒体跟着大媒体亦步亦趋,不再有自己的声音。这就导致了西方媒体的同质化,多元文化难有生存空间。

第四节 传媒的软实力

软实力这一概念正风靡全球。这一概念的提出,把文化的作用提到和一个国家的经济实力、科技实力、军事实力同等重要的地位上,把发展文化提升到一个国家战略目标的层面上。

最早提出软实力概念的是美国哈佛大学教授约瑟夫·奈。提出这一概念的背景是:在美国和前苏联的长期斗争中,强大的美国军事力量没有摧毁前苏联,搞垮前苏联的一个重大因素是西方文化对前苏联长期的、无孔不入的渗透。冷战结束以后,约瑟夫·奈教授注意到世界局势发生了深刻的变化,文化的影响力在国际政治上越来越重要:"在以信息为基础的经济发展和跨国相互依存的时代,权力的性质发生了很大变化,权力正在变得越来越难以转化,越来越不太具体,越来越缺少强制性。"①2005年,鉴于美国实施单边主义政策,在世界各地穷兵黩武,尤其在伊拉克搞得头破血流,美国的国际形象每况愈下,约瑟夫·奈在批评美国政府的政策同时,对软实力作了最新的阐述。

> 软实力指的是:一种能够影响他人喜好的能力。……这种引导个人喜好的能力常常与一些无形资产联系在一起,比如富有魅力的人格、文化、政治价值观和惯例,及具有合法性和道德权威的政策等。软力量并不仅仅等同于影响力,毕竟影响力也可以靠威胁或报酬等硬实力得以实现。软力量也不只是劝说或者以理服人的能力,尽管这是力量的重要组成部分。软力量还包括吸引能力,吸引力往往导致吸引人在许多事情上采取默许的态度。简言之,在行为术语中,软力量系能吸引人的力量。②

软实力是吸引人的力量,这种"吸引人的力量"是诸方面文化的综合,包括政治制度的吸引、文化价值的感召力、国家形象的亲和力等。在这当中,传媒是软实力最具影响力、最活跃的组成部分。传媒业在加强国家软实力中的具体作用主要体现在两个方面:一是为一国在国际舞台的行为制造舆论,为国家行为赢得国际舆论;二是向全球输出本国的文化,尤其是本国的价值观。这两大作用在全球化时代越来越显示出重要性。

以美国为例,在当今世界,美国以其强大的经济、军事力量独霸天下。近些年来,美国在前南联盟的科索沃、阿富汗、伊拉克等地接连发动几场战争,还对伊朗、朝鲜、苏丹等国发出赤裸裸的战争威胁,但除了少数几个国家外,世界舆论很少发出"美国威胁论"。相反,中国坚持"和平崛起"的战略选择,申明过去、现在、将来不威胁任何一个国家,但"中国威胁论"的论调甚嚣尘上。为什么？这就是以美国为首的西方传媒运作的结果,以美国为首的西方传媒掌控着国际舆论的主导权。

如前所述,美国的传媒业遮蔽了世界:美联社向遍布全球的115个国家和地区提供新闻,每天有15亿人看到其新闻,CNN在125个国家和地区播出新闻,《新闻周刊》和《时代》杂志在全球150个国家和地区发行近500万份,世界互联网80%的文本是英文,此外,《纽约时报》、《华盛顿邮报》、《华尔街日报》等在全球尤其社会精英层有广泛的订户。有如此强大的传媒,其影响力、穿透力、渗透力可想而知。每当美国政府与哪个国

---

① Toseph S. Nye, *The Change Nature of American Power*, New York: Basic Books, Inc Publishers, 1990, p.33.
② 约瑟夫·奈:《软力量——世界政坛成功之道》,东方出版社2005年版,第5—6页。

家有"过节",所有传媒机器都在"爱国主义"旗帜下开动起来。尽管美国自称是自由世界,但媒体对内对外都是一个声音:以"反恐"、"人道"为口号,以"救民于水火"的救世主面孔,宣称战争的"正义性",在国内国际造成压倒一切的强大声浪。国内纵使有反战力量,也不敢公开;国际上纵使有反战声音,也被淹没掉了。强大的军事机器和强大的宣传机器,使美国的战争机器一路畅通。

布热津斯基在《大失控与大混乱》一书中,指责美国以消费主义至上的文化在走向堕落,正因为文化上的堕落使美国无法担当世界领袖。布热津斯基的批评无疑是深刻的,但令他意想不到的是,美国的这种文化却在世界大行其道。当今世界盛行美国"三片":大片(电影、电视片)、芯片(电脑、互联网)、薯片(麦当劳、肯德基连锁店),原因就在于美国传媒不遗余力地推销着美国的生活方式。曾任中国国务院新闻办公室主任的赵启正长期从事对外文化工作,他深有体会地道出文化的影响力:"只有文化大国,才可能成为世界强国。从某种意义上,谁开始喜欢你的文化,你就开始拥有谁。"[①]"三片"盛行,意味着美国文化在世界流行,意味着美国软实力的地位日隆,这就是传媒业潜移默化的影响力。

---

① 转引自袁迎春、严京斌:《和平崛起背景下的文化产业战略》,载《南方论刊》,2007年第4期。

第十三章 西方媒体与社会

第一节 媒介与社会生态环境

社会系统论涉及的主要因素包括：结构与功能、目标与资源。每一个社会系统都有一定的社会结构，也就是社会子系统的构成方式，它决定了各个子系统在总系统中的地位，以及与其他子系统之间的关系。功能则体现了子系统在总系统中的不可替代性，以及与其他子系统的互动方式。要理解某一子系统的基本状况，仅仅做内部考察是不够的，还必须了解它所在的总系统的基本结构，以及它在其中发挥的功能。每一个子系统都有各自不同的目标，它们所拥有的资源也是各不相同的，为了达到各自的目标，它们必须进行资源的交换，这样就产生了彼此的互动。子系统的目标追求须以服从总系统的总目标为前提。因此，各个社会系统之间存在着互相依赖、互相制约的关系，可能呈现两种基本状态：合作（互相利用）和冲突（互相控制）。两种状态交替呈现，达到一定程度的社会总体平衡。

媒体并不是孤立存在的，它也是一种社会子系统，是社会的有机组成部分，它与其他子系统也存在着密切的关系，这种关系的总和就是媒介的生态环境。在早期的媒介研究中，研究者的视野多集中在媒介内部，社会条件虽然也被提及，但多是作为媒介运作的背景，这样的视野虽能有效地处理很多问题，但也有很大的局限性。以社会系统论来看，如果离开与其他社会系统的互动，就不可能对媒介有完整而透彻的理解。因此，从媒介的生态环境出发，媒介研究才能更加丰富和深化。

媒介更是一种特殊的社会系统，具有很强的社会性。首先，这是由媒介的功能决定的。媒介的基本功能是传播信息，其传播对象是全社会的大众。媒介传播的信息具有极大的共享性,旨在满足社会各个系统的共同需求。媒介作为大众传播工具,它的服务对象必然涉及社会的方方面面。其次,随着人类进入信息社会,信息的整体需求量大大增加了,现代人对媒介的依赖大大增强,这不仅表现在人们需要获知媒介传播的信息,也同时体现为人们利用媒介传播符合自身利益的信息,这就导致了社会各种力量对媒介的渗透。随着信息在人类社会中变得愈加重要,媒介的权力效应和金钱效应更加明显,有效地利用媒介就意味着拥有更大的权力、获得更多的金钱,必然有更多的社会系统染指媒介。第三,媒介进行的大众传播与其他传播方式一个重要的区别在于,媒介作为传者与受者之间的中介,本身就是一种社会机构,它必然处于整体社会制度的制约之中,这种制约在很大程度上决定了媒介的基本面貌、运作方式、职业理念。

从媒介的发展历史看,它总是与社会发展同步进行的,媒介的产生就是社会需求的一种反映,例如报纸的产生就是资本主义商品经济发展的必然结果。同时,媒介并不总是被动地依赖社会环境,自产生之日起,媒介就以越来越强大的力量反作用于社会。在当代社会,媒介是最不可轻视的社会力量之一。

从媒介的发展历史还可以看到,传播方面的深刻变化,总是有其他方面的有规律的变化相伴随的。英国著名传播学者 D·勒纳在其《传播体系与社会体系》一书中指出:"传播行为的变化程度是与同一社会系统中其他行为的变化相关的。这些情况表明:我们正面对传播系统的一个长期趋势,一个方向一致的历史性演变的长期过程。而且,这种趋势看来是全面的,因为这与许多非传播因素相辅相成。由此可得出结论:传播系统,是整个社会系统发生变化的晴雨表和推进器。"这就是说,媒体系统的变化、变革必然要从整个社会系统中去寻找原因;而整个社会系统的变化、变革往往以媒体系统的变化、变革为表征或先兆。

关于媒介与社会生态环境的相互关系,包括 D·勒纳在内的许多西方学者做过深入研究,并力图加以模式化,而在这方面阐述得最全面、最清晰的,当数丹尼斯·麦奎尔,他提出的模式可参见图 5-1。

中国传播学研究者黄旦教授这样解释麦奎尔的框架:麦奎尔的框架建构,是基于这样的认识基础——首先,在社会中,媒介是为人们提供对其经验具有参考价值的符号体系,在这样的广泛意义上说,媒介所从事的是生产、再生产以及传递各种知识的工作;其次,按照通常之理解,媒介又是一个居于客观社会现实和人们经验之间的联结者。在上述两个方面的作用下,媒介就使社会的各个方面产生了广泛的联系:它使我们了解那些未意识到或接触过的潜在事件;使我们知道与我们有关的那些社会体制(如法律、工业、政府);媒介不仅是人与人之间的交往通道、组织或事件,还能够与社会、政府、政治领导人发生关系,往往不是通过亲身直接接触,大部分依赖于大众媒介所奉送的材料——知识。正是立足于这样的认识,麦奎尔下了如下的断语:大众传播是一个和社会一般大小的传播过程。大众媒介的社会位置,既不是个体与个体之间,亦不是处于社会背景中的一个组织,而是在所有的社会关系之中——它是各种社会关系的联结者①。

第二节　媒介与社会整合

媒介作为社会学系统,与整个社会系统以及其他系统存在着非常复杂的关系,在不同时期、不同国家或地域呈现出不同的关系,或对抗,或冲突,或协调,或既矛盾又共处等等。

尽管西方各国的大众传媒与政府、与各大企业、与各种社会群体经常发生冲突,互相指责,互揭丑闻,甚至上法庭打官司,吵吵闹闹不休,但几乎所有的社会学者、新闻与传播学者都承认一个事实:西方媒体都在维护西方现存制度的合法性。美国社会学家盖伊·塔奇曼在其《制造新闻》一书中认为,新闻是对真实新闻的建构;新闻是法定机构的同盟者,同样使现状合法化。她断定:"通过新闻的常规运作,通过认定新闻专业工作者具有裁定知识、表述新闻事实的权利,新闻使社会现状合法化了。"②

苏格兰学派的社会学家认为,分工塑造了现代社会的整合机制,同时也导致了某种程度的社会离心群体。一个共同体的成员,除了亲情和邻里的关系外,丧失了任何联系感。除了谈生意,再没有共同感兴趣的事情可交流③。社会分工造就社会的进步,同时也造成社会的

---

① 黄旦:《媒介是谁:对大众媒介社会定位的探寻》,载《第五次全国传播学研究会论文集》,1997年4月。
② Tuchman, G., *Making News*, New York: Free Press, p.14.
③ 参见于海:《西方社会思想史》,复旦大学出版社1994年版。

矛盾、冲突。缓和社会矛盾，化解社会冲突，就必须进行社会整合。这包括"功能整合"——化解冲突，为共同任务而合作，"规范整合"——拥有共同的规范和价值观。西方媒体维护现存社会制度非常重要的作用就是取代传统的中介成为主要的社会整合机构。可以说，在西方各国，教会和媒介构成了西方各国社会整合最主要的两股力量。

西方媒体的社会整合主要表现在以下几个方面。

（1）努力沟通社会各个群体，努力使不同社会群体间相互了解、相互理解，造成一个和谐、协调的社会环境。社会责任论有五个基本观点，其中第二条要求媒体成为"交换评论和批评的论坛"，"社会中的所有重要思想观点都应该出现于大众传播机构之中"①。

（2）"媒体应起到一种黏合剂的作用。"②这主要是通过媒体连续不断的宣传，能够使国民就国计民生的重大事项或重大突发事件达成共识。1986年，美国航天飞机"挑战者"号在升空时发生爆炸，包括一名中学女教师在内的7名宇航员当场在蓝天粉身碎骨。在此重大突发事件中，美国所有媒体几乎都先不去追查事故发生的原因（事后还是进行了深入调查），而是大肆宣扬美国挑战宇宙的勇气，尤其是那位中学女教师，美国媒体把她当作"盖世英雄"进行宣传，发动中小学生募款援助女教师的家庭，并重新挑选一名新的女宇航员，结果成千上万的女青年纷纷报名，一场悲剧演绎成一场轰轰烈烈的爱国主义行动。"9·11"恐怖事件后，全美媒体联手宣传"反恐"，结果小布什政府的民众支持率升至90%以上，史无前例。媒体真正成为"社会黏合剂"，使民众团结在"爱国主义"的旗帜下。

（3）媒体，尤其是西方的主流媒体把自己扮作社会的主导力量，以主流文化压制亚文化，以主流意见压制多元意见，从而制造舆论，这就是文化霸权的实质。

（4）媒体成为社会的"排气阀"，释放不满情绪，减轻社会的内在压力，把低频率、高强度的社会动乱变成高频率、低烈度的社会波动，从而保持社会的相对稳定。媒体对政府、财团的丑闻以及其他种种社会不公的揭露，媒体刊登公众批评政府的来信，都在一定程度上排泄了公众的不满。

西方各国的媒体大量报道社会的冲突事件，这似乎无助于社会稳

---

① *A Free and Responsible Press*, U and C Press, 1947, p. 18.
② Wilson Dizard, *Old Media / New Media*, Longman Publisher, 1994, p. 82.

定,曾引起广泛的批评。以批判学派为主的社会学者直观地认为,电视新闻倾向于罗列社会冲突(呈现事件表象,忽视潜在因素,缺乏关联和背景),反映其较激烈的片断(强调戏剧性、对抗性、暴力的一面)。因此,电视新闻总体上一方面突出社会情况基本良好的信息,充当社会秩序和现状维护者之角色;另一方面社会冲突被表现得感情激烈甚至耸人听闻,这样不利于培育受众更成熟的理解力和判断力,不利于社会的变革和发展。1980年5月,来自美国、以色列、联邦德国、英国和南非的10名社会传播学者成立研究小组,以上述批判学者的观点作为假说展开调研,历时10年,写成《社会冲突和电视新闻》一书。他们得出的结论是:在所有冲突新闻中,实际情况远非批判学者所想象的那样强烈,绝大多数冲突新闻没有流血或言语冲突。然而,在比较电视新闻对国外冲突和国内冲突的呈现时,批判学者的观点却得到印证。在5个国家的新闻节目中,国外冲突的比例大大高于国内冲突(前者占58%,后者仅占24%,18%内外兼具),而且国外冲突的背景更复杂、更激烈、更难以解决。电视新闻清楚地显示,"他们"的冲突比"我们"的更多且更严重,从而衬托出一个相对宁静的国内环境。这样,媒体实际上是在保持和维护自己国内的社会现状。

第三节 媒介与社会舆论

社会舆论在西方各国的政府决策中以及其他政治生活、社会生活中有着举足轻重的作用,我们在前面已作了陈述。新闻界历来被人们称作"舆论界",媒介几乎等同于舆论的代名词,可见新闻媒体对于舆论具有强大的影响力。那么在西方,媒介是如何影响舆论的呢?在西方学者的眼里,媒介对社会舆论最大的作用集中在"引发"和"引导"上。

一、引发舆论

舆论要形成,必须要有意见指向——特定公共事务,即公众必须首先了解与自身利益相关的事务的信息,才有可能发表意见,而公众又是如何认识这一事务的?实际生活中,我们所接受的重要信息主要来自新闻媒介。人们生活在由新闻媒介提供的源源不断的信息流中，新闻媒介也许不能从根本上决定人们如何判断和思考，但至少它能在很大程度上决定人们思考什么、关心什么。"新闻界也许不能经常成功地告诉人们持什么观点，但它能极其成功地告诉读者应该考虑些什么问题。"①这种理论认为，新闻媒介报道外界信息是经过仔细筛选与过滤的，并采用种种手段把媒介认为重要的信息加以凸显，使之成为公众焦点，进而引发公众舆论。这是一个严格选择与精心突出的过程。新闻媒介设置的议题常常衍生为舆论的源头——公众关注的公共问题（事务），这是新闻媒介长期潜在的作用，也是影响舆论的最重要的手段之一。

二、引导舆论

新闻媒介的主要功能在于向社会公众提供大量准确、及时的信息，供人们了解外界的变化，但这并不意味着新闻媒介在舆论形成中只是材料供应者和意见反映者，事实上，现代新闻媒介还可以是舆论的引导者。

在具有争议性的议题上，公众总是试图判断自己的意见是否和大多数人的意见一致或相近，然后判断舆论是否会朝赞同他们意见的方向改变。如果他们觉得自己是站在少数人持的意见这一边，他们会倾向于对该议题保持沉默；如果他们觉得舆论与他们的意见逐渐远去，他们也会倾向于对议题保持沉默。他们越是保持沉默，则其他人便越是觉得某种特定的看法不具代表性，而他们便越是继续保持沉默。这就是德国传播学家诺利纽曼在 1973 年提出的"沉默的螺旋"理论。这个理论假定，每个人都具有准统计学感觉才能，借此来确定"哪些观点和行为模式是他们的环境所允许或不允许的，哪些观点和行为模式越来越强，哪些越来越弱"②。而大众传媒以三种方式影响"沉默的螺旋"：（1）对何种意见是主导意见让大众形成印象；（2）对何种意见正在增强或取得上风让公众形成印象；（3）对何种意见可以公开发表而不会遭受孤立形成印象。诺利纽曼提出，大众传媒在人们试图确定大多数人的意见是什么中起着重要的作用，不论这个"大多数"

---

① 〔美〕库恩：《新闻界与外交政策》，转引自张咏华：《大众传播社会学》，上海外语教育出版社 1998 年版，第 32 页。
② Noelle Newmann, *The Spiral of Silence-Public Opinion*, University of Chicago Press, 1993, p.202.

是真实的还是由大众传媒虚拟的。正是在这一点上,大众传媒扮演了引导舆论的角色——使得一大批沉默的大众跟着媒介起舞。正如美国学者乔·麦克厄尔斯所指出的:在大众传媒日益强大的势力之下,更多的受众趋向于被动接受,媒体的宣传可以人为地制造出公共领域和虚假的公共舆论①。

在早期,西方学者在舆论研究中,普遍认为社会舆论是大众传媒与受众相互作用的结果,"议题设置"理论和"沉默的螺旋"理论是这方面两个代表性的理论模式,这是舆论的"两极模式"。但近些年来,"两极模式"受到质疑,认为影响社会舆论的社会因素是多方面的,这就是多极模式。多极模式在关注大众传媒和受众的同时,还广泛注意到社会多种力量,诸如政府、国会、社会团体、企业等对社会舆论的影响力。在多极模式中,最引发学者关注的是日本教授伊藤阳一提出的"三极模式"。

所谓"三极模式"是指,大众传媒、政府和公众构成社会舆论最重要的三种影响力。这三种力量相互独立又相互影响,这三极存在着分歧,各有各的利益和意图。那么,社会舆论是怎么形成的呢?伊藤阳一教授认为,主要是通过"支配性氛围"完成的。支配性氛围是指一个组织和社会中占支配地位的舆论氛围。这种氛围一旦形成,就成为权威的判断标准,个人和集团要么去服从和遵守,要么保持沉默。因为谁对抗支配性氛围,谁就是对抗整个组织和社会。一般说来,大众传媒、政府、公众三极中,只要两极对某些问题和事件的看法一致,就会十分容易地形成支配性氛围。另一极因受到支配性氛围的压力,不得不最终改变态度或保持沉默,以便与其他两极取得一致。作为少数派的一极如果不服从,就会被多数通过各种方式予以劝说、批评以至攻击,导致少数派不仅心理上尴尬与不适,而且在实际行动中也会受到诸如政治选举失败、报刊发行下降或收视率降低、个人身心受到攻击之类的损害②。

从本质上看,社会舆论的"两极模式"是刺激—反应(S-R)模式,很简洁,但太简单。"多极模式"表明社会舆论形成的复杂性,表明社会舆论是由多个社会力量促成的。而"多极模式"中的"三极模式",把大众传媒、政府、公众视为构筑社会舆论三个最重要的影响力,从而

---

① Toe McGinniss, *Clashing Views on Controversial Issues in Mass Media and Society*, Dushkin Publish Group,1991, p.168.

② 〔日〕伊藤阳一:《日本与美国的大众传播》,美国纽约州立大学出版社1993年版。

抓住了决定社会舆论的关键点,是舆论学研究中的一个突破。可以说,"三极模式"是当前舆论学中最具代表性的一个理论模式。

第四节 媒介与公共领域

按照"公共领域"概念的创始人、德国哲学家哈贝马斯的定义,公共领域是"政治权力之外,作为民主政治基本条件的公民自由讨论公共事务,参与政治的活动空间"①。

比利时的社会学家汉斯·韦斯特拉滕教授认为,公共领域具有三个方面的特征:(1)公共空间是一个公共论坛。它对社会公众开放,可以在其间表达和交流多种多样的意见、经验;(2)各种论点和意见可以通过理性讨论展开交锋,让公众作出自由的判断和选择;(3)系统地和批判性地检验政府的政策是这种公共领域的首要任务②。

这种公共领域在15、16世纪的西方,主要的场所是咖啡馆和各种沙龙(家庭聚会方式),主要人物是知识分子。这种形式的讨论在近代报纸诞生以后,逐渐被独立出版社或者规模较小的报纸所取代,因为这种小型报纸更为人所知,更加方便地进行更大规模的传播。然而,更值得重视的是,在咖啡馆或沙龙里的讨论是口头交流,人们或即兴发言,缺乏深思熟虑,或争论不休,难免感情用事,发言很情绪化。在报纸上进行书面语言的讨论,在其措辞行文中更理性化。所以,早期报纸很快取代咖啡馆、沙龙,成为最主要的公共领域。这种公共领域很具约翰·弥尔顿在《论出版自由》中所倡导的"意见自由市场"的境界。

按照西方学者的认识,"交流是民主的灵魂"。在这样一个理想的公共领域内,公民可以自由地交流意见,平心静气地讨论问题,多元思想得以充分表达。这样的公共领域成为市民社会的象征:形成和国家政权既对立又相互依存的关系;形成了真正代表市民的社会舆论,成为维护公众利益的屏障。正如美国的一位政治学家迪萨德所说:"正确的结论是由大众的声音聚合而成的,而非权威的选择。尽

---

① 〔德〕哈贝马斯:《公共领域的结构转型》,学林出版社1999年版,第124页。
② Hans Verstraten, "The Media and the Transformation of the Public Sphere", *European Journal of Communication*, Vol. 11, 1996, p. 352.

管从许多方面而言,这确实愚蠢,但这是我们所有人借以依靠的东西。"①首先,交流的参与者是深思熟虑的公众话题的制造者,而不是现代意义上的咖啡馆里的"大杂烩";这种话题不是无聊的小道消息或者绯闻,而是一种有着很强的社会责任感的话题,从而实现哈贝马斯所设想的"让理想的讨论达到对国家最理想的境界"。其次,大众传媒作为民主交流的社会平台,它必然以维护社会公众利益作为其最高宗旨,以专业理念运作媒体,要求客观、公正、平衡、全面,要求多样、开放、保证文化质量、保护弱势群体。

但纵观当今社会和大众传媒,令哈贝马斯和西方一批学者失望的是,这样的理想条件在西方各国已荡然无存,而且根本就没有存在过。正如哈贝马斯所说的那样,大众传媒的公共原则在资本主义社会中尤其在国家权力的扩张和其他社会组织的发展中很少能够完全实现,尤其随着大众传媒的商业化和舆论技术的出现、限制,甚至在根本上改变了公共领域的性质和特征。当市场法则渗透进入公共领域的时候,"理性—批判论争逐渐被消费取代,公众交流的网络消费为个人行为,不过这种接收方式却是整齐划一的"②。在当前,政府、企业、编辑为了他们各自利益在大众传媒上所设置的议题,在很大程度上构成了受众对政治的认识和他们日常生活中的话题。大众传媒的集团化使得传媒"千台一声"、"千报一面",非主流的意见一般难以进入主流媒体,即使有不同声音,也微弱得难以让人听见。铺天盖地的大众传媒形成了"符号暴力"——拒绝自由交流,使得媒体只能在固有思维的轨道上运作。不是现代人懒于思考,而是大众传媒强行要代替公众进行思考,并且把"结果"批量生产发售。受众变成媒体产品的被动消费者,丧失了对权力的批判作用。由于大众媒介主要控制在占据了主流并且拥有公共权威的阶层的手中,这样势必造成公共权威思想上的暴力侵犯。因此,西方学者所醉心的公共领域在现代资本主义社会已不复存在。

进入20世纪90年代,互联网异军突起,公共领域重新引发西方学者们的研究热情,因为互联网有着传统三大大众传媒所缺乏的互动性、海量以及匿名交流特征,互联网有可能成为理想的、开放的、公平的、自由的公共论坛,成为民主交流的社会平台,公共领域的曙光重新显现。

---

① Wilson Dizard, *Old Media / New Media*, Longman, 1994, p. 75.
② 〔德〕哈贝马斯:《公共领域的结构转型》,学林出版社1999年版,第126页。

第十四章 报纸新闻报道的主要体裁

报纸上的新闻体裁因深受各国文化传统的影响而各不相同,要一一列举它们的特点很困难,这里仅以西方国家报纸上的体裁为例加以评述。

第一节 客观报道

客观报道在新闻领域中是一种基本的报道形式,它是客观主义理论所倡导的客观性原则在新闻写作方面的具体体现。客观报道作为新闻行业最基本的工作观念和报道形式,其形成被认为是新闻写作的一次根本性变革,它的意义正在于确立了新闻文体的独立性以及新闻行业的专门化。时至今日,新闻报道的形式已大大地拓展与丰富,但客观报道无论是作为写作方法还是报道形式,仍在新闻写作领域占有不可动摇的地位。虽然不再有一统天下的往日辉煌,但当今传媒中仍有大量报道是属于客观报道这种形式的。客观报道之所以具有如此重要的地位,其根本原因是这样的工作观念和报道形式契合了新闻传播的特性。

一、客观报道的基本特征

1. 注重事实

这是客观报道最基本的特征。注重事实是客观性原则在新闻写作领域的自然延伸。新闻报道之所以要客观是基于这样的理论前提:新闻传播要满足受众的信息需求,客观是新闻商品的必备特性。在传媒市场上,人们所要获取的是纯粹的信息,为自己的决策寻找依据。"在新闻记者进行的大量工作中,包含了这样一种认识,他们的工作是与人们的需要和目的相关联的。记者懂得：新闻对大多数人来说是真实的事物，记者要避免写抽象观念的东西。"①因此，事实本身对新闻报道而言是最重要的，事实是新闻信息的主体。新闻报道的客观，实际上所要求的是报道与事实相符，客观报道就是试图真实地呈现事实与摹写现实。客观报道最基本的结构方式"倒金字塔"结构就充分体现了对事实的极端强调。"倒金字塔"结构的基本要点是将最重要的事实放在新闻的首要部分——导语里。在新闻要素5个W中，客观报道最为关注的是"What"，至于"Why"通常不被强调，常被放置在"倒金字塔"的下半部分。客观报道大多为纯新闻，而"倒金字塔"结构则被认为是纯新闻写作的经典结构。虽然有许多其他的导语写作方式作为"倒金字塔"结构的补充，但在客观报道中，这种结构变换的基本原则仍是对事实的强调。下面这条路透社关于肯尼迪总统遇刺的消息就是典型的客观报道。

〔路透社达拉斯1963年11月22日电〕急电：肯尼迪总统今天在这里遭到刺客枪击身死。

总统与夫人同乘一辆车中，刺客发三弹，命中总统头部。

总统被紧急送入医院，并经输血，但不久身死。

官方消息说，总统下午1时逝世。

副总统约翰逊将继任总统。

这则纯新闻是事实的叙述，事实先后次序的安排由事实的重要性决定。毫无疑问，事实是此类新闻的灵魂。

美国新闻学者麦尔文·曼切尔在谈及客观报道时特别强调了注重事实的特征。"当新闻工作者谈到客观性的时候，他们的意思是，新闻应当不受记者本人观点的约束，而应当主要根据看到的事实。当一条新闻能够被某些原始记载加以对照证实，那么它是客观的。……这种能够被证实和测定的事实的报道，是美国新闻的主线。这样的报道要求记者把眼光集中于事实，如果读者想哭，或者想笑，想写一封愤怒的信给国会议员，或者捐款给红十字会救济龙卷风的受害者，这是他们的事儿。记者应该只限于展示这些事实。"②

2. 事实和观点分开

客观报道强调以事实为主体，实际上，在报道中完全避开由事实而引发出的观点是不可能的。有时，某些人物对新闻事实的主观认识也可看

---

① 〔美〕麦尔文·曼切尔：《新闻报道与写作》，中国广播电视出版社1981年版，第43页。
② 同上书，第53页。

作是一种事实。在这种情况下，客观报道所要求的是将事实与观点分开，尤其强调要让受众明确报道中的哪些部分是基本事实，哪些是由基本事实引出的观点、意见，切忌将观点与事实混为一谈，将带有强烈主观色彩的观点充作基本事实误导受众。"……事实本身不包含任何价值，价值只是追求自身利益的事实供应者和消费者综合作用的结果。"[①]美国学者米切尔·斯邱达逊进一步指出，客观报道与以往新闻报道的区别在于告诉人们事实是什么，而不是进行主观价值判断。在客观报道中，将事实和观点分开的最有效的手段是交代清楚观点是由何处发出的，这样可以使受众充分了解这些观点的主观性以及主观性从何而来。以下是《弗莱斯诺蜜蜂报》一则关于贩毒案报道的前三段。

　　昨天下午，在弗莱斯诺西北部的一个无花果果园里，一个59岁的咖啡馆老板被捕，当时他正准备同一位化装的密探结清一笔大约价值2.5万美元、重30磅的大麻交易。

　　经查明，他就是G大街1959号的艾尔伯特·戈尔。当地官员报告说，这是弗莱斯诺县近来缴获大麻数量最大的一宗案子。他们说，一共有10包塞得紧紧的毒品，足够制造出2~2.5万支大麻雪茄。

　　警官们为此案已工作了两个月，他们说戈尔是弗莱斯诺一带贩卖大麻的最大商贩。他们还认为他是圣·约其文峡谷一带最大的贩毒者之一。

这则报道的基本事实是第一、二段的叙述，第三段是由基本事实引出的对案件性质的判断，清楚地交代了出处，两者界限分明，读者一目了然。

3. 避免记者的主观倾向

客观报道通常被称为"非个性化报道"，即是说，在报道中，作为报道者的记者不应以任何方式在报道中表现自己。这通常包括以下四个方面的要求：(1) 记者在选择事实时不以自己的价值观念和兴趣偏好为标准，尽量避免个人主观判断影响对事实的了解、认识。(2) 记者尽量避免自己在报道中去作判断和推理，要在事实的自然叙述中合乎逻辑地得出结论。(3) 记者在报道中不得感情用事。感情流露常常是不自觉和无意识的。麦尔文·曼切尔举例说："一个记者在描写他所厌恶的官员时，可能会写道，'哈里逊·格尔德，一个野心勃勃的年轻政客，今天说……'或者，

[①] Micheal Schundson, *Discovering News: A Social History of American Newspapers*, Basic Books Inc., 1978, p.121.

一个记者在描写他所钦佩的官员时,可能会写道,'格拉德·西威尔,这个精干的年轻的州管理者,今天说……'"①这样的感情流露常常会通过报道给受众某种倾向性的影响。避免感情用事的最有效方法就是在报道中少用形容词和副词,多用不带感情色彩的中性动词。(4)记者不得在报道中加入自己的观点和意见。客观主义理论认为,新闻的最终目的是忠实地传递信息,至于记者或编辑的个人观点应由社论或专栏文章来加以阐发。因此,客观报道中不得掺杂报道者个人观点和意见是不容置疑的原则。

二、客观报道的写作规则

杰姆·G·斯托弗在《为大众媒介写作》一书中指出:在美国新闻事业发展的近300年中,一种强烈的新闻职业化意识已经形成了,随着新闻职业化的进程,产生了新闻写作领域势力很强的传统规范②。新闻职业化的实施早在20世纪初就开始了,著名报人普利策曾热心倡导新闻的职业化。他曾说:"我们需要新闻从业者有一种职业意识,这种意识不是以金钱为基础,而是建立在道德、教育和个性之上的。"③李普曼,这位客观主义理论最坚定的维护者也十分重视新闻的职业化。他认为,实践客观性原则的基本方法是科学,新闻报道只有采用类似科学研究的精确方法才能达到客观性。严格的新闻职业化训练能使新闻从业者习得一整套规范系列的新闻写作规则和操作技巧。时至今日,客观报道所遵循的写作规则仍是新闻写作中的基本要领,这包括以下几个方面。

1. 准确

准确是客观报道所要达到的最主要的目标。报道者必须尽最大的努力保证他所叙述的一切事实都是准确无误的。对报道者来说,准确之所以重要有多种理由。首先,诚实地揭示真相是公众对大众传媒最基本的期待,公众认为大众传媒有责任准确地传播信息。其次,大众传媒的报道如果丧失了准确性,就必然丧失公众的信任感,它的社会服务最终是无效的。另外,新闻从业者也自觉追求报道的准确性,只有这样,才能使他们感到自己的工作有价值。那么,怎样才能达到报道的准确性呢?记者应该有一种开放的观念,他们应该接触各种各样的观点和意见,他们应该倾

---

① 〔美〕麦尔文·曼切尔:《新闻报道与写作》,中国广播电视出版社1981年版,第50页。
② James Glen Stovall, *Writing for the Mass Media*, Addison-Wesley, 2005, p.54.
③ Ibid., p.152.

听那些他们本人不赞成的想法。他们虽然不可能把看到或听到的一切都写进报道中,但了解的越多,对事物真假的判断力就越强,这有助于他们对准确性的把握。具体来说,记者要尤为注意细节的准确,整个报道的准确性是建立在每一个准确细节的基础之上的。记者的直接观察是确保准确性的最佳方式,但事实上,许多报道不能只依据记者的直接观察写成,对于第二手材料,把握消息来源是至关重要的,因此有许多新闻机构如美联社,严格要求信奉下述方针:凡不是你亲自看到的,一定要指出消息来源,除非是最起码的常识。下面是美联社的一篇稿件①。

〔美联社纽约电〕前美国公共卫生部医务主任杰瑟·斯坦菲尔德博士已被任命为全国基督教青年会卫生与体育咨询委员会主席。

斯坦菲尔德目前是加利福尼亚大学的医学教授,以及加利福尼亚州长滩退伍军人医院医疗中心主任。

全国理事会主席斯坦莱·恩伦今天在宣布任命斯坦菲尔德这个不带薪水的职务时说:咨询委员会今后在指导基督教青年会制定全国性计划的方向上将发挥重要的作用。

第一、二段中的事实有资料可查,有记录在案的上级任命和被任命者的履历,不需再交代消息来源;而咨询委员会的作用是理事会主席提出的一种看法,所以必须指出是他本人讲的。

指明消息来源对把握准确性有以下两方面的意义:一是如果消息来源提供的事实并不真实,其责任应由提供者承担,除非记者有知道而故意造假的不良意图;二是如不指明消息来源,受众会认为由于记者知道这些说法是真实的,因而支持这种说法。

2. 清楚

清楚的反面是混乱,混乱会以多种方式渗透在报道中,记者的职责就在于剔除这些混乱。混乱的根源常常是报道者不清楚他要写的究竟是什么,因此人们在阅读他的报道时就产生了误解。以下是几种特别提示:
(1) 保持简单。许多人认为他们可以使用复杂的词汇来显示他们的智慧,他们的语言可以向别人证明他们的所说所写是具有权威性的,结果是,他们用较多的词汇和复杂的句子来表达简单的思想。之所以产生这一类问题,是因为报道者忘记了新闻写作的根本目的是交流(信息或观念),新闻写作应当用尽可能简单的方式,记者和编辑应该用简单的词汇

---

① 〔美〕麦尔文·曼切尔:《新闻报道与写作》,中国广播电视出版社1981年版,第29页。

和简单的句子结构。他们不应当以自上而下的姿态与受众谈话,而是尽可能有效地传递观点和事实。(2) 避免各类行话、术语。行话、术语是社会各个集团发展出来的,学生、管理人员、医生、园艺工人都使用只有他们圈内人才能明白的语言。新闻从业者所要做的不只是精确记录他们的话,然后原封不动地告诉受众,记者必须是"翻译家",他们必须能清楚地理解各类行话、术语,然后将其"译"成通俗易懂,能为普通受众理解、接受的语言。(3) 详细和精确。这是对叙述事实的要求。报道是建立在所有事实基础上的,包括极重大或极细小的事实。有时候,某一事实的细微出入都可能导致受众对报道产生误解。记者如果用诸如"一大堆人"、"一条长长的线"、"一位漂亮的女孩"之类的模糊不清的语言,就不能将事实清楚地传递给受众。

3. 简洁

简洁是所有好文章的灵魂,对新闻报道而言亦是如此,记者应当用最简洁的语言和叙述方法来撰写新闻报道。以下是达到简洁的几种技巧:(1) 抓住要点。报道的要点是什么?报道急需告诉读者的是什么?记者必须能回答这些问题,并用最简洁的方式在报道中交代清楚,这是整篇报道中最困难的写作问题。(2) 避免事实叙述的重复、用词的重复。

4. 平衡

平衡对客观报道来说是尤为重要的,平衡要求记者在撰写报道时给持不同意见的各方以平等的权利。"政治家和商人们懂得,符合他们意图的报道,能够宣扬一个候选人、一个方针、一件商品,或者损害一个对手、一个竞争者。记者用归属、核实材料,平衡从消息来源那里来的主张和说法,来对付这些压力。"[1]平衡意味着公正,记者在报道中应尽量照顾到来自各方的观点,避免任意站在争论的一方,这样才能保持新闻媒介的客观立场。

例如,1994年5月1日,美国《华盛顿邮报》的新闻《政府推迟就版权问题采取行动》说,美国贸易代表坎特宣布克林顿政府推迟就侵犯版权向中国发出最后通牒。这个决定引起不同反响。新闻这样报道:"一些行业的代表作出了强烈的反应。美国录音业协会主席贾森·伯曼说:'我们对这个决定感到非常失望,显然这是出于保护知识产权以外的种种考虑。'另一些官员说,在人权问题上的赌注太大了,不能冒知识产权引起紧张关系升级的风险。"孰是孰非,记者没有明显表示出来,让读者去评论。

---

[1] 〔美〕麦尔文·曼切尔:《新闻报道与写作》,中国广播电视出版社1981年版,第49页。

三、倒金字塔结构

提到客观报道就不能不说倒金字塔结构,因为绝大多数的客观报道是以倒金字塔结构来写的。倒金字塔结构为客观报道提供了一个稳定的写作规则。

倒金字塔结构起源于美国南北战争和电报的运用。南北战争一开,一大批记者随军采访。为争取抢先发出最新战况,一批记者开始通过电报来发出重要的消息。当时的消息写作仍然采用按时间顺序的先后来叙述事实。当时电报业务刚开始投入使用,有时电报刚发到一半就中断,致使这种没有结果的战况新闻不能成为新闻。而且由于军事行动的需要,部队也需征用电报线路,不可能让记者发出很长的消息。后来,记者们想出一种新的发稿方法:把战况的结果写在最前面,然后按事实的重要性依次写下去,最重要的写在最前面。这样,一旦线路中断或线路被部队临时征用,只要报社收到最前面的电文同样可以发出最新战况消息。于是,记者们被迫而为的应急措施产生了一种新的写作结构——"倒金字塔结构"。

倒金字塔结构有以下基本特点:

(1)把最重要的写在前面,下面各个事实按其重要性程度依次写下去,即越是重要的越写在前面。这样"头重脚轻",故称"倒金字塔"。

(2)一段只写一个事实。

(3)全部陈述事实,记者不发议论。

倒金字塔结构的长处在于:

(1)可以写得快。记者有了一种相当固定的写作模式,不必再为新闻结构苦思,而且可以写一部分送排一部分。

(2)可以快编快删。记者一边写稿,编辑一边处理导语和标题;删节时,可以不再看全文,从最后面一段一段删去,不会影响全文。

(3)可以快读。读者无须从头读到尾才得要领,读到哪里随时可以停住。

这样的长处符合新闻最基本的要求——快。由此,南北战争时期记者的即兴之作被作为一种崭新的新闻文体在战后继续保留下来,并迅速在全美报纸上推广,不久被世界许多国家的报纸采用。下面是倒金字塔结构的一个例子。

多数美国人对中国印象良好

〔路透社纽约12月1日电〕昨天公布的一项民意测验结果表

明,1989年天安门事件使美国人对中国的印象一落千丈,但是如今情况又好转了。

盖洛普组织做的这次民意测验表明,在接受调查的人当中,53%的人对中国印象良好,39%的人对中国印象不好,8%的人没有表态。

这次测验的结果与1989年7月份所做的上次类似的测验相比来了个180度的大转弯。在上次测验中,54%的人对中国印象不好,34%的人对中国有好印象。这次测验还表明,大多数美国人相信,中国会成为它所在地区仅次于日本的经济强国。

这次测验是在11月15日到16日通过电话与1 008位成年人以访谈的方式进行的。抽样误差幅度为3个百分点。

盖洛普在公布这次测验结果的同时还宣布,该公司已开办了一个研究中国市场情况的子公司。这是调查这个世界上人口最多的国家的市场情况的第一家西方公司。

盖洛普说,它不会利用这个新公司去调查中国人对本国政治领导人的意见。

(原载1993年12月2日《泰晤士报》)

这篇报道先把调查的结论扼要地陈述出来,紧接着第二段写出具体结果,第三段交代背景,第四段再掉转身来交代调查的日期、对象。如果按一般的写法,应该把第四小段放在最前面写,最后两小段是补充。

不过,倒金字塔结构也有许多弊端。西方不少记者指责这种模式是一种坏的写作形式,没有生气,没有文采,结语不是铿锵有力而是有气无力。尽管这些指责也有道理,但至今还没有一种新的写作模式可以取代倒金字塔结构,成为客观报道尤其是动态性硬新闻的写作模式。美国著名报人杰克·海敦指出:"倒金字塔没有过时,也永远不会过时。倒金字塔是大多数动态性新闻必不可少的形式。"[1]

第二节 解释性报道

翻开美国的报纸,从体裁上看,解释性报道(Interpretative Reporting)占了大部分的报纸版面。一些著名的大报,像《纽约时报》、《华盛顿邮

---

[1] 〔美〕杰克·海敦:《怎样当好新闻记者》,新华出版社1980年版,第67页。

报》、《洛杉矶时报》等,解释性报道占了70%以上的版面。1978年版的《世界大百科》把解释性报道的增加列为20世纪美国新闻事业发展的一大趋势。而西方其他国家,如英国、法国、日本,解释性报道一般都占据50%左右的报纸版面。美国的新闻学家把解释性报道的产生和发展称为新闻写作的第三次革命。

一、解释性报道的沿革

本书第五章第四节已简要提及解释性报道的产生与发展,这里进行比较详细的介绍。解释性报道起源于美国。美国的新闻学者把解释性报道称作1929年经济危机的产物。1929年一场突然降临的经济危机席卷全美,一夜工夫,整个经济一片混乱。这到底是为什么?为什么看上去一片繁荣的金元帝国像稻草人一样倒了?为什么这么多银行、公司会同时倒闭?为什么人们对股市同时失去信心……无数个"为什么"把美国人打入迷宫。当时美国一名记者说:"近来,有理智的读者不仅要求知道发生了什么,而且要求知道事件的原因及其与政治、社会的关系。"①面对如此复杂的国际国内局势,有一些记者意识到,倒金字塔结构的纯新闻只能提供表面的事实,无法深入事件的深层,剖析其原因和深远影响。这既不能满足读者要求,也有悖于新闻记者的职责。著名政论家李普曼非常敏锐地意识到了这一点,他一针见血地指出,随着经济危机和罗斯福实施新政,"各种事件接踵发生,而这些事件本身似乎是毫无意义的。于是,一个'为什么'变得与'是什么'同样重要的时代开始了。当时,如果驻白宫的记者仅仅报道发生了什么而没有提供事件发生的原因和含义,那他只完成了一半工作"②。

而对解释性报道的兴起产生直接影响的是新闻杂志《时代》。作为一份周刊,它无法在时效上与日报竞争,就在消息的综合加工和介绍新闻背景上下工夫。该杂志的创办人亨利·卢斯自称《时代》是"新闻事件的注释家"③。在20世纪30年代初,《时代》周刊对重大新闻事件的分析赢得一大批读者,发行量直线上升,使美国新闻界刮目相看。于是,有些报纸也尝试着开辟专栏,由经验丰富的老报人撰稿,提供重大新闻事件的各种背景材料,并作适当的分析。像《纽约时报》在30年代中期开辟的"每周

---

① 引自复旦大学新闻学院编:《外国新闻事业资料》,1979年第4期。
② 转引自〔美〕麦尔文·曼切尔:《新闻报道与写作》,中国广播电视出版社1981年版,第198页。
③ Curtis D. MacDougall, *Interprerative Reporting*, Macmillan Company, 1977.

新闻综述",一直保留至今;有些报纸还发行"星期日杂志"、"特写专辑",发表"每日综述",并且刊登辅助性文章,提供有关历史、地理、传记等背景资料。当时,这类解释性报道刚具雏形,写法不一,名称也不一,诸如"思考性文章"、"注释性新闻"、"推测性报道"、"背景文章"、"深层次报道"等等,不一而足。直到1933年,美国报纸编辑协会通过决议,承认并强调对于新闻的解释和分析,解释性报道的名称及其地位才得以正式确立。该决议写道:"鉴于各种复杂而又意义重大的国内外事件以超过历史上任何其他事件的速度变化发展;鉴于事实表明各行业人们对于公共事务的兴趣日益浓厚,协会一致决议,编辑要将大量的注意力与版面用于解释性报道,用于提供信息的背景,以便使得普通读者能够充分理解事件的进程和意义。"①决议尽管做了,但传统的力量是强大的。1938年,麦克道格尔把《新闻报道入门》一书改名为《解释性报道》时,在新闻界引起一场风波。正如他在1977年再版的序言中所述:"我把书名更改后,曾引起轩然大波。因为当时大多数编辑还是认为,'解释性报道'是一个肮脏的字眼。"这清楚地显示解释性报道在推进过程中的重重阻力。因为当时美国新闻报道的传统是,新闻只提供事实,把事实和意见分开,而解释性报道的写作特点是夹叙夹议,作者倾向性鲜明。按传统的新闻学,这是大逆不道的违规行为。当时的美联社就规定,禁止记者撰写背景材料详细的解释性报道,"不需要对新闻事件作任何解释,而只要求报道显而易见的事实"。所以,20世纪三四十年代,尽管解释性报道在美国有一定发展,但占统治地位的仍是倒金字塔结构的纯新闻。

解释性报道真正在美国报坛立足是在20世纪50年代。这是麦卡锡主义的副产品(详见本书第五章和第六章相关内容)。一批有见识的新闻学者在总结新闻界的惨痛教训时,看到了纯客观报道的致命弱点。新闻学家威廉·里弗斯指出:"过去多年中,大多数记者面临含糊不清的事例时,就不分真伪地一律加以引进……这就是约瑟夫·麦卡锡参议员得以在50年代初期蛊惑人心的基本原因。"这使美国一批记者意识到,报纸如果像传声筒似的传播某些事实,就可能被人利用,可能危及民众和国家,是对社会的不负责任。解释性报道逐渐被新闻界所接受,"国内的麦卡锡时期,日趋复杂的国际形势,揭示了纯客观的不足,从而使我们进入了一个刚刚开始的新阶段——解释性的时代"②。

---

① Micheal Schadon, *Discovering the News: A Social History of American Newspapers*, Basic Books Inc., 1978, p. 148.

② 引自马克·埃恩里奇:《报纸的社会责任》,第49页。

进入60年代,有三个方面的原因使解释性报道在报纸上取代纯客观报道而占据主导地位。一是越南战争和黑人抗争引起美国国内局势跌宕起伏,扑朔迷离的国内外局势使更多的读者需要对新闻的解释;二是社会责任论已被美国从业人员普遍接受,为解释性报道提供了强大的理论依据;三是电视业迅猛发展,在新闻报道的速度上,报纸已难以与电视、广播相匹敌,不得不扬长避短,在报道的深度上与电视、广播展开竞争。所以,到60年代,解释性报道已成为报纸的当家品种。麦尔文·曼切尔在美国新闻专业的教科书《新闻报道与写作》中说:"关于解释性报道必要性的论战早已结束,尽管有些报社和广播台的编辑坚信这种报道的危害性而很少刊登和广播这类报道。目前,刊登解释性报道已成为《纽约时报》、《华盛顿邮报》等美国报纸的通常业务,而《基督教科学箴言报》和《华尔街日报》则以其出色的解释性新闻而博得许多读者的好评。"

纵观解释性报道的沿革,尽管它的产生发展是多种因素综合作用的结果,但其主要原因是社会需要,日趋复杂的现实和令人眼花缭乱的现实变动促使读者去了解、理解它们,从而迫使新闻媒介创造一种新的文体来满足读者的这种需要。

二、解释性报道的基本特点

什么叫解释性报道?自从解释性报道问世以来,西方尤其是美国的新闻学者及报人写过上百本关于解释性报道的书,一个作者下一个定义,含义大同小异。所谓解释性报道,就是运用背景材料来分析一个新闻事件发生的原因或意义或影响或预示发展趋势的一种新闻报道。

5个W被西方新闻界称作新闻五要素,但实际上,在倒金字塔结构的纯客观报道中,事件发生的原因并非新闻必备的要素,大部分纯客观报道不提原因,有时往往一笔带过,而着重于发生了什么,即报道显而易见的事实。而解释性报道则把Why放在最重要的位置,即着重于揭示"新闻背后的新闻",这是解释性报道与纯客观报道的主要区别。为了揭示事件发生的原因、意义、影响及发展趋势,解释性报道在提供背景材料的时候,必须夹叙夹议,不同于纯客观报道完全采用平铺直叙的叙述手法,这是解释性报道与纯客观报道的第二个区别。既然解释性报道旨在揭示事件发生的原因、意义、影响及发展趋势,那么作者对该事件的价值判断或主观倾向总会或明或暗地显示出来,这是与纯客观报道的第三个区别。

众所周知,评论的一个重要职责就是要揭示新闻事件发生的原因、意义、影响及发展趋势,以及评判该事件的利弊、得失、荣辱、好恶。那么,解释性新闻与评论有何区别呢? 评论对某个新闻事件的分析往往采用逻辑推理的方法,作者的立场明确,观点鲜明。而解释性报道对某个事件的分析采取提供大量背景材料的方法,作者也有自己的立场、观点,但并不明确地表达出来,而是让读者在阅读了大量背景材料以后自己得出结论。

一位美国报人曾借助例证来阐述客观报道、解释性报道、评论三者的区别。"报道罗斯福总统没有与戴高乐将军会晤是新闻,解释他们为什么没有会晤是背景,而指出他们应该会晤则是评论。"[1]这里要强调的一点是,解释性报道也是新闻,同样提供新鲜而重要的事实,并不是仅仅对已经报道过的新闻进行综合加工,这是近十年来,西方报纸尤其美国报纸上解释性报道区别于早期解释性报道的鲜明特点。以《纽约时报》1991年10月31日的一则解释性报道《在美国依赖食品券生活的人创纪录》为例,该报道一开头就提供了这样一个令人吃惊的数字:按照9月份的统计数字,美国几乎有十分之一的家庭依赖政府提供的食品券过活,这意味着有十分之一的家庭生活在美国政府规定的贫困线之下(按规定,只有生活在贫困线以下的家庭才能领取政府发放的食品券)。作者还报道了领取食品券的新特点,一批中产阶级在失业以后加入领取食品券的队伍;美国经济最发达的东北部地区领取食品券的人数激增,然后作者对此现象作了分析。作者所提供的这些事实本身就是很有价值的新闻,会引起社会各界的关注。

三、解释性报道的写作要领

解释性新闻的重点在原因和结果上,每一篇解释性报道又有不同的侧重点,基本的侧重点有五个方面。

1. 着重揭示新闻事件的含义,以及对方方面面的影响

这一类可以说在解释性新闻中占的数量最大。1994年6月21日,美元兑换日元的比价跌破1∶100的大关,震动整个世界,世界各报都发表报道。日本共同社发表《日元急剧升值会扼杀复苏萌芽》(6月22日),该报道大量引用政府官员、经济界权威的评论,指出日本正处于经济刚刚复苏的关键时刻,日元升值将使出口受阻、失业增加、资金外逃、产业空心化,是对日本经济的莫大打击。法国《世界报》23日的报道《美元疲软破坏市

---

[1] 〔美〕赵浩生:《漫话美国新闻界》,新华出版社1980年版,第61页。

场稳定》,分析了美元贬值对日美欧三方市场的利与害,指出"美元贬值,一把双刃的利剑",有利又有害。而英国路透社24日报道了美元贬值导致世界各国的股市暴跌,并发表《金融风暴》的报道,指出美元对日元贬值引发全世界对世界三大工业国——美国、日本、德国的货币政策的信任危机,威胁美国的发展,阻碍日本、德国的经济复苏。这些报道,从不同侧面、不同立场来揭示美元贬值这一新闻事件的含义以及对世界经济发展的影响。

2. 揭示新闻事件发生的原因,深挖新闻背后的新闻,搞清来龙去脉

  1994年6月25日,上台仅一个多月的日本羽田首相宣布内阁总辞职,日本政坛扑朔迷离。日本《读卖新闻》的分析是:"这场危机的主要原因是政治家们在采取行动时考虑的是个人利益而不是国家利益。"而法国法新社26日的报道在分析日本各政党的力量对比、力量组合时指出:"争权斗争使日本陷入政治混乱","其根源是政党力量的重新组合尚未完成"。虽然也还是浅层次的分析,但比《读卖新闻》的分析显然更抓住要害,可谓旁观者清。再比如,在1994年6月上旬举行的匈牙利议会选举中,由前匈牙利共产党改名的社会党在选举中获胜。美国《华盛顿邮报》(6月12日)为此发表《列宁的事业兴旺:为什么资本主义在东欧站不稳》的分析报道,记者从农业状况、人民生活水平的前后对比、企业的现状,分析了东欧诸国面临的种种困境以及人民的心态,最后得出结论:"共产党人和前共产党人之所以正在获胜,是因为西方的经济建议已导致了毫无意义的、机能障碍性的痛苦,同时又未能给未来的发展奠定基础。"这就把新闻事件的主要原因揭示出来了。

3. 从"明天"的角度来分析新闻事件,展望新闻事件的发展趋势对未来的政治、经济、社会发展的影响

  1994年6月中旬,欧洲各国举行欧洲议会选举。选举结果一公布,西方几乎所有新闻媒介就选举结果对整个欧洲以及欧洲各国的发展前景的影响作了分析报道。各新闻媒介对各国各政党尤其执政党在选举中的表现逐一作了评述,但对其结果的分析却大不一样。法新社认为,"欧洲议会选举结果不大会影响欧洲联盟内的力量对比"(法新社巴黎6月13日电)。而《纽约时报》则得出结论,"欧洲议会选举表明欧洲出现右倾趋势",这种右倾趋势是各国更加强调本国的独立自主,从而对欧洲联盟会构成威胁(《纽约时报》6月13日报道)。

4. 把单一的、孤立的新闻事件与其他事件联系起来,揭示其发展的方向、趋势、意义

  对中国的最惠国待遇,美国每年都在国会争吵不休,但每次都获通

过,1994年4月底却出现了许多国会议员联名写信给克林顿总统要求延长中国的最惠国待遇的情况。日本的《日本经济新闻》就此发表解释性报道《探索均势的日美中俄》(4月26日),作者没有按一般思路来分析延长中国最惠国待遇对中美经济、外交关系的影响,而把中美关系放在中美日俄四国的相互关系的大背景下来考察。作者指出,稳定日美中三角关系,进而构筑包括俄罗斯在内的秩序,将是亚太地区稳定的重要因素,中美关系的动荡将使四国关系发生变化。作者继而分析中美关系变化而引发的中俄、美俄和中日、日美关系的变化,以及这一变化导致亚太地区的失衡。正是从均势战略出发,美国必须给中国最惠国待遇。作者从亚太地区的力量对比揭示了美国延长给中国的最惠国待遇的战略意图,确实具有相当的洞察力。

5. 揭示一系列现象背后的本质,帮助受众认清问题的实质

在一段时间里,美国在亚洲的外交处处碰壁,美国的《洛杉矶时报》在1994年6月3日发表的《亚洲虎显示政治力量》的报道里,列举了中国、新加坡、印尼、马来西亚、越南等国在一系列原则问题上正面冲撞美国,不是使美国后退,就是使美国处于尴尬境地,这说明什么?该报记者认为是亚洲各国国力的增强使它们有了自信心。而另一家美国报纸《巴尔的摩太阳报》(1994年5月8日)则一针见血地指出是因为文化冲突。美国坚持个人主义、崇尚个人自由的哲学,并强使亚洲各国接受,引起这些国家的强烈抵制,东方人坚持儒家为本的集体主义,强调社会稳定。两篇报道从不同角度点明了美国与亚洲各国发生冲突的本质所在。

四、解释性报道的写作技法

为了增强解释性新闻的可读性、可信性,西方记者一般采用的写作技法有以下几种。

1. 夹叙夹议的表现手法

解释性新闻都有大量的材料(最新发生的新闻事件和背景材料),也大多有作者的分析、评论,写法上都采取夹叙夹议的手法。这种夹叙夹议不是观点加例子像油水分离的方法,而是把材料和观点水乳交融般结合在一起。例如:"东西方之间近来频频发生冲突。有些冲突体现出太平洋地区存在着一条比喻意义上的裂隙——西方文明和东方文明间的断层线。东方文明主要是儒学。"(《美国与亚洲:政治文化冲突》,载1994年5月8日美国《巴尔的摩太阳报》)。"美元于27日上午在东京跌到100

日元大关以下,它成为一个令人丢脸的标志,提醒人们,从经济上说,美国已变得像其他国家一样了。"(《美元下跌反映美国越来越依赖别国》,载 1994 年 6 月 28 日美国《巴尔的摩太阳报》)。这些句子既是叙述事实又是作者评议,或者前一句是事实的叙述,下一句是作者的评议,一下子点中问题的实质,让读者把事实和评议一股脑儿"咽"下去,无法分离。

2. 大量地引述权威人士的观点以增强说服力

在解释性新闻中几乎极少有不引述权威人士观点的例子。在解释性新闻中引述权威人士的观点成为写作的要义,尤其在新闻写到关键处,常常以引述权威人士的发言作为结论,成画龙点睛之笔。1994 年四五月间,美国和朝鲜就核查问题吵得不可开交,朝鲜声明立即退出核不扩散条约,美国上下震动。美报不断透露美国拟就制裁朝鲜的方案,但该方案迟迟未出台。美国《华盛顿邮报》发表《对"北朝鲜"的制裁可能带来具有讽刺意味的风险》(1994 年 6 月 4 日),该文评述为什么不立刻制裁的原因是朝鲜可能以硬对硬,干脆放手发展核武器,使美国更加进退维谷。作者接下来写道:"美国一位官员说,这种风险是到现在为止还没有进一步采取行动的主要原因。"这段引语既是报道,也是作者想要说的观点,即"借你的嘴,说我的话"。这样的例子在解释性新闻中比比皆是。

3. 大量采用文学笔法来报道现场

用比喻、对比等修辞手法,使解释性报道有一种吸引人读下去的魅力。20 世纪 90 年代,越南经济有了较快发展,但伴随而来的是人口猛增。《纽约时报》于 1994 年 5 月 8 日刊登《人口过多的越南将面临巨大灾难》来分析越南人口猛增的原因。文章一开头就写道:"马路上到处都是小贩、乞丐和摩托车。几乎家家户户都儿女成群,而且要不断接待来投靠的亲戚。现在甚至连人死后要在寺庙里存放骨灰盒也成了一件困难的事。"寥寥数笔,就把人口猛增所引发的一系列社会问题描绘出来。再比如英国《卫报》1994 年 5 月 10 日的报道《微笑吧,南非》中写道:"曼德拉今天接过的南非正处于第一世界的富裕和第三世界的贫困之间。这是南北对抗在一个国家中的体现。"一落笔就非常洗练又形象地把南非总统曼德拉面临的矛盾说清了。

解释性报道的写作不像纯新闻报道那样有比较严格的程式,它允许记者不拘一格地来写作,但这实际上对记者的写作技巧提出了更高的要求。

五、全面认识解释性报道

解释性报道的产生和发展，克服了纯新闻报道肤浅、零碎的毛病，帮助读者透彻地理解发生了的、发生着的以及即将发生的许多新闻事件。报纸终于找到了有效的表现形式，大大拓展了报纸的功能，并且作为抗衡电视冲击的主要手段。解释性报道摆脱了纯新闻写作凝固不变的写作模式，把新闻写作推向更具创造性、挑战性的领域。它丰富多彩的表现手法，使新闻报道具有多样性、生动性、艺术性，给记者、编辑提供了一个展示他们才华的广阔天地，从而吸引了大批有才华的年轻人加入新闻事业的队伍。所以，把解释性新闻的崛起称作新闻事业的一场革命是恰如其分的。

但就像任何事物都不可能十全十美一样，解释性报道也存在诸多问题。

解释性报道在时效上要比纯新闻慢。因为收集材料、分析背景、构思谋篇都要花去记者相当多的时间，一篇 5 000 字左右的解释性报道大概要花去记者 30 ~ 40 小时的工作时间。所以，解释性报道常常和纯新闻报道相互配合。重大新闻事件一发生，记者当天就提供一条纯新闻，向读者报告发生了什么，然后隔天再刊登解释性报道。只有新闻周刊一般以解释性报道为主。

解释性报道一般都篇幅较长，而且需要读者边阅读边思考。所以，必须要有较充裕的时间来阅读。而解释性报道的主要读者恰恰是知识层次较高、工作繁忙、惜时如金的白领阶层，这使解释性报道的读者群数量受到很大限制。

在实际操作中，解释性报道经常出现的另一个问题是记者的言论过多，而崇尚个人主义的西方读者特别厌恶所谓的"宣传"。不少年轻记者由于未能掌握解释性报道的特点，有些资深记者偷懒，不愿花工夫去收集材料、挖掘背景，就在解释性报道中大量掺入自己的思考、分析、判断；或者扯些鸡零狗碎的材料拼拼凑凑，以杜撰的"有关人士指出"、"某高级官员认为"、"一名不愿透露姓名的知情者提供"等称谓，把作者自己的结论硬塞进去。美国报界称这些记者是"吮指头的人"（类似中国新闻界的行话：关门拍脑袋，胡侃想点子）。这样写出的解释性报道往往材料少，背景交代少，作者议论多，如同专栏作者的评论，难免以偏概全，误导读者。

解释性报道的崛起向记者提出了更高的要求。美国一名资深记者深有体会地指出:"只有那些在社会科学方面目光敏锐、具有一定专业知识的记者,才能明智地处理和解释事实。"①目光敏锐,才能抓得住重大新闻,才能意识到一个新闻事件所蕴含的深刻意义;具有一定专业知识,才能抓得住新闻事件的要害,才能有自己的真知灼见。所以,一名出色的解释性报道的记者往往是该领域的专家,至少是行家,学者型的记者、专家型的记者才能胜任解释性报道。

第三节 调查性报道

调查性报道(Investigative Reporting)又称"揭丑"报道,它是西方国家报刊上的一种特殊报道形式,专门用来揭露社会阴暗面、政府里的黑幕、大企业的罪恶勾当以及黑社会的内幕等。尼克松政府的"水门事件"、里根政府的"伊朗门事件",都是调查性报道的杰作。

一、调查性报道的发展过程

调查性报道始于19世纪末。普利策在论及调查性报道的意义时指出:"如果人们想要和世界上的罪行、邪恶和灾难作斗争,他们必须知道这些罪行,因为这些罪行、邪恶和灾难正是在秘密的基础上才得以滋生的。"将隐蔽的罪恶揭示出来,暴露在公众面前,这正是调查性报道的主旨所在。19世纪末,调查性报道作为一种新兴的特殊报道形式开始在美国报纸上运用,并取得了良好的社会反响。其中较为著名的报道有:1870—1871年,《纽约时报》、《纽约导报》、《纽约晚邮报》联合进行的对塔曼尼集团的成功讨伐;1896年《世界报》揭露标准石油公司、贝尔电话公司的垄断行径以及纽约市议员受贿协同承包商谋取特许权;1898年《纽约日报》对布鲁克林电车、电灯特许权的揭露……进入20世纪初期,调查性报道的主要阵地由报纸转向流行杂志,其中主要刊物有《世界主义者》、《麦克卢尔氏》、《人民》、《竞技场》等。这一时期最重要的调查报道有林肯·斯蒂芬斯的《城市的耻辱》、艾达·塔贝尔的《标准石油公司的历史》、托马斯·劳森的《疯狂的金融》、戴维·菲利普斯的《参议院的背叛》等。之

---

① S. Kobre, *Social Responsibility of Newspaper*.

后,调查性报道虽然时常在报刊上露面,但未有大的社会影响,直至20世纪六七十年代才进入兴盛时期。

60年代中期和70年代初期复活起来的"丑闻揭露",在很大程度上是对腐败现象的空前滋长的一种反应。具有远见卓识的人士担心,社会腐败现象的增多将带来严重的后果。《纽约时报》的一篇社论指出,即使那些自认为了解美国商业和政治生活现实的人,当他们不断了解到最近发生的一系列商业上的和政府的丑闻时,也会瞠目结舌、震惊不已,这一切表明美国的政治经济制度正日趋腐败。在社会和政治危机日益严重的情况下,报纸为了维护大众的利益,有必要采用调查性报道的方式,充分揭露不为公众所知的种种内幕。改造环境的前提是充分认识环境,从这个意义上讲,丑闻的揭露有助于社会的改良。

在四五十年代,尽管也有些报刊刊登调查性报道,但这些报纸的发行量都比较小,因而影响也不大。1965年,一家不出名的旧金山月刊《壁垒》,突然成了全美国传媒界注目的中心。该杂志在七月号上刊登了一篇有关越南问题的文章,将华盛顿越南政策的幕后动机暴露无遗。随后它又揭露了中央情报局插手全国学生协会的事实,这些都引起了公众抗议的浪潮。《壁垒》杂志由于连续刊登揭露性文章,而成为60年代后期一份主要的揭露政治丑闻的杂志,其发行量从4 000份猛增到25万份。

有人认为,自1880年至1914年那段时期以来,美国报刊就把忠实于"揭露丑闻"——揭露政府的腐败及其与私人企业间的交易——的传统当作自己的首要任务。这种说法当然有些夸张,因为揭露丑闻往往是很困难的,经常会受到来自各方面的阻力,所以不可能很普遍。不过,20世纪六七十年代的调查性报道确实比以往任何时候都更加深入,范围也更广了。在过去,调查性报道一般不越出一个城市或一家公司的范围,现在往往涉及一些引起争议的全国性问题,而且开始转向揭露政府内幕。

继《壁垒》杂志之后,专登调查性报道的报刊相继出现。有些地下新闻简报在报业老板的压力下被迫停刊,有些新闻简报的发行人失去了工作,但另一些却继续存在下来,并且赢得了越来越多的著名记者的支持和资助。这方面的许多评论文章为丑闻报道者的调查开辟了道路,后来发行量大的报刊也进行了这种调查。最有名的是关于"水门事件"的报道,《华盛顿邮报》的两名青年记者鲍勃·伍德沃德和卡尔·伯恩斯坦,通过揭露这件丑闻把尼克松赶下了台,还获得了普利策新闻奖。此外,如拉尔夫·纳德、西摩·赫什、林肯·斯蒂芬斯、杰克·安德森、德鲁·皮尔逊等都是名噪一时的丑闻报道者,对公众有很大影响。

加利福尼亚大学的客座新闻学教授 N·布卢姆伯格曾在伯克利市号召新闻机构发起一场揭露丑闻的运动。他认为根据当时美国社会的情况,调查性报道可以涉及的内容包括以下几方面:私人拥有的大型企业;市、州、联邦政府;法庭、法官、律师及整个司法系统;有色人种问题;黑手党、警察部门和监狱;社会贫困现象;已经封存的谋杀肯尼迪总统、马丁·路德·金和马尔库姆的案件等等。事实上,随着调查性报道范围的拓展,这种报道形式趋于成熟,并赢得了公众的广泛认同。由此,调查性报道进入鼎盛期。

布卢姆伯格教授当时还预言,随着电视网承担揭露丑闻的任务,以及训练有素的新闻工作者与出版商争夺对宣传内容的控制,20 世纪 70 年代将成为"电子丑闻揭露"的黄金时代。但所谓"电子丑闻揭露"实际上是非常有限的,三大商业电视网的新闻和纪录片节目本来就不多,揭露丑闻的节目就更寥寥无几了。这方面节目的大多数(如《美国的饥荒》、《美国的健康》、《一个印书商的传记》和一些关于越南战争的纪录片)是在 1969 年底共和党政府对电视中的"自由主义倾向"进行激烈攻击之前摄制的。在共和党政府一系列的威胁和政府宣传机器的暗中活动以后,电视变得驯顺多了。

1971 年春,哥伦比亚广播公司播送了长达一小时、题为《五角大楼的出卖》的节目,一些著名的电视评论员称赞这一节目揭露了国防部宣传机器的内幕,代表了最好的揭露丑闻的传统。然而,电视中的调查性报道还是极少,《五角大楼的出卖》这类新闻片没有再出现。显然,布卢姆伯格教授的预言并未成为现实。

但不可否认的是,这一时期调查性报道确实在美国的新闻媒介尤其是报刊上风行一时,其主要原因大致有以下几方面。

其一,美国新闻界在历史上就有从事调查性报道的传统,只是以前的范围比较小,目的也都是为了挖掘给政敌抹黑的材料,党派色彩较浓。现在已扩展到许多全国性问题及有争议的事件,目的是揭露政府内幕和腐败现象,让民众了解更多真相。

其二,新闻界有识之士认识到,在美国这样一个拥有庞大复杂的政府机构、企业和社会的国家,报纸只有进行广泛而巧妙的调查性报道,才能充分发挥舆论监督的作用,制止社会向腐败方向发展。

其三,在六七十年代危机四伏的形势下,报纸也面临着公众的信任危机。一次哈里斯民意测验的结果表明,从 1969 年到 1971 年,公众对新闻机构的信任从 27% 下降到 18%。除了这将会造成在思想、道德和伦理方面的后果外,报业大亨们担心公众的不信任会引起报纸利润的下降,经济上的考虑也迫使他们设法去恢复报纸的信誉。于是,报纸上出现了越来越多的揭露性文章,以示公正。

其四,在电视越来越发达的时代,报纸为了赢得读者,必须另谋出路。美国人一般从电视上获知新闻,因为它的传播速度是无可比拟的,因而报纸更重视调查性报道一类的深层次报道。而电视在这方面是难以与报纸竞争的,因为这种报道微妙而复杂,几乎是难以用画面来表达的,显然这只能是报纸的特长。

虽然调查性报道曾风行一时,但时至今日,这种报道形式并未频繁地出现在报刊上。原因是采写调查性报道并非是一件轻而易举的事,其间阻力重重,障碍甚多。

二、调查性报道面临的困难

由于调查性报道大多涉及敏感的重大社会问题,势力集团试图隐瞒事实,而新闻媒介则竭力揭示真相,这就造成了两者之间尖锐的对立态势。采写调查性报道面临的首要问题,就是如何保障并切实实行新闻媒介正当的报道权利。

1. 报界与政府的依存和冲突

美国新闻理论认为报道权利是一种不言而喻的宪法权利,因为报纸如果无权采访消息、报道消息,那么出版的权利和批评的权利就都成为一纸空谈,无从实现了。否认报纸的报道权利,就是否认"人民的了解的权利",就是否认民主制度的根本原则。因为美国政治制度的基础是民主与自治政府,公民的知晓权——有权了解政府的活动,使用政府部门的文件、记录,是民主制度理论中固有的权利。

美国政府、国会、法院都有允许报纸采访、报道的传统,政府有发布新闻的制度,官员有接受采访的习惯。国会参议院和众议院分别自1789—1795年,允许记者列席(秘密会议除外)。法院开庭允许记者采访,但这是根据"公开审判"的原则,并无特别的法律规定,庭长有权决定何种案例不公开审判。国会还专门制定了法案以保障媒介的"报道权利"。

但美国政府亦重视新闻控制,报界和政府之间是相互依存的关系。《纽约时报》著名记者汤姆·威克说,政府官员用胡萝卜加大棒(恩威并施)的办法来驾驭记者。

新闻界坚持公众"有权知道",而政府则在某些敏感的事情上用公众

"需要知道"一词来代替"有权知道",并随时以"国家利益"作为拒绝媒介暴露真相的挡箭牌。有不少人曾设法采取一种使双方都满意的方法,但无一成功。原因十分清楚,以与新闻界保持良好关系著称的美国总统罗斯福对调查性报道的态度就充分展示了这一矛盾。"……罗斯福把'掏粪者'的头衔加到了讨伐性记者身上"①,"他借用了班扬小说《天路历程》中'一个手持粪耙者'的人物形象,此人'只能低头向下',对一切好的东西视而不见","只是怀着阴暗心理,专门盯住那些卑鄙堕落的事情不放"。根据罗斯福形象化的描述,用粪耙掏出地上的污秽物是必要的,但认识生活中的美好事物同样重要。他指出,"但是这个人从来就无所事事,除了他的粪耙技能外,从不思考、谈话或写作,于是,他即刻就变成强烈的滋生邪恶的根由之一,而不是成为社会的帮手,善行的鼓舞者"②。"这样一来,罗斯福自己树立了作为一名总统的完整形象,他喜欢报刊为他的利益服务,唾弃报刊为其敌手效劳。……换句话说,一家报刊只要为罗斯福的改革服务,就是一家好报刊,但如果这家报纸做得不够或做得过头则都不会受到信任和委托。几乎没有比这更清楚地表达了资本主义社会中新闻媒介充当代理人的作用了。"③

尽管遇到了来自政府的强大阻力,为了争取报道的权利,美国报界还是做了不懈的努力。如果说在以前报纸与政府较趋于一致的话,那么,由于越南战争和"水门事件",它们之间的矛盾日益激化了,由《纽约时报》和《华盛顿邮报》领导的新闻界被迫以新的护卫制度或宪法的威力来批评政府。新闻界感到,它们正处在与以政府为代表的权力集团相对抗的地位。

美国宪法第一号修正案明确地阐述,国会不能制定剥夺新闻自由的法律。然而这一修正案并没使州和联邦的各级政府停止这种尝试,对报刊的起诉时有发生,不过最终还是报纸胜了,并且为美国的诽谤法确立了一系列今后可以援引的案例,从而使第一号修正案的地位得到了巩固。从此以后,政府官员只有在报刊明知关于政府官员的报道是谎言,却还要恶意刊登的时候,才能控告报刊犯了诽谤罪。关于五角大楼文件一案(详见第七章第三节相关内容)的裁决走得更远,它实际上制止了政府对报刊的检查,制止了政府不让报刊出版的做法。报刊一旦出版发行,只有在侵犯了间谍条令,或出卖了重大国家机密时,才会受到法律追究。但在出版

---

① 〔美〕J·赫伯特·阿特休尔:《权力的媒介》,华夏出版社1989年版,第93—94页。
② 同上。
③ 同上。

之前，报刊却不受任何监督。就这样，新闻机构依靠法律的支持，成了公共机构中享有平等权利和地位牢固的批评者，成了一个永久的又并不一定忠于政府所有部门的反对派。然而，阻力并未因此而全部消除，因为它们来自各个方面。

2. 社会及经济的压力

采写和发表调查性报道意味着干预阴暗面，对有争议的和敏感的事件大胆提出疑问，这就会使有些人恼怒。如果调查的是件大事，那么恼怒的人也可能是个大人物。尽管对记者和报社使用暴力或以暴力相威胁的事并不多见，但施加压力却是司空见惯的，这就需要勇气来顶住压力。

在调查"水门事件"时，尼克松政府曾威胁吊销《华盛顿邮报》颇为赚钱的电视执照，使该报的股票价格大跌。联邦政府为了阻止发表国防部文件，曾控告过《纽约时报》、《波士顿环球报》和《圣路易邮报》。在越南战争时期和对"水门事件"的调查进行中，联邦调查局和中央情报局的人员都曾对报社和记者进行过刁难。这些都是突出的事例，幸好这几家都是有钱的大报，它们顶住了压力。

压力也有直接来自经济方面的，这方面的压力关系到报纸的生死存亡。经济力量薄弱的《迈阿密新闻》刊载了一组有关食品价格的报道，于是食品联合销售系统便不在该报刊登广告，而这方面的广告收入，正是任何一家报纸赖以维持生计的主要经济来源。《费城问询报》刊登了有关警方贪污腐化的报道，当时它还是一家无利可图的报纸，警官们的妻子就在报社外设纠察线，同情警官的邮递员和报贩工会也拒绝递送该报，给该报造成数十万美元的损失。

更为常见而又无形的压力是社会压力，是影响主编和发行人的社会势力。报社首脑通常与政界及企业界的领袖人物有社交往来，而这种领袖人物有时可能成为调查对象，那么，从事这类报道的记者被老板调开，也就成了常有的事。

还有一些障碍涉及报社本身。首先是经费问题，调查性报道是各类报道中花费最大的，它需要时间，而时间就是金钱。两位调查"水门事件"的《华盛顿邮报》记者一天工作12小时到18小时，一星期干7天，在4个月时间内采访了1 000多人。《每日新闻》的调查班子花费了9个月时间才写出一组揭露海洛因贩运的报道。《迈阿密先驱报》的两名记者在两年内花费了大量时间调查一项联邦住房计划中的贪污问题。从事调查性报道的通常是报社最优秀的薪金最高的记者，报社还经常要向有关问题的专家和律师付费咨询。显然，没有强大的经济后盾，是没法搞调查性报道的。其次，人员问题也是一个障碍。不论大报、小报，大多数人手不足。当一名记者从事调查时，必须有人顶替他的工作。许多主编不愿由于某个主力记者长期脱离原来的岗位而不得不另行调整人力。当然也可以一面进行日常采访，一面以部分时间从事调查，但这就需要更高的工作热忱。

总之，从事调查性报道的记者需要具备相当的勇气和毅力，要比一般记者付出更艰苦的劳动。正是由于他们的卓越努力，调查性报道才在美国报纸上占有了一席之地，并产生着越来越大的影响。

三、记者的素质和调查性报道的采写

从事调查性报道的记者与一般记者不同，他们必须具备更高的素质。首先要有进攻性，也就是不顾一切的勇气，有责任心，熟悉政府内幕；有公正的判断力，无党派偏见；有较高的道德水准；具有相当的分析能力，"嗅觉"灵敏，思维活跃。

1. 记者的知识储备（以美国为例）[①]

（1）全面熟悉城市、乡村、州以及联邦各级政府组织及其运作方式，具备分析利益冲突、贪污腐化等问题的能力。

（2）全面熟悉有关国家税收、财产评估、预算决定、政府资金收入与开支的法律，此外也应了解规避这些法律措施的种种手法。

（3）熟悉联邦法律所规定保存的履历档案。它们包括：出生、死亡、结婚、离婚、传唤、车辆登记、土地过户、抵押等记录。

（4）了解《自由通讯法案》以及联邦各州的相应政策，熟悉获得和运用各级会议记录的有关法律。

（5）了解司法系统中民事与刑事诉讼的法律程序，如遗嘱的认证等。

（6）对城市、乡村、州和联邦的调查员、公诉人权限及责任的了解。

（7）全面了解正确的法律行使过程：程序、证人及证物的运用。

（8）了解国会和联邦立法机构的运作，重点在其立法、拨款与调查的方式。

（9）全面了解有关议会文件记录、州立法机构文件记录的法案，尤其应熟悉通过各种机构获取听证记录与报告的方式。

（10）了解选举法及各层面的选举程序，获取选举记录以及选举名册

---

① 参见〔美〕麦尔文·曼切尔：《新闻报道与写作》，中国广播电视出版社1981年版。

的途径。

（11）深入了解关于"秘密消息源"的法律条文及其实践，减少消息提供者与记者的危险，避免报纸陷入困境。

（12）全面了解刑事与民事诉讼中有关证据出示的规定，了解在何种情况下既能保护秘密消息源的身份，同时又能出示重要证据。

（13）深入了解《自由新闻公正审判法案》，减少可能危害调查的进行、被告的权利以及蒙蔽公众对议题了解的行动。

2. 从预感和掌握线索开始

当然，一切好的报道都要经过调查，但调查性报道指的是一种更有深度的报道，它的目的在于揭露被隐藏起来的情况，因而需要更广泛、更深入的调查。这方面的调查往往是由某一个预感或线索引起的，它提醒记者对某件事或某个人值得认真调查一下。如果没有任何怀疑的根据，好的记者是不会着手调查的。这种根据可以是在大陪审团的报告中没有讲清楚的事，可以是说某个官员捣了鬼的小道消息，也可以是某种药品消费量突然增加的迹象，或是存在于学校中的某些长期无法解决的问题。记者根据某个传闻或怀疑，加上已经掌握的背景材料，可以先做出一个"假设"。当然报道中不能用"假设"这个词，但在开始调查前做个假设是非常有益的，它可以使记者把注意力集中在问题的要害，以免瞎碰乱撞，虚耗时间。假想一经确定，记者就要像科学家一样着手证实或否定它。假想也可能是不正确的，这一点要有准备。记者同科学家一样，并不是律师，他们是真理的追求者。新闻工作和科学一样，经常发生事实与设想完全相反的情况。好的记者决不会因为某项证据与他的假想不符，就无视或低估这个证据，他们是不存偏见的。而即使假想被推翻，他们仍有可能写出一条好的报道，因为"嗅觉"灵敏的记者也许会在其他方面发现问题，得到意外收获。

3. 调查的两个阶段

调查的实际进程通常分为两个阶段。荣获普利策奖的记者、《新闻日报》主编罗伯特·格林把第一阶段称为"觉察"阶段，也就是前面所说的那个阶段；找到线索、做出假设以后，第二阶段即认真进行调查的阶段也就开始了。

制定采访计划也许并不难，而真正开始采访以后就会发现这是一条充满荆棘的路，因为有关调查性报道的采访往往是不受欢迎的。这时候就需要记者灵活机动，想尽办法让采访对象接受采访。采访"水门事件"的两名记者起初到处碰壁，一无所获。但他们锲而不舍，有时展开心理战,向对方良心呼吁;有时采取一种"不大老实"的办法,比如一个说自己是共和党员,另一个说对两党都有反感等等;另外使被访人确信会受到保护,比如不记笔记等等。总之采取充分理解和体谅的态度,使被访人说出真话。于是他们获得了许多材料,从此他们的报道成为全国报纸上的要闻,并最终导致总统下台。这一切都归功于机智灵活,不怕跑腿,以及创造和被访人(无论他是否愿意接受采访)之间的融洽关系的非凡能力。

有个家喻户晓的名声有时也会成为障碍。著名女记者杰西卡·米特福德承认,由于她以"暴露丑闻的女皇"而闻名,有时不得不假借他人的名义来干她那棘手的工作,比如说"我是个正在写论文的研究生"等等。在米特福德看来,有时不说实话是上策,假造理由"常常是了解情况的唯一办法"。她不仅自己这么干,还支持她的一个学生(在暴露丑闻技术学习班听课)写信给制造公司说,他在为"一个争取更安全的监狱的公民委员工作",而他当时正在调查监狱用五金制品的销售情况,结果他收到了大量的材料。

在调查性采访中还会经常遇到的一个问题就是"不得引用"。并不是所有的人都喜欢看见自己的名字印在报刊上,尤其是在名字后面附上一段爆炸性的引语。人们喜欢真实,但是如果这种真实被当面指出,人们就不喜欢它了。所以,有时候采访对象会提出"不得引用"的要求。不指名引用时,提供情况者有时就会不承认提供过情况。

一般地说,对于简单而没有根据地提出的"不得引用"的要求,记者可以轻而易举地加以拒绝,但却不能如此轻率地对待较为复杂的情况。例如,提出要求的是个警察,他提供的情况对一篇报道极为重要,可是如果说出他的名字,他就要受到惩罚。又如有个对雇主心怀不满的人,他说话爽直,无所不谈,但是要求绝不能透露他的名字。这时就需要记者在公众兴趣和私人忧惧之间作出慎重的选择。

当一个采访对象要求隐匿姓名的时候,记者可以采取以下两种策略:一是直接引用被访人的话,并注明"据一个可靠人士说";二是不提出处,只转述被访人的意思——这样记者就得对准确性负责。

自然,匿名策略是有效的。如果采访对象可以不透露姓名,他们就乐于向记者倾诉一切,但有时保证不透露采访对象姓名也可能产生负面效应。首先,记者可能过分随意地作出种种匿名的保证,因而隐匿了应该指明的消息来源。记者甚至会发现,他答应为那么多被访人隐姓埋名,以至于使他的文章读来就像全是他自己凭空捏造的。其次,匿名的允诺会诱使提供消息的人想怎么说就怎么说,而不为人察觉。归根到底,匿名采访所传播的消息没有人承担社会责任。记者可能会如梦方醒似地发现消息提供人正在有意拼凑事实,编造自己对真相的解释,而记者成了他的挡风墙。最难办的是,这些采访的约定既可以帮助也可以破坏采访的根本目的,即公正地对待读者,这使人进退两难。

答案何在呢?一如既往,读者兴趣第一。如果匿名的保证鼓励了消息提供者提出种种指控,而他却不肯为自己的话提供证据,那么记者必须要求指明引语出处——这是一种对证事实依据的方法。虽然是最简单的,但是如果匿名的允诺能保证得到用其他方法得不到的准确深入的材料,那匿名策略还是很可取的。

如果运用合理,文章中不指明出处的材料有助于揭开隐秘的真相。自由撰稿人富兰克林·彼得森在调查买卖收养婴儿的问题时毫无进展,而当他采取匿名策略后事情就迎刃而解了。但与此同时,他实际上在文章里小心翼翼地大致说明了每件事实的消息来源,读者也许无法查找具体的消息来源,然而文章却保持了基本的可信感。

总而言之,读者的权利是至高无上的,当要求记者做出选择:承诺那个君子协定,隐蔽某些真相;或者引用采访对象的话,从而丧失这个消息来源,这时候首先要考虑读者的需要。如果读者应该看到某句引语,并对说这句话的人有所了解,如果引语和说话者涉及读者的事务,在这种情况下,消息提供者的最强烈的抗议也不能阻止记者不受约束地引述他的话。这样记者可能牺牲几个消息来源、失去几个朋友,但这样做对读者有利,这是最重要的。

调查结束后,下一步就是要把调查结果写成报道。调查的结果往往是很复杂的,一般地说,要尽可能写得简明扼要,这是调查性报道写作的一条原则。具体说来,撰写一篇吸引读者的调查性报道,与撰写其他好的作品一样,需要注意文章的组织结构和各个细节,但调查性报道更需注意如下几点。

4. 调查性报道的写作要点

(1) 报道中要写人。任何有价值的调查性报道,必然在不同程度上涉及人。要把人的活动写得生动活泼,要有细节的描写。

(2) 要写得简练,要设法把复杂的事情讲清楚、解释清楚。如果材料很多,可以考虑写成几篇,加以连载,或者写一篇作为主体,辅之若干篇花絮。不必每件事都写,多写反而画蛇添足。

(3) 要告诉读者,你调查的结果意味着什么。有人主张,报道应当"列举事实,让读者自己得出结论"。其实这并不合适,列出事实固然有必要,但还应该告诉读者,这些事实加在一起说明了什么。

第四节 特写

特写(Feature),又称特稿,是西方各新闻媒介尤其是报纸、杂志上一种重要的报道体裁。

一、什么是特写

特写是相对于"直写"(Straight News)即一般新闻报道而言的,用一位老记者的话来说,"除新闻报道之外的任何报道都是特写"①。由此可见,特写具有形式多样、题材不限、篇幅随意等特点。特写写作无一定之规,可以更加灵活地使用语言;特写不受题材限制,可"新"可"旧",可远可近,只要有趣就行;特写篇幅长短随意,短则三五十字,长则数千字甚至上万字,视题材而定。

当然,形式上的多样性并不等于没有质的规定性。美国的丹尼尔·威廉森教授对特写的定义是:"特写是一种带有创作性的,有时也带有主观性的文章,旨在给读者以精神享受,并使他们对某件事、某种情况或对生活中的某个侧面有所了解。"②可以从以下几个方面来理解这一定义。

(1)创作性。特写同新闻报道不同,它允许记者充分发挥自己的创造力和想象力,将新闻事实、新闻背景和新闻意义熔于一炉,具有较强的可读性。当然,作为新闻报道的一种,特写仍然必须遵循真实性的原则,不能凭空捏造。

(2)主观性。特写写作的个性色彩十分浓重,有些特写就直接用第一人称来写,这样,记者就可以在稿子里糅进自己的感情和想法。在一篇好的特写里,个性与社会、个性与世界间的完美关系被揭示出来,因为特写实际上是一种用来观察世界的体裁。

(3)知识性。一篇特写文章,尽管没有纯新闻价值,但却可以使读者了解到往往被纯新闻报道所忽略的一些情况或生活的某个侧面。一名老

---

① 〔美〕丹尼尔·威廉森:《特写写作技巧》,新华出版社1986年版,第3页。
② 同上书,第2页。

练的记者不但可以将特写写得生动活泼,还可以使之成为向纵深探测的工具,它能唤起读者的本能,促进有关方面进行有益的改革。

(4) 趣味性。不论涉及哪些内容,特写的首要目的都是要使读者从中得到消遣,因此可以说,特写就是关于人们兴趣所在的事。美国新闻学家认为,"人情味"就是人的同情心。麦克杜戈尔教授说:"正是人类兴趣,对别人的生活和福利的关心以及对整个人类福利与进步的关切,促使我们带着兴趣和同情心阅读在远离我们的社会的地方所发生的生命财产遭到损失的新闻。"[1]

(5) 耐压性。直写新闻有着很强的时间性,一旦过期,新闻就成了历史。但特写却可以搁上几天、几个星期,甚至几个月。对记者来说,大多数特写没有截稿的压力,可以有充裕的时间进行推敲,甚至可以反复修改,直到达到最佳质量。

从以上对特写特征的阐释,我们对特写这一文体有了基本的把握,也初步了解了特写与直写新闻的区别。概而言之,新闻与特写的区别即在于选材与处理。新闻的作者往往只选取直接与主题相关的事件,按其自身的逻辑关系,即客观的方式处理这些素材;而特写作者则侧重于人情味的角度,以主观的方式处理它们。特写无需像直写新闻那样面面俱到地交代各个新闻事实,而往往只摄取新闻事实中最富有特征和表现力的片断,通过各种表现手法进行生动的刻画,使之具有强烈的视觉和感染效果,产生立体感,从而更集中、突出地表现新闻事实及其主题。换言之,直写新闻注重报道的全面性与完整性,而特写则侧重于现实生活中的某个典型而精彩的片断。如果说直写新闻呈现在读者面前的新闻内容是一幅全景画面,而特写展开的则是一组组"放大的近景"。美联社著名特写作家朱尔斯·露更认为:"特写不仅要报道显而易见的事实,而且要触及新闻的心脏。"[2]特写往往见人之未见,深入到事件的背景内幕,成为非常珍贵的历史镜头。1991年10月31日《纽约时报》在头版头条发表一篇特写《终于有了接触,但决不相互注视》,报道的是以色列和阿拉伯各国政府首脑经过40多年对抗,终于在华盛顿面对面举行和谈。记者在谈判的第一天抓住几组富有戏剧性的镜头写了特写:当记者拍照时,双方都把脸转向别处,不正面对视;当会议主持人、当时的美国总统布什和前苏联共产党总书记戈尔巴乔夫发表演讲时,他们都僵直地一动不动,凝视桌子,

---

[1] 黎信:《外国新闻通讯选评》(上册),长征出版社 1984 年版,第 377 页。
[2] D. L. Ferguson Patten, *Journalism Today!* National Textbook Company, 1986, U.S.A, p.157.

不看对方一眼;主持人要求各代表团相互握手,以色列领导人只和埃及领导人冷冷地碰碰手,而不和其他阿拉伯国家领导人打招呼。这篇特写为中东各国历史性的会谈留下了历史性的镜头,这些现场镜头显示出阿以双方终于坐下来谈判了,但仇视与猜忌并没有消失,对抗还依旧,谈判将是长期的和艰苦的。这些场景太细微,稍纵即逝,电视都难以捕捉到、难以表现出来,而经特写细细描绘,就把现场生动地呈现在读者面前。

当然,特写与直写新闻并非截然有别,两者之间没有不可逾越的鸿沟。有些事件既可以写成直写新闻,也可以写成特写,这要由报社的编辑方针、已有稿件的性质,以及哪种写法更能体现其价值而定。还有的内容介于新闻与特写之间,兼有两者的特点,既不是纯粹的直写新闻,也不是纯粹的特写,而是用特写方式处理的新闻。

特写有时被用来作为重要的直写新闻的补充,有时则作为版面的点缀。随着电子媒介的兴起,在时效性上难以与之抗衡的报纸渐有强化特写的趋势,因为特写往往是独家的,不存在被电子新闻媒介或其他报纸抢先的问题。对于刊有广告的报纸内页来说,特写的作用也十分突出,它们经常是令读者停下来阅读的主要因素,从而增加了阅读广告的机会。

二、特写的种类

由于特写内容广泛、形式多样,对它的分类也就五花八门,没有统一、固定的标准。一般来说,可以从新闻价值、题材和诉求重点几个方面来进行划分。

1. 从新闻价值分类

从特写所体现的新闻价值来看,可以将其分为新闻性特写和趣味性特写两种。

(1)新闻性特写。是指对当前公众感兴趣的事件或形势所写的时效性很强的报道,旨在把事件或形势用具有人情味的语言加以报道,并使读者对这一事件或形势产生感情上的联系。侧记和花絮是两种较为常见的新闻性特写。侧记是与主要消息(或深度报道)有直接关系的特写,它通常与主要消息刊登在同一版上,至少要与主要消息同一天见报。同其他类型的特写相比,侧记所担负的使命是最为严肃的。其他形式的特写,以取悦读者为主要目的,而侧记则是记者向读者充分报道事实的手段。花絮是一种轻松的、渲染事件的情绪和气氛的描述性特写。它既可以独立成篇,又可以是一篇侧记。例如,《布什尝试用法语对话》就是一篇轻松有趣的侧记，或侧记性花絮。

布什尝试用法语对话

〔法新社肯纳邦克波特约 1989 年 9 月 1 日电〕自从今年 2 月在渥太华进行了一次不成功的尝试之后，美国总统布什就曾说过他再也不愿在公共场合学着讲法语了。但是，8 月 31 日他当着加拿大总理马尔罗尼的面又勇敢地进行了一次新的尝试。

马尔罗尼总理在对美国肯纳邦克波特约布什总统的家乡进行了 24 小时的私人访问之后，他按照加拿大的习惯先用英语后用法语谈了他同布什会谈的结果。布什总统用法语说了一声"谢谢"。但当一位加拿大记者问他是否愿意用法语来回答他的问题时，布什总统却断断续续地回答说："不。我不想试了。我记住了在渥太华的教训。"

这后一句比较复杂一点的话还是用英语来说的。后来在接见一位加拿大女记者时，布什总统又用法语对她说："夫人，您有问题要问我吗？或者有别的……"后面的话简直叫人听不懂是什么意思了。

人们记得布什总统在今年 2 月 10 日第一次以总统身份访问加拿大首都时，曾试图用法语来说明天气很冷，结果说成了"天气像地狱一样的冷"，这句话显然是不太合适的。布什总统承认，他的唯一的一门外语——法语的学习还完全处于"书本阶段"。

(2) 趣味性特写。一般不强调新闻价值，不是报道公众关心的热点新闻，时间性要求不高，它是以满足读者对他人、他物、奇闻轶事或反常现象的好奇心为目的，例如下面这篇《装了假牙的狗》。

装了假牙的狗

大多数狗的上排牙齿是尖的，就像一排字母"V"。

住在华盛顿西区 3333 号的麦克斯·芬克尔有一条愁眉苦脸的宠物狗巴斯特·芬克尔，这条狗的牙齿磨圆了，就像一排字母"U"。

巴斯特是三年前到芬克尔家的，当时它长了一口结实的犬科动物的犬齿。它能咬得动最硬的牛排，对客厅里的地毯也不放过，此外，餐厅里的硬核桃木家具它也啃得津津有味。

不管它的主人——一位牙科技师如何劝告，这条狗总是用错牙齿清洁剂。

食物的残渣在牙刷刷不到的地方堆积起来，发酵后产生了酸性物质，这使巴斯特痛苦不堪。

巴斯特不咧嘴还好，一咧嘴就难看得要命。

它的主人赶紧用科学为它解除痛苦,在它的坏牙上装了一副假牙。由于没有狗的假牙,便给它装上了人的假牙。

在巴斯特痛苦不堪的牙床上业已镶了两枚金齿冠。这狗开头拒绝戴满口假牙,总是设法在院子里用爪子挖个坑把这假牙埋起来,而不是夜间把它放在杯子里,用水泡它。

现在,巴斯特已经习惯了。

他的主人说:"不过,我再也不给狗做假牙了。现在它乱咬东西比过去厉害了两倍,连喂它东西吃的那双手也不放过。"

(原载1939年2月9日美国《芝加哥时报》)

读这样的特写,既不能给人信息,也不给人知识,却让你笑一笑,这就是作者的全部目的。

2. 从题材分类

从特写的题材角度出发,可分为人物特写、事件特写、风光特写。(1) 人物特写亦称人物专访,主要以富有新闻价值的人物为中心,尤以采写名人、要人居多。普通人的奇闻轶事有时也成为特写的题材。(2) 事件特写以报道事件为主,尤其注重采写或"放大"消息报道一般难以囊括的有关细节或某个侧面。(3) 风光特写着重记叙某个地方的风土人情或名胜古迹。现代西方报刊大多定期辟有专门版面或栏目刊登这类文章,使人们足不出户即可领略天下风光。

3. 从诉求重点分类

如果从特写的诉求重点来划分,其种类更加丰富,主要有以下几种。

(1) 奇趣特写。奇闻趣事总能引起人们的兴趣,如下面这篇《三岁娃娃将被征入伍》。

三岁娃娃将被征入伍

〔合众国际社纽约电(原电日期不明)〕谁也搞不清楚这是怎么一回事儿——本星期五,居住在纽约市约克城高地的3岁小女孩皮丽·夏普洛收到了应征入伍的通知书。

昨天,她像平时那样吃早餐,她边吃边看一张华盛顿征兵处寄来的通知单。根据这张通知单,她得在"从18岁生日那天起30日内报到入伍"。

尽管小皮丽仍有许多年时间考虑这件事,但她已明确表示:"我不去!"

(2) 特视特写。以不寻常的视角审视寻常事件,从寻常中挖掘出不寻常，往往能化腐朽为神奇，化旧为新，写出特写佳作。

（3）体验性特写。这是最受欢迎的特写品种之一。记者或新闻界以外的人物从个人经历的角度进行描写，展开叙述，富有现场感，作者的情感和评价亦随处可见。

（4）时令性特写。人们通常把一些重要的节假日、假期或一年一度的事件当作自己一年活动的中心，读者往往期望报纸刊登一些特写来为某一特定的节日创设气氛。不过，年年岁岁节相似，如何推陈出新，吸引读者兴趣，则是作者必须注意的问题。

（5）戏剧性特写。有一些事件的发生、发展过程极富戏剧性，用写故事的手法处理成特写，极受读者欢迎。

（6）补充性特写。一个重大事件往往与另一事件或一系列事件相关联，这些较小的事件常被写成侧记或花絮，作为大事件的补充。

（7）分析性特写。报纸上常常会有记者或专家就某一重要问题而写成的解释性或评析性文章，这种文章也许趣味性不太强，但往往极有深度，如对有争议的问题所作的解释或评析有利于人们全面了解事件、作出正确判断。

（8）指导性特写。与分析性特写相似，但分析性特写主要针对事关大众的社会问题，而指导性特写常常就某些较小的日常生活问题提出建议和指导，如指导人们如何节食以既保持苗条又维持健康。

（9）流行性特写。描述解释社会流行现象也是现代报纸的重要内容，如报道服饰风采、室内装潢趋势等类型的文章即属此类。

需要注意的是，以上分类只是一个大概，各种类别之间没有绝对的界限，一篇特写往往可以同时具有几种类别的特征。对于记者来说，重要的不是记住这些标签，而是如何发现好的特写素材，并且巧妙地加以组织。一个具有强烈的幽默感和人道主义精神的记者会发现，可以写成特写的内容俯拾皆是，远不止以上几种。

三、特写的结构与写作

特写虽然种类繁多、形式多样，但其基本结构具有较大的共性，基本上可分为导语、正文和结尾三个部分。

1. 导语

特写文章写得好坏，关键在第一段——导语。没有好的导语，就等于钓鱼钩上没有挂诱饵，难以吸引读者的兴趣。特写导语和消息导语的不同之处在于,前者更加灵活多变。以下为几种常见的导语形式。

(1) 归纳性导语。它一语道破文章内容,以便让读者决定是否继续看下去。例如:

> 查尔斯自从两周前失业以来,一直同路易丝·泰勒住在一辆1964年造的福特牌汽车里。他们身无分文,汽油也快用完了。

(2) 叙述性导语。即先创造一个情景,然后让读者填上记者故意在他心中留下的空白,或者使读者把自己同情景中的某个人物联系起来,巧妙地把读者推到主角的位置上。例如:

> 在亚当斯峰北坡的一个悬崖峭壁上,查尔斯·萨默斯孤零零地悬吊在一根绳子上,猛烈的山风刮得他来回摆荡,脚下200英尺处,嶙峋的山石耸然突兀,令人心寒。

(3) 描绘性导语。它能使事件的主要人物或事件在读者心目中形成一幅图画。例如:

> 南部联邦士兵们的窃窃私语在低声回荡,奴隶们的忧郁歌声在空中缭绕。一幢有130年历史的楼房在亚拉巴马州的荼毒的烈日下,耸立于齐腰深的杂草丛中。

(4) 引语式导语。一段寓意深刻、语言简洁的引语可以构成一个有趣的导语。如果讲话者在当地颇有名望,则更是如此。所引用的话语必须能够反映讲话人的性格。

(5) 提问式导语。如果能起到测验读者的知识水平和激起他的好奇心的作用,提问式导语就算是成功了。

(6) 直呼式导语。即记者在导语里直接与读者交谈,如用"你知道吗?……"或"你也许……"手法开头。

(7) 引逗性导语。即一种以玩笑形式哄骗读者的写作手法,目的在于挑起读者的好奇心。例如:

> "它有200条腿,1 000个脚趾,100个鼻子,数十对角。"

读到这个开头,谁也不知作者写的是一个鼓乐队,而不是一个怪兽。

(8) 结合式导语。即将以上两三种导语形式的精华结合起来。

2. 结尾

众所周知,新闻可以有结尾,也可以没有,但是特写却不同。因为,第一,特写的时间性不强,编辑部没有必要匆匆忙忙地把稿子编出来,而像新闻那样从尾部开始删除。第二,从根本上来说,特写就像写故事。一般说来,特写文章的情节不断地向某种结局或高潮发展,所以,对特写来说,结尾不仅是适宜的,而且在许多情况下是完全必要的。一般来说,特写的结尾包括以下几种形式。

(1) 归纳性结尾。归纳性结尾就是要把文章中的所有"线头"归拢到一起,使它同导语相呼应,像故事讲到结尾时总要说一句"从那以后,他们的日子越过越好了"一样。

(2) 意外性结尾。这是一种出乎意料、使读者感到惊讶的结尾。在正文中,作者设法迷惑读者,使事情的结局出乎意料。这种结尾同现代电影中"好人"输给"坏蛋"的结局很相近。

(3) 高潮性结尾。这种结尾在按时间顺序写成的文章中最为普遍。它同文艺作品的传统结尾方式很相似,只不过在特写文章中,记者在事件结果已经完全清楚时立即收笔,而不像文艺作品那样,在高潮之后用渐降法来收尾。

(4) 悬念性结尾。记者在收笔时故意留下一个关键的问题不予解答,可能是由于结果尚未可知,也可能是记者有意想让读者自己去揣摩。

3. 正文

正文内容的组织视具体题材而定,有的特写像新闻那样,按主次、重要程度排列,形成一个倒金字塔。而有时,普通的倒金字塔型结构对某些文章不一定适用,如果按时间顺序来组织会显得更生动,即所谓的时间金字塔型结构。在写出一个生动的导语和简短的过渡段之后,记者就可以开始按事情的来龙去脉去写事件的经过了。

正文的组织技巧有以下三种。

(1) 盘旋式。每段都对上一段的事情作进一步的发挥。

(2) 分段式。要将素材分成若干个各自独立的部分,分别叙述。

(3) 扣题式。每一段都突出或复述导语的内容。

在特写写作过程中,有两条原则必须始终牢记在心:一是幽默而不搞噱头。幽默是一种艺术,不能为了逗乐而哗众取宠,更不能尖刻地嘲笑他人。记者必须注意其特写的品格,乐而不淫,哀而不伤。二是人道主义。特写作者必须具有深刻的博爱精神,能够欣赏他人的希望、喜悦,理解他人的痛苦和悲伤,这样写出来的特写才能真正拨动读者的心弦,赢得读者的共鸣。

第五节　精确新闻学

近20年来,自然科学与社会科学的相互渗透而产生出许多新的学科是全球科学的一个新趋势。精确新闻学(Precision Journalism)就是这一趋势的产物。

一、精确新闻学的由来、发展和现状

在某种程度上讲,大众传播媒介运用精确的数学来报道某些新闻始于20世纪30年代。在美国,1935年发表了一系列被认为是新闻机构制作的第一次科学的调查报告和民意测验,包括在全美范围内有多少人抽烟,他们最喜欢什么型号的汽车,什么样的人赞成分享财富等等。1939年,美国的《读者文摘》杂志采访了一大批汽车、手表、收音机的修理行,发表的调查报告以确切的数据指责这批修理行有半数以上收费过高,且有许多判断错误造成修理不当。此报告在全美引起很大震动,各报纷纷予以转载。尽管如此,精确新闻学一直遭到冷遇,其主要原因在于时间、金钱、能力。记者们觉得搞这样大规模的调查实在太耗时间——采访需要时间,统计更花时间,往往一个月才能拿出一篇稿子来,而且有相当一批记者没有经过调查训练,缺乏调查和统计的能力,而媒介的老板觉得这样的调查花钱太多。

20世纪60年代是精确新闻学的真正诞生期。1967年美国的底特律市发生了震撼全国的黑人抗议风暴。黑人因对美国现存的严重的种族歧视强烈不满而走上街头并和赶来镇压的警察发生冲突,造成流血,大批黑人被捕。事件从发生当天起,各种媒介在现场做了大量报道。但当时任《底特律自由报》的记者菲利普·梅耶和另外两位社会科学家进行了与众不同的工作。他们采取随机抽样的方法,在冲突地区抽取437名黑人进行个别访问,向每位访问对象提出相同的40多个问题,从每个人的基本情况到他们对这次冲突所持的态度、行为,并且把访问对象的回答记录下来。然后,把这些资料输入电脑,用统计分析的方法找出黑人上街抗议的原因。他们把研究的结果写成报道,在《底特律自由报》上发表了一组系列文章。这组系列文章以确切的数据揭示了黑人暴乱的深层次的社会原

因,不但受到各界的关注,而且获得当年全美最高的新闻奖——普利策奖。由此,精确新闻学也受到新闻界的广泛关注。

1968年及1972年两届美国总统大选是美国新闻界开始推广精确新闻学的转折点,美国的许多新闻机构进行了多种选举民意测验。到1976年,美国总统大选时,精确新闻学更为风行,各电视台、电台、大大小小的杂志进行各种题目的民意调查。日报都在第一版的右下角开辟民意测验结果专栏,图文并茂,有数据有分析,展望选举的结果。1988年,民主党总统候选人杜卡斯基和共和党总统候选人布什进行竞选。美国学者利用美联社电讯稿进行分析,对先后出现的对杜卡斯基和布什的褒义词和贬义词用电脑进行统计,对这些报道的倾向性作出十分客观的评价,最后得出准确的结论——美联社倾向布什。

1973年是精确新闻学定型的一年。上面提到的菲利普·梅耶转入美国北卡罗来纳大学新闻系任教授,并出版了一本专著《精确新闻学——一种用社会科学报道的理论》。最初,该书的书名为《社会科学方法在新闻实际中的应用》,后来,当此书用于新闻学专业教材时,梅耶的同事建议他改为《精确新闻学》。该书共14章,详尽地叙述了精确新闻报道的调查方法、统计技术、写作要求等,从而成为精确新闻学的入门教科书。据20世纪80年代的统计,全美几乎所有大学的新闻学专业都开设精确新闻学这门课;80%以上的报纸认为应该更多地刊登精确新闻报道。

二、精确新闻学的基本特点

严格地说,精确新闻学并非是一种"学",只是新闻报道的一种方法,正如《精确新闻学》一书作者梅耶教授最初的书名所提示的,是运用社会科学方法来报道新闻。这里"精确"一词的含义就是指数学语言,所以,精确新闻学就是运用数学语言来报道、分析新闻事件的一种方法。

精确新闻学之所以受到读者的欢迎,在于它和传统的新闻报道方法相比,有许多长处。

1. 精确新闻报道更加客观、公正

传统的报道新闻的方法是记者采访当事人或目击者,所以,新闻来源都是第二手的。无论当事人或目击者,受其利益驱使或观察限制,不可避免地带有其主观因素。不管记者本人想如何竭力保持客观、公正的态度,其最终新闻报道难免具有主观色彩。而精确新闻学以精确的数据来报道新闻事件,可以避免人为的主观因素,从而使新闻报道更显客观、公正。

2. 精确新闻报道更能反映人民的呼声和意见

"名人效应"是任何媒介都在竭力追求的,所以,传统的新闻媒介总把报道焦点集中于社会名流(影星、歌星、球星等)、政府官员等。反映民众的呼声和意见——各种传媒都以此为口号招徕受众,但也仅仅是口号而已,真正做得极少。而精确新闻学无论采用民意测验方法还是做实地社会调查,都得面向社会来收集数据,在客观上较为全面地反映了民意。

3. 精确新闻报道更令人信服

一方面因为精确新闻学使用确凿的数据;另一方面,对于一些复杂的社会问题,用自然语言来叙述很难清楚地表达全部意思,而精确新闻学采取科学的抽样调查方法,能够比较细致地表达新闻事件的细节。人们常说:事实胜于雄辩,而确凿的数据是最具说服力的事实。

必须指出,精确新闻学不是万能的,就像一位哲学家所说,世界不可能全部量化,新闻事件也不可能全部用数学语言来表述,尤其对某些事件复杂的政治、经济、社会、历史原因的分析,对某些新闻事件的社会影响和深远意义的阐述,不得不借助于普通语言,以为可以用精确新闻报道来取代其他形式的新闻报道是不现实的。

尽管可以借助于计算机等现代技术,精确新闻报道要搜集大量的数据并加以归类、分析,还是需要花费相当长的时间。所以,它的时效性较差,一般不适宜用于突发性事件,而比较适宜做社会问题的报道。

精确新闻学既然以数据来说话,那么,这样的报道必然有大量的数字和图表。人们常说:数字是枯燥的。这样的新闻报道一般都缺乏人情味,不生动,阅读这样的新闻报道不但要有相当的文化水平,而且很吃力,要仔细,要动脑筋思考。所以,不是这一领域的专家或对此特别感兴趣的读者,一般不愿读这样的新闻报道,这使精确新闻学的读者面很窄。

我们还想强调一点,指出了精确新闻学的种种长处,这仅仅是从它自身具备的特点而言的。但在具体操作中,决不能排除人为的因素,即数字是人统计的,也可以由人来编造。当记者为某种目的而编造数字或玩弄数字游戏时,它就带有了欺骗的性质。

三、精确新闻学的报道方法

一篇精确新闻学的写作通常分为四个步骤。

(1) 确立论题。它应该是具有现实意义的,能引起人们广泛兴趣的,通常是社会的热点或难点。这需要新闻记者具备特有的敏锐的观察能力。

（2）定量调查。确定调查的区域、对象和调查方法,设计问卷,做实地调查。

（3）整理分析。把所有资料输入电脑,进行分类、归纳,并对所有数据作出分析。

（4）写作。精确新闻学的写法有两种：描述性和解释性。描述性写法就是尽可能客观地提供某方面的全面数据,如美国联邦政府每十年进行一次的人口调查;解释性写法则着重以详尽的数据来分析事情发生的原因、后果。

在上述四个步骤中,最困难、最花时间和经费的是调查阶段,它要求新闻记者掌握社会科学的研究方法和数理统计的方法。一般说来,定量调查往往采取抽样调查的方法。抽样调查有随机抽样、系统抽样、分层抽样、选择抽样四种方案,依据不同题材采用其中的一种。

精确新闻学对新闻工作者提出了全新的要求。它不但要求新闻记者具有特有的职业敏锐感,而且要有社会科学工作者的研究方法和严谨态度,是真正的学者型的记者。同时,也对新闻学专业的课程设置和教学提出了全新要求,那就是必须让研究方法的训练和数理统计的课程成为新闻学专业的必修课。

第六节　评论与辛迪加专栏

评论（Comment）是西方报纸、杂志的重要组成部分。据统计,美国97%的日报每天至少有一个版的言论。辛迪加专栏（Syndicated Columns）也是评论的一种,只是它有一定的特殊性,本章单独列出来评述。

一、报纸言论版的基本情况

西方大多数报纸都辟有言论专版,地方性报纸一般只辟一个版面,而全国性的、世界级的大报通常有两个整版。言论版的主要评论种类有以下几种。

社论。言论版首先刊登本报评论员撰写的社论,它们代表报纸立场,是各种评论中最重要的一类。每天刊出数篇,依论述内容的区别分为当地事务、地区事务、国内事务及国际事务社论四大类。而每一类又可细分成政治、经济、外交政策、社会福利、教育文化等多个门类。在美国,绝大多数报纸首先是以一个城市特别是中小城市乃至小城镇为基地的,故其第一读者对象是当地居民。即使在全国乃至世界都有重要影响的超级大报,也相当注重立足本地。所以,报纸社论相应地十分强调对当地事务的评论,而后再把视野扩展到地区——与相近的其他城市等共同构成的区域或范围更大的州一级,然后才是全国、全球。

辛迪加专栏。它的重要程度位居第二,与社论的最大区别在于作者的特殊身份和超脱地位。社论作者受雇于某家报纸,作品只刊登在本报,其立场观点均受到报纸政治倾向及经济利益的限制;而辛迪加专栏作家受雇于特别的新闻企业,或者是拥有多家报纸的报系,或者是实力雄厚的通讯社、大报、特稿社等。他们将专栏文章像通讯社向订户传送新闻稿那样,提供给付钱购买的报纸,所以一般是一篇专栏同时为国内乃至国外的多家报刊采用。专栏作家在选题、评论观点和写作内容诸方面的自由度更大,专栏影响力也因其覆盖面而超过报纸社论。

读者投书。这是言论版中极受重视的一个栏目,发表读者对某些新闻事实的评判意见和对社会中各种问题的看法。它同我国媒介中的读者来信有重大差别,后者主要是向媒介反映情况、提出申诉。西方评论界认为,读者投书是一种重要的"公众论坛",它给普通人提供了参与各种问题讨论的机会,是民主生活的体现,同时也是反映民意的渠道。对于言论版,它是不可少的组成部分,因为其他栏目一般由评论员或知识人士撰写,缺乏广泛的代表性。

个人署名专栏。有的报纸也称之为随笔、手记。与言论版中其他栏目的严肃风格相反,它活泼、亲切、轻快,形式与题材均不拘一格。一般由本报的评论员、记者、编辑一人开辟或多人合写,每天或几天刊出一次。有时候,它也会相当严肃,评论员常用个人署名的评论形式发表与社论观点不一致的看法,或议论社论、辛迪加专栏未涉及的大小问题。不过其中的大部分不讨论新闻事件,只议论生活中的有趣话题,严格说来不能算作评论,比如追怀往事,谈论旅行、花草、运动、影视剧、美食、动物等等,但深受读者喜爱。有人把原本一向以严肃面目出现的言论版引进这类轻松小品的做法,戏称为"言论版走出了象牙塔"。20世纪50年代以来,越来越多的报纸开始采用这种严肃与活泼并存的形式来吸引读者,因为读者面的狭小对言论版的影响是不利的。

其他。言论版还有一些次要的文章种类:(1)转载或摘编其他报纸、杂志的评论。当本报社论就某问题展开讨论时,往往同时刊登其他报刊的评论,有时是两篇——一篇与本报观点一致,一篇为对立意见,这样做的目的是使报纸兼容多种声音。(2)特约专论与特约专访。特别约请某方面的专家就其精通的问题发表见解。有时由报纸派人访问专家,把谈话记录用一问一答的形式发表,称作特约专访。这往往会有助于对问题的深入认识。(3)随感、见闻。它们的作者一般是作家、大学教授等。他们见多识广,常会有些感想,对实际有时不无借鉴之用,对读者来说则是新鲜有趣的。这类文章的形式格调近似于前述的随笔之类,议论问题不一定严谨深入,依据的材料也未必全面准确。(4)政治性时事漫画。

一个典型的言论版每天的主要内容有以下这些:三封读者投书,两幅漫画,三篇辛迪加专栏,一篇国内或国际事务的社论,1/2篇当地事务社论(即平均两天一篇),1/3篇地区事务社论。版面不含广告栏。

二、西方新闻界关于新闻评论的理论见解

1. "以读者为中心"的评论观念

纵观西方新闻评论的理论与实践,不难找出一条贯串线,这就是"以读者为中心"。

西方的政治体制及新闻体制是多元化的,各个不同的利益团体,包括政党、劳工组织、企业集团、宗教和社会团体等,都有自己主办或控制的新闻媒介;而即使是相对独立的媒介,也自有政治、经济、社会事务等观点以至文化价值观念上的倾向性。这就形成了媒介彼此之间在报道、评论诸方面的激烈竞争和对抗局面,经济的压力也大大促进了带有企业性质的媒介对受众的争夺。因此,客观的环境使报纸评论不得不注重读者的政治倾向、利益要求及阅读趣味。但是,这种注重早已不是简单的甚至无原则的迎合,尤其一些严肃报纸的评论,更着眼于对读者的帮助、引导和思想上的启发,试图通过确立自己的良好形象来赢得读者的拥护。

更重要的因素是在主观方面,严肃报纸树立了社会责任的观念,把"以读者为中心"上升到自觉的理性要求。西方评论界认识到,社会舆论的形成取决于三方面的因素:首先是人们(读者)的个人经验;其次是新闻媒介对某事件的报道;最后才是报纸言论。因此,报纸言论版同时要面对两方面的压力,评论员首先应当充分意识到读者个人经验在决定自己意见时的主导作用,然后要看到报纸新闻版对事实的"客观性"报道,较之评论"主观性"的判断、批评,更能吸引和影响读者。评论显然陷在一场自

己不占优势的竞争之中,但是,评论又必须取胜——因为对于读者和报纸新闻版,评论界始终持不信任甚至是反对的态度,它们意识到了其中一些重要的缺陷。

当前,无论公共事务还是个人私事都日益复杂化,而且越来越令人应接不暇。在这样的背景下,读者的个人经验常常难免过于偏窄或陈旧,他们的知识水准和思考能力也未必能够胜任对不少问题的认识与判断,特别是由于思想的惰性,使相当一部分人缺乏思考问题的自觉性,而评论应该而且可以帮助人们摆脱上述的困境。

其实读者也正越来越清楚地意识到自己的困境,所以一般公众对印刷文字的依赖性不断增强。他们从阅读中扩大视野以认识生活,甚至据此决定自己的某项选择乃至整个人生准则。但是,占报纸主要比重的新闻版却未必能提出真正经过慎思明辨的可靠思想,所以评论的责任更显重要。而且,评论除了给读者引导启迪之外,还负有指导包括新闻版在内的报纸整体的职责。

正是在上述意义上,西方评论界确立了评论三原则:独立性、为公众利益服务及争取在社会舆论中的领袖地位。后两项原则又具体化为评论对读者的五大作用及对报纸整体的三大作用,即评论的八项职能。独立性原则我们将在后文单独介绍。

2. 评论对读者的五大作用

(1) 帮助读者在纷纭复杂的事件报道的阅读中理清头绪,特别是提供认识、思考有关问题的方法给他们借鉴。

西方评论界提出这一职能的理由在于:一方面,读者比以往任何时候都更依赖于印刷文字或其他形式的信息(如广播、电视),但另一方面,他们用于阅读的时间却日趋缩短,这一事实简直可怕。相对而言,广播、电视信息缺乏深度和较多的内涵,所以容易造成读者对事物的了解浮于表面。评论可以帮助他们花较少的时间而获得较多实质性的收获。评论能告诉读者事件的背景等,使模糊的事实变得清晰,并指出事件的意义。这恰恰也就是有思考的良好习惯的读者希望报纸为他们做的。

评论员对于评论题目的选择其实告诉了读者,哪件事是最近的新闻事件中最重要的。这种对新闻价值的又一"估价"形式的分量,要重于新闻版面上的处理。同时,评论者不仅可以强调新闻的意义,甚至还可以把重大事件首先在评论中加以披露,因为报道的对象必须是业已发生的明确事实,而评论则可以相对灵活,如预测动向,揭示一些隐而未明的事件。比如《泰晤士报》便一向如此,1929年它根据种种迹象在数月前就预示了经济大衰退;1936年,评论则提醒人们德国法西斯正在预谋一场战争。所以,评论员笔下的事件往往成为社会关注的焦点,不论是否已由新闻版做出报道,这对读者关注现实起了向导的作用。

(2) 促使读者开动脑筋,帮助他们从盲信或幻想中解脱出来而代之以理性思考,同时提供给他们讨论问题的论坛(这体现在社论版上便是对读者投书的重视,详见后文)。

(3) 给舆论以潜移默化的影响,使得一旦大事临头需要大众作出抉择时,他们的决定不是出于一时的感情冲动,而是由于长期受到影响而养成了思考问题的习惯,从而能作出明智的决策。

评论者的职责首先并不在于告诉读者思考什么问题以及怎样去解决它,他没有资格把自己当成智慧的化身,其最重要的责任应当是激励读者思考问题进而得出自己的结论。读者赞同评论的观点固然可喜,但如果他们不赞成,也不是坏事情。评论者在一篇评论中首先要表达的意愿是:"来,让我们好好想想这件事情。"这一点与第一项职能联系起来认识,评论对于事件重要性的强调和对其背景、意义等的解释分析,均应看作是给读者提供思考问题的便利,以激励其思考。

评论的一大任务是帮助读者更新观念。有些陈旧过时的想法或传统的思维习惯对人们影响至深,而且自己往往不易察觉。不少评论家本人亦身陷其中,因此对政治家的宣言之类很是警觉,常能提出批评,但对大多数人共有的错误观念却浑然不觉。甚至报纸评论也时常站在新事物、新观念的对立面,充当守旧的角色。这种大多数人的意见有时是可怕的,它会扼杀敏锐、正确但声音微弱的少数人的新见。旧观念有时事关国计民生,影响到最高决策层对重大问题的决定;有时却具体而微,诸如对经商的偏见,甚至包括"高速行车必定危险"、"老人做事一定效率不高且易出事故"等陈见。不过可别小看它们对新生事物的阻碍作用,评论员在这方面必须慎思明辨。

评论由于其观点在一段时期内的一致性、连续性,而对读者发生潜移默化的重要影响,特别如有些小城市的报纸,评论所长期坚持、不断强调的观点及其代表的政治态度、价值取向,甚至会左右当地居民的政治倾向和价值观念。往往不是报纸做自由派或保守派市民们的代言人,而是市民做了报纸观点的俘虏。有责任心的评论员在这方面有可能给人民以正确的影响,推动社会的进步。

从这些观点中可以看到,西方评论界把自己社会责任的实现首先寄希望于影响读者,而不是影响上层,这或许是民主政体的一个侧影。同时,他们自觉地把激励思考使读者能够持有独立见解的目标置于宣传己方观点之上,则是民主意识的一种反映。

（4）帮助读者维护自己的民主自由权利,特别是防止政府决策可能造成的损害,支持他们为建设美好生活而进行的努力。

在社会生活中,评论有时以战斗者的姿态出现,推进社会变革,指陈时弊,批评不正确的流行思潮,锋芒咄咄逼人。有时却又扮演一种慈祥长者的角色,循循善诱,剖析利弊,以避免无谓的矛盾冲突,弥合裂缝,促进诸如劳资纠纷、种族对立、宗教矛盾等的圆满解决;在面对灾害时安定人心,总之要在社会生活中起积极的建设性的作用。

评论的又一重要角色是"哨兵",保卫民主与自由,特别是防止政府权力的无限扩大最终导致专制。监督政府部门,向人民指出其政策上的漏洞并告诉他们,政府应当怎样改进工作才能更好地服务大众。有时候,评论可以站在大多数人的利益上呼吁并迫使政府作出某些决策,如治理环境污染、改善城市交通等。

（5）使读者在读新闻时能够识别编辑的偏见,认清事实真相。

西方评论界十分关注新闻报道对于大众意见的影响乃至决定作用。它们指出,报纸新闻不仅仅在叙述、描绘事实,还通过编辑各种手段的处理,向读者灌输一种微妙的观念,可能会在很大程度上左右他们判断事物的标准,进而改变其思考问题的习惯。有时读者接受的是编辑的偏见。不少报纸新闻编辑也认为,"我们的标题就是评论","舆论取决于我们报道何种事实和怎样处理它"。问题在于大多数人对此不加鉴别地盲目接受,很少抱有警觉的怀疑态度。因此,评论就有必要向读者提供这方面的帮助。而且,评论者应当更加冷静、客观,努力做一个置身事外的旁观者,而读者则应当了解多方面的意见。社论版可以有三方面人士的意见：与事件有利害关系的专家意见;超脱、旁观的专家意见——评论员不是属于前一种,就是后一种;一般读者的想法。理想的范式是,以严肃、理智、细心的探究态度,有组织地因而也是有效率地进行问题探讨。

3. 新闻评论对报纸整体的三大作用

新闻评论对报纸整体具有以下三大作用：

（1）确立报纸个性的重要手段之一;

（2）体现报纸作为社会一分子的形象与职责;

（3）整个报纸工作的向导。

评论版编辑或者通过参与报纸的编辑方针的讨论、制定,或者通过以自己的观点阐述新闻报道的意义等,给出版商、新闻编辑及记者以潜移默化的影响,进而影响报纸的观点、新闻报道重点的取舍等,从而有可能消除报道对读者的不利影响。

4. 新闻评论的独立性原则

独立性是新闻评论的首要原则。很显然,评论一旦失却了客观、公正的立场,无原则地为某种特殊利益所驱使,那便谈不上"服务公众利益";当失去读者的信任时,它在社会舆论中的地位自然也岌岌可危了。

所谓保持独立性,主要指以下五方面的含义。

(1) 绝对地尊重事实,在深入地掌握全面、准确的事实材料的基础上立论。

(2) 持论公正,特别是要能够公正地对待对立面的意见和人。

(3) 洁身自好,不做政客或其他利益团体的附庸。具体而言,报业老板和评论员不应过分卷入社会团体及其活动。他们当然不可能不接触社会各界乃至有所参与,但决不能忘记自己的身份与职责;评论员可以加入党派或其他社会组织,但必须仅仅作为个人的信仰和爱好,不能因此充当一党一派的喉舌。

(4) 经济独立。就总体上说,报纸一般不应接受捐款或赞助。有时候,尽管出资一方并非别有用心,但当读者知情时,便可能怀疑报纸观点的独立性。所以经济独立具有双重意义:维护报纸实际的独立立场;维护报纸在读者心目中的独立形象。

(5) 报纸不强求评论员写作与其本人信念相违背的东西。在这个棘手的问题上,开明的做法是:在对特别重大的问题表态时,允许持不同见解的评论员暂时搁笔;除此之外,则可以允许他们在报上同时公开发表不同意见,当然只能以个人名义署名发表。

另外,新闻史上的一些成功报纸的实践也用不同的文字形式阐述了独立性原则的一些含义,在具体方面有所补充和展开。

约瑟夫·普利策给《世界报》确定的原则:《世界报》永远致力于推动社会的进步与改革,决不向不公正或腐败现象妥协;永远同任何党派别有居心的宣传唱反调,决不从属于任何政党;永远同为富不仁和损害公众利益的人作对,永不丧失对穷人的同情心;永远为公众利益服务;绝不仅仅满足于刊登新闻报道;永远坚决地保持独立性,决不畏惧向危害社会的势力进攻,不管它是富人还是穷人。

《纽约时报》:本报立志一如既往地保持高度的社会责任感,并在这种责任感的驱使下努力保持报纸的独立性。绝对地无所畏惧,不屈从于各种压力;无私地服务于公众利益,不使报纸变成实现个人野心或党派政治的工具,也不使它成为个人或宗教偏见的喉舌。

《华盛顿邮报》:报纸的责任就是最大限度地为读者和社会服务,而非服务于其所有者的私利。为了追求真理,为了大众的幸福,报纸应当准备贡献一切。报纸不应与任何特殊利益团体结盟,而应当保证公正、独立自主和全面地审视社会上的人与事。

这些阐述中最引人注目的是提出报纸不为所有者(报业老板)私利服务的原则,评论能否独立判断问题与此关系颇大。

以上介绍了西方新闻界关于新闻评论三原则和八项职能的见解。作为理论原则,它们或多或少总带有一定的理想色彩,由于主客观方面的种种干扰,评论在实践中往往不能严格遵循这些原则,甚至会出现背道而驰的做法。所以,对理论观点的了解不能取代对西方评论实际状况的认识,两者之间总存在相当的距离。

其中,他们对于新闻媒介及其评论的独立性问题的见解,最具理想色彩。西方新闻界对此问题做过大量的实际调查和分析,结论并不乐观。事实上,经济独立对大多数报纸而言是相当困难的,当它们因为生存竞争的压力而求助于外界时,就不可避免地带上了特殊利益团体的色彩,进而也会影响到评论的独立立场。其次,大多数报纸在社会生活中的地位和影响力,并不足以同来自政府或其他集团的压力相抗衡。在西方各国,或多或少也还存在对新闻自由的干涉。最后还有一个十分重要的技术因素,大多数报纸偏于一隅,以一小城市作基地,这时便很难对发生在其他地方的事实作深入全面的了解,因此评论的立论往往根据通讯社、大报等的报道,可能由此而受到其中偏见的影响,失却判断的独立与公允。这一问题为评论所特有,不似前两项那样是媒介的共性问题,却也至关重要。

当然,一部分像《纽约时报》那样的新闻媒介(新闻企业),雄厚的财力足以保证经济独立,举足轻重的舆论地位又足以使它顶住外部压力,更不存在偏居一隅的困扰,能够消除来自外界的对评论独立立场的干扰因素。但却有其内部的问题(小报亦有),即报业老板的经济利益、政治观点等对评论倾向性的决定作用。对此,往往只能寄望于有一个"开明主人",而这显然是不可靠的。事实表明,对于重大问题的判断,特别如总统选举,"开明主人"也会公开干预评论立场。《华盛顿邮报》曾因揭发"水门事件"而大获赞誉,但调查之始,邮报老板格雷厄姆夫人慑于白宫压力,几次进行干预,甚至要求停止调查。美国1984年的一项调查表明,报业老板在总统选举时本报社论支持哪位候选人的问题上,有明显的决定权。

统计数字显示,评论员个人的投票意向同笔下评论的支持倾向有明显差距。在前面西方评论界关于独立性含义的阐述中,有一条是允许评论员在持不同见解时不写社论,也许可看作原则对现实的让步。

独立性既然不易做到,那么"以读者为中心"和"社会责任论"也就有其实践方面的困难性了,理想色彩清晰可辨。但是,我们并不能因此否认这些理论原则的积极意义。事实上,西方媒介在实践评论理论原则方面还是有其成功的一面,且不说有良知的新闻从业人员不妥协的努力,就是经济赞助人和报业老板,也能在多数问题上尊重评论员的决定权,政府等也不敢在干预新闻自由方面走得太远。况且,他们还有一系列针对干扰的反措施,比如言论版中允许评论员以个人署名方式发表不同意见。有些报纸如今已将其发展成为规范化、制度化的"社论对版",专门发表与本报立场相异的看法。又比如针对地方小报难以就国内国际问题准确立论的技术性障碍,发展起了辛迪加专栏(详见本节第五部分)。这其中的原因颇多,但理论原则的倡导肯定是一个重要因素,它使评论界内外人士达成共识,对妨碍评论独立性的势力施加压力。

三、西方评论的一些具体原则

新闻评论的理论见解最终是要通过实践加以体现的。而指导实践,就需要确定一些总原则之下的具体规则,建立一套相应的方式方法。

1. 评论选题——赢得读者及帮助读者

许多人从不读评论,而且公开承认这一点,也就是说他们是有意不读的。分析其中的原因,选题是个大问题。事实上,评论员自己往往也并不喜欢那些干巴巴的选题,但又不能不硬写,因为忽视有些问题意味着评论的失职。于是,对于诸如政党、国内政治、外交政策等重大新闻事件,尽管缺乏真知灼见,可也还得选它们作评论的题目。这类枯燥文字常常占据着言论版的大部分篇幅。

为了吸引读者,从而在根本上扩大评论的影响,西方评论界对选题进行了深入研究,提出如下原则。

(1)接近性。评论员必须把主要精力放在与读者切身利益相关的问题上面,地方报纸评论(首先指社论)的选题应当优先考虑当地事务。不少报纸热衷于谈论大问题,比如中东局势、俄国改革,有时是一种取巧的手法,它不会冒什么风险,也不至于招来批评,因为不大可能触犯当地读者的利益和信仰,或引起地方当局等的不满。但毕竟不可能吸引广大读者的关注,不过填充版面而已。作为一家好报纸的成功言论版,应该这样自我衡量:假如得不到当地读者的拥护爱戴,那么也得争取他们的重视,至少没有人憎恨和反对。否则,苍白无力,不如不写。所以,言论版必须把同读者密切相关的问题,比如地方议会讨论的话题,作为第一选题。有些事情很细小琐屑,但不能不评,因为这是报纸对大众所负的责任。当然,接近性不等于地方性,国际国内的重大问题也不能不评,但选题的角度应该精心设计,努力寻找与读者的接近点。比如评论对伊拉克战争,就可以从战争对本国经济直至本地区的具体企业的影响入手。当然多数情况下这种直接关联是不存在的,这时,评论应着意在良知和理智方面给读者以潜移默化的教益,使得一旦同样的问题降临到他们身上时能正确地作出抉择。

(2)向读者提供参与的条件。仅仅告诉读者"这件事与你有关"是不够的,不少国际、国内问题的评论不受欢迎,往往是由于读者觉得无关痛痒。评论只是就事论事地进行评论,告诉了读者许多事情,就是没有说明,读者可以为此做些什么事情,或应当持什么态度。1965年,美国《时代》周刊发表了33篇关于越战的评论,其中一些重要篇章从不同角度分析美国的政治体制、社会观念等与介入越战的关系,隐含了"出路何在"的答案,受到欢迎。西方评论界有一种观点:言论版不必对国际国内事件事事作评,但一旦选题,就必须揭示问题的本质,进而揭示可能的解决问题的途径。

总之,评论选题的出发点是人——读者——所关心的自我及其生活环境,使他们认识到自己不是置身事外的旁观者,鼓励他们有所思考和有所行动。

(3)时间性。评论主要是对新闻事件的分析与评判,有时间性的要求。有些评论在这方面更有特殊的讲究,当它们着重分析事物发展趋势时,应该做到及时;评论将交付审议通过的政策性程序等时,则应当保证适当提前。

(4)重要性与趣味性的平衡。按传统的看法,评论是讨论重大、严肃问题的。但这个观念已经发生变化,越来越多的言论版把选题范围扩展到家庭生活、子女教育、文化艺术甚至个人兴趣爱好方面,开辟了随笔一类的栏目。虽然它们只能是"配角",但对读者的吸引力颇大。

(5)广泛性。考虑到不同读者的不同兴趣,选题面应当与读者的需求保持一致。政治、经济、科学、外交、社会等经常轮换,一段时间内的出现次数需做到均衡。

2. 评论写作的两种类型：理智型与感情型

西方研究者把评论区分为两类：理智型与感情型。前者指正式、严肃地就有一定重要性的争论问题发表的议论，包括社论、读者投书、特约专论（特约专访）及大部分的辛迪加专栏文章和小部分的本报署名专栏。一般来说，它们涉及的问题事关公众利益，评述过程严格依据事实和可靠的逻辑方法；出发点是严肃认真的。感情型评论与之相反，讨论的问题常常只同一部分人的利益、兴趣或情感有关；写作中不那么严格地尊重事实，且往往有所保留地迎合读者的偏见；形式不那么正规，而是自由多样；特别是它的观点或多或少存在片面性。

不过在实际的评论写作中，不大可能找出纯理智型的文字，所谓的严肃评论当中也会夹杂进一些感情型评论的写作手法，区分两者的标准是看它们如何处理与本文观点相悖的事实和见解。理智型评论要求不仅列举支持论点的事实，引用与己一致的见解，而且必须忠实记录不同事实和相反观点，当然此后尽可以对它们解释一番以自圆其说。也就是说，应给读者评判你的文章提供可能。感情型评论则往往对反面的东西避而不谈，或一笔带过，所以对读者有一定的"欺骗"色彩。

作者在评论写作时采取何种类型，取决于三方面的因素：论题、场合与读者对象。言论版不排斥感情型评论，如随笔一类的栏目，议论个人爱好和生活小事，就不妨自由发挥；即便是谈论一些大问题，因为属个人署名，不那么正规，读者一般持姑妄听之的态度；有时也尽可发表自己的见解，偏激反显个性，冲动更添文采。但是，它们不能成为言论版的主体。而且，还特别需要防止理智型评论滥用感情型评论的手法，否则，其观点将会丧失正确性。

在西方评论写作的准则中，列举出了理智型评论的三种常见错误和感情型评论写作的五种不允许的情况——当然更不允许理智型评论借用这些手法。

理智型评论的三种常见错误：

（1）无意识地引用虚假事实。这有时是新闻记者采写的失误，有时则是评论员自己的疏忽，轻信了不可靠来源提供的事实材料，主要指别有用心的宣传品。

（2）以偏概全。立论时未能掌握全面的事实材料。西方评论界极其重视事实的全面性和准确性，为此专门确立了严格的原则，包括评论员的选材标准和工作准则（具体参见下一部分"评论员选材与工作准则"）。

（3）逻辑虚假。理智型评论常借助逻辑推理来增强说服力，但有时

会以假乱真,主要问题在于滥用因果关系,包括:

A. 把"在此之后"错认为"因此之故"。如一项决定作出后发生了某些突发事件,硬将两者联系起来解释。

B. 把"与此有关"错认为"是此原因"。如断言某人是好父亲、好丈夫,必定能成为好总统。

C. 把"原因之一"错认为"唯一原因"。

D. 把"间接原因"错认为"直接原因"。

感情型评论不允许的五种写作手法:

(1)人身攻击。争论问题时不针对对手的论点,却指斥其品质、行为等。

(2)利用读者偏见或恐惧感等。比如以此煽动民族对立情绪。

(3)含有贬义的代称。如对所抨击的人与事冠以"刽子手"、"特洛伊木马"之类不符事实的蔑称。

(4)滥用含有感情色彩的字眼。如把某事形容成"天使一般"、"伟大正确"等。

(5)以"大众"为号召,不正当地利用人们的从众心理。

3. 评论员选材与工作准则

西方评论界认为,既然新闻评论的主要任务是对新闻事件及相关的社会状况进行分析评判,那么评论员首要的工作也就应当是处理事实,他是否称职、优秀,首先应该考察其这方面的能力。所以,西方评论员之工作准则的要点,是尽最大可能获得完整、准确的事实,并对其慎思明辨,从而在根本上保证立论的独立与正确。

西方评论界认识到,新闻报道固然是获取事实的重要来源,却也不可盲目依赖。除了可能的失实、疏漏之外,新闻报道对事实的表述本身就存在局限性,记者的用词炼句未必能淋漓尽致地传达出事实之本来面目,报道与实际事实之间总隔了一层。况且,记者只可能选取事实最新变动的、显著的部分加以报道,若要分析评判其意义,却必须弄清楚与此事实纵与横两方面联系着的"次要"部分。报道与评论对于事实的要求是不一样的,因此,评论员的工作准则是:

必须了解比新闻版上的事实报道更多的东西,应当亲身接触实际以获取第一手材料,特别是掌握将要作评的那个事件的"前后左右"的情况;评论员应该善于透过表面,深究本质,把握表面的事实背后的东西,特别是认清政治家演说与宣言、官方公报及来自各方面之宣传材料等有意隐秘不宣的部分,进而要求能够认识那些人这样做的动机与用意。

工作特点决定对评论员的选材标准。目前西方报纸言论版大多倾向于从记者中选拔评论人才,因为很显然,记者经历将大大有助于他们胜任工作。一般认为,记者出身的评论员有以下优点。

(1) 以往丰富的实践经验,使他们面对事实之时眼光敏锐,具有某种本能的直觉,常能估计出字面以外的东西;充满好奇心,习惯于对事件刨根究底,追寻内幕。

(2) 一旦需要评论员亲往调查采访时,记者因具有经验和熟练技巧而不至于劳而无功。此外,不少报纸甚至规定评论员必须花一半工作时间深入实际,一方面接触读者,了解他们关心的热门话题;一方面走访社会各界,听取种种情况及意见,从中汲取灵感。这显然也需要记者素养。

(3) 记者写作的训练,使他们自然而然地会注意避免陈旧和空洞,这些人最清楚,没有新东西和充足事实的文章无法吸引读者。

当然,评论员在各自分工负责或侧重的领域里,也必须具备相当的理论知识,应当努力成为专家。

四、读者投书栏目

读者投书是报纸言论版中很受欢迎的一个栏目。据估计,在那些读报细致全面的读者中间,65%以上的男性和60%以上的女性经常读它(有的调查中此项比例更高达83%和84%)。读者投书获公众青睐的原因主要是出自普通人之手的文章于读者更具心理上的亲近感。同时,一般人都认为读者投书的作者独立性方面更可靠,更能仗义执言。

新闻界对它也给予较好的评价。从理论上讲,读者投书栏目是重要的公众论坛,激励并实际提供了机会让普通人参与大小问题的讨论,特别是就与自己利益密切相关的地方性事务发表意见。这是社会民主生活的一种形式,又是反映民意的渠道。就报纸而言,这是服务公众的重要方式;就言论版而言,这是它对评论"促使读者开动脑筋……进而养成思考问题的良好习惯"之职能的实践形式。

对言论版的实际工作来说,读者投书常给评论员以选题方面的启发。显然读者最清楚自己想了解或讨论什么问题;同时,读者意见也有利于评论员发现自己观点的狭隘偏颇之处,尤其一些知情人或某个领域之行家里手的投书;再者,读者可能从给言论版写信以及阅读别人投书的过程中体会到一些"主人感",缩短心理距离,进而促使他们更踊跃、更认真地读评论。

不过不少人警告说,对读者投书栏目的估价不宜过分乐观。首先,投书中的意见往往并不代表真正的舆论。曾有调查证实,某地推行一项政策之后报社收到的大量来信中,赞成与反对之比为1:3,而民意调查却显示了恰好相反的结果3:1。应该认识到民意调查的方法是科学的,因而更可靠,而读者投书只能作为参考,不能当成了解民意的唯一渠道。其次,对来信的内容和见解不宜过分相信。占相当比例的读者投书表示的看法并不来自事实或者理智的分析,只是一种偏见甚至是无知的表白;有时还会提供不确切的事实,有诽谤之嫌。为这样的来信提供版面,不免同评论服务公众的本意相悖。还有人指出,一些特殊利益团体利用读者投书栏目谋取私利,比如出钱雇人贩卖一些"事实"和观点。据一位编辑统计,有三种人特别频繁地给言论版写信:其一是"职业性"的投书者,一般并无其他用心,只是把此当作一项爱好;其二是狂热的宗教信徒;其三就是那些政治团体、商业机构等的成员,无孔不入地想为自己的观点和商品做广告。

针对这些问题,许多报纸的对策是严格筛选来信的同时必须公开投书人的真实姓名、确切住址。有的报纸在选中一封投书后,必先按地址姓名投寄一明信片试探虚实,或打电话查证,否则一概免登。这样做尽管会耽搁时间,花费不少钱,有时不得不忍痛舍弃一些有很好内容的投书,但为对读者负责,也为报纸的信誉考虑,它们都还是认真地执行这类"反措施"。

出于对投书栏目的重视,许多报纸在编辑手法上精心设计,着意使之醒目突出。有的将读者投书安排在与本报社论平行的位置上,并使两者的篇幅大致相当,强调它的重要性;有的报纸特别注重周末版和星期天版(从理论上讲,读者在休息日读报时间较多,阅读也更细致)上读者投书的处理,直至给它整版的空间。这一切无非是向读者表白,你们的意见多么受我们欢迎。有些报纸在栏目中印上一条含义深刻的格言,表明设此栏目的良苦用心,诸如"思考为了你自己,让更多人都来使用自己的权力";"这就是自由:诞生在自由社会中的人们畅所欲言"。如此费尽心机,目的显而易见,"高质量的投书栏目引来高质量的读者投书",是为良性循环。

在版面处理之外,不少报纸还有高招,它们逢年底必专辟一版刊登本年度投书中选读者的名单,表示谢意和敬意,还邀请他们聚会探讨一些敏感问题，包括对栏目和报纸工作的意见。甚至在退稿信的设计方面，也注意到怎样避免对投书人积极性的伤害。

五、辛迪加专栏与专栏作家

前面在介绍报纸言论版的基本情况时，已择要介绍了辛迪加专栏的主要特点，以下再作些补充。

辛迪加专栏及其作家是美国新闻业的"特产"。"专栏作家"这个词20世纪20年代起为人们普遍接受和使用，那时正逢辛迪加专栏迅速崛起，其影响很快压过了先有的报纸普通专栏（这一形式至今仍保存着，且也有所发展），所以现在专栏作家一般专指写作辛迪加专栏的人。

辛迪加专栏的最大特点是观点独立于报纸立场。这种个人独立发表言论的做法可以追溯到18世纪，开国之初的美国报纸中就有以散文形式评述国内问题的文章。19世纪，这类文章离现实渐远，偏重于展现作者的机智与幽默，这种风气在19世纪末20世纪初时为最盛，虽然也有些文章讨论政治话题，但更多的是谈论个人私事、奇闻趣事或者纯然为显示小聪明。这时已初具专栏的雏形，即作者开始固定化、专业化，在此之前的同类文章是以读者（包括一些知名作家）自发的零星投稿为特色的。报纸普通专栏的形成是在20世纪初。到20年代，由于李普曼等人的加入，政治性专栏声名大振，深刻地影响了迅速发展中的辛迪加专栏的走向。今天美国的大小专栏超过400种，大部分是讨论公共事务的。1931年，有些专栏作家开始写作"揭丑"政治专栏，对美国政治的阴暗面及政治人物的丑闻予以不留情面的抨击，创立了专栏文章中咄咄逼人的新形式，标志着新闻媒介与政府之间客客气气关系的结束。不过，它们在政治专栏中一向不是主体，大多数还是对政策等的理智评判之作。

由于传统的延续和现实的需要，辛迪加专栏中也不乏幽默小品之类，有些还带着较浓厚的评论色彩，如议论家庭关系、婚恋以及对影视剧、书籍、时装等的品评，有些就算不上评论了。这与言论版中随笔栏目（个人署名专栏）颇有相似之处。此外，时事漫画也可以作为"辛迪加"的形式之一。

专栏作家们就一个问题各抒己见，观点五花八门，因此自它问世以来，一直存在争论，报纸是否应该同时采用这些各执一词、观点互相矛盾的文章——它们对于读者的影响究竟是好是坏，对报纸言论版是利多还是弊多，这一争论至今还未有定论。

赞成同时采用不同观点专栏的一方认为,读者有权利要求在一份报纸上读到多种意见,于是报纸就有此义务,特别是发表与本报社论观点相左的文章——谁也不能自认为有能力正确解答任何问题。读者接触不同意见后得出的结论才是明智、可靠的。当然,报纸选登专栏时应当先研究一下作者是否"正直",可以有所取舍。有人进一步指出,许多读者不能从当地报纸上读到对一个问题的两种或多种意见,令人担忧在这种环境下成长起来的一代是否会懂得尊重不同观点,是否干脆就以为世界只有一种声音,这事关民主意识。另外还有一些次要的赞成理由,一部分地方小报没有自己的社论,或由于视野的局限,无法对全国、国际大事作评,而专栏恰能填补这一莫大缺憾——除了观点,还包括他们对某事件详尽、深入的独家事实报道。

反对一方针锋相对,《时代》周刊的创始人卢斯就认为:"一家报纸,如果它对自己刊登的每个字都持严肃负责的态度,就不应该发表作者的正直性受到怀疑的专栏文章,以及任何根本观念与己相悖的文章。那种时髦的教条认为,为了取悦读者或者'提供给他们多种见解',报纸有权力,甚至有责任发表它为之痛惜(因其幼稚),或为之痛恨(因其荒谬)的东西。以我之见,这简直是孩子气的胡闹,毫无成年人的责任感。它以玩世不恭的态度对待美国生活的核心,甚至更坏。"反对者的理由是,从理论上讲,读者能够因听取各种见解而发现真理,但就实际情形而言,他们在找到真理之前早被弄糊涂了。报纸言论驳杂,只会弄得读者先不明白你在想什么,继而不清楚自己该想什么,最后只好怀疑思想究竟有什么用处。

好辩者尽管争论,可是在实际的报纸工作中答案却已分明。统计显示,约5/6的报纸只选用与己方立场、观点相仿的辛迪加专栏文章,仅1/6的报纸兼容不同声音;此外,仅1/5的报纸在采用几种专栏时注意不同观点的平衡——指保守派、自由派与中间观点的出现次数大致相当。不过也有研究者报告,这种一边倒的情况随着时代的变迁而渐有改观。

辛迪加专栏对本报言论版影响的利弊得失,是评论员们十分关心、时常讨论的问题。有人列举出几种不利影响,诸如采用辛迪加专栏后,有的报纸的评论员开始松懈,不再认真地去阐释国内外新闻了,甚至干脆歇工。特别是,有些言论版连对当地事务的评述也放弃了,转而议论女装之类的趣味话题。不少评论员抱怨读者让专栏作家抢走了,事实也确实如此。

然而更多人认为辛迪加专栏利大于弊,像美国专栏作家之王李普曼指出,如果要对专栏文章有个正确的估价,那就是它不会造成什么坏影响:"报纸言论版可以继续在当地事务中发挥影响,应当日复一日地向所在的社区发表言论。而专栏文章毕竟是个人署名、代表个人见解的文字,有时对问题的探究不无启迪,有时却会让人更加迷茫,而且它更多的是在讨论全国性与国际性的新闻事件。"另一位研究者补充说,专栏对全国、国际大事的评论不可能站在当地居民特殊的利益和兴趣之上,而是面对更大范围内的各色人等。所以,地方报纸对同一问题的评论仍可大有作为,而且也必须有所作为。想要赢得读者,关键是要精心选择角度,把评论写得更好。

归根到底,专栏文章对报纸言论版的影响是有益的。它能把各种观点带进版面,它使试图探究真理的读者有了思考的基础;它冲破报业老板对言论观点的独断和控制;它还教育了编辑们,应当尊重读者的知晓权,明白如下真理,在民主社会里,没有什么见解是危险可怕的,真正危险的是封闭公众论坛。

总体来看,西方评论界是主张言论版兼容多种声音的,但这种理想原则实践起来并不容易。除了来自各方的实际阻挠之外,怎样评价读者——他们是否真的具有接受不同观点而不致无所适从的能力,也是个相当复杂的理论难题。事实上,这个难题肯定有两种并存的答案:一部分读者这样、一部分那样,于是开放还是控制言论的主张将会一直对立下去。如果说判断不同观点的能力是需要创造条件去培养的,那么似乎应当支持开放。可是这些眼前事怎么办呢?迫切的现实问题催促人们迅速决断,评论员能不管那部分无所适从者吗?他们恰恰是最需要帮助的。有时候,评论界自身也会在此难题上陷入无所适从的困境。

对专栏文章的评论标准的探讨近似于前面介绍的评论界对评论员工作准则的研究,答案也相同,多数专栏作家认为,专栏不应仅仅是信口开讲、一纸空话,而需较多地报告事实以及分析其外表之下的内核,对事件的深入调查才是文章观点之权威的基础。思想本身苍白无力,唯有借助对事实的分析评判才能获得生命力。所以,专栏文章的重点在于阐释和分析新闻事件。这一观点也已为新闻界接受,许多报纸把它作为对专栏文章的主要取舍标准之一。

第十五章 报纸版面和版面编辑[1]

第一节 包罗万象的版面

一、报纸的形式与内容

1. 报纸版面大小

报纸从其诞生至今,已有近300年的历史。在这300年里,西方报纸的版面形式发生了多次变化。小起来比一本16开的杂志还小,大起来一摊开差不多有一张普通写字台那么大。

1690年问世的北美殖民地的《公众事件》,版面的面积只有6英寸×9.5英寸,共有四个版,其中一个版是空白的。

到19世纪中叶,报纸版面放得如此之大,以至于1875年《美国记者》杂志评价俄亥俄州托莱多市的《刃锋报》时说:"要在苹果园里读这份报纸,俄亥俄的气候是太冷了;而要在俄亥俄的普通住房里读它,纸张又大得摊不开。"[2]

其后经过100多年,今天的报纸版面又缩小了。现在西方报纸版面的大小主要有两种形式:一种是对开大报,另一种是四开小报。

但无论是过去还是现在,版面大小的变化并非为了读者的方便,而是出于经济上的考虑。例如,在北美殖民地时期,报纸把版面放大,原因在于办报人是按照报纸的页数纳税的,版面放大了,页数就可以减少。美国

---

[1] 本章主要参考了〔美〕达里尔·莫恩:《美国报纸组版和设计》,上海外语教育出版社1988年版;〔美〕多萝西·A·鲍尔斯、黛安·L·博登:《现代媒体编辑技巧》(第二版),新华出版社1999年版。

[2] 〔美〕达里尔·莫恩:《美国报纸组版和设计》,上海外语教育出版社1988年版,第3页。

革命战争时期,税款免除了,但用破布制造的新闻纸供应却减少,有些报纸的版面就缩小到约 8.5 英寸×11 英寸。随着战事的结束,新闻纸的供应也恢复正常,报纸的版面又放大了。尽管大多数报纸是把版面放大到 15 英寸至 16 英寸宽,但 1853 年纽约的《商业日报》竟把版面放大到 3 英尺×5 英尺,这种特大报纸根本无法拿在手里阅读。以后除了南北战争时期新闻纸的供应曾被打断以外,一直发展平稳。直到 20 世纪 60 年代末 70 年代初,由于纸张的需求量日益增加,以及造纸工人罢工这几件事同时发生,才使报纸行业遭受挫折。到 20 世纪 70 年代末,新闻纸每吨 500 美元,多数对外报纸的宽度为 30 英寸到 32 英寸。为了适应全国广告客户的要求并降低报纸成本,报业努力使报纸版面标准化,推行 28 英寸宽的报纸。

也许将来报纸版面的形式还会发生很大变化。比如,它大多是水平式的,14 英寸宽,8.5 英寸高,而不再像现在那样许多是垂直式的。更有甚者,读者可以在自己家中或办公室里,通过互联网收集新闻与信息,然后用打印机打印出来。这时,读者可以根据自己的兴趣爱好设计出个人化的报纸,包括它的大小、色彩、组版方式等,每一份都是独一无二的。

2. 报纸内容及其分布

与报纸版面逐渐变小的趋势相反,西方报纸的页数似乎越来越多,报纸越变越厚。对开大报平时数十页,星期日可达两三百页或更多。报纸上的内容主要分为两大类:一类是新闻信息,包括各种消息、通讯、特写、读者来信、图表、照片、漫画,为读者提供信息、知识观点和消遣性资料;另一类是广告,提供有关商品、服务、各种社会和人事的付费宣传。如《纽约时报》出版平日刊和星期日刊,每天平均刊登新闻 17 万字左右,版面的三分之二为广告。

面对如此庞杂的内容,读者首先需要解决的问题是如何找到自己所需要的内容。正如有读者这样对调查人员说,我心目中的好报纸是这样的:只要我一打开报纸就能找到体育版和商业版,再看看头版新闻,对其他的版面一概不看。

读者希望看报纸就像他们在超级市场里买东西那样方便。如果一份报纸分类得当,版面标记清楚,读者就会发现它有用而且得到满足,他们也会熟悉并欣赏报纸上逐日刊登的报道。当美国的甘乃特报系所属内华达州雷诺市的报纸编辑了解到,读者反映他们报上刊登的国内、国际新闻不如竞争对手旧金山报纸多时,就着手比较两地的报纸。他们发现,雷诺的报纸刊登的新闻不算少,甚至还要多,问题是新闻都分散在不同的版面上。解决的途径是把新闻归类并加上版面标识。

报纸的篇幅和生产设备决定了版面分类的粗细和专辑的多少。所谓专辑(Section)又称"组"或"叠",由同一专题的内容组成,折成一叠,以便读者检索、阅读。报纸的实力越雄厚,篇幅越多,分类也越精细。典型的分类有"一般新闻"、"工商"、"体育"、"特写"、"食品"、"旅游"和"宗教"等,每一大类又可分为几小类。一般新闻类往往分为本市、本区、本州、国内和国际等几小类。体育类往往分为观众版和竞赛版。如《华盛顿邮报》平日版分 A、B、C、D 四组,有时增出 F1 和 F2 组,每组 16 版至 28 版。

3. 报纸的导读

由于版面众多,内容庞杂,西方的报纸十分注意版面的导读,比如,大多数报纸的头版都有内容提要。以 1999 年 8 月 28 日英国的《金融时报》为例,其头版下方专门有一栏"内容提要"(Contents),按照内容分为五类:新闻(News)、特写(Features)、公司(Companies)、市场(Markets)和周末版(FT Weekend),每类下面又再细分,并注明页码。

还有一种导读方法,称做"小海报"(Teaser):在报纸许多内页中,有些内容需要特别加以推荐,以引起读者的注意,就在头版上刊登"小海报"。它们是一些小框版,用醒目的字体,大多数还有图片,介绍文章的题目或提要,刊登在报名的上部、报眼和版面的底部。

现在,不少导读还以形象生动、幽默含蓄的漫画形式出现,以打动读者。导读的篇幅也从单栏扩展到一组,横贯版面。有时,一组导读还破格上头条,甚至通栏。

4. 小报的形式

四开小报的版面更多。由于小报的形象不佳,人们往往把它和黄色新闻联系在一起,所以并不多见,但它在形式上的长处是显而易见的。首先,小报便于翻阅;第二,编辑手头通常有更多的首页可以利用,对开大报一个首页上刊登编辑部稿件所花的投资要比小报多一倍;第三,小报一个版甚至一个专辑的内容更容易区分,而大报不得不把主题不一的许多文章都塞在一个版面上;第四,小报一个版的内容虽然只有大报的一半,但由于篇幅小,在外观和感觉上却显得分量重一些。随着广告收入日渐下降而印刷成本日益提高,有的报纸不得不由大报改为小报,如《基督教科学箴言报》这份报纸原来只有 12 版,现在改为小报倒有 24 版。最后,在小报上登广告,花较少的钱就能让广告在版面上居支配地位,这对广告客户也有好处。

一些大报的星期日刊或称星期日杂志通常同小报的版面大小相仿。

有时候,星期日刊也用新闻纸印刷。不过,它经常用质量较好的纸张印刷,并且具有同报纸每日的专辑不同的个性。星期日刊的版面也往往比平时多,有的多达四五百个版。

二、版面元素

编辑在组织版面时,使用的基本手段即元素有这样六种:正文、标题、线条、图片、色彩和空白,它们各有其作用。

1. 正文

在铅字印刷时代,正文(Type)即活字的别称。西方报纸铅字的大小(字号)以点(Point)为计量单位,0.35毫米为一点,大多数报纸采用8.5点到10点的正文。当报纸采用胶印系统以后,彻底废弃了铅字,但仍然沿用过去的计量单位。不过,现在字号的变化可以更细微,甚至"无级变速"。

报纸的排字单位叫栏或条。所谓"条"是因为在铅字时代,西文排出来的铅字是铸成一条的,栏有多宽,条也有多宽。不像汉字,每个铅字都是分离的。过去的报纸一个版的标准分栏原则是分为八个基本栏,直到20世纪60年代中期,由于新闻纸价格上涨,才发生变化。当时的报纸为了降低成本,就缩小版面尺寸,这也就不得不改变栏数,加之研究人员早就建议增加栏宽以方便读者阅读,因此六栏版式应运而生。六栏版式的版面宽度适当,正文字号适当,被称为"最佳版式"。

多数报纸安排稿件正文左右对齐。但有些报纸的正文左边对得很整齐,而右边的末尾空白却不一致。这种做法越来越时髦。

编辑在排版时,时常会将正文排在几个相连的基本栏里,这叫变栏。将基本栏成倍地合并是"长栏",不成倍地合并是"破栏"。不过,现代报纸为了使版面整齐、简洁,更多地使用基本栏,而越来越少用长栏、破栏。

2. 标题

标题是版面最吸引人的元素之一。一般来说,标题主要有两个作用:一是为忙碌的读者概括内容,标出相应的新闻价值;二是作为一种编排手段,以大块的黑白区域,给版面增加视觉兴趣。因此,标题的字号一般比较大,从14点到72点不等,也有大到100多点的。

标题中的大写字母,各报的用法也不一致。有的报纸标题全部用大写字母,看起来很吃力。许多报纸沿用传统方法,除冠词和介词以外,其他单词的第一个字母都大写。也有的报纸标题只有第一个单词和专有名词才大写,其余全小写。

标题的类别与形式,将在下一节里再作详细介绍。

3. 线条

报纸用各种各样的边线把一个要素与另一个要素分开。多数广告都有外框,一些还有装饰线。一些消息也有外框,但只用简单朴实的直线。早期报纸在栏距中加线,现在栏距通常是空白。编辑常用的线条是2点,但也用6点、8点、10点,甚至12点的线条。

4. 空白

使用空白可以达到设计协调的目的。设计出色的报纸在栏与栏之间、图片与说明之间、主题和小标题之间、标题上下、刊头与版面其余部分之间、小标题与文章第一段之间,都会用空白。

空白也用于缓解大量的灰色字体造成的单调感。版面上大量使用空白往往会形成如社论版这样的重点,这是一种好的设计方法。

空白也被看做是版面的框架。版面编辑应当尽量把它安排在版面的周边,别让空白留在版面中间。特别是摄影版上,空白是没有吸引力的。

一些报纸的某些要素要比其他要素用到的空白更多。比如,大量在艺术版和娱乐版上使用空白,使这些版与其他版区分开来。

不过,新闻纸的短缺使报纸的版面设计倒退了,因为编辑们一旦认识到空白篇幅的价值,便忙不迭地把好多材料硬塞到版面上去。

5. 图片

报纸上的图片可以分为两大类:一是摄影照片,二是图画(包括插图、地图、图解、图表和美术作品等)。

图片有助于发挥报纸作为视觉媒介的功能。美国纽约的《新闻信札》早在1707年1月26日就刊登了一幅木刻画。1867年,纽约《电讯晚报》不顾当时手工木刻的费时费力,开始刊登连环画。直到现在,西方一些报纸还坚持以图画为主,如法国的《世界报》,头版头条总是配一幅漫画,并安排在版面的视觉中心——版面的中上部。而像美国的《华尔街日报》之类的老牌报纸,新闻版仍然拒绝照片,只采用图画,以示正统、严肃。

美国报纸上的第一张照片,出现在1880年3月4日的《纽约每日画报》上,照片再现了纽约市棚户区的住房情况。照片的大量运用则是始于19世纪90年代的黄色报纸上。如1890年5月4日,普利策《世界报》的增刊用四个版的篇幅发表了关于一个牧师的报道,就刊登了39张两栏宽的照片。

新闻摄影的冲击是极大的。它把美西战争的战况带到美国国内,甚至促进了这场战争;它证实莱特兄弟发明了飞机;它还对暴露丑闻的报道起了补充作用。新闻摄影向人们展示了贫民窟确实存在;报纸刊登了童工在煤矿和田地里劳动的报道和照片之后,童工法才得以通过、颁布。

1936年6月7日,美联社向各报提供了第一张彩色新闻照片——罗斯福总统在华盛顿特区欢迎英王乔治六世的场面。由于彩照冲印和分色费时,又需要附加的印刷能力,直到20世纪60年代它才广泛出现在美国报纸上。

有人认为彩照更接近真实世界,而黑白照片更有利于思考。美国《纽约时报》从1998年起,一改往日的黑白版面,开始刊登彩色照片。而《华盛顿邮报》则仍然一如既往地在黑白版面上做文章,全部采用黑白照片。

另外,图表也是西方报纸常用的、富有人情味的一种表现方式,它包括示意图、数据表、各种图案等,如英国的《金融时报》常在头条位置安排股市走向示意图。

6. 色彩

西方报纸的编辑们正越来越多地在标题、照片和艺术作品中使用色彩,以增强报纸的视觉冲击力。一份1988年美国报纸编辑协会的调查表明,64%的报纸使用的色彩比上年多;84%的人说在未来五年里他们将会用到更多的颜色;89%的人认为到2000年,色彩的作用会更重要[①]。现在的实际证明,情况确实如此。

色彩能被人的大脑迅速、简捷地进行处理,因为人的大脑对色彩的反应很敏感,且是天生的。这种反应与年龄、性别、智力、受教育水平、气候、社会经济背景和宗教信仰等因素有关。色彩作为设计要素的作用就是引起读者对内容的注意。

大部分版面,使用色彩或者是"点色"(黑墨水留下的很深的阴影),或者是全色——这是蓝、红、黄、黑四种彩色墨水的混合,全色也被称为中间色。随着彩色图片技术的飞速发展,全色调的应用越来越多。高速扫描仪——能制作出高质量的彩色图片的机器——已经革新了处理彩色图片的方法,并已为大多数报纸所采用。

在好的设计中,用色彩的关键是简洁,过犹不及。

[①] 参见〔美〕多萝西·A. 鲍尔斯、黛安·L. 博登:《现代媒体编辑技巧》(第二版),新华出版社1999年版,第127页。

通常,报纸纸张本身为本白色,但也有例外,如英国的《金融时报》,粉红底色成了它独特的标识。

三、版面结构

1. 基本版式

报纸的结构是一张报纸基本风格的体现,正像建筑物的结构一样。但是建筑物的风格很多,而西方报纸的基本风格只有三种:垂直式、水平式、垂直和水平混合式。各有所长,也各有所短。

(1)垂直式。美国发行量最大的报纸《华尔街日报》,它的版面就是垂直式的。垂直式报纸的标题或图片很少有超过两栏宽的。多数标题一栏宽,消息从版面最上部排起,一直向下,有很多新闻一通到底。在报纸内页,垂直式的特征不大明显,因为垂直排列的文章要被广告隔断。

垂直式报纸有一种鲜明的个性:保守、可信、坚持传统。《华尔街日报》的这种形象正好同它的内容相一致,从这个意义上说,它是一份设计得体的报纸。

既然一栏两栏的标题所占的篇幅要比大标题和多样标题少,那么垂直式版面自然可以多登新闻。因此,要使一张报纸头版的消息多,最佳的选择就是垂直式。

垂直式的版面排版很方便,版面编辑没有多少工作要做,主要把稿件一栏一栏地填进去就行了。对于铅印报纸来说,这种版式还能加快排字的速度。事实上,垂直式版面本身就是当时印刷条件的产物。

但是,对另外一些报纸来说,垂直式版面的长处可能恰恰也是它的短处。这些报纸不愿意给读者一种守旧的形象,或者不求消息多但求报道长而详尽,就以为垂直式缺点多。从版面设计看,垂直式结构也难吸引读者去浏览整个版面。版面头重脚轻,下半版没有什么吸引读者注意的东西,因而显得苍白呆板。《华尔街日报》是一张以特定的消费层为对象的报纸,适合这张报纸的做法不一定适合别的报纸。

(2)水平式。20世纪三四十年代,西方报纸越来越多地使用二三栏题。第二次世界大战以后,一些报纸更多使用多栏题,新闻的正文随着标题分为短行,串排在题下。新闻的题与文构成一块块横的长方形,横贯版面。而且,这种版面上的宽图片有时甚至占了整个六栏宽。多个多栏题的版面会使人产生一种水平印象的效果。读者读报不再是从版面顶端,循栏线下移,而是由左而右地读一块块横长方形的新闻,因而这种版面被称为水平式版面。

水平式版面有许多优点,最显著的优点是大多数读者认为它有现代气息,使人悦目,它适应读者从左至右的阅读习惯。这种结构采用的大标题和大图片不仅能够吸引读者的注意力,而且能够增强版面的对比效果。

水平式版面还能使读者产生一种错觉,即使长文看起来比较短。一篇20英寸长的报道,要是采用垂直式编排,那就要在版面上"顶天立地",不但显得太长,而且题文都是单栏,也显得呆板,阅读起来视线上下移动幅度很大,极为不便。而同样长的一篇报道,水平式编排分成6栏,每栏只有3英寸高,看起来就显得短得多;编辑还可以用插进图片等手段使版面显得丰富多彩。对于版面编辑和设计人员来讲,水平式版式使得他们能够更加灵活多样地平衡版面。

水平式版面也有缺点。首先是排版和设计要多花时间,增加了编辑在形式上的工作量。其次是这种版式弄得不好,容易显得虚张声势,特别是排上一些大而无当的标题、图片,以及一些乱七八糟的装饰,可能引起读者对报纸可信性的怀疑。

(3)混合式。事实上,现在西方报纸采用纯粹的垂直式或水平式的版式结构的,并不多见。许多版面编辑既用垂直式,也用水平式,以求达到版面平衡、有焦点和对比效果。

水平和垂直混合式,它的着眼点在垂直或水平视觉线上,如上半版用垂直式,下半版用水平式,或者左半版用垂直式,右半版用水平式。版面效果对比强烈,富有动感。

2. 报纸头版和专辑首页的编排方式

英国报纸大王北岩爵士爱把头版比作商店的"百货橱窗"。英国《每日邮报》一位编辑回忆道,有一天头版很沉闷,北岩就问:"今天的百货橱窗怎么啦?我们没有什么货色好卖吗?"又一次,头版接连几天没有变化,北岩说:"一个星期都在陈列同样的东西,我们该换换样儿,给读者展示些新货色了。"这种陈列形式就是编排的方式。

现代西方报纸头版和专辑首页(Open Page)常用的编排方式为模块编排和交叉编排两种方式。

现在是一个模块的时代——模块式住宅、模块式学校、模块式家具、模块式电器和模块式服装,现在也是模块式报纸版面的时代。一个模块就是一个单位,是整体的一部分。运用到版面设计上来,模块就是一个方块,最好是一个长方块。它含义甚广,既可以是一篇文章,也可以是包括正文、附件和图片在内的一组辟栏。这些版面都是由一个个模块组装而成的,如果各个模块安排得当,这个版面就是上乘版面。

同模块版面相对立的另一种编排方式,是不管有关或无关的文章、图片都不规则地交叉排列。这种版面的理论依据是,版面上文章纵横交错布置得像一座迷宫,就会吸引读者从一篇文章读到另一篇文章。

20世纪六七十年代期间,由于采用了照相排版和胶印法,西方报纸面目一新。排印条件的改善,使人们期望看到更加清晰易读、更加吸引人的报纸。从60年代初开始,许多报纸相继采用简化的模块式编排。到了1974年,美国的《路易斯维尔时报》在主办分水岭地区报纸版样试验研讨会时,提交会议的版面设计几乎全是模块式的。模块式编排的优越性是显而易见的。

第一,模块版面干净、整齐,符合现代人的生活方式和审美习惯,因此又常被称作现代化的设计。

第二,模块编排方便易行。尤其是利用电脑排版,通过屏幕安排模块,十分迅速,符合新闻时效性的要求。而且,模块结构在拆换文章时也比较方便,只要抽出一块、换上另一块即可,而不必在整个版面上大动手术。

第三,模块编排还能促使版面编辑把相关的文章、照片和图画进行归类,以方便读者阅读。组合的基本原则是所有相关的材料都应该放在同一模块里。读者希望知道哪些文章是相关的,并且喜欢看按照主题分类的同类文章。模块运用得恰当,就能增强视觉效果,满足这一要求。

第四,把文章排成模块式,可以避免视线的过度跳跃,而易于阅读。

第五,模块还能使编辑比较容易平衡版面,并能消除由长文章造成的版面上的大片灰色。将版面分成若干模块,能够使编辑精心编排各个具体部分,因而整个最终产品一般具有比较鲜明的对比效果。美国《新闻日报》设计主任保尔·贝克说,把对开大报版面分割成几个较小的、易于编排的部分,可以使读者的视线更加有效地触及整版篇幅。

3. 小型报的编排方式

大报编辑要解决的问题是头版上的报道是多登还是少登,小型报编辑要解决的问题则是少登还是不登。一般小型报的头版不像大报,倒像新闻杂志的封面。由于版面有限,无论是小型报的头版还是新闻杂志的封面都必须集中一个或两个版面元素。小型报也同新闻杂志一样,必须把版面焦点编排得一目了然,也就是必须消除容易产生误解的因素。

小型报的头版共有五种处理方式:

(1)把头版当做推销内页报道的海报。大号字体和图片都可以用,但是,即使尺寸不太大的图片实际上也会限制版面上其他元素的数量。

(2) 把头版当做一张小型大报的版面。刊登 2 篇到 3 篇最好的报道的一部分,其余全部转版。这并不排斥其他文章的"小海报",但大大减少了它们的数量。

(3) 突出照片。不刊登大字标题,而是刊登 1 张、2 张甚至 3 张照片吸引读者,视觉形象要比传统报纸突出。

(4) 按照新闻杂志的传统,封面上只有一张图片,图片上加印标题以及内页报道的介绍。

(5) 上述四种的综合形式。编辑可能感到几天之中变换版面形式比只有一种形式灵活得多。任何报纸在处理重大事件时都会放弃它的标准形式,特殊新闻需要特殊处理。

由于读者不会花很多时间去看小型报的头版,因此封面上是刊登消息还是刊登大字标题或图片都关系不大。对于小型报编辑来说,重要的是设法吸引读者去看内页,因为丰富的内容都在内页里。大多数主要的新闻小型报都在前面四个或更多的版面上开始刊登稿件。第三版是除头版以外刊登报道最好的地方。大多数读者都是先看第一版,接着看第三版,再看第二版的。第三版上可以刊登一篇有趣的报道、简明新闻或者新闻索引。第二版也很适合刊载每天都出现的内容,如简明新闻、新闻索引和详细的天气预报。不管这些内容登在什么地方,前几个版对于指引读者通读整期报纸都是必不可少的。

由于四开报纸的两个版的容量等于对开报纸的一个版,小型报的版面编辑可以把报纸内页左右相对的两个版面当做一个版面来处理。这叫做跨版,也叫双轨版面。有时候,两个版面之间的中缝不被报道和图片占用,但编辑也应当把两个版面当做一个版面来设计,以求得平衡和流畅。小型报经常会把左边版面上的报道和照片延续到右边的版面上,甚至在一个专辑的中部也可以占用中缝。

4. 广告的排版

在西方,要把既有新闻又有广告的版面按照读者的愿望设计得井井有条,这对编辑来说是个难题,因为有的广告版式恰恰是不利于搞好版面设计的。

报纸上的广告有三种基本形式:井式或叫 U 字式、金字塔式和模块式。

从读者的角度来看,广告编排得好的版面恰恰最讨厌,因为新闻只能在占压倒优势的广告中插一脚。井式广告排法正是如此,它把版面左上部、右上部甚至底部都占领了,不可能再让编辑部把稿件排得突出。版面上也很少有展示新闻照片或图画的余地。事实上,这种版面仅仅适合编排只有标题和文字的文章。

现在仍然采用井式广告排法的报纸不多了。多数报纸采用的是金字塔式排法,即广告靠左或靠右一层层叠起来,这样可以让新闻编辑部门能够在版面右上部或左上部安排一组文章,以便引起读者注意。

井式和金字塔式都是为了让新闻穿插在广告中间而设计的。报纸广告部门早就推销这样一种观念:编辑部稿件紧挨着广告,可以引导读者去看广告,增加广告亮相的机会。可是,单纯为广告客户打算而编排的新闻和广告版面,效果可能适得其反。正如一个读者告诉研究人员的:"这篇报道使我读得津津有味,但是我接着看转版,看到的却是一大块医药或酒类等降价的广告,占去了大半个版面。"

模块广告排版可以改善报纸的外观,使报纸能够较好地分门别类,读者阅读时碰到的障碍也比较少,因为这种安排要求广告集中,而不是像前两种一样穿插。20 世纪 70 年代以后,很多报纸开始采用模块广告版式。

第二节 版面编辑的特点

一、版面设计

1. 设计思想流派

版面设计就是版面元素在版面上的计划和安排。

版面设计出现在 20 世纪 20 年代的杂志上。1930 年,《幸福》杂志成为美国第一家有图有文的杂志。六年以后,《生活》杂志创刊。在 1972 年《生活》杂志停刊之前,图片新闻尚属初创发展时期。报纸作为比杂志早得多的传播媒介,在图文并茂地精心设计版面方面,却一直处于落后状态。由于印刷条件和截稿时间的限制,报纸编辑不愿意也不能够把它收拾整洁。是竞争的压力终于促使报纸版面改观,使多年来一直敦促报纸要以视觉为中心的人们实现了目标。

《纽约先驱论坛报》为了继续保持它在市场上的销售份额,在 1963 年聘请到彼得·帕拉佐对版面重新设计。在这之前,所谓重新设计版面(改版)主要还只是设计新字体,偶尔设计一个新报头。但是,图片设计师出身(而非记者出身)的帕拉佐则强调版面重新设计的内容要丰富得多。他减少每个版的报道条数,设计出较宽的栏,增加版面空白,采用合适的版面比例,合理使用照片,更好地组织辟栏和图文布局,还使用了种种不同的字体。历史上第一次,一张美国报纸真正重新设计过了。

由于报纸生产过程在变化,报纸外观也在变化。将近两个世纪以来,组版编辑总是向截稿时间和报道条数这两个铁面无情的主人俯首听命。而且,在这一过程中,考虑得最多的是报纸生产需要而不是读者的需要。诚然,组版是一个生产过程,然而设计则是一个其根源可以追溯到几千年以前的创作过程。

绝大多数现代设计师分属两大流派:一派是包豪斯/瑞士蒙得里安理论,另一派是"图钉"画室。

包豪斯学校创建于1919年的德国魏玛,其创始人把德国的精确性和秩序性带到教学当中。1933年,纳粹封闭这所学校以后,许多教员和学生来到了美国,他们的作品风格严谨,实用性强,并富于想象。荷兰画家皮特·蒙得里安对许多原则加以发展,至今我们仍应用于模块版面和大小与重量的对比之中。瑞士人把包豪斯的实用思想应用于字体设计,创造了简洁明了的字体设计方法。

"图钉"画室的设计理念是对包豪斯设计思想的反动。1957年,一批插图画家、设计师和摄影师组成一个画室,起名为"图钉"。图钉不过是一样简单的东西,但对于这个画室来说,只有那个名字是简单的。在那些岁月里,"图钉"派设计师们的作品不仅出现在全国性的广告中,而且还出现在诸如《纽约》、《老爷》、《花花公子》等杂志的文章中。他们的设计思想与包豪斯/瑞士蒙得里安派大异其趣。后者注重实用性、正规性和合理性,而"图钉"派则讲求装饰性、表现性和刻意的不合理性。如"图钉"派设计师埃米利奥·普奇曾建议报头一日一换。

报纸设计的主要目的是传播,是为了帮助读者方便有效地阅读。负责设计和排版的编辑,要通过自己设计的版面告诉读者哪条消息最重要,帮助读者找到自己想读的内容。因此,包豪斯的设计思想越来越受到报纸编辑的青睐。

2. 版面设计的功能

版面设计的作用归结起来主要有下述几个方面。

(1) 增加读者的阅读兴趣。有人这样形容版式,如果一本书的封面对于读者是"一见钟情"的话,版面设计则是"白头偕老"。这是因为,在阅读时,版面设计的效果始终与读者形影不离,文字与空白的对比、版面上的灰暗值,能够给人心理上和情感上以愉悦或压抑的不同反应。明朗悦目、新颖活泼的版面,可以给人一种新奇感和愉悦感,使人在阅读过程中沉浸于美感之中,使阅读兴趣增加,产生阅读欲。艺术语言在这个有限的同时也是广泛的空间里与各种各样的心灵对话、交流,版面设计的作用将贯穿于阅读的全过程。而杂乱无章、单调沉闷的版面,则会使人产生视觉和心理疲劳。

(2)对稿件的内容进行评价。编排与设计最重要的作用是体现编辑思想,因为版面编排不仅仅是把所要反映的稿件如实编排出来,更重要的是版面编排的先后、主次、标题的大小等包含着版面设计者对所反映的内容的直接评价,是编辑人员用版面语言对其内容进行评价的继续,这个评价的直接表现就依赖于版面设计者的编辑思想。常规的做法是,重要的文章排在前面,重要文章的标题字号要大。一般文章正文多用端庄的字体,重要的内容可用活泼、生动的字体或黑体,或者加大字号。头花、图片也能起到突出文章的作用。

(3)对报纸风格进行展示。每一张报纸都有自己的风格,这个风格主要包括两个方面:一是它的内容,二是它的版式。版式设计首先要服从它所设计的内容,然后还要符合各种各样的形式规律。现代版式设计中,它是出于某种内容的需要,用美的形式来活跃人们视觉的一种方法。因此,版式风格是报纸内在特性的外在表现,又反过来促进其风格的形成和强化。报纸要具有自己的特色才会吸引读者,因此,设计者应根据不同报纸的主题需要,认真加以选择和组织,通过版面编排形式,运用简洁的版式语言抒发设计者对其报纸的思想感情,使其在展示风格的同时,对读者产生更大的感染力。

3. 设计原则

(1)实用原则。实用,就是版面构成元素的排列组合要从人的生理和心理角度出发,使读者阅读方便、舒适。这是版面编排与设计的首要原则和重要出发点,它比对形式美感的追求更重要。实用主要包括减轻读者的视力疲劳、顺应读者心理及有利于读者思维等几个方面。

眼睛的构造及其生理功能和活动规律表明,眼球上下转动不如左右转动灵活,而且纵向视野小于横向视野,纵向阅读眼睛容易疲劳。横排的文字比竖排的文字容易阅读,所以,长篇文章宜横排而不宜竖排。横排的长度也要适当,一般以人的最佳视域 100 mm 左右为宜(相当于五号字 27 个左右、报纸的两栏宽,因此在采用长栏时,不要超过两栏)。字行过短,阅读时眼睛运动次数增多,头部摆动频繁,也容易产生疲劳,影响阅读速度和效果。当然,字行过长也不利于阅读,有实践表明,行长超过120 mm,阅读速度将会降低5%。

实用,也要顺应读者心理。读者普遍的心理是"好逸恶劳",因此,版面的编排如分栏、分割、排列组合等,都应顺应读者这一心理,使阅读方便省力,例如转文不要跳页太多,同时要避免倒转;图片说明应紧跟图片等。

实用,还要有利于读者思维。阅读是读者跟随作者思维进行的思维活动。所以,版式的编排设计不要违背读者思维,比如排表时,原则上要排在自然段的后面,不要腰截文字。

(2) 经济原则。报纸是精神产品,同时也具有商品的性质,所以版面设计不能不考虑到经济的因素。

经济观念的根本问题是降低成本。对于版式来说,降低成本,就是在注重实用和美观的同时,尽可能节约版面。版式的实用因素,同时也连带着经济因素:版心太大,版面缺少疏朗的美感;过小,会降低版面容量;字号小了影响阅读,损伤眼睛;字号大了则浪费纸张,使成本加大。

经济原则还包括调动一切版面编排手段,促进报纸的营销。报纸的版面也是报纸内容的外包装。包装是企业竞争策略中的一个要素,没有包装就没有品牌,没有品牌就无法开展市场竞争。营销策划者将处于符号化阶段的品牌名称、品牌标识等表示在包装上,并使它们协调搭配,就有利于企业开展市场竞争,有利于提高企业的品牌价值。因此,设计良好的包装不仅能为消费者提供便利,而且也能为品牌经营者创造促销价值。报纸版面独特的头版版式、版口设计、报头设计、图片处理等,都能有效吸引作为消费者的读者的视线,从而促进销售,特别是零售。

4. 版式设计的形式法则

所谓形式法则,也就是形式美的基本原则。版式设计就是版面构图学,是将文字、图片等内容和形式进行通盘考虑的艺术,所以,一些绘画艺术的构图原则也适用于版面设计。

(1) 平衡。许多早期的设计者认为只要把材料(新闻稿、标题、图片、色彩等)安排在版面上,就能达到版面平衡了。这种形式上的平衡只有一个要求:报纸的右半部分(当时也就是八栏报纸的右边四栏)要跟左半部分对称,上半部分与下半部分对称。比如当时的《纽约时报》规定,如果版面上部有一张两栏宽的照片,底部也要有一张两栏宽的照片;上部有一个三栏宽的标题,底部也要有一个三栏宽的标题,借以保持平衡。总之,平衡是通过两个相等单位的对应取得的。不管当天的新闻怎样,形式要比内容优先考虑。

但是,形式上的平衡往往会忽略新闻的重要性。也就是说,当天的新闻并不是按照版面的要求而发生的。如标题的总体安排要求是,将重要新闻配大标题,放在版面上端,这样,从头到脚的平衡就行不通。

事实上,版面上的平衡更通常的是采用不对称平衡。就像是具有几倍于砝码重量的物体与砝码之间,由于支点的偏侧和游标的调节,可以使计量横杆达到水平。这是一种等量不等形的情况下达到的矛盾的统一,它没有固定的中轴线,均衡的形式结构主要靠重心、呼应和合理、自然的布局。

在版面上,视觉重量是随着从白到黑的色调变化而逐步增加的。而色调的变化,是由视觉重量不同的粗体字和细体字、照片和图画、光版和网版、线条和空白显示出来的。

视觉平衡不可称量,只有通过观察才能得到。一个小而黑的形状可以同一个大而淡的形状取得平衡,页边的空白可以同一片文字形成的灰暗取得平衡,一个宽而低的横长方形可以同一个狭而高的直长方形保持平衡。

(2)重点。把主要的版面元素放在靠近视觉中心的地方,就形成了版面的重点。

重点即焦点。重点突出的版面清楚地显示了阅读的起点,而且表明编辑能果断地作出决定。为了突出重点,编辑应当决定哪一个或哪一些元素最重要或最有视觉魅力,并且要有勇气在设计上反映出这一决定。优柔寡断必然会使读者无所适从,版面也就缺乏鲜明的个性,严重的还会造成版面的混乱。

版面重点通常是由一张主要照片反映出来的。在一张对开大报上,这张照片需要超过半版宽。字体和字号也要用来有效地突出重点,报纸对重大新闻的传统处理方法是用大字号。但不管选择什么元素作为版面重点,版面上从重点到其他元素应该有连贯性。读者的视线是从大到小(从大照片到小照片)、从黑到白、从彩色到黑白、从上到下移动的,而所有这些元素都是从重点元素开始的。

美国学者艾德蒙·阿诺德提出一个"古坦贝里图解法",即读者通过一条印刷信息可以得到形象感受的方法。他认为,读者第一次看的地方在报纸的左上角,叫做第一视觉区域;报纸的右下角叫做终极区域,也有很强的视觉吸引力,因为读者读到那里就知道他们读完了这一版。版面其他的两个角,右上角和左下角,叫做休闲角。设计时对这两个地方要特别关注,因为读者的视线不会自动地移到那里。

阿诺德指出,读者的目光大致从左上往右下移动,好像一个"Z"字。在此过程中,读者受到"视线吸引"(如图片和标题)而停留。例如,《今日美国》报左下角的休闲角一般放一张信息性图表。该报的编辑把终极区域称做"热点角落",总是放一则有趣的消息,以吸引读者的注意力。

报纸设计师马里奥·加西亚提出了一个不同的概念:"视觉冲击中心"。他说传统版面上的第一视觉区域和终极区域并不一定在版面的角落里。他认为视觉冲击中心要在一瞥之间吸引读者的视觉注意,它可以放在版面的任何位置,视觉冲击中心就成为读者进入版面的焦点。

(3)对比。有重点就有非重点,重点是通过与非重点的对比而形成的。

版面编辑用对比来平衡版面。右上角一幅三栏宽的照片可以用左下角一幅三栏宽的照片加以平衡。一幅照片也可以用一个跨栏大标题、或者空白、或者兼用以上形式来取得平衡。一条8点的线也可以平衡一片文字。

排版编辑也可用字体的对比来强调重点,平衡版面。现在许多报纸都用轻细线标题(也叫下画线标题),摘要引出一段引语与黑体的主标题相对比。

编辑也采用形状的对比。明显的垂直式编排给人的印象是版面高、文章长,而水平式编排则显得版面宽、文章短。在同一版面里,横排的要素也可以和竖排的要素形成对比。例如,一则短的、横排的消息配一张竖照片。使用不同形式的要素,可以增加版面的视觉冲击效果。

大小也是对比的一个方面。一张小照片靠近一张大照片既能显示大小对比,看起来又比原来的尺寸大一些。

鲜明的对比能够形成强烈的视觉冲击力,但也要注意版面各部分的协调。

(4)比例。比例具有多种含义,与版式设计有关的主要有:比重——局部在整体中所占的分量、倍数关系———数为另一数的几分之几等两个方面。"黄金律"是普遍认为的最美的比例形式。"黄金律"又称"黄金分割"和"中外比",从古希腊流传至今,是公认的一种具有美学价值的比例关系。它要求在把一条线分为两部分时,其中一部分对全部的比等于其余部分对于该部分的比,一般规定为1∶1.618,也有的以2∶3、3∶4、3∶5、5∶8、5∶9等比值作为近似值。报纸上的图片长与宽之比一般遵循黄金律。

但黄金律也不是绝对唯一的美的比例。比如,正方形给人的印象是朴素、客观的;1:1.31的形式有着坚固、舒适、可靠的感觉;1:2的形式能表现出文雅、高尚的风格。报纸上文章的围框一般根据文章长短而定,不拘一格。

（5）统一。编辑必须按照两个标准来统一版面：第一,报纸上各个组合的内容与形式必须统一;第二,报纸自身的各个部分必须统一。

只要形式服从于功能,就能够产生统一性。有些报道,如环境保护局规定的新车里程定额,基本上都是数字,在设计时就要多用图表,少用文字。竞选的新闻既有统计数字,又有公众情绪的报道,版面设计就要求把文字、照片和图表都用上。

为取得统一,报纸要求在个人设计的各版都贯彻设计主题。在一份风格统一的报纸上,所有的设计要素都有关系。各版导读、标题、插图说明、专栏评论都要文体一致,每期上的导读和专栏的位置都要一样。

统一也意味着个别报道或相关要素应放在一起,如果能够运用单元方式设计,会有更大的视觉冲击力。也就是说,编排消息或要素相关的多篇报道时,就好像它们被一个虚构的矩形（有时编辑索性采用一个真正的围框）围在了一起,这样能使读者产生一种统一的和内在的凝聚力的感觉。现在大部分报纸都用单元形式,版面编辑把版面的每一个要素都视为一个单元,无论是一张长长的、竖式的照片,还是一篇横的矩形的报道,编辑都能营造出易于阅读的简单清晰的设计。

随着报纸发展出一系列的针对部分读者特殊兴趣的专辑,统一性就更加重要了。这些专辑要保持各自的风格,这当然是必要的,但是读者必须一眼就能认出它是同一张报纸的重要组成部分。大部分报纸都有很详细的风格手册,视图设计时要保持这种一致性。现在大多数设计都要求简洁美观,鼓励一致,因为文体统一的报纸可以更有效地传递信息。

二、标题的功能、制作原则与形式

1. 标题的功能

一份报纸少则四版至八版,多则数百版,而读者时间有限,谁都不可能像看小说那样从头至尾读一遍。一般来说,每一个读者都想尽快获得信息。所以,新闻标题的主要任务就是准确、快速地传达新闻中最重要的信息。这是因为标题是新闻内容的集中与概括,它用简练的文字浓缩了新闻中最主要或最值得注意的内容。借助标题,读者可以迅速选择自己需要阅读的新闻。

如果标题吸引人且显示出了新闻的趣味,那么读者就会把目光停下来继续读这条新闻。这样一来,标题的第二个重要的任务就是吸引读者的注意力。标题在报纸版面设计中是一个关键因素。优秀的版面编辑在决定标题的尺寸和位置时,要注意有助于表现新闻的重要性和使报纸吸引读者。

版面上标题的第三个作用是美化版面。标题是报纸的"眼睛",没有标题,整个版面就会黯然无光,黑压压的一片,各篇文章堆积在一起,彼此相连相接,难以分清。有了标题,就等于给各篇文章安上了明显的标志,稿件之间的分界也就一目了然,从而使版面条理分明、眉清目秀,有画龙点睛之妙。此外,西方报纸经常灵活运用标题的不同形式、种类及字号,以美化版面,避免版面的单调、刻板,使之有声有色,丰富多彩。

2. 标题制作的基本原则

(1)准确。毫无疑问,新闻写作中最重要的规则就是准确。在标题制作中,这一规则也毫不例外。不管一个标题多么有趣,如果不准确,它就毫无价值。由于工作中存在截稿时间的压力,最优秀的录入编辑(Copy Editor)有时也可能忽略标题写作中的一条或多条规则,但无论如何他也不会忘记准确性的要求。

(2)简练。好的标题应该言简意赅,它如一双炯炯有神的眼睛,起着传神达意和吸引读者的作用。如果标题太长,不仅无法让读者迅速地抓住其意义,以便吸引读者,而且在版面上也不美观,因为字数一多,字号就小,与正文的对比就不明显。

为了使标题简洁,西方报纸运用了许多语法手段。比如英文标题,原来都是一句完整的句子,但为了起到言简意赅的效果,从而突出重要内容,标题常常被删略去某些语法成分或词语,尤以虚词为主,如冠词、连词and、动词 to be 等等。再比如,由于在简短的标题当中不可能采用英语中所有的时态形式来浓缩新闻事实,新闻标题形成了自身独特的时态特点,以达到使动词既传神达意又具有时间感的目的,如用一般现在时来表示过去发生的事情,直接用动词不定式表示未来动作等等。当标题中的动词表示被动语态时,被动语态结构"be + 过去分词"形式中的助动词"be"常常被省略,也经常不用"by"来引出动作的执行者,剩下的过去分词在标题里就可以直接表示被动意义。而且,英文标题一贯注重结构精练,并不使用所有的标点符号,即便使用某个标点符号,其主要目的不外乎两种,一是区分表示各句子成分意群之间的关系,二是旨在进一步节省标题自身。如逗号常被用来代替连词"and",冒号除了用在引号之前表示"说"

外,还常被用来代替连系动词"be"。在措词方面,英文标题则大量使用简短词、缩写词、节缩词等。

(3)避免诽谤性的句子和词语。为了使标题显得客观,尽可能在标题中注明出处,比如"市长说政策很公平"就比简单地说"政策很公平"要好。与此相关的规则是尊重被报道者的权利。标题不要断定一个受审的人有罪,因为按照法律规定,嫌疑人除非被法律证明并判定有罪,否则一律视为清白无辜。诉讼中要报道法庭提供的证据,而不能简单地说被告就是罪犯。比如,"市长偷窃公共财产"这样的标题就会产生问题,更好的说法是"检察官控告市长偷窃公共财产"①。

3. 标题的基本形式

西方报纸标题在形式上的分类可以有几种不同的标准。

如果按照标题在版面上所占的栏数和行数的多少进行分类,可以分为一栏题、双栏题、三栏题,甚至通栏题等。根据标题所占栏数和行数,又可分为单栏单行题、双栏三行题和多栏多行题等。

当报纸在平板印刷机上印刷时,受机器条件限制,标题只能是一栏宽。每栏之间都有栏线使纸张放在一起时能有个人为的对接界限,这些栏线也使标题不能超出一栏宽。此外,虽然历史上的报纸纸张比今天的纸宽一点,但它们分为八栏或九栏,这就意味着标题作者拥有的每栏宽度比今天的编辑要小得多,这些条件使得多副题式标题占据了报纸上的大部分版面。下面16行标题是美国南北战争时期报纸标题的典型例子②,其中每一行都有一个中心,而且每个标题后面都有句号。

> 战争。
> 来自巴尔的摩高地的重要消息。
> 马萨诸塞志愿军在通过城市时遇袭。
> 士兵和暴民间发生流血战争。
> 两名士兵和七名市民被杀。
> 志愿军强行通过。
> 联邦军队摧毁哈帕斯港口军火库。
> 弗吉尼亚州抓获北方船只。
> 德拉瓦勒人担负起武装中立任务。

---

① 〔美〕多萝西·A·鲍尔斯、黛安·L·博登:《现代媒体编辑技巧》(第二版),新华出版社1999年版,第56、59页。

② 同上书,第70—75页。

来自华盛顿的重要消息。

总统宣布。

南部港口堵塞。

马萨诸塞军队和纽约军队离开罗德岛,进军华盛顿。

第七军团,近千名士兵,向首都进军。

大量妇女和市民为他们送行。

伤心地告别铁路仓库。

读者读完这些标题之后,从消息正文中几乎再也得不到新的信息了。

随着技术的进步和编辑思想的更新,西方报纸在标题编排形式上有了大胆的突破。比如1912年《纽约时报》对英国"泰坦尼克"号客轮遇难事件的报道,版面上的特殊编排方式,给读者留下了难以磨灭的印象。为突出"冰海沉船"事件的报道,他们在标题制作上一反过去的保守做法,连续采用双行、三行或通栏标题。第五天对该事件的报道则安排在头条地位,并采用五行通栏标题的少见编排方式,更进一步突出整个事件的不同寻常。

不过现在,除了《纽约时报》等少数报纸外,世界上越来越多的英文报纸越来越偏爱采用单一型标题,即只有主标题,没有引题(亦称眉题)和副题。这主要是因为在制作和排版时,单一型标题比复合型标题更省事迅速,而且还可以节省不少版面,以容纳更多的新闻。

总的来说,目前常见而又有代表性的标题形式有以下这样一些。

(1) 单行式标题。顾名思义,单行式标题只有一行,且多为单栏,有时也有两栏、三栏甚至四栏。这种标题一般用来标出简短或内容不十分重要的新闻。由于制作省时省力,颇受欢迎。

(2) 通栏标题。标题不仅高度浓缩新闻内容,而且在版面上所占栏数的多少也决定着某条新闻的地位。一般而言,一条消息的标题字号越大,横跨的栏数越多,消息的内容就越重要。通栏标题是一种横贯版面全部栏数的大标题,有单行,也可以多行。

(3) 左齐式标题。这种标题,无论是由两行、三行或多行组成,每行一律向左边靠齐,使上下几行的左边排列整齐,而无需考虑右边出现的空白。由于这类标题不受严格的字数和格式限制,所以制作十分简便、迅速,为越来越多的西方报纸所采用,成为最常见的标题形式之一。

(4) 阶梯式标题。这类标题一般由两至三行构成,每行长短几乎或完全相等,每行向右略微缩移,从而使整个标题自左至右呈阶梯下延。由于这种标题对每行的长度要求甚严,故制作起来颇为费时,其采用范围自然远远不如左齐式标题。

（5）上画线和下画线标题。这种标题常用于多栏题中,其字体大小是主题的一半。下面是美国《洛杉矶时报》上的一个例子(已译成中文标题,下同)。

拼凑的法律

政府财政
混乱无序

（6）三脚题。三脚题就是左边有一行大字号题,右边有两行小字号题。下面列举的《圣彼得堡时报》的这个标题就是典型的三脚题。

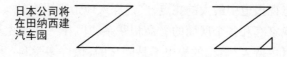

4. 标题与正文的组合关系

（1）盖文题。即标题位于正文之上,如:

日本公司将在田纳西建汽车园

（2）侧标题。标题不能放在正文之下,但可以放在正文旁边。侧标题几乎总是放在正文的左边,因为放在右边的侧标题很难发挥应有的作用。比如:

日本公司将
在田纳西建
汽车园

（3）"杜奇转接"式。通常标题应该盖住所有的正文,但为了防止碰题或遵守版面形式上的其他要求,也可以在某些栏的上方没有标题,这就叫做"杜奇转接"。比如:

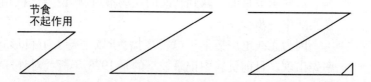

第十六章 广播电视的主要报道形式

随着现代化传播媒介广播电视的发展,广播电视的新闻报道方式也在不断变化,从最初默默无闻的播音员"念稿子"到名声显赫的节目主持人串联评说;从历时态的新闻报道到共时态的现场直播;从以"快"为特点的简要报道到以"深"为特点的深度报道。正是在这些报道方式的演进中,广播,尤其是电视,其个性化、时效性、真实感和渗透力不断提升,最终成为人们最主要的信息渠道。

第一节 主持人节目和节目主持人

一、主持人节目形式的产生和节目主持人概念的形成

现在,主持人节目和节目主持人休戚相关,互相依存,已经成为广播电视报道中最大的亮点,广泛深入地走进当今社会的各个领域,与每个电视家庭和各个层面的受众相联系。但在一开始主持人节目的出现和"节目主持人"概念的提出不是同步的,像许多学科一样,实践的探索早于理论。一般认为,在"主持人"概念产生之前,主持人节目的形式就开始形成,并出现节目主持人的先声。

1. 主持人节目形式率先在广播中出现

从娱乐节目的串联到新闻的现场报道、解说与评析相结合,这种形式在实践中一步步完善。

因为无线电广播早于电视广播,所以主持人节目形式在电台广播中率先出现。目前资料中记录较早的是1928年荷兰对外广播中开播的《快

乐的电台》，它是一个杂志式节目，内容包罗万象，重点是介绍荷兰各方面的情况，由若干专题组成，中间用音乐连起来。主持人艾迪·勒达兹将这些充满生活气息的内容，轻松愉快地传达给听众，很受听众欢迎，他被认为是历史上最富有个人独特风格的国际广播节目主持人①。这种节目形式很快在广播中（尤其是娱乐节目中）被采用。

在20世纪二三十年代，西方普遍处于持续的经济大萧条状态，人们不得不在家里消磨大部分的时间，几乎所有的家庭总是团聚在他们的收音机旁倾听，他们把收音机看做是同人类联系的最后一根链条，不管播送什么，人们都怀着极大的兴趣收听。娱乐节目首先赢得大批狂热的听众，电台广播造就了一大批娱乐节目新星，他们主持节目以自我表演为主。这种节目便于组织，特别能吸引大批投资者，所以主持人节目形式最早在娱乐性节目中出现。

最初电台的新闻广播主要是"口读报纸"，多在晚间广播，像英国的KDKA广播电台（世界第一家正式的商业广播电台）开办时每天仅在晚间广播1小时。到20世纪30年代初，无线电广播发挥报道迅速、传播广泛的优势，由原来的"口读报纸"到注重对重大事件的及时报道，成为一支独立的新闻报道力量，众多的广播电台和广播公司相继出现。同时，电台广播也造就了一种新型的表演者——广播评论员，他们半是新闻记者，半是主持演出者，使新闻报道蒙上了个人色彩：或作为新闻分析员，或作为十足的宣传者，也有坚持纯粹的新闻报道，带有充分的趣味性。即使如此，在第二次世界大战爆发之前，各广播公司没有在新闻方面投入太多时间。例如1936年，美国的CBS广播公司——一般认为它在新闻方面处于领先地位——仅仅分别在中午和下午4:30安排了5分钟的新闻摘要节目，在晚上11点安排了15分钟的新闻节目。

直到1938年晚些时候，由于欧洲的战争威胁，适应时势的要求，电台作为最现代化的新闻工具突然变得锐利起来。慕尼黑危机和1939年的战争爆发为电台记者提供了一个他们可以充分利用的机会，他们在战争期间大大发展了自己的报道业务和技术手段。在整个战争期间，无线电广播因为新闻而呈现出勃勃生机，这一时期是广播的"黄金时代"。就电台本身而言，新闻报道已占有头等重要的位置，各广播公司迅速作出反应，雇用记者和编辑人员，第一次建立了自己的新闻采访机构，不断发展自己的新闻采编队伍和新闻分析员及评论员。美国的汉斯·冯·卡尔登

---

① 参见俞虹：《节目主持人通论》，杭州大学出版社1996年版，第6页。

邦从一大批电台评论员中率先脱颖而出,他于1922年开始电台播音,1930年成为哥伦比亚广播公司(CBS)的评论员,1940年到全国广播公司(NBC)就职。在20天的慕尼黑危机期间,卡尔登邦一直呆在播音室里为默罗等记者张罗支撑,分析新闻报道,并且主持分析和评论节目。他把希特勒激烈的讲话翻译给美国听众,并且预测针对事态发展会采取什么外交措施,他成功地开创了最引人注意的新闻广播评论的新局面,率先树立了广播评论员的权威形象。

在所有负责国外报道的新的广播员中,最受公众崇拜的是爱德华·R·默罗,他不仅是美国的名人,在世界广播电视界也有很高的声誉。1938年3月12日,默罗在维也纳安排了历史上第一次《新闻联播》,也是他的第一篇战争报道,他平静克制地叙述维也纳发生的戏剧性变化,形成了他独特的报道风格。之后,他和他的助手分别从维也纳、伦敦、柏林、巴黎和罗马向美国的听众广播报道了他们的所见所闻,创造了一种奇迹——把新闻当成戏剧,而记者扮演主角。从此,广播史上诞生了一种新的报道形式——《新闻联播》节目。在大战前夕的慕尼黑危机期间和整个大战中,《新闻联播》使美国和欧洲的听众获得了最迅速、最真实的战争新闻。特别是1940年8月18日默罗开始《这里是伦敦》的报道,成为广播新闻的楷模,纠正了许多人认为广播仅仅是广告和娱乐工具的偏见,他和他的同伴给了广播新闻以最珍贵的东西:正统性。正是默罗使美国和欧洲公众听到了完全真实的战争,这时他既是战地记者,又是作者、编辑和播音员。这才是名副其实的新闻节目主持人,并且是节目主持人的开创者,虽然那时"节目主持人"这个术语还没有创造出来。

2. 电视节目主持人的产生和发展

电视的新闻节目形式一开始是完全按照电台新闻广播的模式发展的,但由于电视的声画优势,它在主持人节目的发展上后来居上。

美国是电视节目主持人的诞生地。在美国,娱乐节目主持人先于新闻节目主持人而诞生。早期的娱乐节目主持人大多是喜剧演员,他们主持节目以自我表演为主,或类似于剧场的报幕员。直到1956年,固定新闻节目主持人的诞生,打破了以往节目由播音员播报的形式,主持人被视为一个创举,并由此带动了这一行业的全面发展。

刚刚开始的电视新闻由记者、编辑写稿,播音员照稿宣读(Lip Read,"撕下来念"),电视新闻除了有个读稿的人像出现之外,和广播新闻没有多大区别。在美国虽然出现了相对固定的电视新闻节目《晚间新闻》,但时间只有15分钟,一直被各广播公司视为随时可以扔掉的小节目。

第二次世界大战后,已成熟的电台广播中强调新闻广播员的个性获得的惊人成功给电视以启示,电视台开始选择受观众欢迎的电台广播员来主持电视新闻节目。像美国 NBC 广播公司的《骆驼新闻大篷车》节目是围绕着约翰·卡梅伦·斯韦兹创建的,CBS 广播公司的电视新闻围绕着道格拉斯·爱德华兹,而 ABC 广播公司的《晚间新闻》围绕着约翰·戴利。这样强调主持人的个性在各国电台广播中已有先例,但只有美国电视才这样做,而其他的国家有意采取步骤以确保新闻广播员不致变得比新闻本身更重要。它们减弱个性重要性的一种常见的方法是使用一组人分别在不同的日子念新闻稿,或像英国广播公司和德国电视台那样,让记者们轮流念稿。这是因为第二次世界大战期间,英国、法国、德国、日本及苏联等国家都被迫中断了电视广播,唯独美国保留了六座商业电视台继续广播。第二次世界大战后,在各国电视复苏阶段,美国电视借助雄厚的经济实力迅速发展,它的电视总体发展水平要高于其他国家。而且与当时其他国家的电视台不同,美国的电视台大多是商业性质的,电视要在激烈的商业竞争中生存、发展,就必须以新颖的节目形式和丰富的节目内容来吸引观众,而个性被证明是最有效的吸引手段。强调主持人个性的电视节目开始走向成熟,并且最早在娱乐节目中尝试①。

1948 年 6 月,美国电视上出现了两个具有开创意义的综艺节目——《明星剧场》和《城中最受欢迎的人》,这两个节目的出现立刻引起轰动,评论家认为这是电视的一大突破。两位不同凡响的节目主持人——弥尔顿·伯尔勒和埃德·沙利文登上屏幕,博得了观众的喜爱。当时,综艺节目比较容易驾驭,节目内容也比较丰富,而新闻节目只能采录一些预知性的新闻,对突发性的新闻往往束手无策。虽然早在 1948 年就开办了 15 分钟的固定节目,但多以口播为主。

随着电视的日益普及和节目主持人的影响,电视新闻节目主持人也开始出现。在美国,电视新闻报道实际上是从 1948 年费城政治年会开始的,这是全国性电视新闻联合报道的第一个重大事件。这一年,默罗在电视上亮相,而真正在观众面前展示自己的风采和个性,还是在他 1951 年 11 月 18 日主持《现在请看》节目之后。这个节目是从广播节目《现在请听》移植过来的,开始是报道一些短小的新闻事件,后来发展到报道重大的新闻,这是电视节目主持人的先声。在后来的七年中,《现在请看》节目不落俗套,使美国人多次领略了货真价实的新闻。《现在请看》节目在

---

① 参见〔美〕埃德温·埃默里、迈克尔·埃默里:《美国新闻史》,新华出版社 1983 年版,第 302 页。

1953—1955年间对美国议员麦卡锡的揭露具有极大影响,默罗被推向开创电视新闻节目的最前方,他被誉为是这一领域的开拓者,促使电视把这一节目形式固定成为必不可少的形式。

电视优越的传播手段,让电台望尘莫及。电视声画并茂,具有强烈的现场感,可以使坐在家中的观众有一种面对面的直接交流感,从而有极大的激发情感的效果,比电台广播更容易产生"自己人"效应。观众感到他们认识节目主持人本人,主持人也认识他们,许多人似乎相信主持人对他们生活中最琐碎的细节也感兴趣。在某种程度上,这种亲密的错觉是由人们看电视的环境(他们的起居室、卧室及其他私室,即仅供家人和密友们相聚之处)造成的。节目主持人自己则通过直接与观众交谈促成了这种错觉,使观众把他们看成自己的朋友。电视的这一特点促进了节目主持人的产生和发展。

1952年的美国政治年会是具有重要意义的事件。在电视史上,这件事之所以会被人铭记,主要是由于第一位电视节目主持人沃尔特·克朗凯特出现在屏幕上,并标志着"新闻节目主持人"术语的正式产生。这一年正好是总统大选年,三大电视网纷纷予以报道。CBS广播公司的新闻制片人唐·休伊特想改变以往那种由播音员念新闻的做法,而应让一位记者出身、采访能力强的人担任主持节目报道的工作。他在一次预备会议上提出,在演播期间里需要一个最强有力的人物,以便汇总从会上送来的新闻报道。这个主持者可以将有关记者的报道串联在一起,进行较连续和完整的报道,也可以用自己的语言进行分析、解说或评论,这个主持者可以说是集记者、编辑、播音员和评论员于一身的节目主持人。休伊特把这种安排比作接力赛跑队,其中最强的队员跑最后一段赛程,被叫做"殿后"(Anchor),也就是"新闻节目主持人"。

在美国,最初在游戏、竞赛节目中出现的主持人被称为Moderator(原意为"仲裁人"、"协调人"),后来也应用到一些轻松的讨论、辩论节目中,这类主持人好比裁判员,起着调节、客串、仲裁的重要作用。而综艺表演节目中起用的主持人被称为Host或Hostess(原意是"主人"或"女主人"),主持人以主人的形式活跃在节目中。直到1952年,Anchor被用到新闻节目中,把这个术语用于电视不是一种特别讲究的说法,但一直沿用了下来,成为表示"节目主持人"的正式术语。

休伊特选择了经验丰富的沃尔特·克朗凯特担任这一角色,主持报道两党代表大会的新闻。克朗凯特曾接受过通讯社记者的训练,这种专门的训练强调每日发生的新闻,注重快速、准确、不偏不倚的报道。他事先作了充分的准备,掌握了背景材料,能够在任何时候把消息综合起来,他的出色报道使他在电视新闻界崭露头角。从 1952 年起,克朗凯特一直是历届两党代表大会的新闻报道主持人。

从"节目主持人"概念的演变和实践中,我们可以看到主持人在节目中所扮演的角色:节目的协调者、主导者,节目中的关键人物。

二、新闻主持人节目的成熟与新闻节目主持人的推出

1. 美国节目主持人的巨大成功

1956 年是美国的又一大选之年,NBC 广播公司推出切特·亨特利和戴维·布林克利两人作为《晚间新闻》的节目主持人。亨特利有一种安详的权威架势,而布林克利则有一种不落俗套的幽默感,这两者恰好得到调和,从而使这个"双档"主持的新闻节目以一种过去从未有过的新姿态出现在观众面前。他们从来不解释观众自己能看到、看懂的东西,而是详细阐述对画面的理解,发表深刻而又机智的评论,彻底打破了旧的新闻短片的陈腐题材,也摒弃了陈腐的语句,强调细心地、准确地写作电视上不曾有过的新闻[1]。按照今天的标准,这个节目完全是高级趣味的,节目的严肃性和不偏不倚的立场,堪称楷模。在整个 20 世纪 50 年代后半期和 60 年代前半期,他们始终把他们在晚间新闻方面的对手抛在后面,成为美国的第一代电视超级明星。他俩不仅开创了双档播出、联合报道这种电视主持的最佳形式,同时还堪称美国 20 世纪 50 年代初使电视主要由娱乐性的"小电影"转化为以后由新闻节目唱主角的"催生婆"。两人的成功展示了节目主持人形式的可观前景,三大广播网的电视新闻节目纷纷尝试这种形式,时代的大背景和电视业的大发展又为主持人提供了大显身手的机会。

1962 年,克朗凯特成为 CBS《晚间新闻》节目的主持人,后又兼任这个节目的编辑主任。他根据通讯社的传统,致力于新闻提要和独家访问。1963 年 5 月 1 日,克朗凯特和其伙伴开创了第一个 30 分钟的联播新闻节目。那天早晨,他访问了肯尼迪总统,对已经使 47 个美国人丧命的越南战争提了问题。半小时新闻节目的出现,大大加强了电视节目主持人和观众之间互相熟悉和互相依赖的关系(随后 NBC 广播公司也将新闻节目从 15 分钟延长到半小时,而 ABC 直到 1968 年才达到这一长度),使新闻

---

[1] 参见徐德仁、施天权:《时代的明星——漫谈电视节目主持人》,复旦大学出版社 1990 年版,第 89 页。

节目在时间长度和影响上都有了成倍的增加。1963年11月22日,克朗凯特最先在电视上报道了肯尼迪总统遇刺的消息,他始终掌握第一手材料,最先播出最新消息。克朗凯特后来成为称雄美国电视界20余年的著名电视节目主持人。他在CBS广播公司就总统选举、越南的痛苦、种族冲突、暗杀事件、"水门事件"和许多次空间飞行主持过几十次专题广播,特别是20世纪60年代末对美国侵越战争的批评和连续30小时报道"阿波罗号"登月,前者震撼了全国,推动了美国的反战运动;后者通过卫星传遍了世界,在国际上产生了巨大影响。作为电视节目主持人的开拓者和实践者,克朗凯特以其卓然的成绩多次获得美国总统自由勋章等各种大奖,曾五次被公众选为"美国十大最有影响的决策人物"之一,他是世界级的明星主持人。在希腊,克朗凯特就是节目主持人的代名词。

以半小时《晚间新闻》节目的出现,克朗凯特和亨特利、布林克利成为电视明星为标志,电视新闻主持人节目和节目主持人这一报道形式已经成熟。至20世纪70年代,大多数收视稳定的节目都设置了主持人,一股"主持人热浪"席卷美国电视界,主持人成为一种固定职业。20世纪七八十年代,美国的电视节目主持人进入了兴盛时期,兴盛的标志主要体现在,出现了一批家喻户晓、深入人心的明星主持人和与他们相互依存的明星栏目。最引人注目的有:20世纪70年代NBC广播公司《晚间新闻》节目主持人约翰·钱塞勒,ABC广播公司的新闻节目主持人哈里·里森勒和芭芭拉·沃尔特,后者是美国电视网第一个固定的女性新闻节目主持人,1976年被高薪聘请,在社会上引起很大轰动。20世纪80年代全美年薪最高的电视节目主持人、CBS广播公司晚间新闻节目主持人丹·拉瑟,是继克朗凯特后又一巨星级的节目主持人,和ABC的彼得·詹宁斯、NBC广播公司的汤姆·布罗考共同成为美国20世纪80年代主持新闻节目的三大明星。CNN有线电视广播网的华莱士,与他们一起形成了鼎足之势。

2. 西方其他国家的仿效

美国节目主持人的巨大成功,引起西方许多国家如加拿大、英国、法国、德国、意大利、日本等国的纷纷效仿,推出自己的节目主持人。英、德、法、意等欧洲国家过去让播音员播报新闻,如今这些国家发现观众每天晚上从他们认可的、信赖的主持人那里获取新闻。电视机构强调主持人的个性化,以求吸引大批观众。在电视新闻领域,主持人取得了突破性的进展,长期采取新闻播音员的电视机构,自从引进新闻主持人后,节目大受观众欢迎,收视率明显提高。德国的一家重要电视台ARD表示,主持人的个性风格在主持节目时起到很大作用,并有助于吸引大批观众。20世纪 70 年代中期,法国电视一台专门派出一个主持人考察小组,到纽约观察克朗凯特怎样主持节目。女节目主持人克里斯廷·奥克伦特是当时全国电视观众议论的中心,而大名鼎鼎的贝尔纳·比沃是法国第二电视台《新书对话》节目的主持人,他以非凡的才华在法国知识界享有很高的威望。以传统正规报道著称的英国电视机构,尝试采用新闻节目主持人后也获得巨大成功。英国 BBC 电视台的著名女节目主持人安古拉·里彭 1975 年在 30 岁时出任该台第一位新闻节目女主持人,一时轰动全国。1983 年,英国商业电视台著名的节目主持人阿拉斯泰尔·伯内特被封为爵士,这在英国对一名新闻记者来说,是绝无仅有的荣誉。日本广播协会(NHK)模仿美式节目主持人,也大有收获。担任 NHK 晚 9 点钟新闻的主持人木村太郎及其伙伴主持人宫畸绿,成为日本家喻户晓的名人。加拿大广播公司晚间新闻节目主持人诺尔顿·纳什和周末节目主持人彼得·曼斯布里奇,堪称电视台的支柱人物,又是观众的偶像[1]。

进入 20 世纪 90 年代,电视节目主持人在更多的国家和地区得到普及,各种类型的节目主持人活跃于屏幕上。像日本 NHK 1991 年在全国范围投票选举的"全国最受欢迎的十大男女艺员"中,男女第一名均出自节目主持人。

从国外节目主持人的推出和发展过程看,传统的广播电视传播模式已经受到严峻的挑战,新的传播模式正在或已经取代旧的模式。节目主持人是一个方兴未艾的职业,它已经被广播电视的传播者和接收者所认可,在世界各地普及,有了国际化的特点。

三、节目主持人的基本特点与类别

"节目主持人"这一报道形式能够超越国界,在世界各国如此广泛地被采纳,说明它能满足受众的信息需求,实现新闻的有效传播,而这是由节目主持人自身的特点决定的。

1. 个性化主持

节目主持人是以个人身份主持新闻节目,一改传统的无个性播报,在观众心目中,节目主持人是一个活生生的人,突出人的作用,发挥面对面传播的优势,使电子媒介人格化,缩短了与受众间的距离,使节目更具人情味,更具可观性,这是节目主持人的基本特征。

---

[1] 参见俞虹:《节目主持人通论》,杭州大学出版社 1996 年版,第 104 页。

作为信息载体,节目主持人不是机械的念稿人,而是重视运用多种表达形式,把要传播的内容有效地传递给观众,就像在叙述自己的所见、所闻、所感,在传播过程中,以"情"为先导,注重情感的交流,使观众产生亲近感、认同感,增强传播效果。1986年1月28日,美国"挑战者"号航天飞机发射不久突然在空中爆炸,ABC《晚间新闻》节目主持人彼得·詹宁斯迅速对此进行报道,在整个报道过程中以极为克制的态度注入自己的思想和感情。他不断报道女教师麦考利夫的事迹,称她为"空间的第一位真正市民"、"她的精神就是我们的精神",使麦考利夫在观众心目中占据了比其他6位遇难者更大的位置,成为为了理想敢于献身的象征。评论家认为,詹宁斯在报道缺乏细节的可怕悲剧事件时,能够表达明确的思想和感情,使观众产生共鸣,得到安慰和启示。

固定栏目的固定节目主持人通过自己富有魅力的个性化主持,能够在观众心目中树立稳固的形象。而对主持人来说,形象的树立需要持久的努力和长期的探索。早在1952年就有名气的克朗凯特在1962年4月接替原来的爱德华兹后,收视率开始下降,成千上万的人写信给CBS广播公司,反对更换主持人。克朗凯特费了相当一段时间才得以控制住自己的节目。他注意树立一种白玉无瑕的个人形象和职业形象,提高自己的素养,在有争议的问题上采取中间立场,使观众觉得他极为正派,值得信任。1966年,克朗凯特的节目第一次在收视率上领先,但很快被NBC广播公司超过;从1967年开始,直到1981年他卸任,克朗凯特一直保持领先的地位,尽管有时是险胜。他一直保持一个良好的诚实、正直的形象,他对"阿波罗"号航天飞机发射的密切关注,进一步提高了他在人们心目中作为国家守护神和护卫者的形象;他对越南战争的评论壮大了反战运动的力量,使之更加合法化。据说,当时的约翰逊总统在听了他的电视讲话后说,"如果失去了沃尔特·克朗凯特,我便失去了美国";他对"水门事件"的突出报道,使他成为"美国最受信任的人"。总之,克朗凯特留给观众稳重可靠、和蔼可亲的"沃尔特大叔"形象[1]。

节目主持人把自己的才华、风格、魅力充分展示在节目之中,与节目融为一体,以"我"的鲜明特色成为节目的显著标志,进而成为节目的"招牌"。因此,美国的三大广播公司的晚间新闻节目都以主持人的名字命名:《CBS晚间新闻与丹·拉瑟》、《NBC晚间新闻与汤姆·布罗考》、《ABC今晚全球新闻与彼得·詹宁斯》。

---

[1] 参见徐德仁、施天权:《时代的明星——漫谈电视节目主持人》,复旦大学出版社1990年版,第106页。

在日本家喻户晓的新闻节目主持人久米宏,将朴素、智慧、热忱与魅力有机地结合在自己身上。根据日本东京影像研究公司的统计数字,每周一到周五,他在日本朝日电视台主持的 80 分钟新闻节目大约能吸引全国 20% 的观众。可以说,久米宏重新塑造了日本新闻主持人的形象。在他之前,传统的新闻节目要求一位毫无情趣、一本正经的男播音员,彬彬有礼地端坐在一位娴静温柔的女播音员边上,一直难以改头换面。自久米宏主持节目后,风格与传统节目大相径庭,他的着装是最时髦的,他的解说风风火火,他本人的感情、思维、偏见、怪癖等特点经常在他每晚主持的节目中表现出来。但当他决定大胆地为公众利益服务时,连日本最强有力的政界人物也竞相寻求庇护。1992 年 10 月,他集中火力对日本政治生活中代表黑暗势力的最有实权的人物金丸信发起了猛烈攻击,对这一政客的倒台起了相当大的作用。1996 年 1 月,法国非常有影响力的政治周刊《新观察家》根据久米宏所主持的新闻节目的风格在日本产生的强烈反响,而将他评为当今世界上最有影响力的 50 位名人之一①。

2. 新闻节目主持人的巨大影响力

根据节目的类型,节目主持人大致可分为新闻节目主持人、综艺节目主持人和专栏节目主持人几大类,其中新闻节目主持人居各类节目主持人之首。在发展的初期,广播和电视的节目主持人都是率先从综艺类节目中出现的,但随着主持人节目的成熟和新闻栏目逐渐成为广播电视的重要栏目,新闻节目主持人越来越飘逸出道德权威和智慧权威的芳香。20 世纪六七十年代瞬息万变的时局和此起彼伏的爆炸性新闻,更使声画并茂、现场感强的电视新闻变成观众不可或缺的精神食粮。这样,电视观众渴望真实新闻的愿望和商业电视网追求最大利润的欲望互相推波助澜,将电视新闻节目主持人推到一个"法力无边"的地位之上。现在在西方(尤其在美国)的节目主持人中,最具有影响力的都是新闻节目主持人。这里除了前面已经详细介绍的社会和历史背景外,还在于新闻节目主持人的良好表现力。

新闻节目主持人大多出身于资深记者,有扎实的记者功底,包括良好的新闻素质、独特的访谈技能、出色的语言表现力和丰富的实践经验,这些使他们能够带给观众真正的新闻和富有见地的思想,令观众信服乃至崇拜。如今欧洲许多著名新闻节目主持人无一不具有记者的经历和新闻工作的经验。如身兼特派记者和新闻播音员两职的意大利广播电视一台

---

① 参见叶子:《电视新闻节目研究》,北京师范大学出版社 1999 年版。

的新闻节目主持人利利·格鲁伯尔、当过许多年的德意志电视台《晚间八点》新闻节目主持人的乌尔里希·维克特,以及具有丰富记者阅历、以提问技巧千变万化而闻名的英国广播公司二台晚间节目主持人杰里米·帕克斯曼等。

美国现在著名的电视新闻节目主持人都是全国闻名的记者、电视明星。像丹·拉瑟从1961年起就是CBS电视网的记者,他的记者生涯可以说业绩辉煌。他对民权问题的报道一炮打响;肯尼迪总统遇刺时,他正好在现场,获得了一系列独家新闻;他做过CBS驻伦敦首席记者,报道欧洲事务;他以CBS驻白宫首席记者的身份,报道过尼克松和福特两届政府。不管在什么地方,拉瑟总是自愿担当最危险的报道任务,他认为只有冒大风险才能有好新闻。他主动请求公司派他到越南做战地记者;在"水门事件"期间,他与尼克松总统较量,并且不顾沉重的压力坚持自己的立场。至今仍传为美谈的是,在一次记者招待会上,尼克松以居高临下的气势责问拉瑟:"你有什么事不便出口吗?"拉瑟反唇相讥:"我没有,总统先生,您呢?"他这一对抗撒谎的总统的行为,深深地留在人们的记忆中。拉瑟在做《60分钟》记者时经常会晤政治家和外国领导人,在这一过程中,他已成为第一流的名人。在他接替克朗凯特作为CBS广播公司的新闻部主任和早晚新闻节目的主持人时,他同样甘心情愿地把工作放在第一位。他立下一条规定,只要有重要新闻出现,随时都可以打电话到他家,不管是什么时候。拉瑟主张新闻本身有说服力才能打动人,他主持的新闻节目有过硬的有价值新闻,深得观众好评。他被誉为"最具风采的新闻节目主持人",他已经成为新闻部的精神领袖,他在为新闻节目乃至整个新闻网定调子[①]。

《60分钟》节目主持人麦克·华莱士在长期的记者生涯中掌握了高超的采访技能,他善于提问,敏于思考,能迅即捕捉新闻,被人们称为"提问题专家",他的"伏击式"采访为新闻界和观众所赞赏。华莱士在采访过程中能不断地提出一些难度大、很有新闻价值的问题,开门见山,提问尖锐,大有咄咄逼人之势。他的采访作风影响了一代电视记者。与之相对比,布罗考则是沉着冷静、和颜悦色、一气呵成。他力求自己的采访有整体性,中间不停顿,时间一到,采访戛然而止,使报道干净利落,意尽言止,见解深刻。以深度报道著称的ABC夜间新闻节目主持人特德·科佩尔是位资深的驻白宫外交记者,他的提问直截了当,使人难以回避,一旦

---

① 参见〔美〕芭芭拉·马图索:《美国电视明星》,中国广播电视出版社1987年版,第79页。

发现问题,就会抓住不放。他主持的有关重大新闻事件和社会问题的辩论,分析透彻,颇有思想深度。

新闻节目主持人往往具有出众的口才和出色的现场报道能力。当今美国三大广播电视网的三位超级电视明星都以口才好、擅长现场报道和即席发挥而闻名。仍以拉瑟为例,他主持节目总是神态自如、言语流畅,能在任何情况下快速敏捷地作出反应。他口才出众,善于用简洁明快的语言表情达意,沉着冷静地稳住局面。美国著名电视批评家吉米·斯瓦格特的评价是,丹·拉瑟或许是美国最能打动听众的演说家。

四、主持人节目与节目主持人的发展趋势

现在媒体间竞争加剧,人们获取信息的渠道越来越多,群体化传播正在向非群体化方向发展,电视一统天下的格局已被打破,电视必须寻求机会再谋发展,而节目主持人是重新启动电视的关键人物。主持人作为节目直接出面向观众进行报道的特定角色,将人际传播引入大众传播,在节目中具有特殊的地位和作用,所以造就明星主持人,是未来电视争夺观众的希望所在,节目主持人会成为电视发展的一个重要突破口。

一家电视台没有自己的名牌节目,就会失去观众。而创办名牌节目,更强调节目主持人的因素。因为要成为广大受众欢迎的节目,除了内容丰富、形式多样、生动活泼外,节目主持人的修养、学识、仪态、风度和口头表达能力,对节目播出效果的好坏起着关键性的作用。可以说,节目主持人是节目和广播公司的"支柱"、"灵魂"、"旗帜"。像《60分钟》之所以轰动美国,就是因为它能吸收优秀的记者参加新闻节目的主持工作。法国著名节目主持人米歇尔·德吕凯风度翩翩、口才出众,他主持的节目不落俗套,深受各种观众欢迎,密特朗总统曾发给他荣誉勋章。日本著名主持人久米宏,将开门见山式的报道风格和从庄重到诙谐的播讲有机地结合起来,使朝日电视台的新闻节目收视率高居榜首。可以说,节目主持人是节目的代表,其水准往往体现着节目的水准,对节目的成败起着举足轻重的作用。美国著名新闻顾问弗兰克·麦吉认为:"如果三大电视网播报同一题材的电视节目,那么是什么因素促使观众选择收看其中一家的节目呢?假设三家电视网的规模相等,报道的准确性和广度又相同,那么就取决于主持人的知名度和与观众的和睦关系了。如果观众认为主持人是值得信赖的、真诚的、热情的、温和的等等,那么观众就不大可能会选择另一个节目。"另一位电视新闻顾问艾尔·普里莫认为:"如果把所有构成一档

新闻节目获得成功的因素考虑进去,并且给每一个因素增加一些分量,构成 10 个因素的话,那么主持人会占据其中 8 个因素,其他诸种因素的总和只占两个因素。"因为节目主持人在节目中起主导作用,是提高收视率的关键人物,每当节目收视率下降时,广播电视就把更换主持人作为补救的重要措施。NBC 广播公司经理施洛索就说过:"只有一招——替换主持人——来提高收视率。"

由于节目主持人的重要性,各广播电视媒体间争夺主持明星之战也十分激烈。1997 年 CBS 为防止 CNN 高价争夺丹·拉瑟,决定重金续聘拉瑟至 2002 年;NBC 也于 1997 年 7 月与汤姆·布罗考签订了一份新合同,布罗考将作为《夜间新闻》的主播和总编辑继续服务到 2002 年。而在这之前,CNN 一直渴望将布罗考和 ABC 的主持人詹宁斯吸引到门下,但均没有成功。

现在,美国电视网非常注重培养新闻节目主持人。ABC 广播公司大量投资培养名主持人,它的"记者深造计划"从 1993 年夏季开始。第一个被选中的是米歇尔·诺里斯,她原是《华盛顿邮报》的记者,后成为 ABC 专职采访白宫周末新闻的记者。ABC 也是采取这种方式培养布赖恩·维廉斯的,他接替已退休的米切尔作为驻白宫首席记者。而白宫是培养超级明星的地方,像汤姆·布罗考和丹·拉瑟在主持节目之前都曾做白宫报道,这就等于把他推上成为明星的快车道。ABC 的新闻部主任鲁尼·阿利奇被认为是目前最有天才的新闻主持人制造者,他因为为公司购买了一批超级明星而大受赞扬,其中包括沃尔特、彼得·詹宁斯等。《美国电视明星》的作者芭芭拉·马图索说:"他们发现了他们喜欢的人,认为他有主持人的素质,他们就让他接受系统训练。"她认为 ABC 的"记者深造计划"是崭新的,是个好想法。

以主持人的形式进行报道,是电子媒介的一个优势,尤其对电视而言。当今国际电视节目的一个新走向是电视节目栏目化,这必然导致对固定节目主持人的大量需求。主持人节目与节目主持人同步发展、互相作用、互相催化,成为未来的支柱节目和支柱人物。

第二节　现场新闻直播

现场新闻直播,是指在事件发生的现场直接制作播放广播电视节目的播出方式,即在瞬息之间按照一定的意图和要求,把现场音响、图像以及现场解说等组合为一体,通过电子传输装置直接播放出去。现场新闻直播是最能发挥、展现电子媒介优势的一种最迅速、最直接的新闻报道方式。

一、历史与发展

1. 现场广播报道的发展

第一节里已经谈到,最早的新闻广播是播音员口播新闻稿。随着欧洲战局的日益恶化和危机的出现,新闻记者亲赴前线去报道新闻,但在德国入侵奥地利之前,几乎欧洲所有的重大事件,广播上都没有做过现场报道。而默罗到 CBS 广播公司驻欧洲新闻办事处上任后,便开始进行现场广播,1938 年 3 月 12 日开始的维也纳报道便是一例。1940 年初,CBS 成立一个特别战事报道组,默罗经常在炸弹正在降落的地方用一种听众不能忘记的声音报道战况,而最为叫响的是他从伦敦发出的报道。1940 年 8 月 18 日,默罗开始进行《这里是伦敦》的现场报道。这种报道,多次是在英国广播公司的楼顶上进行的,而这座大楼是德军轰炸的主要目标之一。在德军疯狂轰炸之际,默罗站在充满危险的楼顶上,现场播出轰炸实况。他在楼顶上的第一次广播,是以嘶哑、颤抖的声音播出的,有时还突然发出呜咽之声,具有强烈的感情冲击力。

> 我想我们马上就可以在近处听到大炮声了。探照灯光正大致朝着这个方向移动。你将听到两下爆炸声。听,来啦!这是在空中爆炸的。不是大炮发出的轰响。我们可以想到在几分钟之内,这一带可能会散落一些弹片。来啦,一直在逼近……现在,探照灯几乎就在头顶上搜寻。你立刻就会听到更近的两下爆炸声。听,来啦!那是剧烈的、无情的爆炸声①。

默罗还伴随着飞行员去执行轰炸任务,在飞机上广播柏林大空袭的行动;驾着汽车穿行在炮火中,赶到第一线录制新闻。他与这场战争共命运,经常在骇人听闻的危险境地做现场实况广播。他以平静而有感染力的声音对"不列颠战役"的生动描述以及他对炸弹飞崩、烈火燃烧的伦敦的刻画,大大促进了那时仍然保持中立的美国领悟这场战争的性质。美

---

① 转引自徐德仁、施天权:《时代的明星——漫谈电视节目主持人》,复旦大学出版社 1990 年版,第78 页。

国人夜复一夜地收听他从伦敦发回的现场广播声音,《这里是伦敦》家喻户晓,所起的历史作用是巨大的。

默罗《这里是伦敦》的现场报道,被视为现场广播的楷模,现场广播新闻报道(直播)的方式从此建立起来。

2. 电视新闻现场直播

电视新闻现场报道最早起步于美国。1941年12月7日,日本袭击美国在珍珠港的舰队。事件发生9小时后,WCBW台,一个从属于CBS广播公司的电视台从珍珠港做了现场报道,这是一次有意义的尝试。但相比较而言,电视新闻现场直播的发展很缓慢,一方面是当时的人们没有认识到电视新闻现场直播的重要性,另一方面是受传播技术条件的限制。

1960年的美国总统竞选成为总统候选人辩论直播的战场。9月26日,第一场辩论在CBS广播公司直属的芝加哥WBBM电视台举行,电台同时直播。结果听广播的人认为尼克松讲得不错,但是看了电视的人却不这样认为,因为电视上尼克松面容憔悴,而年轻的肯尼迪则意气风发,赢得了大部分还没有作出决定的选民的选票。第一次电视辩论后,越来越多的选民向肯尼迪靠拢,最终肯尼迪取得总统选举的胜利。电视的现场报道开始显示其强大威力,从此,电视现场新闻报道就无所不在了,哪里有新闻事件发生,哪里就有电视新闻记者发出的光与影。

1963年肯尼迪遇刺后的实况报道:1963年11月22日下午1:30分,肯尼迪总统被枪杀。1:40分,CBS广播公司的《世界在转变》节目中,突然传来克朗凯特颤抖的声音。他报道说,总统的车队在达拉斯遭到枪击,总统身负重伤。两分钟后,ABC就播出了消息,随后是NBC广播公司,时间是1:45分。美国观众对此事件的收视率达95%。三大新闻网连续四天详细报道了这一事件,特别是全世界电视观众都可以通过卫星看到肯尼迪的家人参加葬礼的场面。

1969年7月21日,"阿波罗"号宇宙飞船登上月球。这天的格林威治时间2:56,宇航员尼尔·阿姆斯特朗从"阿波罗11号"走出来登上月球,站在月球上说:"对一个人来说,这是一小步,但对于人类,这是一大步。"他和他的同伴在月球上待了32分钟后返回地球。这些图像在3秒钟后发回到地球与观众见面,收视率达94%。全世界通过卫星在电视上看到克朗凯特主持的这次登月行动报道,产生了巨大的国际影响。

这些事件的报道,不仅开阔了观众的视野,也发展了电视现场报道的广度。事实证明,电视现场报道是最受观众欢迎的一种新闻报道形式。

20世纪70年代初,美国开始用ENG(电子摄录系统)拍摄新闻,ENG

的摄像同步技术把电视记者推上了屏幕。记者为报道新闻事实而进行的采访调查活动,由观众看不见的报道前期工作变成直接展现在屏幕上的报道本身,这一变化使观众感到更真实可信。电视现场报道的第一个高峰是关于越南战争的报道,著名的节目主持人克朗凯特和拉瑟等纷纷率领报道组赶到越南,在战壕前做现场报道。

进入 20 世纪 80 年代,为了争取时效,提高收视率,各电视网越来越重视现场实况报道,影响最大的是 ABC 记者汉克·布朗对里根遇刺的现场录像报道。1981 年 3 月 30 日下午 2:25,美国总统里根走出华盛顿希尔顿饭店的要人出入口时,突然遭到枪击。枪一响,霎时间人声鼎沸,一片嘈杂。政府官员、新闻记者、旁观群众本能地纷纷躲避,唯独汉克·布朗镇定自若,坚守岗位,手持摄像机拍下了这难得的镜头。9 分钟后,ABC 播放了这条震惊世界的独家实况新闻。

到了 20 世纪 90 年代,现场报道成为新闻节目竞争的重要武器之一。像 NBC 布罗考主持的《夜间新闻》十几年来一直没能超过 CBS 拉瑟主持的《晚间新闻》,但到 1997 年 9 月底,《夜间新闻》的收视率首次位居第一,原因主要是布罗考出色的现场报道。布罗考曾成功地完成对苏联领导人戈尔巴乔夫的一对一现场采访,这在美国尚属首次;当 1989 年柏林墙被推倒的时候,他是三大广播网中唯一在现场进行报道的主持人,他也是从俄克拉荷马城爆炸现场、TWA800 飞机失事现场进行报道的第一位电视新闻主持人。在美国刊物《广播与电视》刊出的 1997 年杰出人物中,布罗考位居榜首,《夜间新闻》也拥有最多的观众。根据尼尔森公司的媒介收视率调查,1997 年 11 月中旬 CBS 的《晚间新闻》吸引 1 115 万观众,ABC 的《今晚世界新闻》观众有 1 097 万,而 NBC 的《夜间新闻》位居第一,观众达 1 193 万。

3. CNN 的启示

美国有线电视网(CNN)于 1980 年 6 月 1 日开播,是美国第一家通过卫星向电缆电视网和卫星电视用户专门提供全天新闻节目的广播公司,也是世界上第一家开办 24 小时全新闻频道的广播公司。它以对突发性事件进行即时的现场报道和对重大事件连续追踪报道著称,把现场报道推向一个新的高峰。每当世界上发生重大事件,CNN 的记者都会在现场进行报道。

1985 年,CNN 中断了广告节目,及时播出了英国民权运动领袖弗农·乔丹遭暗杀未遂的现场报道,开创了它随时中断正在播放的节目以报道突发事件的先河。CNN 著名的一次突发事件现场报道是,1986 年

"挑战者"号航天飞机升空后爆炸,全体机组人员遇难,CNN做了独家现场实况报道,从而名声大振。

使CNN登上最高峰的是它在海湾战争期间的报道。1991年1月16日,多国部队突然发动攻击后,CNN记者抢先用"卫星电话"直接以第一人称现场描述的方式,向总部播报战况,第一个发出现场报道。CNN首席记者伯纳德在大楼窗户前朝着被黑压压飞机笼罩的巴格达上空,在一片飞机轰鸣声中,面对观众,传递这一世人瞩目的事态。CNN留在巴格达的3名记者连续17小时报道巴格达遭受空袭的情景,以后又每天不断地把海湾战局及有关新闻通过卫星传至世界。由于空袭不久后巴格达对外通讯系统即告中断,CNN成为唯一的消息来源,形成了它的报道独霸天下的局面。当时美国国防部长切尼在首次战地通报会上半开玩笑地说:"到目前为止,最详细的报道来自CNN。此次空袭相当成功,至少CNN这么说。"当时的布什总统曾说:"我从CNN了解到的东西要比从中央情报局了解得多。"CNN因海湾战争报道而大扬其名,现在在世界210个国家和地区拥有1.13亿用户。

CNN在报道方式上采用的是具有电视特色的"现场报道"手法,并且其现场报道与24小时卫星传播相结合,使报道成了新闻现场直播,这是CNN成功的重要原因。现场报道的同步传播,把电视新闻的时效性提高到极致。重大新闻事件的现场直播,也因CNN的推动而成为电视新闻传播的最佳选择和追求目标,现场直播毋庸置疑地成为最有电视特色、最受观众欢迎的新闻报道形式。CNN的到来意味着一场电视新闻报道的革命不可避免,为此所有的电视频道都调整了自己的战略。CBS电视网新闻台负责人说:"我们应重视这种现象,因为它可能改变我们进行新闻报道的形式。我们必须做好准备与它们齐头并进,而且一旦有事情发生,我们必须能够进行现场新闻直播,否则我们就会失去观众,他们会去收看24小时新闻频道。"①

二、电视现场直播的技术支持

1. 电子摄录系统

在电视新闻发展的初期,因设备条件的限制,电视新闻是采取"直播"的形式,直接出现播音员的图像,口播新闻。1947年,美国NBC广播公司

---

① 参见《世界广播电视参考》,1998年第6期。

和 CBS 广播公司相继与电影厂合作,生产专供拍摄电视新闻用的 16 毫米摄像机和胶片,从此开始了电视新闻以形象画面为特点的传播历史。1956 年,爱姆派克斯公司推出了磁带录音录像技术,它使节目制作更方便、更便宜,从而取代了胶片,结束了影片电视新闻。有了磁带,节目可以在播出前很久就拍下来和剪辑好,错误也可以得到纠正,但批评家认为记录在磁带上的节目缺乏实况电视的激动和紧张。

20 世纪 70 年代初期,电视制作设备变得更小,更容易携带,这促成了电子摄录系统(ENG)的发展。ENG 在美国电视界率先运用,并很快普及到欧洲、日本等电视发达的国家和地区。ENG 使电视报道的覆盖面起了革命性的变化,它最大的特点是摄录同步,它可以把电视记者在新闻事件现场的采访报道,直接声形并茂地展现在观众面前。而且,使用便携式录像机和磁带录像机,记者不用再等胶片冲洗出来。另外,ENG 设备通常能和卫星微波传递连接起来,使得对重大新闻进行现场报道成为可能。到 20 世纪 80 年代,卫星电子采集(S/G)技术也发展起来,装有卫星传送设备的车辆使记者可以到地球上任何地方采访并传送他们的报道①。

2. 电缆电视网

电缆电视(CATV),也叫有线电视,起源于 20 世纪 40 年代末 50 年代初的美国,起因有两个:一是克服地形等对电视信号的阻隔;二是商业获利的需要。初期主要是为了解决山区和边远地区居民难以接收电视信号,以及改善高楼林立的城市里的信号接收质量问题,其后逐渐向城市发展。20 世纪 60 年代形成了电缆电视网,传送的节目中增加了一部分自行编排的节目。20 世纪 70 年代中期,美国发射了第一颗国内同步通讯卫星,这是电缆电视发展历程中的转折点,开始了电缆电视台通过卫星传送节目的新时代。通讯卫星大大扩展了电缆电视节目的传送范围,增加了传送的节目套数,引发了美国电缆电视事业的大发展。进入 20 世纪 80 年代,全美国已有电缆电视系统 4 400 个,订户 1 700 万家,各种各样专业化的有线电视网已经或正在形成,像著名的有线电视新闻广播网(CNN)、娱乐和体育节目广播公司(ESPN)、音乐电视台(MTV)等。到 1992 年,美国 60% 的家庭已与电缆电视系统联网。20 世纪 80 年代后,西欧各国的电缆电视业也开始发展起来,进入 20 世纪 90 年代步伐明显加快,采取电缆与卫星结合起来的办法办电视,这一趋势正在发展。

有线电视自 20 世纪 40 年代诞生以来,到 20 世纪 70 年代借助卫星技

---

① 参见赵玉明、王福顺:《中外广播电视百科全书》,中国广播电视出版社 1995 年版。

术的改进和发展,出现了新的腾飞。20世纪80年代末,它已在电子传媒大家庭中成为不可忽视的一族。今天,伴随着卫星直播技术、数字技术和网络技术的飞速前进,有线电视的优势得到了充分的发挥,在各国也越来越受到重视和扶植。英国传播学者布赖恩·韦纳姆在《第三代广播》一书中,将广播电视的发展分为三个时代:20世纪20年代初至50年代末是"广播时代"(Radio Age);20世纪50年代末至60年代末是"电视时代"(Television Age);20世纪70年代初到现在是"卫星与有线电视时代"(Cable and Satellite Age)。20世纪90年代以来,各国的电视媒体纷纷进入有线电视领域,并有许多电视媒体专门开办了有线电视网。

3. 电视卫星直播

进入20世纪60年代,通讯卫星和卫星电视的发明,促进了全球电视的发展,它极大地扩展了人类的传播潜力,使全世界的电视观众能在同一时间里看到同一个节目。所以有人说,有了卫星,全球就成了一个地球村。电视转播借助卫星系统的作用,可以使世界所有观众同时看到任何一个城市中发生的重大事件的报道。1958年,苏联成功地发射了第一颗试验通讯卫星,由此突破了电视发送靠地下、海底电缆的直接传送和微波中继站接力传送的局限。而世界上第一颗专门用于传送电视节目的通讯卫星"电星一号",是美国于1962年7月10日施放的,它把美国发射的电视节目传送到欧洲,又把欧洲播放的节目传送到美国,极大地加快了电视新闻的报道时效,从而开创了通讯卫星传送电视的新纪元。1963年11月22日,肯尼迪遇刺后的实况报道经由卫星传送到欧洲和日本等13个国家。1969年7月21日,卫星转播了人类第一次登上月球,估计有47个国家7.23亿人观看了电视。

1983年11月15日,美国首次播送可在家庭直接收看的卫星电视节目。这样,卫星技术从传送电视节目发展到直接播出,这是美国电视节目发展史上的一个重要里程碑。按照国际广播卫星会议确定的标准,用90厘米以内的抛物面天线能接收信号的,称为"直播卫星"(DBS)。1984年1月23日,日本发射了世界上第一颗实用电视直播卫星,5月12日开始试播;1987年7月4日,NHK开办了一个连续24小时的卫星电视台,是通过卫星直播系统直接完成的。而从1987年到1989年的两年中,联邦德国、法国、英国和北欧国家先后发射了5颗电视广播卫星。从1989年2月5日起,英国的天空广播公司通过欧洲的一颗广播电视卫星,向英国家庭直接播送电视节目。

三、现在与未来的发展

1. 重视现场直播

今天的电视新闻处于一个 10 年前不可想象的环境中,即一个 24 小时都播出新闻(如 CNN、BBC 的 24 小时频道),并可以根据需要在互联网上获得新闻的环境。由于现场直播在现场感、参与性、时效性上的优势,尤其是先进的数字传播技术所带来的真实性、及时性,更能实现人们向新闻本原的复归的理想,现在各国都非常重视现场直播的报道形式。

像 ABC 的《午夜新闻》利用先进的卫星电视摄录手段,使得同一时刻播出不同地点的人们相互谈话成为可能,加上主持人泰德·科佩尔出色的现场采访提问,从而使该谈话类节目在美国谈话类节目中独树一帜。当年以色列与巴勒斯坦的首次电视辩论就是通过这一方式实现的。另外,对菲律宾总统阿基诺夫人在她丈夫被害当天进行的采访也是靠先进的电视设备来完成的。一些谈话类节目也选用"直播"的名字,像杰拉尔多·里维拉在全国广播公司有线电视频道(CNBC)黄金时段主持的谈话节目叫《里维拉现场直播》。里维拉能创造高收视率,是因为他在节目中表现出强烈的新闻直觉、优秀的采访技巧和真挚的感情。在报道辛普森案的节目中,他表现出善于将众多事实和悬疑妥善处理的能力,使连续几个月的冗长报道变得轻松而饶有趣味。

美国各大电视网新闻频道也在新闻现场报道方面展开激烈角逐。ABC 新闻一台(News One)负责为附属台提供新闻的副主管在谈及该台在 1997 年面临激烈竞争的情况所采取的对策时说:"由于电视报道方面的竞争日趋激烈,我们必须使记者随时准备现场实况报道。"新闻一台每天向大约 200 家附属台输送 16 小时的节目,每年向其客户提供大约 10 000 个现场报道。附属台特别对现场报道的需求量大幅增加,因为附属台负责人认为记者的现场报道是一种极好的形式。

2. 有线、卫星直播、数字电视的发展

除此以外,各国都大力发展有线电视、卫星直播电视和数字电视。日本的 NHK 是日本最大的新闻媒体,然而最近几年,NHK 的新闻优势不断受到卫星电视一台的强劲挑战。目前,日本有 4 400 万户电视家庭,其中四分之一以上收看卫星电视一台的节目,卫星电视一台不断加强新闻和信息节目,使受众不断增加。

总的来说,与新闻台的新闻节目前景的暗淡相比,有线电视和卫星电视的新闻频道却蒸蒸日上。CNN 新闻服务部在向附属台输送节目方面在全美处于主宰地位,它所提供的现场报道是独立电视台不可缺少的新闻源。其他三大新闻网也开办有线电视网来与 CNN 进行竞争,并显示出强劲势头。美国微软—全国广播公司电视网(MSNBC)开播伊始就爆出冷门:在 1996 年 7 月 18 日肯尼迪国际机场发生空难后仅 52 分钟即发出第一个报道,先于它的竞争对手 CNN 8 分钟之多。尽管 CNN 在事发后立即中断其他节目而转为新闻报道,但仍慢了一步。随后,MSNBC 又借助直升机最先对坠入大海起火燃烧的飞机进行了实况转播。MSNBC 开播仅三天就向世人展示了自己的实力,同时也宣告 CNN 长达 16 年之久的电视新闻垄断地位已被彻底动摇。此时 CNN 的总用户有 6 500 万,而 MSNBC 有 2 250 万用户,达到 CNN 用户总数的三分之一,不能不说是非凡之举。

数字技术的发展是今后的一大趋势。高清晰度电视(HDTV)是在现代电视技术基础上发展起来的新型视听系统,日本是世界上最早研究、开发高清晰度电视系统的国家。1986 年日本首次进行 MUSE 方式的实验广播。1989 年 6 月,NHK 开始高清晰度电视的卫星实验广播,每天定时播出 1 小时。1991 年 11 月 25 日,日本改用 BS3b 卫星播出数字节目,由原来的 1 小时增加到 8 小时,成为世界上第一个进行高清晰度电视广播的国家。高清晰度电视的诞生是电视技术上的一次重大突破,是电视发展史上的一次飞跃。而美国和欧洲国家为了防止日本在新兴的数字电视领域内独霸市场,在 20 世纪 80 年代中后期也开始各自的研究与开发。现在数字革命正迅猛地改变着广播电视的节目制作和传输方式。数字电视较传统电视有许多优势:清晰(高清晰度电视)、大画面(比现在的普通电视要宽三分之一)、视觉多样化(可同时显示 4 套节目,甚至可以从 4 个不同的角度看一场比赛)。数字电视和数字音频广播正在发生重大变化。广播电视的频道成倍增加,节目质量提高,并推出新的服务项目(像交互式服务和点播服务),信号可以通过地面发射塔、卫星或互联网传送。与过去相比,地面距离变得越来越不重要,这被称为"距离的消失"。数字技术将使广播电视发生根本变化,把世界由"地球村"变为"地球信息村",对新闻的制作、传输和存储产生很大的影响。

目前,美国正在快马加鞭向数字电视转换。这种转换从 1998 年 10 月底就已经开始。10 月 29 日 ABC 在波士顿用数字方式播出了约翰·格伦乘"发现"号航天飞机发射升空的情景。从 11 月 1 日起,有 40 多家商业电视台和公共电视台在播出模拟电视节目的同时开始播出数字电视节目。1999年11月1日排行前30名的电视市场(占美国50%家庭)上的各大电视网附属台必须播出数字节目。到2006年,联邦通信委员会(FCC)将要求电视台停播模拟信号,而转换到新的数字标准。通过直播卫星(DBS)传送的多频道数字化电视节目广播在美国出现最早,先已有几家公司开播了数字电视节目,如直接电视台(Direct TV),有250万用户;美国卫星广播公司(USSB),有200万用户;还有普赖姆斯塔公司,有176万用户。这些有一定规模的数字化媒体,它们采用数据压缩技术,一般都能传送60个至100个以上频道的节目[1]。根据时任美国总统布什签署的一项法案,2009年2月19日,美国全面停止传输模拟电视信号。这标志着新的电视时代的开始。

第三节 电视报道的深度化

电视新闻的深度报道,与广泛、迅速、简要地传递消息类新闻不同,它是从多方面、多角度、多方位地报道新闻事件,体现了电视新闻由起步到成熟、由浅层走向深层的变化。电视新闻深度报道的出现,既是社会发展的需要,也是电视新闻自身发展的必然趋势。

一、起源与发展

1. 与报界的竞争:由快到深

"深度报道"(In-depth Reporting),起源于西方新闻学,"是以今日事态核对昨日的背景,从而说出明日的意义",是西方传播媒介竞争的产物。20世纪四五十年代,西方报界面对广播、电视等电子媒介"快"的优势,特别是电视在第二次世界大战后的迅速发展,不得不采取相应对策来进行竞争。报界认为,开拓新闻报道的深度和广度,才是报纸胜过广播、电视的有效方式,这一措施当时也确实起到了作用。深度报道作为一个专业用语被正式提出来,成了报纸与广播电视竞争的手段,并成为报纸优势的代表。

其实,在20世纪三四十年代就有解释性报道兴起。除了传统的"什

---

[1] 参见《西方国家的数字化电视》,载《世界广播电视参考》,1998年第1期。

么人做了什么事"的报道方法,介绍新闻背景以及由专家报道人类在某些重要领域里的活动,交代"为什么"变得重要起来。调查杂志、专业性报刊、广播评论员也参加了这项活动。20世纪六七十年代,调查性报道兴起,由于它本身的性质,当时真正的调查性报道多是由资本雄厚和最有影响力的报纸来进行,而三家广播电视网只能偶尔播发有深度的"特稿"。

2. 电视新闻深度报道的发展

电视新闻界为了保住自己的竞争优势,也必然会在报道深度上下工夫,进一步结合电视的特点来进行深度报道。一批在社会上有影响、有丰富新闻工作经验的资深记者担任新闻节目主持人,他们在屏幕上对新闻事态的分析、解释、预测,为电视新闻深度报道开辟了广阔的前景。

1968年,CBS广播公司推出杂志型的电视新闻节目《60分钟》,以对社会问题做有深度的调查为特点,成为全美电视节目中收视率最高的节目。《60分钟》的成功,加速了深度报道的新闻专题、专栏节目的繁荣与发展。在美国全国性的水平上,CBS的《60分钟》猛然上升到收视率的顶峰,它的进攻性技巧、顽强地追踪被采访人和转动的摄像机的突然出现,形成了著名的"伏击式新闻采访"。其节目内容为调查性的专题,且为热门话题,报道方式也比较尖锐。由于该栏目收视率较高,澳大利亚、新西兰、俄罗斯等国电视台也开办了同名的专栏节目。

"水门事件"被揭露不久,"水门丑闻"的大部分场景都在全国的电视屏幕上曝光。1973年春,参议院召开了一次关于水门事件的听证会,对电视开放。到当年夏天,听证会报道成为最受关注的电视节目,在白天的收视率远远超过猜奖游戏、肥皂剧和电影,令当时的观众入迷。此报道持续到1974年8月8日,尼克松辞职,电视新闻深度报道帮助推倒了一位总统。电视界对电视在"水门事件"中所扮演的角色十分自豪。到20世纪70年代后期,再也没有人坚持电视新闻不能做深度报道的观点了,各电视台都注意播出大量的调查性新闻。

电视新闻深度报道是凭借声画形象,对重大的新闻事件,对有影响的社会问题、社会现象,作有背景介绍、有分析解释、归纳预测等的深层次的报道。下面以《60分钟》一个颇有影响的报道《地狱与飞龙》(Dungeons and Dragons)为例来说明。

这个报道成功地探讨了一个引人关注的社会问题——如何保护青少年,让他们健康地成长。"古堡飞龙"是一款风靡美国的游戏,全美有200万到300万青少年玩过这个游戏。有的孩子玩得走火入魔,当游戏中的邪恶角色指令他去杀人或自杀时,他就真的去做了。这类案件在美国时有发生,16岁的布艾温就这样丧生了。他的父母为此组织了"抵制委员会",强烈要求社会各界抵制这一游戏,救救沉溺其中的青少年。而游戏的发明者、生产者则竭力否认这一事实,声明孩子自杀是因为学业、家庭等原因,与游戏无关。《60分钟》的主持人之一罗克为此进行了调查,呈现在屏幕上的有采访游戏商和布艾温父母及玩游戏的孩子,有在山洞里发现自杀身亡的一对兄弟的警察,以及全美反暴力委员会主席等,这些人都各自说各自的观点。节目编导把这些不同空间、不同观点的采访场面巧妙地编辑在一起,通过不同意见的撞击,让观众自己得出结论。节目编导、主持人对游戏的批评态度是通过采访和材料的巧妙组合来体现的。这个报道是多种视点的立体报道,颇有深度[①]。

二、电视新闻深度报道的特点

各国广播电视媒体千方百计地办好新闻杂志型专题节目,是激烈竞争的需要,也是为了吸引更多的观众,提高收视率,进而取得丰厚的经济利益。像《60分钟》自20世纪80年代以来,每年为公司赚取5 000万美元至6 000万美元。据美国《广播与电视》杂志的统计,在1992—1994年的广播电视季度的广告收入是11亿美元,增长率为64%。美国三大广播公司的新闻杂志型节目在国际市场上也很走红,1993年一年盈利达1亿美元。

这些名牌新闻专题节目为什么能吸引千百万受众呢?关键是它们在报道深度上做文章,主要有以下三点。

1. 节目选题的新闻性、地方性、社会性

这些新闻专题节目主要报道人们关心的社会问题和地方发生的事件,报道国际上的热点问题。如美国轰动一时的辛普森杀妻案、日本地铁毒气事件、波黑战争、多国部队打击南联盟等等。拿CBS名牌栏目《60分钟》来说,它专门以深度报道的方式来发掘、批评讨论社会问题,如老人问题、青少年犯罪问题等。此外,它还报道有人情味的故事,介绍世界各国有名望的政治活动家等等。由于内容广泛深入,收看这个节目的观众越来越多,影响越来越大,它的出现改变了美国电视节目的面貌。在《60分钟》的开场白中,主持人哈里·里森纳曾说,现实世界的交响曲不是只有一个调,也不意味着将一切都混在一个节目里,我们认为应采用灵活的做

[①] 参见叶子:《电视新闻节目研究》,北京师范大学出版社1999年版。

法才能吸引观众。正是基于这个宗旨，《60分钟》节目多年来一直得到广大观众的厚爱。

德国电视二台的新闻报道节目《每日主题》，以"我们的生活时代"、"观众询问"、"您看到的"、"您希望怎么样决定"等小栏目探讨社会问题，如因离婚率高而引发的家庭危机、生活中的干扰、失业人数的增加、环境的污染与保护、青少年吸毒、性犯罪等，这些都是令人烦恼的社会问题。节目通过实例、图表、背景，主持人与专家、有关人士共同探讨等，深入剖析这些问题，引起观众思考，颇受欢迎。

2. 节目形式多样，生动活泼

创新是名牌节目取得成功的关键之一。新闻节目一直是美国各大电视网之间竞争最为激烈的节目之一。《60分钟》在1995年就曾一度被挤出收视榜的前十名，而一向名不见经传的ABC的《午夜新闻》却在1997年夜间新闻收视调查中名列前茅。它之所以能大受观众青睐，主要是因为节目有这样的特点：不媚俗，集思想性、广泛性和深度内涵于一体，而深度的详细报道是成功的关键。曾担任《60分钟》节目执行制片人的汤姆·贝塔格，到ABC广播公司任总制片人后，对以往的节目进行认真分析，发现《午夜新闻》节目的"每日新闻＋纵深报道＋主持人与记者谈话"的三段式报道程式单调乏味，于是在保留原节目优点的基础上，引进了"新闻调查"、"半小时纪录片"、"纪实专题"、"特写"等栏目。这些小板块改变了以往呆板的格调，给人耳目一新的感觉，尤其突出了深度内涵，加上主持人的临场发挥，使《午夜新闻》节目在默默无闻十多年后一炮打响。

3. 推行明星主持人制度，使新闻专题节目大放异彩

这在本章第一节中已有介绍，这里就不再赘述。

三、报道的深度化是电视新闻发展的总趋势

CNN 24小时新闻频道和因特网的出现，对地面电视新闻报道产生了很大影响，它们之间的竞争越来越激烈，所以人们发现美国各大电视网的晚间半小时新闻广播的收视率有下降的迹象。福克斯广播公司新闻台常务副主任伊恩·雷说："在福克斯广播公司和新闻集团，常常感到晚间新闻节目日渐衰微，一步步走向灭亡。"这一预言并不完全客观，但从这些广播公司裁员的情况来看，它们确实陷入困境。1998年10月，CBS广播公司裁员120人，这样做是为了从其4亿美元的预算中节省出4 000万美元。ABC和NBC也都裁减了工作人员。裁员不仅仅反映了观众的减少，

也反映了各台新闻部面临的盈利的巨大压力。

  在采访突发性新闻方面,电视台无法与24小时新闻网竞争,于是它们开始在新闻的采访深度上下工夫。而且,尽管目前杂志型新闻节目的播出时间已经比以往任何时候都长,但各台仍在考虑进一步增加时间。不少人担心,有朝一日杂志型新闻节目将取代晚间新闻广播。今后的新闻广播有可能采取杂志节目的方式进行,节目质量更高,更有深度。

后 记

当我交出本书书稿的时候,实在诚恐诚惶。尽管我准备了一书架的书,光剪报就有十来本厚;尽管我付出了巨大努力,但对于西方传媒业,有时还是像雾里看花,难以把握。我还将继续探索,使本书不断地臻于完善。

我的一批学生帮助我完成了本书部分章节:

第五章第四节由洪兵博士撰写;

第五章第五、六节由孙玮博士撰写;

第六章由沈浩硕士撰写;

第十一、十二、十三章由林晖博士撰写;

第十四章第六节由徐炯先生撰写;

第十五章由谢静博士撰写;

第十六章由张克旭博士撰写。

他们写出初稿,最后由我修改、定稿。奢望读者能读完本书,并期待着读者批评、指正。

作 者

再版后记

本书自 2003 年 6 月出版至今,已过去 6 年。6 年是短暂的,但世界变化之快,令人眼花瞭乱。

技术、政府规制、受众兴趣是推动传媒业变革的三大动力源。新世纪以来的数年内,三大动力源一齐发威。新技术在传媒业广泛应用,不但使新媒体异军突起,对传统媒体产生强大冲击力,而且媒体融合已初见端倪。政府在 20 世纪 90 年代后期出台一系列新规制在新世纪持续发力,已改变西方传媒业的版图。而受众的兴趣点在不断转移,使变革已成为西方传媒业的常态。这一切都改变着西方传媒业,以"日新月异"来形容也不为过,从而也使本书对西方传媒业的许多描绘、概括、分析显得过时,促使我下决心作一次较大的修正。

本书在保持基本框架、基本理论的基础上,修改的重点在三个方面:

1. 描述西方传媒业最新发展态势。
2. 概括西方学术界对传媒理论的新研究。
3. 补充西方传媒业发展的最新数据。

外面的世界真精彩,外面的世界很无奈。"精彩"让我有了持续研究的追求,"无奈"让我始终感受巨大的压力,不敢妄下断言,在战战兢兢之中完成本书的修改。我感谢读者的厚爱,使本书一版再版;感谢读者的批评,促使我去追求尽可能的完美。

作 者
2009 年 11 月

图书在版编目(CIP)数据

当代西方新闻媒体/李良荣等著. —2版. —上海:复旦大学出版社,2010.2(2018.7重印)
(新闻与传播学系列教材·新世纪版)
ISBN 978-7-309-06947-1

Ⅰ.当… Ⅱ.李… Ⅲ.传播媒介-西方国家-高等学校-教材 Ⅳ.G219.1

中国版本图书馆 CIP 数据核字(2009)第 198455 号

当代西方新闻媒体(第二版)
李良荣　等著
责任编辑/李　婷

复旦大学出版社有限公司出版发行
上海市国权路 579 号　邮编:200433
网址:fupnet@fudanpress.com　http://www.fudanpress.com
门市零售:86-21-65642857　团体订购:86-21-65118853
外埠邮购:86-21-65109143　出版部电话:86-21-65642845
浙江省临安市曙光印务有限公司

开本 787×960　1/16　印张 21.5　字数 400 千
2018 年 7 月第 2 版第 5 次印刷

ISBN 978-7-309-06947-1/G·858
定价:40.00 元

如有印装质量问题,请向复旦大学出版社有限公司出版部调换。
版权所有　　侵权必究